组织中的领导行为

（第二版）

王 辉 ◎ 编著

图书在版编目（CIP）数据

组织中的领导行为/王辉编著.—2 版.—北京：北京大学出版社，2018.7
（光华思想力书系·教材领航）
ISBN 978-7-301-29701-8

Ⅰ.①组… Ⅱ.①王… Ⅲ.①领导行为—高等学校—教材 Ⅳ.①C933

中国版本图书馆 CIP 数据核字（2018）第 158476 号

书　　　名	组织中的领导行为（第二版）
	ZUZHIZONG DE LINGDAO XINGWEI (DI-ER BAN)
著作责任者	王　辉　编著
策 划 编 辑	赵学秀
责 任 编 辑	兰　慧
标 准 书 号	ISBN 978-7-301-29701-8
出 版 发 行	北京大学出版社
地　　　址	北京市海淀区成府路 205 号　100871
网　　　址	http://www.pup.cn
微信公众号	北京大学经管书苑（pupembook）
电 子 信 箱	编辑部 em@pup.cn　总编室 zpup@pup.cn
电　　　话	邮购部 010-62752015　发行部 010-62750672　编辑部 010-62752926
印 　刷 　者	涿州市星河印刷有限公司
经 销 者	新华书店
	720 毫米×1020 毫米　16 开本　22.5 印张　479 千字
	2008 年 10 月第 1 版
	2018 年 7 月第 2 版　2023 年 10 月第 3 次印刷
印　　　数	6001—7000 册
定　　　价	49.00 元

未经许可，不得以任何方式复制或抄袭本书之部分或全部内容。
版权所有，侵权必究
举报电话：010-62752024　电子信箱：fd@pup.cn
图书如有印装质量问题，请与出版部联系，电话：010-62756370

丛书编委会

顾　问

厉以宁

主　编

刘俏

编　委(以姓氏笔画排列)

王　辉	王汉生	刘晓蕾	李　其	李怡宗
吴联生	张圣平	张志学	张　影	金　李
周黎安	徐　菁	龚六堂	黄　涛	路江涌
	滕　飞			

丛书序言一

很高兴看到"光华思想力书系"的出版问世,这将成为外界更加全面了解北京大学光华管理学院的一个重要窗口。北京大学光华管理学院从1985年北京大学经济管理系成立,以"创造管理知识,培养商界领袖,推动社会进步"为使命,到现在已经有三十余年了。这三十余年来,光华文化、光华精神一直体现在学院的方方面面,而这套"光华思想力书系"则是学院各方面工作的集中展示,同时也是北京大学光华管理学院的智库平台,旨在立足新时代,贡献中国方案。

作为经济管理学科的研究机构,北京大学光华管理学院的科研实力一直在国内处于领先位置。光华管理学院有一支优秀的教师队伍,这支队伍的学术影响在国内首屈一指,在国际上也发挥着越来越重要的作用,它推动着中国经济管理学科在国际前沿的研究和探索。与此同时,学院一直都在积极努力地将科研力量转变为推动社会进步的动力。从当年股份制的探索、证券市场的设计、《证券法》的起草,到现在贵州毕节实验区的扶贫开发和生态建设、教育经费在国民收入中的合理比例、自然资源定价体系、国家高新技术开发区的规划,等等,都体现着光华管理学院的教师团队对中国经济改革与发展的贡献。

多年来,北京大学光华管理学院始终处于中国经济改革研究与企业管理研究的前沿,致力于促进中国乃至全球管理研究的发展,培养与国际接轨的优秀学生和研究人员,帮助国有企业实现管理国际化,帮助民营企业实现管理现代化,同时,为跨国公司管理本地化提供咨询服务,从而做到"创造管理知识,培养商界领袖,推动社会进步"。北京大学光华管理学院的几届领导人都把这看作自己的使命。

作为人才培养的重地,多年来,北京大学光华管理学院培养了相当多的优秀学生,他们在各自的岗位上作出贡献,是光华管理学院最宝贵的财富。光华管理学院这个平台的最大优势,也正是能够吸引一届又一届优秀的人才的到来。世界一流商学院的发展很重要的一点就是靠它们强大的校友资源,这一点,也与北京大学光华管理学院的努力目标完全一致。

今天,"光华思想力书系"的出版正是北京大学光华管理学院全体师生和全体校友共同努力的成果。希望这套丛书能够向社会展示光华文化和精神的全貌,并为中国管理学教育的发展提供宝贵的经验。

北京大学光华管理学院名誉院长

丛书序言二

"因思想,而光华。"正如改革开放走过的40年,得益于思想解放所释放出的动人心魄的力量,我们经历了波澜壮阔的伟大变迁。中国经济的崛起深刻地影响着世界经济重心与产业格局的改变;作为重要的新兴经济体之一,中国也越来越多地承担起国际责任,在重塑开放型世界经济、推动全球治理改革等方面发挥着重要作用。作为北京大学商学教育的主体,光华管理学院过去三十余年的发展几乎与中国改革开放同步,积极为国家政策制定与社会经济研究源源不断地贡献着思想与智慧,并以此反哺商学教育,培养出一大批在各自领域取得卓越成就的杰出人才,引领时代不断向上前行。

以打造中国的世界级商学院为目标,光华管理学院历来倡导以科学的理性精神治学,锐意创新,去解构时代赋予我们的新问题;我们胸怀使命,顽强地去拓展知识的边界,探索推动人类进化的源动力。2017年,学院推出"光华思想力"研究平台,旨在立足新时代中国,遵循规范的学术标准与前沿的科学方法,做世界水平的中国学问。"光华思想力"扎根中国大地,紧紧围绕中国经济和商业实践开展研究;凭借学科与人才优势,提供具有指导性、战略性、针对性和可操作性的战略思路、政策建议,服务经济社会发展;研究市场规律和趋势,服务企业前沿实践;讲好中国故事,提升商学教育,支撑中国实践,贡献中国方案。

为了有效传播这些高质量的学术成果,使更多人因阅读而受益,2018年年初,在和北京大学出版社的同志讨论后,我们决定推出"光华思想力书系"。通过整合原有"光华书系"所涵盖的理论研究、教学实践、学术交流等内容,融合光华未来的研究与教学成果,以类别多样的出版物形式,打造更具品质与更为多元的学术传播平台。我们希望通过此平台将"光华学派"所创造的一系列具有国际水准的立足中国、辐射世界的学术成果分享到更广的范围,以理性、科学的研究去开启智慧,启迪读者对事物本质更为深刻的理解,从而构建对世界的认知。正如光华管理学院所倡导的"因学术而思想,因思想而光华",在中国经济迈向高质量发展的新阶段,在中华民族实现伟大复兴的道路上,"光华思想力"将充分发挥其智库作用,利用独创的思想与知识产品在人才培养、学术传播与政策建言等方面作出贡献,并以此致敬这个不凡的时代与时代中的每一份变革力量。

北京大学光华管理学院院长

再版序

修改稿接近完成时,2017年的秋季学期马上就要开始了。整个暑假,非常重要的一件工作就是修改本书。本书初版是在2008年,距今已经将近十年了。十年间,领导行为与领导模式的研究在国内外都取得了丰硕的成果。在内容上,有关交易型领导、变革型领导、魅力型领导、共享型领导(sharing leadership)、授权型领导(empowering leadership)、领导—部属交换的研究还持续吸引着研究者的关注,同时一些新的领导理论也被提出了,如道德型领导(ethical leadership)、真诚型领导(authentic leadership)、公仆型领导(servant leadership)、整合型领导(integrative leadership)、复杂型领导(complexity leadership)等。有关团队中的领导行为,战略型领导也出现了非常大的发展。从再版的参考文献中,我们就可以看到这样的趋势。初版中我们共有参考文献354篇,而再版中参考文献增加到了507篇,增加了43%。尤其重要的是,战略型领导、领导—部属交换等章节中参考文献增加得最多。这些最新研究进展的介绍和总结,也是本书修订最重要的初衷,即通过阅读本书,读者能够对国内外相关的领导研究有一个最新的、全面的了解和认识。

再版中,不但增加了这些研究领域的最新研究成果,力争使读者更好地了解相关研究领域的最新进展,同时,在案例选取上,我们也尽量做到与时俱进。如2008年我们还没有用微信,而现在,微信几乎成了我们必备的联络工具,因此,腾讯马化腾的案例自然而然地被我们选中。同时,在初版中一些经典的案例也进行了更新。如华为的缔造者任正非的管理理念,海尔正在进行的"企业本台化,员工创客化,顾客个性化"的变革等都进行了相应的调整,目的为本书读者的管理实践起到一定的借鉴和指导的作用。这也是撰写本书的另外一个重要的目的。这些案例都是在有关新闻报道、企业简介、已有案例等材料基础上总结而成,在此对有关的作者和学者一并表示感谢。

利用这次再版的机会,我对整部书稿认真地通读了几遍,发现了初版在内容、语言等方面存在的一些问题,在对这些错误和疏漏进行修改的同时,也对整部书稿在语言方面进行了梳理和调整。

再次向以前阅读或使用过本书的读者表示感谢。尤其感谢那些指出过初版中的问题并提出过修改意见的老师和朋友,如陈正雄、马力、韩亦、宋继文等。希望再版的所有读者也能够继续提出宝贵的修改意见。在这次再版的过程中,郭思言、侯芊宇两位同学给予了大量支持,帮助我查找了大量的文献及案例,再版能够顺利完成得益于她们的努力和付出。同时,再次感谢光华管理学院的学生,包括博士生、EMBA、MBA,以及本科生同学,在与他们的交流互动中,我更加了解了中国企业管理的实践,同时也促使我更加深入地思考如何更好地研究、总结中国企业管理的规律,更好地培养这些中国企业的管理者,进而推动社会的进步,即更好地履行光华管理学院的使命"创造管理知识,培养商界领袖,推动社会进步"。

2018 年 5 月 10 日

前　言

本书是作者在北京大学光华管理学院为 MBA 学生讲授"领导行为"及 EMBA 学生讲授"管理与领导艺术"这两门课的基础上,加入了国内外有关研究之后整理而成的。本书最早的书名拟定为"中国企业的领导行为",希望写成一本特别针对中国企业管理者,或未来要成为企业管理者学习领导行为的教科书。但作者在整理资料的过程中发现,有关中国企业领导行为的研究还是不够丰富,尤其是实证方面的研究更是有待进一步完善。因此,不得不参考大量的国外相关研究。

尽管如此,本书在内容的撰写、结构的安排、案例的选取、文献的引用等方面尽量做到适合中国读者。尤其重要的是,希望通过本书能够让读者对企业中的领导行为、领导过程、影响因素,以及相关的研究结果等方面有一个比较系统的了解与认识。同时,读者能够将这些认识更好地应用到企业的管理实践中去,提升管理水平及领导艺术。概括地讲,本书具有以下特点。

首先,本书以"适域"的观点贯穿始终。所谓适域的观点是指领导者要想达到最佳的领导效果,即最大限度地影响下属,提升企业或部门的业绩,其领导行为及艺术必须适合其所在企业的特点、企业的发展阶段、行业特点、地域特点,以及中国社会的传统文化及社会规范。这一观点的提出部分来自现代组织行为学的权变观点(contingency perspective)。权变观点认为,组织行为学的理论没有好坏之分,也没有放之四海都适用的理论,任何理论只适用于特定的环境,领导行为及理论也是如此。应当指出的是,适域的观点与权变的领导理论也有不同。权变的领导理论认为,领导风格(关系导向的领导与任务导向的领导)要与特定的环境相匹配才能发挥最大的领导效果。适域的观点不是一个领导理论,而是对领导现象、领导效果,尤其是中国企业领导行为的一种认识和看法。它的另外一个来源是中国文化中的辩证的观点。也就是说，任何事物都要具体问题具体分析。"恩威并重"的领导风格并不适合所有的企业，或者每一个领导者未必都应该对下属既"施恩"又"立威"。同样，并不是任何强势的企业文化都对企业的发展具有良性的影响作用，企业在兼并与整合时，企业文化越鲜明、越独特的两家公司，整合之后越难以融合在一起。因此，希望读者在使用本书时对适域的观点有所领悟，并在实践中灵活地运用。

其次，本书在内容章节上的安排结构性较强。本书共分3个部分，12个章节。第一部分是"作为个体的领导"，包括领导的本质、领导的权变理论、魅力型领导和变革型领导，以及自我完善的领导4个章节。主要探讨领导者如何从自身的角度，了解自己，认识自己，发挥有效的领导行为，形成独特的领导艺术。第二部分是"人际互动中的领导"。领导的本质是影响他人，而要最大限度地影响下属、同事，甚至上级，领导者还必须认识人际交往的过程及特点，影响他人的手段和技巧，以及如何最大限度地激励下属。该部分的4个章节——权力、沟通与影响力，激励与授权，领导—部属交换理论，以及社会资本与"关系"可以帮助读者了解领导者如何在一个动态的过程中实施领导行为，行使领导权力。第三部分是"团队与组织中的领导"，介绍领导者如何带领团队、如何通过企业文化的建立更好地发挥领导的效果、领导与变革，以及战略型领导等内容。这3个部分的划分可以帮助读者更好地了解领导的静态及动态的本质，了解如何在个体水平、团队水平及组织水平发挥领导的作用。

再次，本书将理论与实践密切结合。通过本书的阅读，读者会发现，每一章都是以一个案例引入本章的内容，该案例与本章的内容密切相关并希望引起读者对相关内容的思考。同时，在每一章的最后，也是以一个案例结尾，并配以讨论题，希望借此让读者对该章的内容有一个总结和深入的思考。大部分章节都给出了自测题。自测题的完成可以帮助读者理解该章节中的核心内容，并对自己有一个量化的评估，做到深入地了解自己。在内容的写作与安排上也尽量做到理论和实际的结合，每一章既介绍了相关的概念、理论、模型、最新的研究进展，也说明了在实际应用中应注意的问题。当然，能否真正对读者的领导艺术有所提高，还要看读者能否按照适域的观点，与自己的实际相结合，真正"悟"到一些东西。

最后，本书的特点还体现在尽量针对中国的管理实践。中国改革开放三十多年来，经济发展取得了世人瞩目的成绩。而在经济飞速发展的背后是否有中国企业管理特色或中国式领导艺术的推动呢？日本企业在第二次世界大战后迅猛发展，引起世界，尤其是美国学者的关注，并进而总结出日本企业管理的特点，如企业文化现象、质量圈、全面质量管理等有特色的管理措施和手段。那么，中国经济发展的背后是否也有自己的管理特色，即中国式的管理呢？本书无意回答这样的问题，而是尽量总结中国目前有关领导的方方面面的研究，并将相关的研究结果介绍给读者，希望这些规律性的东西会对读者有所启发。同时，作者也希望有更多的人从事有关中国领导行为的实证研究，在大量定性及定量研究的基础上，我们可以更好地总结出中国式的管理或者是中国式的领导艺术。

本书的适用对象首先是各类工商管理学院的 MBA 和 EMBA 学生。领导行为课程历来是国内外 MBA 教育的核心课程或限选课程。到目前为止，领导行为课程的教学大多使用西方的教材。本书的出版，希望能给中国的 MBA 学生在挑选教材时增加一个选项。同时，本书的适用对象还包括对领导行为感兴趣的本科生、研究生及企业各个层次的管理人员和领导者。这些读者如果能有组织行为学或相关学科学习的基础，阅读起本书会变得更加容易，理解起来也会更加透彻。当然，也非常希望从事领导行为教学和研究的老师及学者阅读此书，希望大家一起来探讨和研究中国企业的领导行为这一组织管理现象。

本书当然也存在很多不足，如系统性有待加强、个别地方在内容上需要深入、对国内外最新研究成果总结得不够全面等。真诚地希望读者以批判的观点阅读、审视这本书。正是在你们的不吝赐教下，她才能日臻完善，不断提高。

需要感谢的人很多。首先要感谢纽约州立大学的 Gary Yukl 教授。虽然只与他有过一面之缘，但他的教科书《组织中的领导》(*Leadership in Organizations*)对本书的完成具有很大的帮助和启发，这本书一版再版，Yukl 也"一书成名"。读者在本书中的很多地方会找到它的影子。其次要感谢我的两名硕士生谢红和张黎。她们不辞辛苦整理书稿、收集文献，为本书的出版做了很大贡献。还要感谢光华管理学院 2003 级的 10 名本科生，他们是陈溪、陈星彤、冯博、冯莉、孔菲、赖源棱、李栋、孙强、万晓慧和武珩。他们将我讲授的领导行为这门课的录音整理稿进行了润色，形成了本书的雏形。还要感谢光华管理学院选修领导行为课程的 MBA 及 EMBA 的学生们。在授课之余同他们的聊天，以及阅读他们的作业中，我也学到了很多东西，受到了很多启发。还要感谢北京大学出版社的林君秀和兰慧编辑,是她们的耐心与支持,使本书得以顺利出版,是她们的细致、认真、负责使本书的质量得以保证。最后感谢我的家人——我的母亲、妻子、女儿。多年来,她们的支持、理解、容忍和关怀给了我足够的精力和舒适的环境,使得这本书能够顺利完成。

王辉于北京大学光华管理学院

2008 年 5 月

目 录

第一部分　作为个体的领导

第一章　领导的本质 ··· 3
　第一节　领导的定义 ··· 4
　第二节　西方有关领导的研究 ································· 10
　第三节　中国企业环境下的领导行为研究 ················· 21
　第四节　领导有效性的适域观点 ······························ 24
　讨论题 ·· 30
　自测题 ·· 30
　参考文献 ·· 31

第二章　领导的权变理论 ······································· 35
　第一节　权变的观点 ··· 37
　第二节　领导的跨文化比较研究 ······························ 39
　第三节　领导的权变理论 ·· 43
　讨论题 ·· 54
　自测题 ·· 54
　参考文献 ·· 55

第三章 魅力型领导和变革型领导 ... 59
第一节 魅力型领导 ... 61
第二节 变革型领导 ... 67
第三节 国外相关研究 ... 72
第四节 国内相关的研究及实践 ... 74
讨论题 ... 81
自测题 ... 81
参考文献 ... 82

第四章 自我完善的领导 ... 85
第一节 领导的伦理道德 ... 86
第二节 领导者的能力与人格 ... 91
第三节 性别与领导 ... 97
第四节 国际化中的领导 ... 99
讨论题 ... 105
自测题 ... 105
参考文献 ... 107

第二部分 人际互动中的领导

第五章 权力、沟通与影响力 ... 113
第一节 权力与影响 ... 114
第二节 沟通技能与影响力 ... 118
第三节 做一位有影响力的领导者 ... 123
第四节 影响他人的技巧 ... 126
讨论题 ... 138
自测题 ... 138
参考文献 ... 139

第六章 激励与授权 ... 141
第一节 领导与激励 ... 143

第二节　参与式领导 …………………………………………… 147
　　第三节　授权赋能 ……………………………………………… 153
　　第四节　授权与监控 …………………………………………… 160
　　讨论题 …………………………………………………………… 168
　　自测题 …………………………………………………………… 168
　　参考文献 ………………………………………………………… 169

第七章　领导—部属交换 …………………………………………… 173
　　第一节　领导—部属交换理论 ………………………………… 174
　　第二节　领导者对于下属的归因 ……………………………… 182
　　第三节　中国企业环境下的领导—部属交换 ………………… 186
　　讨论题 …………………………………………………………… 194
　　自测题 …………………………………………………………… 194
　　参考文献 ………………………………………………………… 195

第八章　社会资本与"关系" ……………………………………… 201
　　第一节　人力资本和社会资本 ………………………………… 203
　　第二节　社会网络与人际关系 ………………………………… 208
　　第三节　"关系" ………………………………………………… 212
　　讨论题 …………………………………………………………… 223
　　参考文献 ………………………………………………………… 223

第三部分　团队与组织中的领导

第九章　团队的领导 ………………………………………………… 229
　　第一节　团队的本质 …………………………………………… 231
　　第二节　高效率团队 …………………………………………… 233
　　第三节　团队建设和团队结构 ………………………………… 235
　　第四节　团队的领导者 ………………………………………… 241
　　第五节　有关团队的研究 ……………………………………… 243
　　讨论题 …………………………………………………………… 249

自测题 ·· 249
　　参考文献 ·· 250

第十章　领导者与企业文化 ···································· 253
　　第一节　企业文化概述 ····································· 255
　　第二节　企业文化的维度与测量 ···························· 264
　　第三节　领导者对企业文化的影响 ·························· 271
　　讨论题 ·· 278
　　自测题 ·· 278
　　参考文献 ·· 279

第十一章　组织变革的领导 ···································· 282
　　第一节　组织变革的要素 ·································· 284
　　第二节　变革过程 ·· 288
　　第三节　学习型组织 ······································ 294
　　第四节　中国企业变革的问题 ······························ 299
　　讨论题 ·· 304
　　参考文献 ·· 304

第十二章　战略型领导 ······································· 308
　　第一节　战略型领导概述 ·································· 310
　　第二节　高层管理者的归因及印象管理 ······················ 314
　　第三节　领导者继任问题 ·································· 317
　　第四节　战略型领导的几个重要问题 ························ 321
　　讨论题 ·· 330
　　参考文献 ·· 330

自测题评分方法及参考得分 ···································· 336

后记 ·· 340

第一部分

作为个体
的领导

第一章 领导的本质

本章导读

通过本章的学习,希望读者了解领导的定义是什么,理解领导行为的本质。尤其重要的是,希望读者了解在我国转型式的经济环境下,企业的管理者应该表现出怎样的领导行为才能最大限度地影响下属。同时,希望通过本章的学习,读者能够理解领导行为的"适域"观点,了解领导者在管理下属的过程中,必须根据自己企业所处的经济环境、地域文化、行业特点、企业发展阶段、下属的特征等因素表现出不同的领导行为,这样才能最大限度地有效发挥领导的作用。

开篇案例

自1999年2月QQ上线到现在,十几年间,马化腾把一个最年轻、最不主流的即时通信产品做成了中国互联网王国里无处不在的"水公司"。看上去,马化腾和腾讯王国达到了一个巅峰:市值超过2500亿美元;2015年,腾讯营业额达到1028.63亿元人民币;2017年5月,腾讯QQ月活跃账户数达到8.61亿,微信活跃账户数达到9.38亿。这些彪悍数字的背后却站立着一个并不彪悍的人。这个被称作"小马哥"的潜行者,在中国互联网大佬里,不是最先行的,不是最帅的,也不是最有野心的,"不比一般人聪明",不够凶猛、缺乏传奇,却创造了一个互联网神话。

对外部人而言,马化腾的凶猛王道只是一个垄断者不断扩张的传统故事,但对腾讯内部员工而言,让腾讯一骑绝尘的并不仅仅是所谓的腾讯模式,更为重要的是马化腾管理公司的方式。其核心在于,永远认为公司处于危险之中的马化腾,在"用户体验,快速迭代"这一战略下,建立了一整套从运营、产品、技术创新、管理,到数据挖掘、企业文化等的学习型系统。当这套系统被赋予一种明确的方向时,发挥出的能量是可怕的。在内部演讲中,马化腾不断强化这种方向感,"就像日常生活中人们对水和电的依赖一样,我们要做成互联网上的水和电"。

马化腾要求"每个产品经理要把自己当一个挑剔的用户"。这种长期以用户身份来体验公司产品的做法,在腾讯自上而下形成了不成文的规则。"我们公司整个强调以用户为中心,如果你不能够很好地满足用户,最后体现在你的产品就做得不是很到位。"前腾讯研究院院长郑全战说。腾讯对用户体验的研究极其细腻,据说仅仅是关于研究用户卸载一款产品的过程,腾讯工程师就能做出30页的文字报告。

这就是被马化腾奉为金科玉律的法则:用户体验,快速迭代。马化腾解读说,"互联网化的产品都是这样,它也不像传统软件开发,一下子刻光盘就推出,我们永远是 Beta 版本,要快速地去升级,可能每两三天一个版本,就不断地改动,而且不断地听论坛、用户的反馈,然后决定你后面的方向"。

做事认真,保持奋斗;为人谦逊,温润如水。这是马化腾的成功秘诀,也是腾讯的成功秘诀。

领导(leadership)一直以来都是一个十分迷人的话题,吸引着来自政治学、心理学、社会学、经济学等不同领域的研究者对这一现象进行不断的解释、描述和大量的实证研究,试图描绘出一个清晰、明确的整体图像来说明在不同的政党、社会运动、各种营利和非营利组织中领导所起的作用,以及管理者如何起到有效领导的效果。在本书中,我们所讲述的领导行为,主要是指企业的领导。即在国有企业、民营企业及合资或独资企业中,领导者(leader)究竟扮演着怎样的角色,行使怎样的职能,以及领导者起作用的机制是什么。这些问题是我们了解领导行为的基础,也是我们更好地表现领导行为的重要前提。

领导既是一门科学,也是一门艺术。说它是科学,更多的是指在了解它、研究它时,要采用科学的方法对其进行全面的探讨和深入的研究,总结出相应的规律,并将这些规律应用到实践中去。说它是艺术,更多的是指在具体应用这些规律去指导实践时,要具有灵活性。需要根据不同的时间与地点进行不同的发挥与应用。上述案例中的马化腾,能够根据外部环境和公司内部的情况,时刻学习,积极响应,以身作则,言传身教,为人谦虚,保持奋斗。就像每一位优秀的艺术家,在成名之前都必然接受过基础训练一样,要将领导这一职能"艺术"地发挥到淋漓尽致的程度,不可或缺的前提就是对这一现象有一个系统的、科学的认识。

要做到这一点其实并不是很难,国内外大量领导行为的研究为我们了解这一现象提供了良好的基础。这些研究或者是描述性的,或者是实证性的,都为我们揭示了领导这一现象的内在规律。在本书中,我们将介绍大量这方面的相关研究,尤其是在中国企业环境下进行的实证研究。首先,我们从了解领导这一概念开始。

第一节 领导的定义

领导是一种影响过程

领导是一个非常引人入胜的话题。我们平时看电视、阅读报纸、听广播、上网,都会关注某个国家领导人或是某些著名公司的领导人都在做什么。比如,北京时间2017年2月

9日上午,美国白宫发出的一份简短声明迅速成为世界媒体的焦点:美国总统特朗普致信中国国家主席习近平,期待推动两国建设性关系,并祝愿中国人民元宵节快乐,鸡年兴旺;又比如,美国中部时间2017年2月17日,"股神"巴菲特与北京大学光华管理学院学子共进午餐、亲切交流;等等。大众传媒上每天都充斥着这样的信息。

新闻报道或许距离我们较远,在我们的生活当中,我们身边也真真切切地存在各式各样的领导现象。比如,你可能是一个企业的负责人,一个部门的经理,即使你只是一名普通的员工,也要听领导者的差遣。也就是说,领导这样一个概念对于我们的工作和生活都有直接或者间接的影响。尤其是商学院培养的学生,我们都希望能他们成为优秀的领导者。

那么,领导涉及哪些方面的内容呢?从20世纪30年代开始,人们就开始对领导这样一个现象进行了非常深入和科学的研究。有关领导的定义包括特质、行为、影响、互动模式、角色关系,以及管理上的职位等方面的内容。让我们先从领导的定义说起。

"领导"一词,在《现代汉语词典》(1998年版)里就是"率领和引导朝着一定方向前进"的意思。由此可见,领导很重要的内涵是"领"和"导",也就是带领和引导大家朝着一个方向前进。这与"管"和"理"有很大的不同。

尽管理解这一概念比较容易,然而,当人们将领导作为一个科学现象来研究和探讨时,这一现象就变得非常复杂了。研究者根据自己的见解和最感兴趣的方式去定义领导。在管理学及相关的研究领域中,恐怕没有几个定义像"领导"这样五花八门、形形色色。它的定义包括方方面面的内容,涵盖了不同学科的诠释和研究。

在西方的研究中,有关领导行为的定义也多种多样。以下摘录了一些比较有影响的定义(见表1-1)。

表1-1 领导的定义

为赢得服从、尊敬、忠诚和合作而将领导者的意志施加于被领导者的能力(Moore, 1927)
一种影响他人的力量源泉(Weber, 1947)
对组织日常活动的机制性的影响(Katz & Kahn, 1978)
当个人运用制度的、政治的、精神的和其他的资源去激起、促使和满足追随者的动机时,就实行了领导(Burns, 1978)
在能实现的事物中阐明愿景、赋予价值和创造环境(Richard & Engle, 1986)
运用外界文化使组织更具适应性变化的能力(Schein, 1992)
能影响他人为着共同的目标而放下自己的利益,即使是超过自己的职责范围,也愿意做出重要的牺牲(House & Howell, 1992)

尽管仁者见仁,智者见智,但总体来说,西方学者对领导本质的看法主要是认为它是一种影响他人的能力及过程。具体来讲,领导就是领导者通过自己的行为表现、人格魅力、沟通技巧等来影响他人(下属),使大家朝着一个目标共同努力的过程。这就是西方几十年来,尤其是最近,人们比较认同的对领导本质的看法。这种影响作用,或者来自领

导者的特质(trait),如自信;或者来自领导者的行为,如关爱下属;或者来自领导者的一系列的行为表现,如构建并传播一个引人入胜的愿景等。

在中国的环境下,人们又是如何理解领导这一现象的呢? 在1938年10月14日中国共产党第六届中央委员会第六次全体会议上的政治报告《中国共产党在民族战争中的地位》中毛泽东提到,"领导者的责任,归结起来,主要地是出主意、用干部两件事。一切计划、决议、命令、指示等,都属于'出主意'一类。使这一切主意之实行,必须团结干部,推动他们去做,属于'用干部'一类"。

之后,毛泽东又谈到了怎样用干部,怎样才是善于用干部,必须善于爱护干部。爱护的办法是:第一,指导他们。第二,提高他们。给以学习机会,教育他们。第三,检查他们的工作,帮助他们总结经验,发扬成绩,纠正错误。第四,对于犯错误的干部,一般地应采取说服的方法,帮助他们改正错误。第五,照顾他们的困难。(毛泽东,1991)毛泽东作为一个非常有经验的政党领袖、国家领袖,他总结自己在中国做领导者的经验时,认为领导包括两个最重要的方面:一个就是订立目标和制定战略,也就是他说的"计划、决议、命令"等。另外一个非常重要的方面,就是带领一批人,或者说影响一批人朝着这样一个目标来努力的过程。也就是说推动干部去做。这是一个政治家对领导的认识和看法。

毛泽东是站在一个政治家的角度来看待领导的,那么,企业家怎么认识领导这一现象呢? 柳传志在总结他带领联想集团从一个贷款20万元,租用中科院计算所一个很小、很简陋的收发室作为办公室,发展为今天中国计算机的第一品牌,世界PC机排名前列的国际型企业时,怎么看待什么是领导,或者说如何成为一个好领导者呢? 他说过的一句话非常有启发,他认为他对联想的领导最成功的表现在于"搭班子、定战略、带队伍"。这样一句话,实际上跟我们上面讲到的西方的观点及毛泽东的观点是不谋而合的。所谓定战略,就是订立一个长远发展的目标,然后在这一目标指引下努力去实现。而制定这样的战略要靠集体的智慧。中国的管理是注重集体领导的,因此,有没有一个好的领导班子就直接影响到战略的制定。同时,只有这个目标是远远不够的,或者说当你把战略制定好了之后,必须有一批人,或者说有一些既有管理能力,又有职业道德的中层管理者跟着你一起去努力,那么这个目标才可能更好地加以实现。

综上所述,从本质上来讲,领导是一个过程,是一个影响下属的过程,是影响下属朝着一个目标努力工作、实现这一目标的过程,因此我们给领导定义如下:

> 领导是影响他人的过程,是促使下属以一种有效的方式去努力工作,以便实现组织共享目标的过程。

以上定义实际上包含两个方面的意思,一个是确定目标,另一个是影响他人,或者说带领自己的下属朝着这个既定目标努力的过程,这就是对领导本质的理解。在以后的章节中,我们会逐渐认识到,为了更好地完成这两方面的职能,领导者需要很多能力,需要表现出很多行为,还需要具有人格魅力;同时,领导者通过处理很多不同的问题,比如带领一个高效率的团队,构建一个共享的企业文化,引导一次组织变革等来达到影响他人、实现组织目标的目的。

领导与管理的区别

尽管有人认为,领导只是管理的四大职能(即计划、组织、领导和控制)之一,是为了提高组织效率而进行的活动。但领导与管理之间还是存在很大区别的。人们越来越多地认为,领导和管理可能注重的方面是不一样的。事实上,领导与管理的争论由来已久,比如在20世纪六七十年代,美国的MBA教育都是要培养学生成为管理者,而千万不要成为一个领导者。到了现在,商学院则认为,它们是培养学生当领导者的,而不是只成为一名管理者。

Bennis和Nanus(1985:p21)认为,"经理是正确地做事的人,而领导者是做正确事的人"。Kotter(1990)认为,领导和管理是两个截然不同的概念:① 领导者的重要职能是构建愿景和制定战略,而管理者则是在愿景和战略的基础上,制订和执行计划。② 领导者通过愿景使员工的行为和对组织的态度协调一致;管理者则通过人际交流、信息沟通达到上情下达的目的。③ 领导者强调激励、鼓舞人心,管理者则强调约束、限制。④ 领导者产生变革,管理者产生预测和秩序。

实际上,领导者和管理者在现代企业中都很重要,只不过在变革的时代,人们更希望管理者能表现出领导者的素质和职能。Kotter很欣赏这样一个案例:一位24岁的暑期实习生,受命调查她所在公司下属的所有工厂如何购买工作所需的手套。她惊讶地发现,这些工厂采购的手套多达424种,价格从5美元到17美元不等。当这424种手套被标上价格、在公司高层经理会议上被展示时,引发了一场变革:重新设计采购流程,减少财务浪费。此项变革完全可以在五年内把成本降低10亿美元。Kotter认为,在这个充满不确定性的变革年代,每个人都应当尽量充当领导者,而不是被动地受领导,未来的领袖应该是领袖的领袖。

因此,作为一个领导者,更强调的是一种变化、一种创新,更强调一种目标的确定。而管理者更强调的是有效率地做事情,更好地达成目标,更强调秩序和一些约定俗成的东西。

罗振宇(2000)曾对领导与管理的区别进行了研究,认为领导与管理的概念应从行为上加以区分,但目前处于中青年阶段的高中级领导干部大多是复合型人才,其领导和管理的区分是相对的,两者之间的角色可以随着工作的改变而转变。他对领导和管理行为的理解和划分如表1-2所示。

表 1-2 领导和管理行为的划分

领导行为	领导与管理行为	管理行为
1. 工作方法是引导	1. 工作方法是引导与督促检查	1. 工作方法是督促检查
2. 对下级是工作指导	2. 工作指导与行政命令并用	2. 对下级是行政命令
3. 重视领导者的表率作用	3. 表率作用与制度管理并用	3. 重视制度管理的作用
4. 重视组织机构的建立和完善	4. 重视组织制度建设和处理上下级关系	4. 重视组织制度的执行情况和内部矛盾
5. 指挥方式比较讲原则	5. 指挥方式比较灵活	5. 指挥方式比较具体
6. 注重服务意识	6. 服务意识与管理意识并重	6. 注重管理意识
7. 主要是对外协调和在下级之间进行协调	7. 对内与对外协调并重	7. 主要是对内协调
8. 注重规划的拟定	8. 制订规划和下达有关的计划	8. 注重计划的实施
9. 确定有关目标	9. 分解有关目标	9. 实现有关目标
10. 制定有关政策	10. 执行有关政策	10. 实施有关政策
11. 做出决策	11. 参与决策的制定	11. 实现决策的具体任务

资料来源：罗振宇，"领导与管理的概念应从行为上加以区分"，《领导科学》，2000 年第 4 期，第 44—45 页。

影响是一个过程

我们定义领导是使下属朝着一个共同目标前进的影响力，事实上，这种影响是通过一系列过程实现的。而对于这种认识，即把领导看作一个固定角色所具有的行为，还是一个影响他人的过程，人们有不同的看法。早期的观点大都认为领导就是一部分人的一些特定的行为表现，比如说由于你的机遇好或者运气好，得到了一个领导者的职位，那么你在这个职位上所表现出来的一些行为，就叫作领导行为，而不管你这些行为有没有作用，或者说有没有起到影响别人的作用。而你的一些下属，即使他们协助你做一些领导职能的工作，但是由于身份的限制，他们的行为也不属于领导行为的范畴。

最新的观点则越来越多地认为，领导实际上是领导者所表现出来的一系列能够更好地影响他人的表现，既包括人格魅力、业绩、大公无私的道德情操，也包括正确行使权力、做出良好的业绩等。领导就是一个能够影响他人的过程，无论你身在何位，从事何种工作，只要你能影响你的同事和工作伙伴在工作中做什么、怎样做，影响组织中成员之间的关系，影响组织的目标和政策制定等具有领导职能的工作，那么你在从事这些工作时的行为就可以称为领导行为。领导行为并不是一种在一定职位上的特定个体所表现出来的所有行为，而是被过程化了，说的是一种和领导职能有关的行为过程。

影响过程的不同类型

如果我们认同影响是一个过程,那么,这种影响过程有哪些不同的形式,也就是说是通过怎样的方式来影响他人的呢?

影响力的一个来源是领导者所具有的权力。领导者通过自身的"权力性影响力",也叫"强制性影响力"来影响他人。领导者的权力性影响力是指组织机构赋予身在领导职位的个人的职务、地位、权力等所构成的影响力。这种影响力完全是外界赋予的,具有这种影响力的人具有法定的地位,对组织中其他成员具有奖惩权。比如说你是研发部的经理,那么你就有权对你的下属评判工作绩效,而工作绩效的好坏与下属的工资、奖金及升迁等其他利益直接相关,为了获得好的绩效评定,下属就会听命于你,按照你的要求去做。

然而,即使你能够行使这样的权力来影响下属,他也可能并不会完全言听计从,可能会阳奉阴违,甚至是公然地对抗和反对。因此,领导实施影响过程的另外一种来源是领导者通过"非权力性影响力"(也叫"自然性影响力")来影响他人。非权力性影响力是和权力性影响力相对的一个概念,主要指领导者通过自身的才识、品德、魅力、专长等因素所形成的影响力,从而使他人被其所影响。这种影响力是对人们心理的自然感召,是指下属发自内心地、自愿地跟随领导者,服从领导者的指令,而不是像权力性影响力那样是一种外生的、强制性的影响力。这种影响过程更多的是通过一种情感的影响,下属的服从行为也多是自觉的、积极的。例如,本章开始介绍的马化腾在下属面前就是一个很有魅力的领导者,下属愿意在他的领导下努力工作。这种影响力的产生很大一部分来自下属对他人格的欣赏。

试图影响他人的不同目的

在组织环境下,领导者试图影响下属的目的也会有所不同。影响他人的目的有两种:一种是使员工朝着既定的目标而努力,更好地实现组织的绩效;另一种是希望下属完全按照领导者的意图做事,实现领导者的利益。

基于理性还是情感的影响

有的研究者认为,要影响他人,需要通过理性说服别人的办法,让他人来服从你。有人认为领导者影响别人时应该以情动人,领导者仅仅需要表达出自己的意愿或者行为,让下属在感情上对自己有认同,然后自觉地按照领导者的期望来做事。

影响过程的具体表现

领导产生影响过程具体会有哪些表现?这是一个非常复杂的问题。我们只列举一些简单的、领导者经常要做的一些事情来加以描述:

- 对外部事件的解释;
- 对战略的选择;
- 对下属的激励;

- 对下属的信任;
- 对工作活动的组织;
- 对下属技能和自信的培养;
- 与下属共享知识;
- 从外部谋取支持。

这些都是领导者经常要做的事情,能出色地完成这些职责和义务,领导者就能对下属产生影响。首先,领导者要对外部的事件保持敏感,要给予重要的事件一个充分的解释。比如说如果最近银行要加息,存款和贷款都加息,作为房地产公司的一位领导者,国家的这一宏观政策的调整对企业将有哪些影响,你要非常清楚。同样,作为一个其他企业的领导者也应该是这样,外界环境发生了变化,这些变化对企业有哪些影响,你必须非常敏感。同时,根据这些变化,相应地就要对战略进行一定选择或调整。其次,在如何更好地激励下属、信任下属、培养下属的自信心、发展下属学习的能力等方面,领导者都可以有很多作为。最后,领导者可以从外部谋取支持。作为一个领导者应当善于从外部获得资源,实现组织的目标。比如,你是一个大学校长,你能否获取大量的捐助就是你的重要职能之一,也是衡量你是否称职的一个重要指标。

第二节 西方有关领导的研究

领导的有效性

怎样来衡量一种领导是有效还是无效,或者评判一个人是好的领导者,还是一个不好的领导者呢?最常用的测定指标,是领导者所在的组织完成其任务和达到目标的程度。在一次访谈中,时任北京城建集团董事长刘龙华说:"如何衡量一个公司的领导者是不是好领导者,主要看这个公司的业绩是不是好,以及这个公司的员工工资是否高,大家是否满意。"话虽然简单,却很好地体现了领导有效性的本质。

公司业绩或达成目标的客观尺度包括利润、边际利润、销售增长率、市场份额、投资回报率、生产率、单位产量的成本和预算费用相关的成本等。但是,不能用单一的指标作为衡量业绩的标准。比如有人评价联想的杨元庆,说他刚接班那段时期联想业绩不好,集中反映在市场份额下降了2个百分点。但是,整个利润率增加了很多,达到了50%,这也是杨元庆业绩的一种表现。所以说,衡量一位领导者的工作有效性要全面、客观地进行。

下属的工作生产率(如工作的数量及质量)是反映领导有效性的一个重要变量。下属的业绩可以通过直接的、客观的指标来衡量,如销售员的销售额、装配工每周出现的错误率等。对于一些比较难以客观衡量的工作,我们可以通过主观测量的方法来进行评估。比如,人力资源部门的经理可以收集顾客对酒店服务员的评价来考查这些员工的领导者是否有效地对其实施了领导。

下属对领导者的态度是评价领导行为有效性的另一个常用指标。领导者如何满足他们的需要和期望？下属是否喜欢、尊敬和仰慕领导者？下属是非常满意地实现领导者的要求，还是忽视或反对领导者的要求？下属的态度通常可以通过问卷调查或访谈的方式来获得。例如，到了年终，我们要考核五个部门的领导者。可以让所有的下属给这5位领导者打分，将打分结果计算出来就可以看出五位领导者谁在下属心目中具有更强的影响力，这是一种直接的评价方法。还可以通过测量员工态度的方法来评估领导者对下属的影响力大小，比如员工的工作满意度(job satisfaction)、组织的承诺(organizational commitment)、组织支持感(perceived organizational support)、组织公民行为(organizational citizenship behavior)等。

领导的有效性不但是从事领导实践的人所密切关注的内容，同时也是有关领导行为研究最主要的结果变量。绝大多数领导行为研究的内容都是围绕如何提高领导有效性这一主题而进行的。

有关领导研究的主要变量

有关领导的研究主要围绕以下变量进行，其主要变量包括：① 领导者的特性；② 下属的特性；③ 情境的特性这些变量也是领导者希望最大限度地影响下属所应该考虑的内容。

首先，对领导者来说，特质(动机、个性、价值观)、技能和专业技术、行为、影响他人的技巧、有关下属的归因(attributions about followers)都会影响他的行为。

其次对下属来说，他的一些特性也将影响领导者的行为。下属的特质(需要、价值观等)、技能和专业技术、对领导者特点的了解、对领导者的信任、对任务的承诺和努力、对领导者和工作的满意度等因素也将作用于领导者，成为领导行为的影响因素。

最后，组织的一切活动都是在特定的环境中进行的，情境的特点也是主要的领导行为变量，包括组织或部门的工作类型、组织的大小、职位权力和权威、任务结构和复杂性、任务的相互依赖性、环境的不确定性、对外部的依赖性等。

领导实施影响的过程中，领导者、下属和情境的关系，可以用图1-1简单表示。

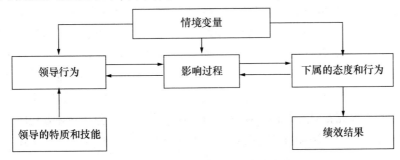

图1-1　有关领导研究各变量之间的因果关系

资料来源：〔美〕Yukl，*Leadership in Organizations*，清华大学出版社，2011。

领导者、下属和情境的关系,在西方学者提出的领导的权变理论中得到了极其详尽的阐述。我们在下面介绍西方有关领导研究的理论变迁时,其中主要的研究变量都是围绕领导者、下属和情境的影响作用而进行的。

西方领导理论的变迁

西方的领导理论,从 20 世纪 30 年代开始发展,迄今为止主要经历了领导的特质理论(trait theories of leadership)、领导的行为理论(behavioral theories of leadership)、领导的权变理论(contingency theories of leadership)。现今又有一些新的理论发展,如变革型领导(transformational leadership)、魅力型领导(charismatic leadership)、公仆型领导(servant leadership)、道德型领导(ethical leadership)、领导—部属交换理论(leader-member exchange)等。我们在下面将简要介绍西方有关领导研究的特质理论、行为理论和两种新发展出的领导理论——公仆型领导和道德型领导。第二章将详细介绍权变理论,第三章主要介绍变革型领导和魅力型领导,第七章介绍领导—部属交换理论。

特质理论

从 20 世纪 30 年代开始,众多学者就开始研究领导者的特质,希望发现领导者与非领导者在个性、心理或者智力因素、社会背景等方面的差异。当时的研究者相信,领导者与非领导者的不同在于领导者身上具备一些共同的品质,正是这些非领导者所不具有的品质,决定了领导者的个人成功。对领导者的特质研究最多的主要集中在能力、个性和动机三个方面。

美国俄亥俄州立大学工商研究所的 R. M. Stogdill 教授把领导特质归纳为六大类:身体特性如身高、外貌、精力等,社会背景特性如学历、社会经济地位等,智力特性如判断力、口才等,个性特征如适应性、自信、进取心等,与工作有关的特性包括高成就需要、有毅力、有创造性、重视任务完成等,社交特性如善交际、愿意与人合作等。并且他认为:"认为领导者完全由情境决定、没有什么个性特征能够决定领导者的观点……似乎过分强调了情境因素,忽视了领导者的个性特征。"Kirkpatrick 和 Locke(1996)发现,一些证据表明,有效领导者的确与其他人存在特质上的不同。他们的研究表明高智力对于领导者并不是必需的,但是,领导者若想获得成功,仍然需要一些特质以及良好的机会。

但遗憾的是,尽管众多的学者研究得出了领导者所应具有的 100 多种特质,但似乎并没有什么特质是领导者所一定具有的。例如,一份研究领导特质理论的研究综述概括了 20 多篇研究报告后得出,在列出的 80 多项领导特质中,至少在 4 篇文章中都相同的只有 5 项,人们并未找到一种绝对的领导者的特质可以对领导者与非领导者进行严格的区分。

尽管如此,研究者们发现了领导者所具备的 6 种特征可以同非领导者相区别。它们是进取心、领导意愿、诚实和正直、自信、智慧、与工作相关的知识,如表 1-3 所示。

表1-3 区分领导者与非领导者的6种特质

- 进取心(drive)。领导者表现出极高的努力程度,他们具有较高的成就动机,富有进取心,精力充沛,执行各项活动不知疲倦,积极主动
- 领导意愿(desire to lead)。领导者要有强烈的意愿去影响和领导他人。他们愿意为自己的行动负责
- 诚实和正直(honesty and integrity)。领导者之间以及上下级之间通过诚信、坦诚相对和言行一致来建立信任关系
- 自信(self-confidence)。下属寻求领导者的帮助是为了解决自己的困惑,因此,领导者需要展现出充分的自信以获得下属对决策的正确性的信任
- 智慧(intelligence)。领导者必须拥有足够的智慧来收集、综合和解释大量信息,并且能够创造美好的愿景,解决问题和做出正确决策
- 与工作相关的知识(job-relevant knowledge)。有效的领导者必须对公司、行业的技术问题有较高的了解和掌握。渊博的知识能帮助领导者做出信息充分的决策和了解这些决策的意义

总之,大半个世纪以来积累的研究结果使我们得出这样的结论:具备某些特质确实能提高领导者成功的可能性,但没有一种特质能够保证其必然成功。为什么特质理论在解释领导有效性方面并不成功?我们认为,主要是特质理论缺乏情境因素的考量。任何领导特质都是针对不同的人在不同的情境中论述的,这些因素的不同都将影响同一种领导特质的不同效果。另外,个性描述和测量可能并不准确。大部分特质的研究或许并没有涉及领导特质中真正重要的方面,没有对特质的不同重要性有所区分。而量表的设计恰恰是根据预先假设好的一些特质诸如成就动机、坚定、信赖等特质来设计的。因此,这些都可能产生误导。另外,还有的研究者认为特质理论没有对因果进行区分。究竟是某些特质成就了领导者,还是因为他成为有效的领导者之后而获得了某些特质?例如,是一个人因为有了自信的特质当上了领导者,还是当上了领导者之后变得很自信,这些因果关系在领导特质理论中没有明确的说明。总之,这些研究缺陷促进了领导理论研究的发展,在其后的研究中,也就是在20世纪40年代末至60年代中期,有关领导的研究倾向于领导者所表现出来的行为而进行。

行为理论

特质理论的不足,使研究者们将目光转向了领导者表现出来的具体行为上来。领导行为理论主要致力于对领导者行为的考察,试图找出某些类型的领导者行为与员工工作满意度、员工生产率之间的关系。

如果领导行为的观点获得成功,它所带来的实际意义将与特质理论截然不同。如果特质理论正确,那么也就意味着一个出色的领导者主要决定于他天生所具有的一些特质,有关领导的研究也就变成如何寻找一位具有某些特质的人了。反之,行为理论如果正确,也就是说,一个好的领导者的条件在于他所表现出的适当的行为,而行为是可以学习和塑造的,所以,组织可以通过培训和训练得到一个出色的领导者。下面我们介绍一些最重要的领导行为理论的研究。

(1) 俄亥俄州立大学的研究。俄亥俄州立大学工商企业研究所在20世纪40年代末期在Stogdill的带领下,提出了领导行为的四分图。他们首先收集了1 000多种刻画领导行为的因素,然后进行逐步概括,最后将领导行为的内容归纳为两个维度:关怀维度和创立结构维度。

关怀维度(consideration dimension)主要侧重于人际关系,强调领导者与下属的人际沟通,关心下属需要,尊重下属意见,在领导者和下属之间建立相互信任、尊重、温暖和谐的关系。高关怀的领导者平易近人、关心下属,对待下属公平,与下属之间有良好的关系。

创立结构维度(initiating structure dimension)主要侧重于工作和生产。它主要以工作为中心,包括明确组织结构、明确职责权力和相互关系、确定工作目标、设立意见交流渠道和工作程序、确立工作方法和制度来引导与控制下属的工作行为。高创立结构特点的领导者对工作方式予以设定,强调绩效标准和工作的按时完成。

他们按照这两个维度来设计"领导行为描述问卷",关于两个维度的题目各15道,发给企业职工,由下属来描述领导者的行为属于哪种类型。研究结果发现,两类领导行为在同一领导者身上并不矛盾,有的领导者只具有其中一个维度的特点,有些则两者兼具。具体如图1-2所示。

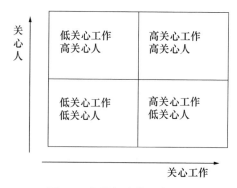

图1-2 领导行为的两个维度

四分图把领导行为分为四种基本情况:① 高关心工作—高关心人的领导行为,对人和工作都十分关心;② 高关心工作—低关心人的领导行为,十分关心工作,不大关心人;③ 低关心工作—低关心人的领导行为,对人和工作都不关心;④ 低关心工作—高关心人的领导行为,十分关心下属,重视与下属的关系,不大关心工作。以这个结构为基础的广泛研究发现,"高关心工作—高关心人"的领导行为有更好的领导效果,即有更高的员工满意度和工作效率。然而,"高关心工作—高关心人"的领导行为也并不总是产生更好的效果,例如有一项研究表明,领导者的高关怀特点与其直接上级主管对他本人的绩效评估成绩负相关。但是,俄亥俄州立大学的领导行为理论是从两个维度进行领导行为研究的首次尝试,为以后的领导行为研究提供了一个新的范式。

(2) 密歇根大学的研究。密歇根大学调查研究中心在俄亥俄州立大学研究的同一时期也进行着相似的研究,他们也旨在研究领导者的行为特点与工作绩效间的关系(Katz, et al., 1950;Katz & Kahn, 1952)。

密歇根大学的研究也确立了领导者行为特点的两个维度:员工导向(employee-oriented)和生产导向(production-oriented)。员工导向的领导者(employee-oriented leader)重视人际关系,关心员工,承认人与人之间的个体差异,类似于俄亥俄州立大学研究中的高关怀维度。生产导向的领导者(production-oriented leader)重视生产任务的完成,更关心工作任务的按计划进行,关注任务事项,将群体成员看作完成工作任务的工具和手段,类似于俄亥俄州立大学研究中的创立结构维度。

密歇根大学的研究结论十分支持员工导向的领导者:员工导向的领导者能获得更好的员工工作绩效,也就是更高的员工工作满意度和生产率,而生产导向的领导者将导致员工的低工作满意度和低生产率。

(3)管理方格理论。为了探讨俄亥俄州立大学的四分图理论在实践中的应用,得克萨斯州立大学心理学教授罗伯特·布莱克(Robert Blake)和简·穆顿(Jane Mouton)在1964年提出了管理方格理论(managerial grid)。管理方格理论是对四分图理论和密歇根大学研究的结论中"生产导向"和"员工导向"两个维度的继续探讨。它是一张9等分的方格图,纵坐标表示"关心人"程度的高低,分为9等分,横坐标表示"关心生产"程度的高低,也分为9等分,整个方格图共分成81个小的等分方格,每个小方格代表了领导方式中"关心人"和"关心生产"两个因素的结合方式(见图1-3)。

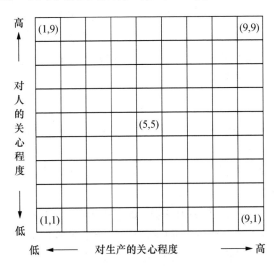

图1-3 管理方格

资料来源:〔美〕史蒂芬·P.罗宾斯著,孙健敏等译,《组织行为学》(第七版),中国人民大学出版社,1997。

在图1-3中,有五种典型的领导行为方式的组合:
- (1,1)型:贫乏型管理,也叫虚弱型管理。这种类型的领导者对生产的关心和对人的关心程度都很少,仅仅对必需的工作和为了维持恰当的组织成员关系而付出最少的努力。一般而言,这种领导方式是失败的,但是当下属具有高素质,全部为自我实现型的高成熟度的成员时,这种领导方式也是成功的,也就是古人所说的"无为而治"。

- (9,1)型:任务型管理。这种类型的领导者高度关注生产,而对人的关心很少。领导者会设计一套完善的工作条件和制度,使得下属在其安排下高效率地工作,使工作过程中人的影响降低到最低程度。这种领导方式不注重人的因素,下属在这种领导方式下丧失了自主性,也容易丧失劳动的积极性和创造性。

- (5,5)型:中庸之道型管理。这种类型的领导者既表示对工作的关心,也表示对人的关心,且两者都维持在一个中等的水平,达到微妙的平衡。使用这种方式的领导者既会通过一定的激励、引导等方式使下属完成工作目的,也注重与下属的情感、人际沟通,使组织绩效实现。但是这种领导方式不思上进,从长远来看容易使企业落伍。

- (1,9)型:乡村俱乐部型管理。这种类型的领导者强调对下属的关怀,为下属创造一种舒适、友好的氛围和工作基调,对下属关怀备至,关心下属的需求是否得到满足,却忽视了工作绩效。这种类型的领导者认为高的员工满意度会带来高生产效率。

- (9,9)型:团队型管理。这种类型的领导者既注重对下属的关心,也注重工作绩效的完成,将工作任务的完成同下属之间和谐、舒适的工作氛围相结合,工作的完成来自下属的自觉,由于组织目标的"共同利益关系"形成相互信赖、相互信任的工作关系,创造企业的高员工满意度和高生产率。

Blake 和 Mouton(1964)的研究得出,不论是与(1,9)型还是与(9,1)型对比,(9,9)风格的管理者工作效果都最佳。但遗憾的是,管理方格理论更多的是为领导风格的概念化提供了框架,它并没有提供明显的新信息来澄清在领导方面的困惑——我们缺乏实质证据来支持(9,9)型风格在所有情境下的有效性。

行为理论小结

领导行为理论在确定领导行为与员工绩效之间的一致性关系上获得了一定的成功。但行为理论似乎对影响成功与失败的情境因素欠考虑。例如,在一个高科技企业的环境下,海尔严格规范的管理风格未必适合。行为理论的观点并不能清晰地澄清这些情境因素对领导行为有效性的影响。

随着领导特质理论与领导行为理论研究的进一步深入,越来越多的研究者开始产生疑问,某一具体的领导方式是否会在所有情况下都产生同样的领导效果?为什么在不同的环境条件下,相同的领导行为会产生截然不同的领导效果?于是,对在不同环境条件下应该采取什么样的领导行为模式的研究应运而生,相应地产生了领导权变理论。

权变理论关注情境方面的影响。领导风格与有效性之间的关系表明:第一,领导的有效性依赖于情境因素;第二,这些情境条件可以被分离出来。

在分离主要的情境变量方面,被广泛认可的做法主要有费德勒的权变理论(Fiedler contingency theory)、领导行为的路径目标理论(path-goal theory of leadership)、领导行为的替代理论(leadership substitutes theory)、多重连接模型(multiple-linkage model)、认知资源理论(cognitive resources theory)和情境领导理论等。关于权变理论的具体内容将在第二章详细介绍。近年来,领导研究领域又提出了一些新的领导理论,如公仆型领导、道德型领导等。

公仆型领导

随着人们对领导行为观点的改变,对领导者的需求也有所变化,员工们越来越倾向于注重道德、强调以人为本的管理方式,而公仆型领导正符合这样的需求。

公仆型领导最初由 Greenleaf(1977)提出,他在"The Servant as Leader"一文中提出:"公仆型领导首先是一个仆人,这种领导者开始于一种想要去服务的很自然的感觉,然后才是谨慎选择如何去领导。"

这种思想给后续学者的研究留下了深远的影响。现有的研究对公仆型领导的定义做出了不同的界定,学术界仍然存在争论,以下为综合国内外学者的成果对公仆型领导进行的概念阐释,如表1-4所示。

表1-4 公仆型领导的概念整理

作者	定义
Greenleaf	公仆型领导具有满足他人需求、服务于他人的愿望,从而取得对追随者的领导力。他们致力于从任务的有效性、自我激励及未来领导能力等方面来挖掘下属的潜力。
Graham	公仆型领导最具魅力效应,其关注点是下属的道德发展、服务动机的激发及对共同利益的促进,并指出其突出特征是谦逊、授权、自主、培养下属的道德及激发其同样的服务动机。
Akuchie	探讨了公仆型领导的圣经根源及其概念与宗教和精神的联系。
Farling、Stone 和 Winston	公仆型领导作为一个循环过程的层次模型,包括行为方面(愿景、服务)及对应方面(影响、可信性、信任)的成分。
Bass	公仆型领导和变革型领导的相同点在于:愿景、影响、可信性、信任及服务,但是公仆型领导超越了变革型领导,将领导和下属的动机相连。
Polleys	从领导理论中的人格、行为和情境理论探讨公仆型领导。
Russell 和 Stone	要成为公仆型领导,个体需要进行自我内在的改变,并在行为上做出相应的改变。公仆型领导提供了积极改变工作中人际关系及组织活动的可能性。当越来越多的个体转变为公仆型领导,更多的人将受益。
孙健敏和王碧英	公仆型领导是一种超越领导者个人利益的领导行为或领导方式,这种领导者尊重下属个体的尊严和价值,并把服务他人作为第一要务,以满足下属的生理、心理和情感需求。

资料来源:陈佩、杨付、石伟,"公仆型领导:概念、测量、影响因素与实施效果",《心理科学进展》,2016年第24期,第143—157页。

在 Greenleaf 提出公仆型领导的概念以后,西方研究者主要对公仆型领导的特征进行模型化的探究。不同的模型一共得出了 44 种公仆型领导的特征,没有一种得到学术界的一致的认可。但是我们仍然能分辨出以下 6 个关键性特征:

- 授权和发展(empowering and developing people)。授权和发展是一个动机性的概念,关注于让人有能力。授权的目的在于培养下属一种主动的、自信的态度,表明领导者重视他们的价值并且鼓励他们的自我发展。授权领导行为包括鼓励下属自己直接做决定、信息共享、教授创新表现等。在这个过程中,核心的问题在于公仆型领导对于每一个个体的内在价值的信念——他们能够识别、认可并且实现自身的能力和潜能。

- 谦卑(humility)。谦卑是指能够正确看待一个人的成就和天赋的能力。公仆型领导敢于承认他们能够从别人的技能中获益,积极地去寻找他人的贡献。谦卑能够显示一个领导者在多大程度上将别人的利益置于首位,促进他们的表现并且提供给他们必要的支持,这包括一种对他人的责任感。在一个任务已经成功完成后,公仆型领导也会在大的背景下重新看待它。

- 真实性(authenticity)。真实性类似于"真实的自我"的表述,指一个人能够按照和内在的想法、感受一致的方式表达自己。真实性意味着对自己真实,无论是私下还是公开都能正确表达内在的想法、意愿和评价。公仆型领导的真实性表现在很多方面,包括言而有信、诚实等。从一个组织的角度来说,公仆型领导的行为表现首先符合个人,然后符合职业角色。

- 人际接纳(interpersonal acceptance)。人际接纳是指公仆型领导能够理解和体会他人的感觉,并且能够容忍他犯的错误,不会对其心怀怨恨。人际接纳包括"共情"和"观点采择"等元素,他们能够接受他人的心理感受,即使遇到他人的对抗、争吵和错误,也能够出于关心而表现出温暖、同情和原谅。对公仆型领导来说,营造一种信任的氛围是十分重要的,在这种氛围下,下属认为自己是被接受的,因此不害怕犯错误,也知道自己不会被拒绝。

- 提供方向(providing direction)。为下属指明方向,能够确保他们知道自己被期待什么,做什么事对自己和组织都有利。公仆型领导的"提供方向"表现在他们会使工作动态化,基于下属的能力、需求和投入给他们安排"量身定做"的工作。这种方式也能为老问题创造一种新的解决方案。

- 管家性(stewardship)。公仆型领导愿意为更大的机构负责,但这是为了去服务而非控制或者谋求自身利益。管家性和社会责任感、忠诚和团队合作都有密切的关系。领导者不只担任一个关切者,也为下属树立了一个榜样,刺激下属为共同利益而行动。

总之,公仆型领导的影响受到多种因素影响。公仆型领导受自身服务性的内在动机驱动,通过对下属关怀、授权、指导等方式,营造一种信任的氛围,增强下属对自己的尊敬和忠诚,对下属、绩效和组织都产生积极的作用,其施加影响的过程可以概括为图 1-4 所示。

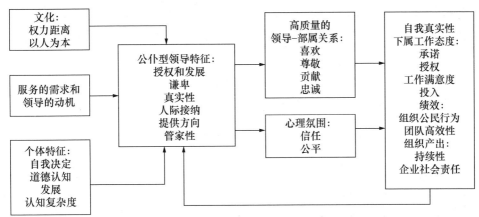

图 1-4　公仆型领导的概念性模型

资料来源：Dierendonck, D. V., "Servant Leadership: A Review and Synthesis", *Journal of Management*, 2011, 37(4), 1228—1261。

道德型领导

领导者总是被期待着能够成为道德的灯塔,古代哲学家就意识到了这种责任的重要性。柏拉图想象中的理想国是一个被一位有道德的哲学家国王领导着的城邦；亚里士多德认为领导者必须是善良而有道德的,要能够展现出强烈的有道德的个性。

Brown 和 Treviño（2006）将道德型领导定义为"通过个人的行为和人际关系来展示什么是规范的、正确的行为,而且这种行为能够通过双向交流、强化和决策促进下属的道德行为"。规范正确的行为意味着领导者的行为总是要符合在一个工作环境中,下属对领导行为的预期,比如在对自己的行为负责时,道德型领导需要是公正的、诚信的、有原则的、值得信赖的,除此之外道德型领导也需要使用正确的奖赏或惩罚措施来使得下属对自己的行为负责。

在西方传统的领导理论中,很多都包含道德型领导的成分。比如一些研究者认为,变革型领导能够激起下属的道德意识；还有一些研究者认为,行为道德是公仆型领导的关键要素。近些年来,随着研究者开始将道德型领导作为一个单独的领导风格,对道德型领导与其他领导风格的比较也成为一个有意义的话题。表 1-5 列出了道德型领导和真诚型领导（authentic leadership）、精神型领导（spiritual leadership）、变革型领导（transformational leadership）的异同。

表 1-5　道德型领导与真诚型领导、精神型领导、变革型领导的异同

	相同点	不同点
真诚型领导	关心他人（利他主义） 道德型决策 正直诚实 行为榜样	道德型领导强调道德管理和他人的意识； 真诚型领导强调诚信和自我意识

(续表)

	相同点	不同点
精神型领导	关心他人（利他主义） 正直诚实 行为榜样	道德型领导强调道德管理； 精神型领导强调愿景、希望、信仰、工作的使命感
变革型领导	关心他人（利他主义） 道德型决策 正直诚实 行为榜样	道德型领导强调道德标准和道德管理，更多交易型成分； 变革型领导强调愿景、价值观、智力激发

资料来源：Brown, M. E., & Treviño, L. K.,"Ethical leadership: A Review and Future Directions", *The Leadership Quarterly*, 2006, 17, 595—616。

目前，关于道德型领导的特征分析还没有得出一致性结论，研究者大多聚焦于塑造道德型领导的影响因素及其对下属和组织产生的作用，具体作用框架如图1-5所示。

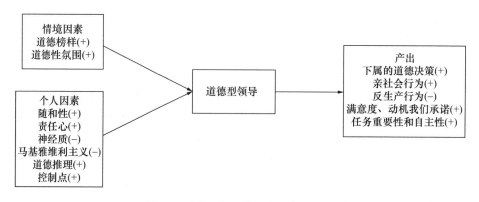

图1-5 道德型领导的影响因素和作用

资料来源：Brown, M. E., & Treviño, L. K.,"Ethical leadership: A Review and Future Directions", *The Leadership Quarterly*, 2006, 17, 595—616。

多种因素共同影响了道德型领导的形成：从情境的角度来说，虽然道德型领导为下属提供了榜样的作用，但其本身也需要一个道德榜样；一个支持道德形成的道德性环境也与道德型领导呈正相关关系。从个人的角度来看，领导者的人格特质和道德型领导有很强的相关性，"大五"人格中，随和性（利他的、信任的、友好的、合作的）越高，责任心（可信赖的、负责任的、有决心的）越高，神经质（焦虑的、情绪不稳定的）越低，道德型领导水平越高；而马基雅维利主义程度越高，即越善于使用权术，道德型领导水平越低；一个领导者是否为道德型领导，又取决于他如何思考道德事件、怎么看待自己与他人之间的关系。一个领导者的道德推理能力越强，即个体可以正确判断出在特定情境中一个行为是否道德的能力越强，道德型领导水平越高；内控的人能比外控的人展示出更高水平的道德性，因为内控的人更多地将行为发生的原因归于自己，因此更加注重行为导向，对事情更加负责并且能在不同的情境中保持一致，倾向于做出道德性决策。

道德型领导也可以为下属和组织带来一系列有利的影响：能增强下属的道德决策意识，增加组织中的亲社会行为而减少反生产行为；能增下属的工作满意度、增强工作动机和组织承诺；能让下属认为工作任务是有价值、有意义的，是重要的，以提高他们工作的自主性。

随着研究的深入，研究者也开始对道德型领导的影响因素和作用做出解释，其中最重要的理论是阿尔伯特·班杜拉（Albert Bandura）的社会学习理论。如果领导能够被他们的下属看作道德型领导，他们本身一定是有吸引力且是可信赖的榜样，这些有吸引力和可信赖的特征能够让下属注意到并且模仿学习，引导出下属的道德行为。除此之外，道德型领导还会设置道德标准以及在交流中经常性地启发下属的道德意识，并且使用奖赏和惩罚来影响下属的道德行为。

而 Fehr et al. (2015) 认为道德型领导能够感染下属也表现出道德的行为：从自我关注的角度来说，领导者的行为表现符合下属的道德预期，会促使下属规范自己的行为，使之保持相同的标准；从他人的角度来说，道德型领导促进了社会学习过程，激励下属维持道德名誉。

第三节 中国企业环境下的领导行为研究

中国企业环境下的领导行为同样也受到研究者的关注。尤其是在 20 世纪 70 年代，由于亚洲四小龙经济的飞速发展，人们更加关注具有儒家传统文化的企业是如何经营与管理的。Silin(1976)、Redding(1990)、Westwood 和 Chan(1992)等学者进行了定性和定量的研究，探讨中国企业的领导行为表现及对企业业绩的影响。这一系列的研究都十分关注"家长式领导"(paternalistic leadership)的行为及对企业的影响。在此基础上，Farh 和 Cheng(2000)研究总结了家长式领导的三个要素，即威权(authoritarianism)、施恩(benevolence)和道德领导(morality)。他们还探讨了每一个要素背后深刻的文化基础以及这些要素与企业业绩的相关性。

中国的一些学者也研究了企业领导行为在中西方文化上的差异，以及这些领导行为对企业管理效果的影响。在 Xu(1989)和凌文辁等(1991)的研究中发现，工作绩效、团体维系和个人品德是解释中国领导管理效果的三个维度。他们提出的 CPM（character, performance and maintenance）理论，拓展了 Misumi(1985)提出的 PM 领导理论。

中国领导的 CPM 理论

CPM 模式起源于日本学者 Misumi(1985)的 PM 理论。Misumi 认为，领导行为是团体机能的表现。团体有两大机能：一个是团体目标的达成，也即团体的表现，Misumi 将此称为 P（performance）机能；另一个则是团体的维系和强化，Misumi 称之为 M（maintenance）机能。与俄亥俄学派的领导行为概念比较，P 机能接近结构因素，M 机能则接近关心员工因素。

中国有些学者接受了 Misumi 的概念,但他们认为领导效果不仅受到团体机能的影响,也受到领导者个人品格的影响,因此加入了 C(character)的概念,认为好的领导者应具备诚信正直、不图名利、用人唯才,且"先人之苦、后人之乐"等品德。中国科学院心理研究所的凌文辁等(1991)进行了"领导行为评价中国模式"的探讨,提出了中国领导行为评价的 CPM 模型:中国的领导行为评价由三个因素构成,即 P 因素、M 因素和 C 因素。凌文栓等人认为,CPM 模式更符合中国的文化和国情,在中国,一个领导者只有正确处理好对工作(P)、他人(M)和自己(C)的关系,才能最大限度地发挥领导者的作用。凌文辁等(1991)还从社会文化角度进行了中国人内隐领导理论的探讨,研制了内隐领导特质量表,总结出了中国人内隐的领导特质:个人品德因素、目标有效性、人际能力和多面性。他们认为,CPM 模式提出了领导行为评价的中国模式,而内隐理论检验了 CPM 模式在中国的适用性,这初步说明了 CPM 模式更符合中国文化和国情。

无论是家长式领导,还是上述的 CPM 理论,都反映了东西方文化背景下领导行为的差异。一些跨文化研究表明了中国社会存在比西方国家更大的权力距离(Hofstede,1980)。这些文化的差异,加之政治、经济、法律等规范的不同,必然导致在中国企业环境下,领导者的行为存在与西方企业管理者不同的行为。同时,随着时代的变化,中国企业在当前经济环境下,领导行为的表现与20世纪80年代(即 CPM 理论提出的时期)相比,一定存在不同。王辉等(2006)以中国企业的 CEO 为对象,进行了一系列的研究,总结了在转型经济环境下中国企业领导者的典型行为。

中国企业高层管理者的领导行为

王辉等(2006)采用定性与定量相结合的方法,进行了一项包含1471名来自732个企业,包括国有、民营、合资/独资企业的中层及高层领导者参加的调查。该研究首先归纳总结了在转型经济环境下,中国企业高层管理者的领导行为,具体内容如表1-6所示。

表1-6 中国企业高层管理者的领导行为

维度	典型的行为表现
开拓创新	愿意冒险
	敢于创新
协调沟通	具有良好有效的人际沟通技能
	能够与员工很好地交流
设定愿景	清楚地制定企业未来的愿景
	向员工清楚明白地陈述光明的前景
关爱下属	表达对员工个人生活的关心
	表达对员工家属的关心
监控运营	对不同项目和计划的良好控制
	监控组织的运行

(续表)

维度	典型的行为表现
展示权威	具有对绝大多数事件的个人控制
	将决策集中于自身

资料来源:王辉、忻榕、徐淑英,"看看你像谁?——中国企业领导人素描",《哈佛商业评论》,2004年第5期,第28—31页。

这六个维度对于中国企业的高层管理者具有重要的意义。具体来说,"设定愿景""监控运营"和"开拓创新"这三个维度与高层管理者制订战略决策、建立组织结构、监测和控制生产等经营管理的角色密切相关,这些活动以经营管理的任务业绩为导向。尤其是"开拓创新"更反映转型经济时代对高层管理者提出的更高要求。"协调沟通""关爱下属"和"展示权威"这三个维度关注的是高层管理者维持和谐的人际关系、更好地激励员工等角色行为。"协调沟通"行为和"关爱下属"行为印证了中国环境下人际和谐的重要性(Yang et al., 1989),表明以人为本、注重人力资源的管理理念已经深入人心。有趣的是,"关爱下属"和"展示威权"的维度印证了中国环境下家长式领导行为研究的发现(Farh & Cheng, 2000; Silin, 1976; Redding, 1990; Westwood, 1997)。这两个维度支持了他们的观点,即在中国企业中,领导行为既体现在关系特质上(如营造和谐、维持关系和道德领导等),也体现在结构特质上(比如集权化和低形式化)(Farh & Cheng, 2000; Redding, 1990; Westwood, 1997)。

在以上归纳总结的基础上,该研究建构了一套测量高层管理者领导行为的工具。探索性因素分析、验证性因素分析以及其他分析结果表明,该量表有可接受的信度和效度。有兴趣的读者可以参考本章最后的自测题目。

与20世纪80年代领导行为的CPM理论相比,本研究所揭示的领导行为有了进一步发展。改革开放之初,员工对领导者的期望只是要完成任务(P因素),维系一个和谐的人际环境(M因素),并能够公正、公平地进行资源分配(C因素)。而现在,企业的高管人员不但要全面了解企业未来的发展方向,并制订战略规划,同时还要不断展示出创新行为,表现在技术、产品、服务上;既要规范管理,不断提升执行力,同时也要与下属和谐相处,关心他们的工作甚至个人生活。这些行为表明,市场经济环境不但赋予了企业领导者更大的自主权,同时更为重要的是,他们也承担了更大的职责与义务。为了经营、管理好企业,他们必须具备多种多样的行为表现,既要有人际导向的行为表现,维系和谐的人际环境,也要展示规范管理、严格监控的现代企业制度行为,确保企业任务的完成,因此,中国企业的高层管理者呈现多元导向并存的领导行为模式(Tsui et al., 2004)。

中国企业高层管理者的领导风格

根据上文提到的六个维度,Tsui等(2004)采用"构型法"(configuration)将转型时期的中国领导者归纳为四种领导风格,分别为"先进型""任务导向型""员工导向型"和"隐匿型",具体内容如表1-7所示。

表1-7 中国企业四种领导风格

领导风格	描述	绩效和满意度
先进型	富有创意,敢于冒险,善于沟通和传达愿景,关心员工,管理严格,在"开拓创新""协调沟通""设定愿景""关爱下属""监控运营"上都高于平均值	绩效最高,员工满意度最高
任务导向型	喜欢独揽企业大权,独自做出重大决定,在"监控运营"和"展示权威"两个维度上高于平均值,其他维度都等于或低于平均值	绩效排在第二位,员工满意度也次之
员工导向型	注重与员工沟通,善于维系一个良好的人际环境,在"关爱下属"和"协调沟通"得分较高	
隐匿型	虽然在企业中担任领导者的职位,但却不行使领导者的责任,除了"展示权威"高于平均分,其他维度都大大低于平均分	绩效和员工满意度都最差

资料来源:Tsui, A. S., Zhang, Z. X., Wang, H., Xin, K. R., & Wu, J. B., "Unpacking the Relationship between CEO Leadership Behavior and Organizational Culture", *The Leadership Quarterly*, 2006, 17(2), 113—137。

中国文化中既包含传统的儒家思想和集体主义文化,也有共产主义思想和改革开放的作用,近些年来传入的西方管理思想也对中国"百花齐放"式的领导风格产生深远影响。四种领导风格和组织的绩效之间没有绝对的因果关系,一般情况下,先进型领导所在的组织或企业绩效最好、员工满意度也最高,但是其他风格的领导者也可能有潜在的收益。比如说在一个高教育水平、高专业性的组织中,领导采用隐匿和授权的领导风格可能比直接的控制效果更好。在转型中的中国环境下,没有一种最好的领导风格,企业家要结合企业的情况,选择最合适的领导方式。

中国企业高层管理者的领导行为对企业绩效和组织文化的影响

领导者可以直接对企业的业绩和员工的工作态度产生影响,但是对机制方面的研究不足。Wang等(2011)收集了125个中国公司的高层管理者及其下属739名中层经理的匹配数据,证明了任务导向的领导行为直接与企业业绩正相关,而关系导向的领导行为与员工态度,如组织关怀、组织承诺、分配公平和程序公平等直接相关,并且能够通过影响员工态度来影响企业的业绩。

除此之外,大部分公司的高层管理者的领导行为与组织文化之间存在关联,但是这种关联会受到企业所有制、企业规模等因素的影响。比如国有企业受到政府控制较大,传统比较根深蒂固,因此领导自主权有限,关联较弱;而新成立的小型企业受到的制约少,领导自主权更大,因此对企业文化的影响更明显(Tsui et al.,2006)。

第四节 领导有效性的适域观点

在Xu(1989)、凌文辁等(1991)以及王辉等(2006)的研究中,都发现了与西方文献中不同的领导行为维度。这是非常自然和容易被理解的,因为中国企业的领导者所处的环境与西方企业领导者所处的环境截然不同。中国的政治制度、经济制度、法律规范、文化传统、价值观念等方面与西方国家差别很大。在这样的企业环境中,领导者要想最大限度地影响下属,就必然要有不同的行为表现,这就是我们要介绍的适域的观点。

适域的观点

所谓适域的观点是指,中国企业的领导者要想最大限度地发挥领导的有效性,其行为和表现必须适合中国企业所面临的政治及经济环境,适合中国社会传统文化的特点,尤其是其企业所在的地域特点、行业特点、企业发展阶段等特点。适域观点的理论基础来自组织行为学中的权变观点(contingency perspective)。

罗宾斯(1997)认为,权变的观点是组织行为学研究中非常重要的观点,组织行为学的概念或理论必须反映情境的不同。我们可以说 X 导致 Y,但只能在 Z(Z 是权变变量,contingency variable)所限定的条件下。组织行为学是通过把一般性的结论和理论加以概括后再应用到特定的情境中发展起来的。例如,组织行为学家会避免这样的说法:有效的领导者做出决策之前应该征求下属的意见和看法。在有些情境下,参与式的风格确实有其优越性,但在另外一种情境下(如指挥官在战场上),专制的决策风格可能会更有效。换言之,领导行为的有效性随实施这种风格的情境的不同而不同。

因此,没有简单而普遍适用的原理能够解释组织行为。人类之所以复杂是因为他们各不相同,因此很难总结出简单准确而且适用广泛的定律。同样情境中的两个人的表现常常不大一样,同一个人在不同的情境下行为也会发生变化。

组织行为学理论反映了客观事物本身的特性,人是错综复杂的,所以用于解释其活动的理论也应该是复杂的。为了更好地说明中国情境下的领导行为,我们需要了解中国的文化特点及中西方文化的差异。

中国文化的特点

中国传统文化是世界上不多的几种原生性文化之一,这一点完全不同于处于中华文化圈边缘地带的东亚及东南亚诸国,也不同于西方一些新兴发达国家,它们的文化形态具有明显的次生性。中国传统文化作为具有丰富内容并包含许多精华的原生性文化,具有文化本源的意义。而且,中国是世界上最早提出人本主义哲学并初步建立起了以"爱人贵民"为中心的人本主义管理思想体系的国家。这就决定了中国的现代人本管理体系不可能抛开中国传统文化而重建。这也就意味着我国市场经济的发展、现代企业制度的创立和现代人本管理体系的构建只能在民族传统文化的基础上进行。当然,在构建有中国特色的现代人本管理体系的过程中,对中国的传统文化既不可抱残守缺,同时也不可连根拔起;既不可背负上沉重的历史文化包袱,同时也不能走向民族虚无主义或历史虚无主义。

中国传统文化的核心层,是以儒家思想为正统的文化价值体系,其主要特点是重视人、倡导德。儒家对"仁"的强调、对"礼"的推崇以及"和为贵"等主张,都是为了协调、规范和平衡人际关系;在个人修养上强调修身、齐家、治国、平天下;在谋事方面强调"天时不如地利,地利不如人和"。这些都表明,中华文化的核心就是人。正是基于这种心理品质,中华民族才有着强大的凝聚力,形成了一个密不可分的共同体。中国传统文化中的这种以"仁"为本,"立德"为先及"天人和谐""人际和谐""情理和谐"的全方位的和谐精神是具有世界意义和现实意义的。现代的人本管理,从东方到西方,都在强调"以人为本"的企业理念,要求企业管理者"居仁怀义",追求管理者与员工的和谐、员工与员工的和谐,以及员工与顾客的和谐,可以说这些都自觉或不自觉地说明了中国传统文化价值的精要。中国社会被认为是一个关系本位的社会,人际关系在中国人的社会生活中具有特别的重要性,中国人的人际交往方式与西方人有很大不同。

近年来,对"关系"(guanxi)和人情的探讨已经成为研究中国人心理与行为的学者共同关注的一个课题。"关系"与人情是中国社会特有的本土现象,尤其在民营企业内部,总是存在一个以血缘、亲缘以及"泛家族文化"维系的非正式组织,对企业决策施加重大影响。所谓泛家族文化,台湾著名学者杨国枢曾有过简明而准确的描述:在传统社会内,在家庭中的生活经验与习惯常是中国人唯一的一套团体或组织生活的经验与习惯,因而在参与家族以外的团体或组织活动时,他们自然而然地将家族中的结构形态、关系模式及处事方式推广、概化或带入这些非家族性的团体或组织(杨国枢,1998)。

中西方文化的差异

以美国为代表的西方文化和以儒家思想为代表的东方文化是两种不同的文化体系,虽然两种文化随着国际交流频率的提高和范围的扩大都在吸收与融合对方的优势,但它们仍然存在鲜明的个性特征。

中国文化重集体,西方文化重个人

中国社会是一个传统的农业社会,小生产以家庭为单位,中国人对家庭特别看重,因为家庭稳定了,就能给个人带来安全感;家庭稳定了,社会就稳定,国家就稳定,人们的生活就有了一个安定的环境。所以中国人非常强调对集体和社会的义务、责任。所以,经常有人告诉我们应该做什么,却没有人告诉我们自己有什么权利。

西方文化是一种崇尚个人主义的文化,强调以个人为本,以自我为核心,注重个人的权利而不太讲究义务,重视个人主观能动性的发挥和自我价值的实现。

中国文化重权威,西方文化重自主

"孝"和"忠"是中国传统文化的核心,中国人喜欢几代同堂的大家庭,一家之主具有至高无上的权威。而这样一个大家庭中,人与人之间必须要讲上下有序。因此,中国人有很强的权威崇拜心理,"听话"是对一个人良好的评价。对权威服从和依赖,个人就有了安全感。

在西方文化中,"自由"的思想根深蒂固,社会对个人的控制较少,独立和自主是每个西方人性格的核心。因此,西方人对权威是反抗的,下级对上级有一定的建议、质疑权,下级在自己的职责范围内有较大的自主权,下级也可以参与决策。

中国文化重外控,西方文化重内控

小生产主要是"靠天吃饭",重视风调雨顺,强调环境的力量。因而,中国人对自我认识不足,对环境力量十分敏感和依赖,工作和事业发展中成败的归因主要侧重于外在因素。

西方人的自我意识要求高,重视自我的力量和自己的选择,有了成绩是自己的本事,出了问题自认"倒霉"。

中国文化重情谊,西方文化重法治

农业社会对土地的依赖使中国人拥有较为稳定的居住环境,这造成了中国人非常重视人际关系,重视人的感情,无论做什么事情都要考虑到左邻右舍,中国传统的儒家文化也称为"和合"文化,以"和"为贵。这种重感情、爱面子的特点使企业内部管理和企业内外交流带有十分浓厚的"人治"色彩,凡事都要讲情面、讲关系。老同学、老乡、老部下、老朋友等人情关系都会对组织管理产生重要影响,甚至会干扰组织行为的有序进行。

西方社会的特点是人口的不断流动,无法建立稳定持久的社会关系,保障生存的有效手段只能靠不以人际关系为转移的契约。所以,西方文化中的法治意识很强,管理社会靠法律法规,管理企业靠规章制度以及极为详尽的操作规程。

中国文化中个人空间小,西方文化中个人空间大

中国人偏好人与人之间亲密无间的关系,心理空间就变得很小,人际关系距离也小,很多中国人不大关注自己,却十分喜欢管别人的闲事,爱打听别人的隐私,关心别人对自己的评价。这种文化心态又会造成企业内员工之间猜疑、妒忌和不团结。

西方人偏爱独立和自由,个人空间一般来说比中国人大。例如,在美国文化环境中,30厘米以内为亲昵区,仅适宜于亲人与情人之间活动;1米以内是个人区和自我保护区;1—3.5米为社交区。可见,美国人的心理空间和个人空间都比较大,他们只关心自己的事,关心自己的感受,而不关心别人对自己的评价,管闲事会被人看作侵犯别人的隐私。

文化差异在领导过程中的具体表现

显型文化的差异

合资企业中的文化冲突,最常见的是显型文化的冲突,即通常所说的由于表达方式(语言、神态、举止等)所含的意义不同而引起的冲突。来自不同文化背景的行为者,相同的表达方式所含的意义不同往往也会引起冲突。例如,在某合资企业中,一位外方总经理经常看到中国员工在工闲时三五成群地攀谈,但每当他靠近时,员工们便散开并没有人答理他,也没有表示亲切的神态。他很纳闷,认为员工对他太不友好了,有一种受冷落的感觉。这其实是一种由于文化及语言理解上的差异而产生的误会。在西方国家,对别人的热情报以一种毫无表情的沉默,通常意味着不友好,对一个有身份的人来说,更是如此。相反,在中国,一个普通的员工,一般见到职位比自己高许多的领导者,往往会由于拘谨、语言障碍等原因表现得手足无措,甚至会有回避的情况。

经营管理思想的差异

从经营理念和管理思想方面来看,西方管理人员大多具有互利、效率、市场、应变的思想,他们崇尚竞争,讲求效率,注重成本研究;企业生产完全"以销定产",强调售后服务;重视长期行为,长期计划被看作一种有价值的投资。

中国企业由于受"求稳怕变"的传统文化和政府行为的影响,往往缺乏风险意识和冒险精神,大多小心翼翼,唯恐失败,比较重视短期行为,长期计划的效率较低,尤其在互利方面,往往较少考虑对方的获利性。

从决策方式来看,在合资企业中,中方管理者习惯于决策的集中化,即由集体做出决策,其责任、功绩也都属于集体。而西方管理者习惯于责权明确的分散决策,实行独立决断,即由个人做出决策,并且个人对决策承担最终责任。

价值观的差异

从工作方法上看,大多数中国员工比较重人伦,习惯于以上级的意图和上级的文件作为开展工作的依据和指南;西方员工在工作中很大程度上是遵循"法、理、情"的事理顺序来开展工作,下级在自己的职责范围内有较大的自主权。

在工资待遇上,中国员工较偏重于考虑企业人员的资历、学历和职称。而西方员工却认为,员工的待遇和他们所从事的工作性质有关,只有当工作内容发生变化时,才会考虑调整工资待遇。

在人才的选拔使用方面,中国员工比较注重德才兼备,重视人的政治素质、个人历史和人际关系。西方管理者更多地把能力放在第一位,量才而用。

在人才流动方面,很多中国人尚不太习惯员工"跳槽",并由此影响到对人才的培训观念,并且常以某些条件和理由限制人才的流出。而西方人认为,人员流动可以保持企业活力,形成合理的年龄、知识、技能结构,企业对员工的培训以及人员自由流动是吸引人才、留住人才的手段。

案例 青岛海尔的张瑞敏

海尔的崛起堪称一个"神话"。从 1984 年年底到 2000 年,海尔创下了营业额年均增长 80% 的神奇速度,甚至直到 2011 年还保持着 20% 的增长率。1995 年以来累计上缴税收 52 亿元,企业品牌价值达到 330 亿元;在 2000 年创下了全球营业额 406 亿元、出口创汇 2.8 亿美元、利税 30 亿元这一令人惊叹的数字;到了 2016 年,海尔营业收入突破 1 000 亿元,同比增幅32.59%,创下上市公司的历史新高。而这个"神话"是以张瑞敏为首的创业者们以百折不挠的民族企业家精神创造的。

1984年,海尔前身——青岛电冰箱总厂还仅是一个集体小厂,亏空达147万元、年销售收入仅348万元。守着一个烂摊子的600名职工,已是人心涣散。在连换三任厂长仍然"病入膏肓"的困境之下,1984年12月26日,35岁的张瑞敏从青岛市家电工业总公司副经理的位置上,正式走马上任,担任这个小厂的厂长。对那时的张瑞敏来说,这绝对是一种"临危受命"。

张瑞敏一上任就提出:"有缺陷的产品就是废品。"在这样的思想指导下,1985年,张瑞敏带头把76台有质量缺陷的冰箱全部砸烂。如今,在海尔科技馆里的那把"闻名遐迩"的大铁锤,向人们诉说着质量与品牌的故事。这一锤所砸出的不仅是质量意识,砸出的还是一种崭新的观念,从此,质量意识结结实实地印在海尔人的心中。在建造海尔的时候,张瑞敏给海尔提供了很多培训,同时也强化制度化管理。如果今天某个员工在生产线上犯了错误,下班的时候就要站在车间中间有一个黄色的脚印那儿,向大家承认他的错误,以后他如果经常犯错误的话,会被解雇。后来,张瑞敏又提出了"市场链"理论:"市场链"是对中国企业直线职能式组织结构的一种变革,其核心是将外部竞争压力转移到内部来,每一个人不再对他的上级负责,而是对他的市场负责。所有人之间的关系是一种市场关系,人人都有一个市场,下道工序就是他的市场。人人也都是一个市场,每一个员工都是上道工序的市场。

在强化制度化管理的同时,海尔也非常重视员工的激励,海尔建立了一个很好的选拔人才的机制,在企业当中引入竞争机制,每个员工可以发挥自己的潜能,都可以公平竞争。所以,他们很多职位可能先是见习的,比如见习副总裁,经过一段时间之后提升为正式总裁。员工有一种动力,觉得可以继续努力,继续工作,有机会得到更好的职位。

在企业发展的过程中,海尔特别注重用户的需求。张瑞敏在四川拜访用户时,有用户就抱怨说下水道经常堵塞,张瑞敏问为什么这样子,最后了解到很多农民用洗衣机去洗地瓜,因为地瓜经常有泥沙,堵塞了下水道,导致产品容易让用户抱怨。张瑞敏回来跟员工讨论这个问题该怎么解决,员工说应该教农民怎样使用洗衣机,张瑞敏说:"不,这不是我们的做法,我们应该帮助用户,这是用户的需求。"所以海尔最后生产了一种下水管粗大的洗衣机,为用户洗地瓜用。针对夏季洗衣机市场销量下降的问题,张瑞敏通过观察发现,夏天用5公升的洗衣机,体积非常大,又耗水又耗电。于是海尔开始生产1.5公升的洗衣机,就是小小神童,这不仅赢得了国内市场,还赢得了国际市场。

海尔做了7年的冰箱,从冰箱扩展到其他的家电产品,当时国内争论很多,很多人都认为,按现在企业的实力,再做其他产品不一定能做得好,但张瑞敏提出了自己的观点——"东方亮了再亮西方"。把冰箱做好了,再做第二个、第三个产品,逐渐扩大规模。企业扩大了,张瑞敏又酝酿出"斜坡球体论",即一个企业在越做越大的情况下,必须依靠两个力,一个是止动力,不能让球从坡上滑下来,要不断提升基础管理。另一个是上升力,即创新,继续让球往上滚动。也正是依靠这种"上升力",1992 年以后,海尔大胆决策,筹建了当时国内规模最大的家电工业园,1995 年张瑞敏率领 5 000 名员工将海尔总部东迁至青岛高新区,实现了海尔第二次创业的重大战略转移。也正是依靠这种"上升力",海尔先后兼并了 18 个企业,共盘活了包括 5 亿元亏损在内的 18 亿元资产,企业全部扭亏为盈。红星电器厂原是生产洗衣机的工厂,被海尔兼并时净资产只有 1 亿元,但亏损为 2.5 亿元,兼并后海尔只派了三个人去,员工还是原来的员工,设备还是原来的设备,兼并当月亏损 700 万元,第二个月减亏,到第五个月即盈利 100 余万元。后来,这个案例便成了哈佛大学教授研究的对象,即"海尔文化激活休克鱼"案例。

"先难后易"创新思路的实施,直接成为实施国际化战略的先导。海尔要走出国门,如何走出去?张瑞敏提出"先难后易"的思路,敢于先到要求最严格的国家去销售,去生产,后到发展中国家去。20 世纪 90 年代,海尔为了进入德国市场,认证工作做了一年半,通过认证之后,将冰箱运到德国。海尔冰箱出口德国市场后,正好碰上德国的检测机构对德国市场上的全部冰箱进行质量检测,检测结果显示,海尔第一名。他们一共检测 5 个项目,每个项目最多就是两个加号,海尔一共得了八个,第二名得了七个。在这个阶段,海尔不是靠低价格打进国际市场,而是靠当地的消费者认同海尔品牌。海尔就是这样逐渐打进德国市场和美国市场,开始了国际化战略。在 200 升以下的海尔冰箱已占到美国市场份额的 25% 时,张瑞敏又大胆决定,要在美国当地生产当地销售。如今,设在美国南卡州的海尔工厂,是中国在美国投资最大、占地面积最大的一家企业。同时海尔在洛杉矶设立了设计中心,按照美国本土化的要求进行设计。

张瑞敏就是这样,以不断追求创新的精神和理念,凝聚着 3 万多名海尔员工的心。

讨论题

(1) 海尔的发展和成长与张瑞敏的出色领导是密不可分的,你认为张瑞敏的哪些领导行为是最有效的?

(2) 如何应用适域的观点分析张瑞敏及海尔的发展与成长?

(3) 结合你的企业的特点(包括行业、地域、发展阶段等),分析你应该表现出怎样的领导行为,才能最大限度地影响你的下属,使他们表现出高水平的绩效和工作满意度?

自测题

下面这些题目是有关目前中国企业管理者的领导行为的,请你对自己的领导行为进行评估,请在每一题目后面最能代表你的意见的选项上画圈。

	非常不同意	不同意	不确定	同意	非常同意
1. 敢于冒险	1	2	3	4	5
2. 大胆创新	1	2	3	4	5
3. 对新生事物勇于尝试	1	2	3	4	5
4. 具有开拓精神	1	2	3	4	5
5. 具有创新意识	1	2	3	4	5
6. 人际关系能力强	1	2	3	4	5
7. 能很好地与人进行沟通	1	2	3	4	5
8. 善于平衡人际关系	1	2	3	4	5
9. 人缘好	1	2	3	4	5
10. 能很好地协调人际关系	1	2	3	4	5
11. 能清楚地说明自己对公司未来前景的看法	1	2	3	4	5
12. 为员工描绘美好的愿景	1	2	3	4	5
13. 明确把握公司未来五年的发展方向	1	2	3	4	5
14. 重视公司的长远规划	1	2	3	4	5
15. 关心员工的家属	1	2	3	4	5
16. 对员工的生活予以关心	1	2	3	4	5
17. 对待员工像自己的家庭成员一样关心	1	2	3	4	5
18. 关爱下属	1	2	3	4	5
19. 对各类项目、计划严格把关	1	2	3	4	5
20. 对企业的经营状况随时进行监控	1	2	3	4	5
21. 对产品或服务的质量要求非常严格	1	2	3	4	5
22. 希望任何事情自己都能掌握	1	2	3	4	5
23. 独断专行	1	2	3	4	5
24. 具有霸气	1	2	3	4	5

资料来源:王辉、忻榕、徐淑英,"看看你像谁?——中国企业领导人素描",《哈佛商业评论》,2004年第5期,第28—31页。

参考文献

[1] 陈佩、杨付、石伟:"公仆型领导:概念、测量、影响因素与实施效果."《心理科学进展》,2016年 第24期,第143—157页。

[2] 〔美〕史蒂芬·P.罗宾斯著,孙健敏等译:《组织行为学》(第七版),中国人民大学出版社,1997。

[3] 凌文辁:"中国人的领导与行为",《中国人,中国心——人格与社会篇》,远流出版公司,1991。

[4] 凌文辁、方俐洛、高晶:"内隐领导理论的中国研究———与美国的研究进行比

较",《心理学报》,1991年第3期,第236—243页。

[5] 罗振宇:"领导与管理的概念应从行为上加以区分",《领导科学》,2000年第4期,第44—45页。

[6] 毛泽东:《毛泽东选集》(第2卷),人民出版社,1991。

[7] 《现代汉语词典(修订本)》,商务印书馆,1998。

[8] 杨国枢:《家族化历程,泛家族主义及组织管理》,远流出版公司(台北),1998。

[9] 王辉、忻榕、徐淑英:中国企业CEO的领导行为及对企业经营业绩的影响,《管理世界》,2006年第4期,第87—96页。

[10] 王辉、忻榕、徐淑英:"看看你像谁?——中国企业领导人素描",《哈佛商业评论》,2004年第5期,第28—31页。

[11] 王辉、张翠莲:"中国企业环境下领导行为的研究述评:高管领导行为,领导授权赋能及领导—部属交换",《心理科学进展》,2012年第20期,第1519—1530页。

[12] Bennis, W. G., & Nanus, B., *Leaders: The strategies for Taking Charge*. New York: Harper & Row, 1985.

[13] Blake, R. R., & Mouton, J. S., *The Management Grid*, Houston: Gulf Publishing, 1964.

[14] Brown, M. E., & Treviño, L. K., "Ethical leadership: A Review and Future Directions", *The Leadership Quarterly*, 2006, 17, 595—616.

[15] Burns, J. M., *Leadership*, New York: Harper & Row, 1978.

[16] Dierendonck, D. V., "Servant Leadership: A Review and Synthesis", *Journal of Management*, 2011, 37(4), 1228—1261.

[17] Fehr, R., Kai, C. Y., & Dang, C., "Moralized Leadership: The Construction and Consequences of Ethical Leader Perceptions", *Academy of Management Review*, 2015, 40(2), 182—209.

[18] Farh, J. L., & Cheng, B. S., Cultural Analysis of Paternalistic Leadership in Chinese Organizations, In: J. T. Li., Tsui, A. S., & E. Weldon (Eds.), *Management and organizations in the Chinese Context*. London: Macmillan, 2000.

[19] Greenleaf, R. K., *Servant leadership: A Journey into the Nature of Legitimate Power and Greatness*. New York: Paulist Press. 1977.

[20] Hofstede, G., *Culture's Consequences: International Differences in Work-related Values*. Beverly Hills, CA: Sage, 1980.

[21] House, R., J., & Howell, J. M., "Personality and Charismatic Leadership", *The Leadership Quarterly*. 1992, 3, 81—108.

[22] Katz, D., & Kahn, R. L., Some Recent Findings in Human-relation Research in Industry. In: E. Swanson, T Newcomb, & E. Hartley (Eds.), *Readings in Social Psychol-*

ogy. New York: Holt, 1952.

[23] Katz, D., & Kahn, R. L., *The Social Psychology of Organizations*(2nd ed.). New York: John Wiley, 1978.

[24] Katz, D., Maccoby, N., & Morse, H., *Productivity, Supervision, and Morale in an Office Situation*, Ann Arbor, MI: Institute for Social Research, 1950.

[25] Kirkpatrick, S. A., & Locke, E. A., "Direct and Indirect Effects of Three Core Charismatic Leadership Components on Performance and Attitudes", *Journal of Applied Psychology*, 1996, 81, 36—51.

[26] Kotter, J. P., *A Force for Change: How Leadership Differs from Management*. New York: Free Press, 1990.

[27] Misumi, J., *The Behavioral Science of Leadership*, Ann Arbor, MI: University of Michigan Press, 1985.

[28] Moore, B. V., "The May Conference on Leadership", *Personnel Journal*, 1927, 6, p 124.

[29] Piccolo, R. F., Greenbaum, R., Hartog, D. N. D., & Folger, R., "The Relationship between Ethical Leadership and Core Job Characteristics", *Journal of Organizational Behavior*, 2010, 31(2—3), 259—278.

[30] Redding, S. G., *The Spirit of Chinese Capitalism*. NewYork: Walter de Gruyter, 1990.

[31] Richard, D., & Engle, S. "After the Vision: Suggestions to Corporate Visionaries and Vision Champions", InL J. D. Adams (Ed.), *Transforming Leadership*. Alexandria, VA: Miles River Press. 1986.

[32] Schein, E. H., *Organizational Culture and Leadership*(2nd ed). San Francisco: Jossey-Bass, 1992.

[33] Silin, R. H., "Leadership and Value: The Organization of Large-scale Taiwan Enterprises". Cambridge, MA: Harvard University Press, 1976.

[34] Stogdill, R. M., "Personal Factors Associated with Leadership: A Survey of the Literature", *Journal of Psychology*, 1948, 25, 35—71.

[35] Stogdill, R. M., Goode, O. S., & Day, D. R., "New Leaders Behavior Description Subscales", *Journal of Psychology*, 1962, 54, 259—269.

[36] Tsui, A. S., Wang, H., Xin, K. R., Fu, P. P., & Zhang, L., "Let a Thousand Flowers Bloom: Variation of Leadership Styles among Chinese CEOs", *Organizatinal Dynamics*, 2004, 33, 5—20.

[37] Tsui, A. S., Zhang, Z. X., Wang, H., Xin, K. R., & Wu, J. B., "Unpacking the Relationship between CEO Leadership Behavior and Organizational Culture", *The Leader-

ship Quarterly, 2006, 17(2), 113—137.

[38] Wang, H., Tsui, A. S., & Xin, K. R.,"CEO Leadership Behaviors, Organizational Performance, and Employees' Attitudes", *The Leadership Quarterly*, 2011, 22(1), 92—105.

[39] Weber, M., *The Theory of Social and Economic Organizations*, Translated by T. Parsons. New York: Free Press, 1947.

[40] Westwood, R. I., & Chan, A., "Headship and Leadership", In: Westwood, R. I. (ed.), *Organizational behavior: A Southeast Asian Perspective*. Hong Kong: Longman Group, 1992.

[41] Westwood, R. I., "Harmony and Patriarchy: The Cultural Basis for Paternalistic Headship' among the Overseas Chinese", *Organization Studies*, 1997, 18, 445—480.

[42] Yang, K. S., Yu, A. B., & Yeh, M, H., "Chinese Individual Modernity and Traditionality: Construct Definition and Measurement", *Proceedings of the Interdisciplinary Conference on Chinese Psychology and Behavior*, 1989.

[43] 〔美〕Yukl, G., *Leadership in Organizations*, 清华大学出版社, 2001。

第二章 领导的权变理论

本章导读

通过本章内容的学习,读者可以了解到领导的权变观点和领导的权变理论的主要模型。通过仔细理解和体会各种权变理论的思想,读者能够更加深入地掌握权变理论的本质和发展脉络,尤其值得注意的是权变理论在我国古代思想中的体现以及在跨文化领导研究中的应用。领导风格在不同的情境下会有不同的效果,领导者应该根据特定的情境来选择合适的领导方式和风格,以期达到最佳的领导效果。希望读者能够关注东西方文化差异对领导行为的影响,这种影响对企业全球化发展和跨文化领导来讲都非常重要。

开篇案例

作为一股浪潮,全球化正在不可避免地涌向世界的每一个角落。海尔集团在张瑞敏的领导下,已经成为中国企业发展的领头军迈开了国际化的步伐。20世纪80年代,市场物资供不应求,真正是"机器一响,黄金万两",海尔率先实施了质量工程,到1988年就拿到了中国冰箱史上第一块质量金牌。到了1989年,供求已达到平衡,产品质量成了关键。在这种情况下,很多企业开始抓产品质量,而海尔又提升了一步:从抓产品的质量延伸到服务。当大家都重视服务时,海尔又进一步提出"为用户创造需求",出了"洗衣机可以洗地瓜"的著名案例。现如今,海尔又在"人单合一"商业模式之上,提出了"企业平台化,员工创客化,用户个性化"的发展理念和创新管理模式。

当一切眼光都对准海尔的高绩效和成功战略时,我们有必要来探讨一下海尔成功的背后。现代企业的成功离不开管理上的不断创新。但仅靠产品、营销和组织某一方面的单一创新并不能确保企业成功。现代企业管理应是一系列领导理念的组织和实施。很明显,一手带大海尔的张瑞敏就是海尔集团迅速发展的灵魂人物。

海尔究竟与一般的中国企业有什么不同?多年以来,张瑞敏一直在探索一种"适合海尔的中国式"管理模式。从1984年张瑞敏来到海尔规定"职工不得在厂区里随地大小便"开始,从"小"处着手,几乎成为张瑞敏一贯的管理思想,这种思想发展到后来就是"砸冰箱事件",和"真诚到永远"的企业理念。"星级服务"说起来容易,做起来难,张瑞敏为此几乎不惜管理成本。"企业平台化,员工创客化,用户个性化"的战略调整更是从取消中层管理开始,海尔的管理结果和商业模式进行了根本性的改变。海尔是以创新管理著称的。每一个到此参观的人士大致都有这样的感受:海尔的管理令人"窒息"。你很难想象这里的每一块玻璃都会责任到人——一位清洁人,一位监督人;海尔的员工在厂区的道路上行走时必须遵守交通规则靠右行走;每一位员工在离开自己的座位时,须将座椅推进桌洞里,否则会被罚款100元;班车司机在接送职工上下班时,不得有一分钟的迟到现象,不然,职工为此而付出的打车费用要由班车司机全部承担……

张瑞敏自己也承认:"这样管理很累,但没办法。"对于创业初期以及打响名号阶段的海尔来说,必须靠这样的严格管理和"星级"服务的责任来建立每一个员工心中的使命感。如果不是这样,而是过分讲究中国大锅饭和人情味,海尔所提倡的质量为先就无从做起。这个时候的海尔,最注重的是每一个员工的责任和行动,最关心的是每一个顾客的感受和价值。这样的领导和管理方式对于当时环境下的海尔,显然是苦口良药,员工们虽然从严格的领导中吃了不少苦,但却在海尔获得上佳的成绩之后尝到了甜头。时间一长,每一位海尔人都能自觉做到严格要求自己。张瑞敏的严格管理不仅没有抹杀员工之间的亲情,反而使得员工之间更加珍惜这份得来不易的成功和身为"海尔人"的自豪感。

然而,张瑞敏满足的不仅是这些。随着海尔登陆海外市场、冠名"墨尔本海尔老虎篮球队"……海尔的国际化进程已经加快了步伐。张瑞敏对中国企业如何管理和发展进行了深层次的思考。原来主要靠规章制度管理人的时代已经过去了,现在需要探讨的是如何适应全球化和国际新形势的管理理念。

针对国际化进程的管理,张瑞敏改造了其中国人传统的思维方式和观察问题的角度,如海尔对员工行为判断的标准不是动机好坏而是结果如何;对企业的发展不是重一时形式而是重内容;对工作会议时间的珍惜,使人们淡化了等级制而更加看重新的见解……这些领导和管理的理念看似简单,却使得东西方差异式的思维方式在海尔得以融合和运用,使企业的制度具有创新性和务实性,也创造了企业扎实的创新氛围。也正因为如此,海尔才会造就其优异的产品、服务和品牌,现在又针对"工业4.0"以及"中国制造2025",走在创造"百年海尔"的大路上。

读者可能已经注意到,在上一章的结尾及本章的开始,我们都使用了海尔的案例。一方面是因为作为一家本土企业,海尔集团在张瑞敏的领导下,从一个集体所有制的小厂,成为在国际上具有一定知名度的企业。在这一过程中,有很多值得我们探讨的内容。另一方面,这两章内容也存在联系。尤其是第一章的适域观点及本章的权变观点都是探讨领导的有效性是随着情境的改变而有所不同的。在上述案例中,我们可以看到张瑞敏在海尔不同发展和演变时期领导与管理理念及行为的转变,尤其是在海尔国际化的过程

中,同样也遇到了由于所在地的文化、法律、制度、规范不同,而不得不改变管理和领导的方法及理念的现象,以便达到最佳的领导效果。这种在不同的情境下,领导的影响力具有不同效果的现象由一些学者归纳总结成为几种权变理论(contingency theories)。而其中尤以 Fiedler(1967)的权变领导理论(contingency leadership theory)为代表。尽管这一理论是在 20 世纪 60 年代提出的,但至今仍有很大的影响。

第一节　权变的观点

正如上一章介绍的,自从 20 世纪 30 年代以来,西方学者对领导问题进行了大量的研究。较早提出的是特质理论,这一理论首先关注的是领导者的个人特质,重点在于认定领导者的素质和特性,以确定什么样的人最适合担任领导者;其次是关于领导的行为研究,目的在于寻找一种最有效的领导行为模式或领导风格。由于这两种理论都很少注意到领导行为在不同情境下的不同效果,因而在其发展上都有一定的局限性,后来的研究者便针对这一局限性提出了权变的观点。

权变观点认为,不存在一成不变的、普遍适用的领导行为和风格,而应根据组织所处的具体情境,结合各种因素随机应变。学者们将领导的效果看作领导者、被领导者及其环境因素的函数,即

$$领导的有效性 = f(领导者、被领导者、环境)$$

领导者应根据这种函数关系确定一种最有效的领导方式(郑晓明,2002)。在这方面,主要的理论模型有 Fiedler 的 LPC 权变模型(Fiedler's LPC contingency model)(Fiedler, 1964,1967)、领导行为的路径目标理论(path-goal theory of leadership)(House,1971)、领导行为的替代理论(leadership substitutes theory)(Kerr & Jermier, 1978)、多重链接模型(multiple-linkage model)(Yukl, 2001),以及 Fiedler 将自己的理论进一步发展而得到的认知资源理论(cognitive resources theory)(Fiedler, 1986),等等。这些理论从不同角度考察领导者与被领导者在不同情境条件下的相互作用和相互影响,特别是不同领导方式的各种适用条件,一般都是根据领导者的个人特质,下属特点,领导者与下属的关系,以及团队、部门、组织的结构与工作任务的性质等因素的不同组合来确定一种最佳的领导方式。这些理论我们会在本章随后的各节中有所介绍。

总的来说,关于领导问题的研究经历了从领导形态学、领导生态学到领导动态学的发展阶段,并以领导的权变理论作为当今西方领导理论的主流。上述权变理论都是从某一方面对领导风格、领导行为的有效性做出了合理的解释,尽管它们各自仍存在一些不足和争议之处。然而,也正是由于现实中的各种情境的千变万化,使得这些理论基本上只能在某一特定的情境下适用。

另外,由于中西方文化的差异,在西方文化背景下发展起来的各种领导理论,对于中国的领导者来讲也未必适用。近年来的跨文化研究证实(House et al., 1999;

Trompenaars,1993),文化也是影响领导行为的一个重要因素,不同的国家,由于文化的差异,会表现出不同的领导行为(Bennett,1997)。尤其近年来,有关领导的跨文化研究层出不穷,此类研究发现了很多领导行为在东西方文化背景下的差异。在组织层面,Wang et al. (2012)基于高阶梯队理论系统梳理了不同文化背景下战略型领导的个人经验、人格、价值观、认知风格和领导行为的影响机制。在团队层面,领导的文化价值观(如集体主义、个体主义、权力距离等)对领导力的有效性、团队决策和绩效、团队冲突与合作及团队奖惩分配都产生影响(Zhou & Shi,2011)。在领导者和员工个人层面,此类研究证明了变革型领导会影响员工的组织公民行为,而影响的力度是受权力距离(一个社会在多大程度上认可组织机构中权力分布的不平等)这一文化价值观所调节(Kirkman et al.,2009)。同样的,公仆型领导的有效性也受文化环境影响。在欧洲文化中,领导者提倡的平均主义和授权行为更容易被员工接纳,而在亚洲文化的背景下,领导者的谦卑和同理心应用范围更加广泛(Mittal & Dorfman,2012)。此外,东方领导者在受儒家和道家的影响下,更倾向于表现出谦卑和默默无闻的无形领导(invisible leadership)的特点(Tsui et al.,2004),而西方的个体主义文化与自恋水平正相关(Foster et al.,2003),因此西方领导者在个体主义文化影响下,更容易表现出自恋型领导的特点。这些文化因素对领导行为的影响,应该引起中国企业领导者的注意。尤其是在中国企业国际化的进程中,更应该考虑到企业所在地的文化因素对企业管理及领导有效性的影响作用。

中国传统文化中的权变观点

事实上,中国很早便有了各种权变的观点,中国古代一些著名的思想家,如孙子、管子等都提出了各种权变的观点。孙子所谓"审时度势",管子认为"视时而立仪""审时而举事",刘向也说"世异则事变,事变则时移",等等(郭全中和付晨,2000)。

《孙子兵法》作为中国古代兵学理论的经典之作,也是一部关于古代中国军事管理理论的经典著作,自然也就成了现代管理理论的重要研究对象(周业柱,2001)。从另外一个角度来看,《孙子兵法》或许还可以作为一部关于军事领导者的理论来解读。中国古代的《周易》,对于现代管理者也很有启发。现在有所谓"管理易""周易管理学",其实就是《周易》在现代管理中的应用,而在这里,《周易》也是一种关于权变的理论,尤其可以视为关于领导的权变理论(麻尧宾,2004)。《周易》中提出的阴阳哲学,被Fang(2012)用来解释文化中存在的相对立的文化价值观现象。Fang(2012)同时提出,在不同的环境和时间下,个体会选择最相关的价值观来决定其自身的行为。而每个文化的价值观取向是动态的:相反的价值观在不同情况下,会相互改变而达到平衡。所谓"物极必反""否极泰来"。因此,在管理中,合理运用这种阴阳管理思想可以帮助管理者推动企业内部的相互制约和协作,达成企业中的阴阳平衡(刘刚等,2014)。

受这种阴阳哲学思想的影响,东亚文化下的个体更容易产生辩证思维方式,即个体可以接受从两种相反观点看待某事物,并认为这两种观点都有一定正确性(Peng,1997;

Peng & Nisbett,1999)。由于这种辩证思维方式在东方文化成员中的普遍存在,导致东方个体比西方个体看待问题时更容易运用中庸思想和矛盾思想(Hamamura et al.,2008)。

其他许多经典作品中的人物,如《三国演义》中的曹操、诸葛亮等,同样也反映了我们东方人的领导智慧。

与西方的权变理论有所不同的是,这些中国传统的权变观点是有其独特魅力的。

第一,它强调了领导者的道德本位问题。所谓道德本位,是指一切社会的实际事务应以一定的社会道义为基准,反对人的功用取舍与其价值判断的对峙和分离。事实上,道德问题在中国文化中一直占据着重要的地位。《孙子兵法》的首篇就提到了"道"的问题。也就是说,不管如何权变,最起码的道德准则是不允许改变的。

第二,人本主义的问题。西方的管理理论,尤其是从经济学发展而来的管理理论,很大程度上是建立在"经济人"假设的基础上;而他们在理论研究中所使用的,也正是他们一贯奉承的"科学主义"的方法——这样,他们实际上一直是在试图从一群被物化了的人们当中探求出一些固定的行为方式、行为规律,来构建出某些特定的情境模式,以便将各种特定的领导模式套用于其中。这在中国却有所不同,孙膑说"间于天地之间,莫贵于人",也就是说,中国的文化传统是比较重视人的因素的,因此,在中国,也许人们更愿意把领导看作一种艺术,而不仅是一门科学——是艺术就意味着可以有多种表达方式。而权变理论实际上也正是这种思想的表现(张再林,1997)。

第三,西方的权变理论强调的是领导风格与领导行为的变化,而中国传统的观点则更侧重于情感上与主观思维方面的权变。由思维的变化来引导行为的变化,使得领导方式有了更大的灵活性。这一点也正是本书第一章中的适域观点与本章的权变观点的最大区别。适域的观点最重要的部分是一种思维方法或模式。也就是说,在思考领导有效性的问题时,要有一种辩证的观点,而不单是不同的行为模式适合特定的环境特点。具有了这样的观点或角度,就可以更好地审时度势,根据不同的环境展示不同的行为,增强对未来的预见能力及领导的有效性。

当然,这种关于中国传统权变观点的探讨,其实也只是一种对于传统文化的总结和引申。问题是我们并没有构建出一些比较具体的理论模型,而只是把它们当成了一种主观思维上的引导。同时我们的许多观点还缺乏实际研究的支持。与此相反,许多相关的研究,其实也只是从哲学、文化这样的角度就领导问题所做的一些思考,而且更多的是从管理的角度而不是领导的角度来探讨这些问题。所有这些,都是我们今后领导理论研究中所不得不考虑的问题。

第二节 领导的跨文化比较研究

从领导的权变观点出发,对领导的跨文化比较研究就显得非常重要。在经济全球化的趋势越来越明显的今天,领导者往往要影响来自不同文化的人们,成功的影响过程则需要更好地理解他们的文化。同时,领导者也需要理解来自不同文化的人们如何看待领导者并解释他们的行动。

在领导的跨文化比较研究中,影响最大、最常被引用的是霍夫斯塔德(Hofstede)的研究。Hofstede 在 1980 年推出了里程碑似的著作《文化的结果:工作价值观的国别差异》(Culture's Consequences: International Differences in Work-related Values)(Hofstede,1980)。

在该书中,根据理论相关性和 40 个国家记录的统计结果,Hofstede 把与工作有关的价值观概括成权力距离(power distance)、不确定性规避(avoidance of uncertainty)、个体主义与集体主义(individualism and collectivism)、男性气质与女性气质(masculinity and feminism)。Hofstede 在这四个重要维度的基础上讨论了文化对领导者和组织的影响。

权力距离指一个社会在多大程度上认可组织机构中权力分布的不平等。一个权力距离大的社会认可组织内权力的巨大差异,雇员对权威显示出极大的尊敬。称号、身份及地位占据极为重要的位置。一些研究发现,在权力距离大的国家谈判时,所派出的代表应至少与对方头衔相当才有利。这样的国家有菲律宾、印度等。相反,权力距离小的社会尽可能减少这种不平等。上级仍拥有权威,但是雇员并不恐惧老板。丹麦、爱尔兰是这类国家的典型。

不确定性规避关乎行为的形式化、特殊化和标准化,指一个社会缺乏对不确定性的宽容。Hofstede 的调查表明,不同民族文化之间在不确定性状态的回避倾向上有很大不同,有的民族把生活中的未知、不确定性视为大敌,千方百计加以避免,而有的民族则采取坦然接受的态度,"是福不是祸,是祸躲不过"。为了对这种不同价值观进行衡量,Hofstede 提出了不确定性规避(uncertainty avoidance)的概念。所谓不确定性规避指的是一个社会感知到的不确定性和模糊情境的威胁程度。回避不确定性意味着有较高程度的焦虑和能量释放,对固定规则和绝对真理有较大的需要,而对有着不同思想和行为的人群不太宽容。这类文化倾向于更注重步调一致,对异样思想不宽容和不感兴趣,并因此倾向于躲避风险的决策。日本是一个不确定性规避较高的国家,而美国人的不确定性规避程度较低。

个体主义与集体主义也是 Hofstede 关注的一个重要方面。个体主义指的是社会中松散联结的架构。在个体主义倾向较强的社会中,人们通常以自己或周围的小圈子为核心来考虑问题或采取行动,较少在意对大集体的影响。集体主义社会中人与人之间的关系比较密切,人们在感情上相互关爱,对集体有较强的归属感。他们以能为集体做贡献为荣,并期望得到组织的肯定和帮助。在 Hofstede 的研究中,一个社会的个体主义/集体主义倾向是通过个体主义指数(individualism index)来衡量的。这一指数的数值越大,说明该社会的个体主义倾向越明显,如美国。反之数值越小,则说明该社会的集体主义倾向越明显,如日本。

最后,Hofstede 把男性气质与女性气质作为社会性别角色的分工基础。男性化倾向被称为男性或男子气概所代表的维度（即所谓的男性度,masculinity dimension）,是指社会中两性的社会性别角色差别清楚,男人应表现得自信、坚强、注重物质成就,女人应表现得谦逊、温柔、关注生活质量,而与此相对立的女性化倾向则被称为女性或女性气质所代表的文化维度（即所谓的女性度,feminine dimension）。几乎在所有社会中,主要的社会化模式都是要求男人有冲劲,女人温柔。有关工作目标的研究数据显示,男性更重视事业和收入,女性则更重视生活质量和人情。男性气质与女性气质维度是就工作目标而言的,有的社会接近男性气质一端。值得注意的是,这一维度不是关于做男人还是做女人的,而是指按男性风格还是按女性风格行事。比如,商界女强人在一个男性气质文化中几乎不可能显示"温柔"技巧。男性度/女性度的倾向用男性度指数（masculinity dimension index）来衡量,这一指数的数值越大,说明该社会的男性化倾向越明显,男性气质越突出（最典型的代表是日本）。反之,数值越小,说明该社会的男性化倾向越不明显,男性气质弱化,而女性气质突出。

后来,Hofstede 与在东南亚的研究者的一项合作研究中,第五个维度得到认证——时间取向。这个维度用来区别长远取向的文化和短期取向的文化。这也成为人们常用的区分文化的重要维度。

基于上述五个文化维度,可以把文化划分为几大类型,从中可以观察不同文化的差异。例如,在东亚地区,一般是长远取向的。Hofstede 认为这和儒教传统有关,因为儒教强调节俭和锲而不舍这些与长远取向密切相关的价值。换个方式说,Hofstede 的研究提供了世界各国各民族的文化地图。

在 Hofstede 的长期研究中还指出,尽管某一国家、民族文化的上述维度并非一成不变（观察表明,来自富裕国家的人显然朝个体主义方向迈进,日本是典型）,但文化基因是极为顽固的。一些年轻人即使长期生活在国外,但他们从小接受的价值观却很少改变。也许,人们的许多做事方式和行为模式会受环境影响而改变,但是深层次的价值观显得不受影响,这也证实了我们研究文化差异的重要性。

如今,大多数对领导行为的跨文化研究在 Hofstede 的基础上进一步发展,发现了不同国家之间领导行为的相同点和不同点（Dorfman,1996;House et al., 1999）。文化价值和传统能够以多种方式影响领导者的态度和行为（Adler, 1997; Lord & Maher, 1991）。这些价值观可能被在一种文化中成长的领导者内在化,从而将以一种无意识的方式影响他们的态度和行为。

在领导的跨文化比较研究中,最引人关注的是东西方的对比。Hofstede 的研究中指出,美国人的个体主义倾向非常显著,其权力距离较小,不确定规避也比较低,看重的是进取心和男性主义（罗宾斯,1997）。这些结果与美国在世界上以及美国文化背景下领导者所表现的具体形象也十分一致。在权力距离上低于平均水平的国家与这个国家的公民期望政府代表民主理想的意愿相一致。在不确定性规避上,美国人相对而言不受不确定性的威胁。而日本是一个不确定性规避水平很高的国家,国民时刻都存在一种忧患意识。

另外,对美国人进行描述时,最常见的刻板印象之一是个体主义的伦理道德。而基于Hofstede的研究,这种刻板印象似乎是很有基础的。美国人的个体主义分数被列为世界第一。

然而,像所有理论都存在缺陷一样,Hofstede的理论也不例外。它最大的缺陷就是研究设计的偏见。也就是说,Hofstede本人在做研究设计时,没有也不可能将自己不熟悉的其他文化体系的价值观考虑进去。对于这一点,他本人虽然不愿意看到,但是却也不得不承认。

学术界对于Hofstede理论提出的批评主要是针对他对于文化变量的定义和测量方法。不少人认为,他的结果不能准确地揭示东方文化,尤其是中国文化的特点(彭世勇,2004)。为了检验霍氏的理论预设到底能不能解释中国文化,以加拿大籍学者邦德(Bond)为首的香港中文大学的研究人员,在Hofsted的框架基础上,以传统中国文化中的人作为框架进行问卷设计,以避免西方研究偏见。研究的最后结果显示,在中国文化和对领导者的影响中,"正直""儒家思想""良心""道德"占有同样重要的位置,这些因素尽管某些层面上可以用霍氏的五个维度来检验,但是相比而言,House的理论却不能体现中国文化对领导者的独特影响。如今越来越多的学者开始从中国文化底蕴来研究中国领导的行为和特点,这已经成为与西方研究区别的一个重要方向(Bond & Smith, 1996)。

1999年,豪斯(House)的"全球领导者"(GLOBE)项目成为跨文化领导研究的一个里程碑。"全球领导者"(GLOBE)项目是在全球重要地区的62个有代表性的不同文化中的学者对领导现象的一个跨文化研究(House et al., 1999)。这个项目包括170个社会科学家和管理学家在一起长期工作的目标是发展一个以经验为基础的理论,描述社会文化、组织过程和领导之间的关系。使用多种方法收集数据(包括定量的和定性的数据)、设计样本和分析策略。

该项目的一个重要的研究问题是不同文化在有效领导者的特性和行为上是否有相同的结构。目前的结果显示,以下特征(包括特质、技能、行为)被认为在所有国家中与有效领导高度相关:正直(诚实、信任、正义)、愿景(有远见、预先计划)、激励(积极、有活力、鼓励、鼓动、建立信心)、果断、老练(有效地讲解、寻求双赢解决方案)、成就导向、团队整合、管理技能等。在跨文化中所发现的不同文化下不同的一些特征包括雄心勃勃、谨慎、同情、支配、循规蹈矩、独立、简洁、冲动、逻辑、秩序、冒险、自我隐藏、自我牺牲、敏锐、地位意识、有强烈欲望等。即这些特征在一种文化下,可以使领导成为有效的领导;而在另一种文化下,就可能成为失败的根源。多尔夫曼(Dofman)及其同事的研究支持了这一结论,他们发现国家层面的文化可以通过影响追随者对于领导者的期望进而影响领导者的行为风格,只有当领导者的领导风格适应了特定文化对于领导者角色的具体期望,领导作用才能得以有效发挥(Dorfman et al., 2012)。

GLOBE项目将继续考察社会文化、其他情境变量(组织战略、文化、技术、规模、环境不确定性等)、领导过程和组织效能之间的关系。这个研究将包括对各种文化的,深度的定性描述以及定量的分析。在这个研究的随后阶段将使用实验室和实地实验,以证实民族文化的因果关系和调节效应(Yukl,2001)。

第三节 领导的权变理论

权变理论尤其是领导的权变理论,最有名的就是弗雷德·费德勒(Fred Fiedler)在1964年提出的领导权变观点。这个观点提出来之后,受到很多人的重视,其不但在领导的研究以及实践过程中起到非常大的影响作用,还影响到组织行为学等一些其他方面的理论构建。本节后面讲到的认知资源理论,其实就是权变理论的一种变式。

Fiedler 的权变理论

这个理论主要考虑两个方面的内容(Fiedler,1964)。首先是领导者在影响下属或者制定决策的过程中表现出来的领导风格。所谓领导风格,就是一种比较稳定的行为倾向。这种行为倾向是用最难共事者(least prefered coworker,LPC)问卷来测量的。这份问卷要求你想象在工作过程中,一个最难合作的部属,然后回答15个问题。比如说你觉得这个人是不是很友善、是不是非常容易合作等,这是一个两极的量表,一般采用八点量表。完成之后,把这15个题加在一起得到一个分数,分数越高,说明这样的领导者更多的是一种关系导向型领导。所谓关系导向型领导是指该领导者与包括部属在内的其他人有着亲密的人际关系,而任务目标的实现则放在了第二位;反之,分数越低,则更多地表明你是任务导向型领导,指该领导者主要是受到任务目标的驱动,强调与任务完成有关的行为,当任务完成得很好并且没有重要任务需求时,同部属建立良好关系的动机才变得重要(Fiedler,1970)。总之,高LPC分数的领导者看重人际的成功,低LPC分数的领导者则看重任务的成功(参见本章最后的自测题)。

领导权变理论的另一个重要变量是情境。Fiedler将情境的因素考虑到该理论中来,认为一个领导者(要么是关系导向型的,要么是任务导向型的),在不同的情境下起的作用是不一样的。那么,怎么定义情境的特征呢?在Fiedler的理论中,用三个维度来衡量情境变量。

第一个变量是领导者与部属的关系,指一个领导者跟自己的部属之间人际关系是融洽、和谐的,还是紧张、僵硬的。这是一个非常重要的方面。一个领导者受到部属成员尊敬、爱戴、信任和追随的程度越高,领导者的权力和影响力就越大。

第二个变量是任务结构,是指一个群体所需完成的工作被清晰定义的程度,比如说每个人的分工是否清晰,所完成的任务是否需要配合。工作定义得越清晰,任务结构就越明确,工作的质量就越容易控制。

第三个变量是职位权力,即领导者所具有的影响部属的正式权力的大小。一个具有很高的职位权力的领导者比缺乏这种权力的领导者更容易得到部属的拥护和追随。

Fiedler 根据这三个因素定义了若干不同的情境做了大量的研究,发现不同类型的领导者,在不同的情境下其领导的效果是不一样的。图 2-1 告诉我们,任务导向型的领导在最有利的和最不利的情境下对下属的领导绩效是最好的。而作为一个人际导向型领导,在中间的情境下起的作用是最好的。换句话说,在一个最有利的情境下,具体来讲就是上下级关系特别好,任务结构特别明确,领导者有很高的职位权力的情况下任务导向型领导是比较有效的。同样,如果是在一个最不利的情况下,比如说这个领导者和部属的关系不好,任务结构不明确,同时领导者所具有的职位权力非常小,任务导向的行为也会起到很大的作用。而中间的情境则需要一个人际导向型领导,其领导效果会更好。

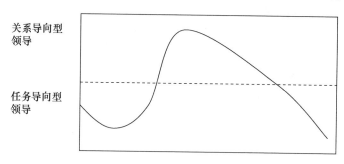

上下级关系	好	好	好	好	差	差	差	差
任务结构	明确		不明确		明确		不明确	
职位权力	强	弱	强	弱	强	弱	强	弱

图 2-1 Fiedler 的权变理论模型

资料来源:郑晓明,《组织行为学》,经济科学出版社,2002。

这样的理论给我们很多启示。第一个是以前的领导研究虽然也分任务导向和人际导向,但是在任何情况下,这两者可能都会有很好的作用。Fiedler 的研究结果发现,每种类型必须在一个特定的情境下,才会展示出更好的领导效果。

第二个是可以通过改变环境,增强你的领导效果。比如你在一个不利的情境下,如果你是一个人际导向型领导,就可以设法改变你的环境比如跟部属之间的关系,或使任务结构变得更清晰一点,这样领导效果会更好。其中,领导者的 LPC 分数、领导的绩效及情境变量的关系可以用图 2-2 来表示。

Fiedler 自己做过很多研究,后来的人也做了很多验证性的研究,结论都与上述 LPC 模型基本吻合。比较遗憾的是,在中国还比较缺乏这样的实证研究。

对于 LPC 模型的评价主要分为三个方面。首先是认为该模型还需要增加一些变量进行改进和弥补,如只根据以上三个变量能否清晰定义出所有情境的好坏,是否应该引入其他的变量,如部属的个性,能力等。其次是关于 LPC 量表的测量实质,以及 LPC 分数的不稳定性与复杂性的争议。比如,很多人可能并不是极端的领导风格,不一定除了关系导向型就是任务导向型,实际上一般来说处于中间的人比较多,而对于处于中间分数的这些

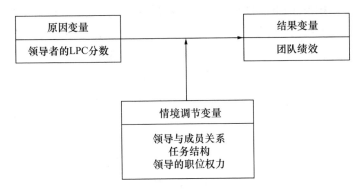

图 2-2 最难共事者权变模型的因果关系

资料来源：〔美〕Yukl, G., *Leadership in Organizations*, 清华大学出版社, 2001。

人,他应该具有什么样的业绩表现,该模型在这方面没有给出清楚的说明(Kennedy, 1982)。最后,该模型在实际应用中,对于情境变量的定义和测量比较困难,也就是在领导者—成员的关系、领导者职位权力、任务结构的界定方面存在困难(罗宾斯, 1997)。

实际上,按照Fiedler最早的观点,这三个变量的重要程度是不一样的,最重要的是领导者和成员的关系,其次是任务结构,最后是领导者的职位权力,这三者有一个重要的程度差别。

尽管对Fiedler的权变领导理论存在一定质疑,但该理论却使我们看到了情境在领导对部属影响过程中所起的作用。领导者所起的作用不可能离开特定的情境,这一观点更接近我们日常所体验到的领导的本质。

近期的研究证实了Fiedler权变理论中,上下级关系这种情境因素可以作为边界条件,调节领导风格和主动行为之间的关系。Marti et al. (2013)通过田野调查发现,命令型领导在和部属关系好时容易促进部属的主动行为;而对于授权型领导来说,反而是和下属关系不好时更能促进他们的主动行为和任务熟练性。

领导行为的路径—目标理论

另外一个领导权变理论叫作路径—目标理论(path-goal theory of leadership)(Evans, 1970;House, 1971)。这个理论主要是关于领导者怎样通过自己的领导行为,使得下属更加努力地工作,或者使他们更加满意。这个理论认为,作为一名领导者,应该善于引导自己的部属,做一种权衡,让他们知道通过努力工作这个路径能够达到自己想要的目标。

理论依据

路径—目标理论的依据是期望理论(expectancy theory),是由弗鲁姆(Vroom)于1964年在其著作《工作与激励》中首先提出的(Vroom, 1964)。

期望理论用公式可以表述为:

$$\text{个体被激发出来的动机} = F(\text{期望值} \times \text{效价})$$

式中,动机即个人积极性,指人的内部潜力被激发的强度;期望值是根据个人的经验判断达到目标的把握程度;效价则是所能达到的目标对满足个人需要的价值,也就是说,一个人对目标实现的把握越大,估计达到目标的概率越高,激发起的动力越强烈,积极性也就越大。具体到一个组织中,期望理论模式如图2-3所示。

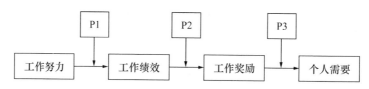

图2-3 组织中的期望理论模式

资料来源:〔美〕史蒂芬·P.罗宾斯著,孙健敏等译,《组织行为学》(第七版),中国人民大学出版社,1997。

在这个模型中需要兼顾三个方面的关系:

P1:工作努力与工作绩效之间的关系。这两者的关系取决于个体对目标的期望值。期望值又取决于目标是否适合个人的认识、态度、信仰等个性倾向,以及个人的社会地位、别人对自己的期望等社会因素,即由目标本身和个人的主客观条件决定的。

P2:工作绩效与工作奖励之间的关系。人们总是期望在取得预期成绩后,能够得到适当的合理奖励,如奖金、晋升、提级、表扬等。如果没有相应的、有效的物质和精神奖励来强化,时间一长,员工的积极性就会消失。

P3:工作奖励与个人需要之间的关系。奖励什么要适合各种人的不同需要,要考虑效价。要采取多种形式的奖励,满足各种需要,最大限度地挖掘人的潜力,最有效地提高工作效率。

总之,如果一个人认为他的工作努力极可能导致很好的工作绩效,好的工作绩效又极可能导致一定的工作奖励,而这个奖励恰好能够满足他的个人需要,那么他就有极强的积极性去努力工作。这就是期望理论的主要内容(袁凌等,2003)。本书的第五章还会对这个理论有所介绍。

理论模型

目标—路径理论认为,领导者的效率是以能激励下属实现组织目标并在其工作中使下属得到满足的能力来衡量的。领导者的主要作用在于为下属指明工作任务,帮助下属排除实现目标的障碍,使之顺利达成目标,并在工作过程中给下属提供各种满足自身需求的机会。

同样,目标—路径理论也把领导行为分成几种不同的风格:

(1)指导型:这种类型的领导者主要通过制定决策、发布指令,对下属指明其工作任务、工作标准与完成时间,并对如何完成任务给予具体指导。

(2)支持型:领导者对下属十分友善,较多地考虑下属的各种需求。

(3)参与型:领导者鼓励下属参与决策和管理,与下属共同磋商,并且在决策时征求和采纳下属的建议。

（4）成就型：领导者为下属设置有挑战性的目标，并对下属达成这些目标充满信心。

但是，House（1971）认为，在不同情境下，即使是同一领导者，其领导风格也是可以改变的，这一点与Fiedler（1967）的观点有所不同。事实上，领导者必须根据不同的情境表现出不同的领导行为。

这些情境因素包括：

（1）工作环境的特点：如任务结构的特点、职位的权力、工作的环境特性，等等。

（2）下属的期望及其效价：如下属对自己能够达到目标的期望，以及下属的需要，等等。

（3）下属的个人特征：如工作能力、工作经验、个性，等等。

根据这些情境因素，House（1971）提出了分别与之匹配的领导风格：

（1）当任务不明或压力过大时，指导型领导会带来更高的满意度；而当任务呈现高度结构化时，支持型领导会带来更高的绩效与满意度。

（2）内控型下属比较喜欢参与型领导，而外控型的下属则更加需要指导型领导；但是对于能力强或经验丰富的下属，指导型的领导却可能被视为多余。

（3）当工作群体内部存在冲突时，指导型领导会带来更高的满意度；而如果组织中正式权力关系越明确、越层级化，领导者就越应表现出支持型行为，降低指导型行为。

（4）当任务结构不清但是通过努力可以获得高绩效时，成就型领导就会提高对下属的期望水平，使他们坚信努力必会带来好的工作绩效。

总而言之，当领导者弥补了下属工作环境方面的不足时，就会对下属的绩效和满意度起到积极的影响。但是当任务本身十分明确或下属有能力和经验处理问题而无须干预时，领导者还花费时间解释工作任务，下属会把这种指导行为视为累赘多余甚至侵犯（王垒，1993）。

对于上述假设的验证性研究通常都取得了积极的效果。不过研究者仍然认为该理论还存在一些不足之处，因为涉及一些例外的领导行为，以及关于任务结构化、角色清晰度对于有经验的下属与缺乏经验的下属的不同作用等这一类争论，甚至也有人对作为其理论基础的期望理论提出了质疑。不过，目标—路径理论毕竟是一种重要的权变理论，House本人也对理论本身做了一定的改进（House，1996），相信该理论一定会在领导行为的研究中不断得到完善（Yukl，2001）。

领导行为的替代理论

另外一个领导权变理论叫作领导行为的替代理论（leadership substitutes theory）（Kerr & Jermier，1978）。这个理论认为在很多情境下，实际上很多因素使得领导者所起的作用是非常有限的。这些因素起到了"替代"领导者的作用。

下属对领导者的替代

这里主要考虑的是下属的个性特点、任务承诺及其能力和角色清晰度等特征。

下属的个性特点包括他所受过的专业训练及其经验、能力与责任心等;任务承诺是指个体对于团队任务认同与否及其认同的程度;能力和角色清晰度是指下属的工作能力,及其认识自己所承担的具体任务的清晰程度。

一个企业如果能招聘到受过专业训练的人,同时他们又具有很强的责任心,工作能力强,任务承诺水平和角色清晰度都很高,那么面对这样的下属,领导者显然是多余的,领导者不用有任何作为,下属都会有优良的表现。

组织行为学中提到过基本心理能力(general mental ability, GMA)的概念,包括归纳推理能力、演绎推理能力、计算能力、空间思维能力、言语能力、知觉能力和记忆力等七项能力(罗宾斯,1997)。这是一个人完成一件工作所需要的基本能力。这种能力和下属的绩效是密切相关的,大量研究表明,个体的 GMA 与其绩效之间能够达到很高的相关水平。另外一个是个性特征,其中有一个特别重要的维度就是"大五"人格理论中的责任心维度(conscienciouness),或称责任感,它跟绩效之间也有较强的相关性。也就是说如果一个下属具有一个很高水平的 GMA 和很强的责任感,那么用不着领导者,他自己就会很自觉地把很多事情做好,所谓的"不用扬鞭自奋蹄"。

同时,下属的核心自我评价也是可以替代变革型领导对下属绩效和工作满意度产生影响的一个变量。Nubold et al. (2012)通过实验证明,当下属核心自我评价高(认为自己有能力胜任工作并且自我效能感高)时,变革型领导与绩效的相关性较低,说明此类下属不需要变革型领导的支持就能完成工作。

工作任务对领导者的替代

当下属接受的任务和从事的工作具体明确或者比较简单化、程序化、常规化,那么领导者这时就是多余的,领导的任何作用也是多余的。当下属接受的任务和从事的工作能够及时地提供反馈,那么领导者和领导作用肯定也是多余的。比如,一位教师从事教学工作,如果他的课讲得特别精彩,课堂上可以赢得学生们的阵阵掌声;如果讲得不好,学生无精打采,甚至拂袖而去。这种反馈不仅及时,而且十分明确。因此,这位教师并不需要校长的多少指示和领导。为了做好教学工作,他自己会主动多下工夫,自己领导自己。

另外,内在满足感高(intrinsically satisfying)的工作是另一个替代领导者的因素。Keller (2006) 发现,在研究与开发工作中,内在满足感高的任务会提高团队的绩效。

组织文化对领导者的替代

一个组织如果有着明确的愿景和目标,有着严格的规章制度,有着很强的凝聚力,有着积极的文化氛围,这些因素都会导致对领导者的替代。组织文化对领导者的替代表现在它的无形的影响力和凝聚力方面。过去是领导者激励、控制、影响和凝聚着被领导者。现在更常见的是组织文化(而不是领导)激励、控制、影响和凝聚着被领导者。

以 3M 公司为例。3M 已经形成了一种创新的文化,有了这种创新文化,就会影响每一个在 3M 公司工作的员工。既然在这个组织里工作,那么你就必须要创新,无论领导者奖励你去创新,还是惩罚你不创新,所起到的领导作用都是有限的,因为创新已经变成了一种自觉自愿的行为,这就是组织文化特征对个体产生的影响。可以说,这是从一个组织文化的角度来看领导者的替代。

下属特征、任务特征、组织文化特征等,都是情境的变量,所以我们把替代理论归结成一种情境理论,或者是一种权变理论(Yukl,2001)。

领导行为的替代理论指出了领导者并不总能对下属产生有效影响这一事实,说明了领导者作用的有限性,这就使我们在应用领导理论时不会单纯地考虑领导行为对下属实现目标的影响,而是把领导作为组织行为总体模型中的一个自变量加以考虑。该理论的不足之处主要在于未能就各种情境因素对领导行为的替代过程做出一个细致的理论上的说明,以及对指导性、工具性领导这类广义上的领导行为没有界定出特定的替代因素(罗宾斯,1997)。

多重链接模型

另外一个权变理论叫作多重链接理论(multiple-linkage model)。这个理论是由加里·尤克尔(Gary Yukl)提出来的 (Yukl, 1981)。

Yukl 认为,一个团体的绩效受到诸多干预变量的影响,或者说这些干预变量最后会影响到领导的效果。这些干预变量包括:

(1) 任务承诺:即个体对于团队任务的认同与否及其认同的程度;

(2) 能力和角色清晰度:指下属的工作能力,及其认识自己所承担的具体任务的清晰程度;

(3) 工作的组织:也即任务结构是否明确;

(4) 合作与相互信任的程度;

(5) 资源和支持的可获得性;

(6) 外部的协调程度。

这里还有各种情境的变量,包括是否有趣和具有挑战性的任务、下属是否具有良好的训练及专业知识、团队是否稳定、组织是否具有正规的奖励系统,等等。这些情境的变量又可以对各种干预变量的相对重要程度产生影响。而领导者则是通过直接或间接地影响这些情境变量来实现领导,包括在短期内纠正各种干预变量的不足和在长期内创造一个有利的领导环境,主要通过以下几种方式来实现:

(1) 影响下属内在的价值观和信仰;

(2) 通过选拔与培训来发展下属的技能;

(3) 改善部门装备与设施;

(4) 开发新产品或组织新活动;

(5) 组成资源控制联盟;

(6) 调整部门的正式结构。

通过这些手段,领导者最终实现提高团队绩效的目的(见图2-4)。

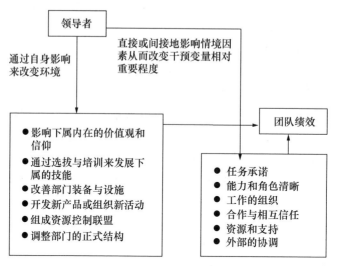

图 2-4 多重链接模型

资料来源:〔美〕Yukl, G., *Leadership in Organizations*, 清华大学出版社, 2001。

由于增加了更多的干预变量、情境变量和领导行为,多重链接模型变成一个相当复杂的模型。不过它所强调的是领导者实现职能的具体过程。目前用于验证该模型的研究还很少,在国内尤其如此。Yukl 认为,该理论的不足之处在于它未能明确地指出不同领导风格、不同情境变量之间的相互作用,没能就此给出一个完整的框架,而且对于长期的领导过程也只是做了一个大概的描述,因此该理论还有待进一步完善(Yukl, 2001)。

认知资源理论

认知资源理论(cognitive resources theory)由 Fiedler(Fiedler, 1986)提出。这个理论探讨的主要内容也是领导的效果,或者叫作决策的质量。它从两个方面来考虑领导者的特点,一个方面是领导所具有的智力和经验水平,也就是所谓的"认知资源";另一个方面则是领导者所面临的社会压力。所谓社会压力有很多种,比如领导与下属之间的关系是紧张的还是宽松的状态;来自外界的一些压力,比如时间的压力、决策的紧迫感等。研究发现,在不同的社会压力下,人们做的决策或者说他的领导行为受到的影响是不一样的。简单来说,如果一个智力水平高的领导者,他在一个高的压力情况下,所做的决策效果往往不是特别理想,但是在同样的一个情境下,如果是一个特别有经验的领导者,他以前经历过很多事件,那么虽然他有很大的压力,但是他做出的决策,仍然会是一个非常优秀的决策。所以经验和智力怎么来使用非常重要。一般来讲,一个比较缺乏经验的领导,在压力不是非常强的情况下,他完全可以通过他的智力解决很多问题。反过来说,一个有经验的领导者,同时智商又非常高的话,即使压力很大,他也能做出非常好的决策。

可以认为,认知资源理论是在权变理论的基础上把情境变量与领导者个体特征结合了起来(见图 2-5),这对于领导者的选拔颇具意义(凌文辁等, 1997)。

图 2-5 认知资源理论中主要的因果关系
资料来源：[美]Yukl,G., *Leadership in Organizations*, 清华大学出版社, 2001。

Hersey 和 Blanchard 的情境领导理论

Hersey 和 Blanchard(1984)开发的领导模型称为情境领导理论(罗宾斯,1997), 它被广大管理学专家所推崇, 并常常作为主要的培训手段来应用。

情境理论是一个重视下属的权变理论。Hersey 和 Blanchard 认为, 下属的成熟度水平是一项重要的权变变量。在领导效果方面对下属的重视反映了这样一个事实：下属是否接纳或者拒绝领导者。无论领导者做什么, 其效果最终都取决于下属的活动。然而这一重要维度却被众多的领导理论所忽视或低估。对于成熟度, Hersey 和 Blanchard 将其定义为, 个体完成某一具体任务的能力和意愿。

情境领导模式适用的两个领导维度与 Fiedler 的划分相同：任务导向行为和关系导向行为。但是, Hersey 和 Blanchard 更向前迈进了一步, 他们认为每一维度有低有高, 从而组合成四种具体的领导风格：指示型、推销型、参与型和授权型。具体描述如下：

- 指示型(高任务—低关系)：领导者定义角色, 告诉下属做什么、何时何地去做以及怎么做, 强调指导性行为。
- 推销型(高任务—高关系)：领导者同时提供指导性行为与支持性行为。
- 参与型(低任务—高关系)：领导者与下属共同决策, 领导者的主要角色是提供便利条件与沟通。
- 授权型(低任务—低关系)：领导者提供极少的指导或支持。

Hersey 和 Blanchard 理论的最后部分定义了下属成熟的四个阶段(从 R1 到 R4 是下属从不成熟到成熟的过程)：

R1：这些人对于执行任务既无能力又不情愿。他们既不胜任工作又不能被信任。

R2：这些人缺乏能力, 但却愿意从事必要的工作任务。他们有积极性, 但目前尚缺乏足够的技能。

R3：这些人有能力却不愿意做领导者希望他们做的工作。

R4：这些人既有能力又愿意做领导者让他们做的工作。

情境领导模型指出, 当下属的成熟度水平比较高时, 领导者不但可以减少对活动的控制, 还可以减少关系导向行为。在 R1 阶段, 下属需要得到明确而具体的指导。在 R2 阶段, 领导者需要采取高任务和高关系的行为。高任务行为能够弥补下属能力的欠缺, 高关系行为则是试图使下属在心理上"领会"领导者的意图。在 R3 阶段中出现的激励问题运用支持性、非指导性的参与风格可获得最佳的解决。最后，在 R4 阶段，领导者不需要做太多事情，因为下属既愿意又有能力承担责任。

最后，我们再回到一个重要的问题上来：是否有证据支持情境领导理论？前面已经指出，这一理论很少被研究者所重视。就目前的研究资料来看，对来自这一理论的结论应该比较谨慎。一些研究者认为有证据部分地支持这一理论，另一些人却指出没有发现这一假设的支持证据（罗宾斯，1997）。

权变理论的总体评价

所有权变观点下的这些领导理论，可能着重点不一样，比如说，认知资源理论讲的是智力和经验的问题，路径—目标理论主要讲的是指导型和支持型的领导者，但是最重要的一点，就是无论什么样的领导行为，都必须在一个特定的情境下起作用，或者说作为一个领导者，必须考虑到情境的因素。

总体来看，权变理论考虑到这样一些变量。其中最重要的，或者说一个重要的前提就是领导者具备什么样的特质，或者说具有什么样的行为。其次是一些情境的变量，比如说一个最有利的情境，或者是一个最不利的情境。同时还有一些干预的变量，所有干预的变量都不过是任务的承诺、工作的组织等。在这样一个整体情况下，我们才能更好地看出一种领导所取得的效果是好还是不好。

对经理人的指南

这些权变理论对经理人的管理和领导工作有哪些指导意义呢？

这里我们做一点概括的叙述。比如说对于长期的复杂的任务，更多的是要运用计划，制订一个比较详细的、明确的计划，这个计划对于清晰定义每个人的角色非常重要；向具有相关知识的人请教，然后给相互依赖性人提供更多的指导，在出现危机时提供更多的指导和任务讲解，也就是让下属明确知道自己的任务是什么；更紧密地监控关键任务及不可靠的员工，也就是说如果你觉得这个任务直接影响到企业的绩效，那么你就必须更好地来监控；对没有经验的下属提供更多的指导，明确告诉他应该怎么做，不应该怎么做；对承担具有压力任务的人，则应该提供更多的支持。

案例　　联想：从柳传志到杨元庆的变迁

联想集团成立于 1984 年，建立之初的联想公司年营业额仅 300 万元。到 1994 年营业额发展为 11 亿元的年销售额，2016/2017 财年销售额是 430 亿美元，净利润为 5.4 亿美元。今天的联想集团是中国 IT 企业的领先者，主要是在中国从事台式电脑、笔记本电脑和移动手机的设备、服务器和外设的生产、销售，已发展成为一家在信息产业多元化发展的大型集团公司。一路走来，可以说联想经历了初创、起步、助跑、起跳、转型阶段，包括联想的领导班子交替和后来分出"神州数码",联想的发展可谓一波三折,却依然朝着自己的奋斗方向前进着。

如果我们以时间为参照物,可以把联想文化大致分为两个时期:柳传志时期文化和杨元庆时期文化。柳传志时期文化主要表现为创新导向和目标导向,相对应为创业文化和服务文化。而杨元庆时期文化主要表现为规则导向和支持导向,与之对应的是严格文化与亲情文化。

1. 柳传志时期的创业、服务文化

柳传志时期的文化追求强力执行。1984年,联想在中科院的一间小平房里成立,11个科技人员靠中科院计算所20万元投资起家。这个时期联想人面对的是关系到生存的竞争压力,充满了创业的决心,也充满了克服一切困难的精神。那时联想人常说的是要把5%的可能变成100%的现实。这是在当时的环境下所表现出来的一种非常坚定的创业文化。柳传志言必行,行必果,执行起来异常坚决,员工反应也很强烈。这有利于联想此时以客户为中心的目标导向。联想认为,客户就是皇后,对待客户就要热脸贴冷屁股。这反映了联想具有强烈的客户意识。在从做学问向做市场的转变中,联想逐渐明白了必须关注客户需要什么,考虑什么产品好卖、考虑怎么控制成本才能赚钱,考虑要打出自己的牌子,经营意识就这样一步步地建立起来了。联想人常说,没有师傅,是我们自己把自己领进了市场的大门;同时,联想文化最使人记忆深刻的要属求实进取的联想精神,这要求联想人要有脚踏实地的求实精神和奋发向上的创业精神。

2. 杨元庆时期的严格、亲情文化

当联想进入创业之后的起步期,一个要长远持久发展的目标摆在面前时,联想的企业文化走向了规则导向。联想人向规则要精准和效率,希望人人都能够严格、认真、主动、高效,把很多事情都放到一个个流程制度里去规范。他们讲做事三原则,讲围着规则转,员工的行为需要规范,业务怎么开展需要规范,企业怎么管理也需要规范,联想文化进入了严格文化时期。严格文化作为一种管理风格在此时的出现,有利于整体管理水平的提升。这段时期推广严格精准文化,保证了联想1997—1999年三年的高速发展态势。

当联想发展得越来越大,部门也越来越多时,联想发现单纯强调严格文化不利于公司内部的协作,于是这一时期联想讲得更多的变成了团队意识,告诉大家"小公司做事、大公司做人"的道理。同时,联想倡导"平等、信任、欣赏、亲情"的亲情文化,是要使联想公司内部多一些有利于协作的湿润空气。亲情文化提倡互相支持,提倡相互客户理念,推行矩阵式管理模式,要求各部门和层次之间互相配合,资源共享,实行称谓"无总"、倡导平等、信任、欣赏、亲情。这时的企业文化也开始由规则向支持导向过渡。到2000年联想正式明确了支持导向的亲情文化。从尊称老师,到敬称老总,再到俗称元庆,中国IT旗舰联想17年来对其掌门人的称谓历经了这样的三大变化。杨元庆坦言:联想早期严格的做法比较多,亲情的成分比较少,所以我们前年开始强调亲情文化,每个月会有固定的一天,领导班子成员站在公司门口迎接员工。杨元庆让所有的联想员工都叫他元庆,叫声杨总是要罚100元钱的。联想一度强调亲情文化。在联想研究院的研究人员仿效硅谷的工作方式,比如可自己调配上班时间、办公室里随意着装等。杨元庆还提出在员工生日时,以公司名义赠送生日蛋糕;甚至在情人节那天让大家早点下班去约会。亲情文化的内涵是让联想人在一个更为宽松、有活力的氛围下养蓄创造力。

自从杨元庆等新一代真正从柳传志老一代手中接过联想未来的那一刻起,联想开始了其新的征程,也就是联想的第二次创业。联想现在开始在亲情文化的基础上倡导创业文化。在充满后工业化设计感的深圳联想新大楼里,办公室、电梯间、食堂甚至洗手间,随处可以发现与创业文化相关的小标语条。我们把这一发现对联想方面的陪同人员说了,他们笑着解释:元庆希望随时提醒联想人,让大家重新聚起一种白手起家的精神来面对现在的竞争环境。

创业文化在联想的新生恰恰切合了杨元庆感悟至深的一点:联想十几年里,最根本的东西、最不应丢掉的东西,就是永不满足、不断进取,就是往大处看、目标高远。永远是做到一个目标,再奔向另一个目标,是那种要跳一下才够得着的高目标。

面对新世纪、互联网经济的挑战,联想新世纪、新战略、新征程的誓师大会上,新联想时代破壳而出,联想进入杨元庆时代。文化和战略是新联想亟待首要迫切解决的问题。我们通过对联想的文化变迁的回顾,可以看到一路以来联想两代领导人对其的领导和影响。也正如新一代联想领导核心杨元庆所言,我们拭目以待,一同见证联想的未来。

讨论题

(1) 柳传志和杨元庆的领导各自的特点是什么?各自所处的情境是什么?你觉得他们的领导符合当时的情境吗?

(2) 随着联想的战略发展,你觉得杨元庆应该如何应对环境变化对自己的领导风格提出的挑战?如何做才能够保证在未来的发展中带领联想取得更多的成绩?(可以查阅联想的相关报道等更多信息结合作答)

(3) 结合柳传志和杨元庆的领导风格及当时所处的环境特点,谈谈你对权变理论的理解。

自测题

最难共事者问卷(LPC)

回想一下你自己最难共事的一个同事,他/她可以是现在和你共事的人,也可以是过去与你共事的人。他/她不一定是你最不喜欢的人,只不过是你在工作中相处最为困难的人。用下面16组形容词来描述他,在你认为最准确描述他的等级上画圈。不要空下任何一组形容词。

快乐——8 7 6 5 4 3 2 1——不快乐
友善——8 7 6 5 4 3 2 1——不友善
接纳——8 7 6 5 4 3 2 1——拒绝
有益——8 7 6 5 4 3 2 1——无益
热情——8 7 6 5 4 3 2 1——不热情
轻松——8 7 6 5 4 3 2 1——紧张
亲密——8 7 6 5 4 3 2 1——疏远
热心——8 7 6 5 4 3 2 1——冷漠
合作——8 7 6 5 4 3 2 1——不合作
助人——8 7 6 5 4 3 2 1——敌意
有趣——8 7 6 5 4 3 2 1——无聊
融洽——8 7 6 5 4 3 2 1——好争
自信——8 7 6 5 4 3 2 1——犹豫
高效——8 7 6 5 4 3 2 1——低效
开朗——8 7 6 5 4 3 2 1——郁闷
开放——8 7 6 5 4 3 2 1——防备

参考文献

[1] 郭全中、付晨:"浅谈中国权变理论及其形式",《甘肃行政学院学报》,2000 年第 35 期,第 37—39 页。

[2] 凌文辁、郑晓明、张治灿、方俐洛:"组织心理学的新进展",《应用心理学》,1997 年第 3 卷第 1 期,第 11—18 页。

[3] 刘刚、吕文静、雷云:"现代企业管理中阴阳学说新述",《北京工商大学学报(社会科学版)》,2014 年第 29 卷第 6 期,第 103—108 页。

[4] 〔美〕史蒂芬·P.罗宾斯著,孙健敏等译:《组织行为学》(第七版),中国人民大学出版社,1997。

[5] 麻尧宾:"《周易》与企业权变管理",《现代管理科学》,2004 年第 1 期,第 31—32 页。

[6] 彭世勇:"跨文化研究理论透视——从霍夫斯塔德到道费尔南德斯",《西安外国语学院学报》,2004 年 9 月第 12 卷第 3 期,第 32—36 页。

[7] 王垒:《组织管理心理学》,北京大学出版社,1993。

[8] 袁凌、李敬、吴文华:《组织行为学》,湖南大学出版社,2003。

[9] 郑晓明:《组织行为学》,经济科学出版社,2002。

[10] 周业柱:"为将之道,重在权变——《孙子兵法》中的领导权变理论浅析",《行政与法》,2001 年第 6 期,第 81—82 页。

[11] 张再林:《孙子兵法》与现代管理思想,《西北大学学报》(哲学社会科学版),1997年第3期,总96期,第27页。

[12] Alder, N. J., *International Dimensions of Organizational Behavior*. Cincinnati, OH: South-Western College Publishing, 1997.

[13] Bennett, M., "Testing Management Theories Culturally", *Journal of Applied Psychology*, 1997, 62, 578—581.

[14] Dorfman, P. W., "International and Cross-cultural Leadership Research", In: B. J. Punnet and O. Shenkar (Eds.), *Handbook for International Management Research*. Oxford: Blackwell, 1996, 267—349.

[15] Dorfman, P., Javidan, M., Hanges, P., Dastmalchian, A., & House, R., "GLOBE: A Twenty Year Journey into the Intriguing World of Culture and Leadership", *Journal of World Business*, 2012, 47(4), 504—518.

[16] Evans, M. G., "The Effects of Supervisory Behavior on the Path-goal Relationship", *Organizational Behavior and Human Performance*, 1970, 5, 277—298.

[17] Fang, T., Y. Yang, "A New Perspective on Culture", *Management and Organization Review*, 2012, 8(1), 25—50.

[18] Fiedler, F. E., "A Contingency Model of Leadership Effectiveness", In: L. Berkowitz (Ed.), *Advances in Experimental Social Psychology*. New York: McGraw-Hill 1964, pp. 149—190.

[19] Fiedler, F. E., *A Theory of Leadership Effectiveness*. New York: McGraw-Hill, 1967.

[20] Fiedler, F. E., "Leadership Experience and Leader Performance: Another Hypothesis Shot to Hell", *Organizational Behavior and Human Performance*, 1970, 5, 1—14.

[21] Fiedler, F. E., "The Contribution of Cognitive Resources to Leadership Performance", *Journal of Applied Social Psychology*, 1986, 16, 532—548.

[22] Foster, J. D., Campbell, W. K., & Twenge, J. M., "Individual Differences in Narcissism: Inflated Self-views across the Lifespan and around the World", *Journal of Research in Personality*, 2003, 37(6), 469—486.

[23] Hamamura, T., Heine, S. J., & Paulhus, D. L., "Cultural Differences in Response Styles: The Role of Dialectical Thinking", *Personality & Individual Differences*, 2008, 44(4), 932—942.

[24] Hersey, P., & Blanchard, K. H., *The Management of Organizational Behavior* (*4th ed.*). Englewood Cliffs, NJ: Prentice Hall, 1984.

[25] Hofstede, G., *Culture's Consequences: International Differences in Work-related*. Values London, Sage, 1980.

[26] House, R. J., "A Path-goal Theory of Leader Effectiveness", *Administrative Science Quarterly*. 1971, 16, 321—339.

[27] House, R. J., "Path-goal Theory of Leadership: Lessons, Legacy, and a Reformulated Theory", *Leadership Quarterly*, 1996, 7, 323—357.

[28] House, R. J., Hanges, P. J., Ruiz-Quintanilla, S. A., Dorfman, P. W., Javidan, M., Diskson, M. and Associates, "Cultural Influences on Leadership and Organizations: Projects GLOBE", In: W. H. Mobley, M. J. Gessner, & V. Arnold (Eds.), *Advances in Globle Leadership*, 1999, 171—233.

[29] Keller, R. T., "Transformational Leadership, Initiating Structure and Substitutes for Leadership on Project Team Performance", *Journal of Applied Psychology*, 2006, 91(1), 202—210.

[30] Kennedy, J. K., Jr., "Middle LPC Leaders and the Contingency Model of Leadership Effectiveness", *Organizational Behavior and Human Performance*, 1982, 30, 1—14.

[31] Kirkman, B. L., Chen, G., Farh, J. L., Chen, Z. X., & Lowe, K. B., "Individual Power Distance Orientation and Follower Reactions to Transformational Leaders: A Cross-level, Cross-cultural Examination", *Academy of Management Journal*, 2009, 52(4), 744—764.

[32] Kerr, S., & Jermier, J. M., "Substitutes for Leadership: Their Meaning and Measurement", *Organizational behavior and Human Performance*, 1978, 22, 375—403.

[33] Lord, R. G., & Maher, K. J., *Leadership and Information Processing: Linking Perceptions and Performance*. Boston: Unwin-Hyman, 1991.

[34] Martin, S., Liao, H., & Campbell, E., "Directive versus Empowering Leadership: A Field Experiment Comparing Impacts on Task Proficiency and Proactivity", *Academy Of Management Journal*, 2012, 56(5), 1372—1395.

[35] Mittal, R., & Dorfman, P. W., "Servant Leadership across Cultures", *Journal of World Business*, 2012, 47(4), 555—570.

[36] Nübold, A., Muck, P., & Maier, G.. "A New Substitute for Leadership? Followers' State Core Self-evaluations", *The Leadership Quarterly*, 2013, 24(1), 29—44.

[37] Peng, K., Nisbett, R. E., & Wong, N. Y. C., "Validity Problems Comparing Values across Cultures and Possible Solutions", *Psychological Methods*, 1997, 2(4), 329—344.

[38] Peng, K., & Nisbett, R. E., "Culture, Dialectics, and Reasoning about Contradiction", *American Psychologist*, 1999, 54(9), 741—754.

[39] Trompenaars, F., *Riding the Waves of Culture*. London: Brealey, 1993.

[40] Tsui, A. S., Wang, H. U. I., Xin, K., Zhang, L., & Fu, P. P., "Let a Thou-

sand Flowers Bloom: Variation of Leadership Styles among Chinese CEOs", *Organizational Dynamics*, 2004, 33(1), 5—20.

[41] Vroom, V. H., *Work and Motivation*. New York: Wiley, 1964.

[42] Wang, H., Waldman, D. A., & Zhang, H., "Strategic Leadership across Cultures: Current Findings and Future Research Directions", *Journal of World Business*, 2012, 47(4), 571—580.

[43] 〔美〕Yukl, G., *Leadership in Organizations*, 清华大学出版社, 2001。

[44] Zhou, W., & Shi, X., "Special Review Article: Culture in Groups and Teams: A Review of Three Decades of Research", *International Journal of Cross Cultural Management*, 2011, 11(1), 5—34.

第三章 魅力型领导和变革型领导

本章导读

魅力是领导者对下属产生影响的非常重要的力量源泉。20世纪80年代出现的变革型领导和魅力型领导理论就是围绕领导者魅力来研究领导者对下属产生影响的过程。通过本章的阅读,希望读者了解魅力型领导和变革型领导所包含的内容及维度,以及对下属产生作用的影响过程。国内外的学者都对这两种领导理论,尤其是变革型领导进行了大量的研究,这些研究结果的介绍会帮助读者从适域的角度思考如何在中国的企业中发展和完善领导者影响下属的魅力。

开篇案例

当被称为"互联网时代企业"的思科公司正在接受全球传媒和资本市场的广泛赞誉和顶礼膜拜之时,它却不得不为一家来自中国的企业而暗自焦虑,头疼不已。这家企业就是深圳的华为,而它的带头人任正非原来是解放军的一名团级干部,也因此而带有军人作风。

任正非的经历的确是令人赞叹的。20世纪80年代,他自军队转业之后,就去了当时改革开放最前沿的深圳,最初打了几年工。有点积蓄和资源后,他于1987年创立华为公司,最初的业务靠代理香港一家公司的HAX交换机获利。当时在深圳这种类型的公司一抓一大把,大家活得都不错,很舒服。但任正非的与众不同在此时显露了出来,做了两年之后,他放着舒舒服服赚钱的生意不做,却非要自己搞研发,做自己的产品。1990年,几十个年轻人跟随任正非去到南山一个破旧的厂房中,开始了他们的创业之路。

如果要评选哪家企业最能代表中国企业在技术研发实力上所取得的成就,毫无疑问就是华为。截至目前,华为在电信核心技术方面已经取得了大量专利,并为此赢得了普遍赞誉。2017年在财富世界500强排名中,华为排名83位。当然,华为这一成绩的取得是与其持续、大规模、不计血本的研发投入密切相关的。

华为对外界宣传说,它在研发方面每年的投入为其销售额的10%。但据说华为的投入远远高于10%,几乎所有能用于研发的钱,都被华为义无反顾地用于技术攻关、科研、搞项目。而且，任正非逼着技术研发部门花钱，你没有把钱花出去，就是你的工作不到位，研发的项目开发得不够深入和广泛。比如说，华为每年将研发资金的1/3用于3G，共耗资40亿元人民币，先后有3 500人参与这一研究项目，这些努力在2003年终于赢得了市场回报。也正因为有这些，华为才可以从一开始生产技术含量较低的交换机小厂，发展到现在以生产路由器等技术含量高的网络设备、光通信、数据产品的综合性电信设备提供商。

如同联想是"柳传志"公司、四通是"段永基"公司、TCL是"李东升"公司一样，个人对公司的决定力和影响力起着决定作用。由此，华为是一个董事会缺位、失效，以"英雄创世"为标志的中国式管理的公司。

任正非公司不仅是华为公司的特质，更是中国纯粹民族企业的特质。从中国经济发展史、中国文化和对个人崇拜的历史续延性看，在一定时期内，"任正非公司"所构造的个人力量、英雄主义、号召力、凝聚力或许比公司的股权约束、董事会民主决策更有效。进一步判断，大多数公司客观上信奉个人能力，神化个人能力的惯性思维远远大于公司高管、员工对民主程序的把握。进一步调研分析后，可以认为"任正非公司"其实与其他许多公司有着根本的不同，"任正非公司"不仅是一种个人英雄的感召力，而且是一套完整的思想体系。换一个角度讲，正是任正非本人创造的一套完整的、科学的、具有很强创新性与前瞻性的思想体系，才使华为公司成为一个知识经济与英雄主义的组合。对华为而言，任正非已成为这个庞大机器上的部件，没有替代品，不可复制。

任正非不修边幅，一身"老土"的革命同志打扮。这些已足够让人惊奇，更令人惊讶的是，华为的管理模式仍沿用革命化的团结大动员、唱军歌式的集体行动那一套，这看起来与华为所要打造的新锐的网络技术、透明而现代化的高科技企业目标，是如此格格不入，却又能和谐地融合在一起。

在营销方式上，任正非领导的华为也令人感到奇特。它几乎从不做广告，对现代企业最重视的公关传播也没有丝毫兴趣，领导华为几十年，任正非几乎没接受过媒体的采访。但即便如此，并没有影响到华为进入中国顶尖企业行列。华为2003年的销售额高达300亿元，名列我国电子信息百强企业第七名，利润更是名列第一。

但也有人指出，华为的快速成长与中国特定的历史时期有关，它恰好赶上了中国经济大发展的高潮，通信基础设施的大量更新为华为带来了巨大订单。最初，华为是从偏远农村等低端市场做起的，在跨国企业的夹缝中寻求生存的机会，甚至采取了许多特殊的手段。

"华为的冬天来临了吗？"任正非喜欢用这样一句话提醒华为。可以说，正因为他始终抱有强烈的危机意识，他的照片看起来都很老相，即使穿上挺括的西装。

著名财经作家、《华为真相》作者程东升评价任正非和华为：大凡真正的大企业家，首先应该是个思想家，对企业的宏观战略有清晰的认识，以自己独特的思想认识、影响和指导企业的发展。华为之所以成为中国民营企业的标杆,不仅仅因为它用10年时间将资产扩张了1000倍,不仅仅因为它在技术上从模仿到跟进又到领先,而是因为华为独特的企业文化,这种文化的背后则是总裁任正非穿透企业纷繁复杂表象的深邃的思想力。从产品营销到技术营销再到文化营销,华为做得有条不紊。任正非对企业目标的界定,对企业管理的创新,对智力价值的承认,都开创了中国民营企业之先河。

中国从来就不缺企业家,但从来都缺真正的商业思想家——在当代中国,任正非应该算是一个。

20世纪80年代初,西方有关领导的研究出现了两个新型的理论,即变革型领导(transformational leadership)(Bass,1985;Burns,1978)和魅力型领导(charismatic leadership)(Conger & Kanungo,1987;House,1977)。前几章介绍的领导特质理论、行为理论,以及权变理论都是从领导者的行为或者是领导者的特质来描述领导者对下属产生的影响。后续研究发现,领导者在影响下属时,非常重要的或者说能够让下属"口服心服"的办法是,领导者不但要影响下属的行为,还要能够调动下属的情绪,影响下属的内在心理,产生鼓舞人心的一种状态。要想达到这种境界,领导者不但要在不断变化的环境下,为下属描绘一个引人入胜的愿景,更要在影响下属的过程中不断展示自己的魅力。变革型领导和魅力型领导在这些方面对领导行为进行了深入的探讨。上述案例中的任正非就是具有魅力领导的典型代表,他所构造的个人力量、英雄主义、感召力、凝聚力在某种层面上可能比公司的股权约束、董事会民主决策更多地影响了下属。更有甚者,有人将任正非说成是华为的精神领袖,充分显示了任正非的个人魅力。正是因为有了这样的魅力,任正非引领华为取得了一个又一个辉煌的成果,在数据通信领域稳居世界第一。

实际上,变革型领导和魅力型领导这两种领导理论在学术文章上经常被人们交互使用,其主要原因是这两个理论在内容上具有某些相似之处。这一章主要介绍与变革型领导和魅力型领导的相关理论,以及国内外相关的实证研究。尤其重要的是,管理者如何发展自己的魅力,以便最大限度地影响下属的工作满意度和生产效率。

第一节 魅力型领导

领袖魅力

魅力(charisma)这个概念最早由马克思·韦伯(Weber)在1947年提出的,Charisma是一个希腊词,指的是一种神授的礼物或才能。所谓神授就是上帝赋予的或者说天生的一种特殊的东西,它可以使一个人完成一个奇迹。另外,它能使具有charisma的这个人产生一种对未来预测的能力。在中文中,"魅力"一词也有其特定的含义。《现代汉语词典》

将魅力定义为一种"很能吸引人的力量"(1998)。

2003年,在美国进行了一项"美国最有魅力总统"的调查,结果肯尼迪、克林顿、林肯等人上榜。House等人1991年在《管理科学季刊》(*Administrative Science Quarterly*)上发表的文章指出,领导者的效力更加依赖于他的人格魅力而不仅依赖于组织赋予的力量。这些研究者对美国建国开始到1991年所有的总统运用档案分析的办法进行了总结,认为魅力型领导具有一定的普遍特征(House et al., 1991),并且证明了领导者的个性和魅力确实是影响领导效力非常重要的因素。1987年,加拿大麦肯基尔大学的Conger和Kanungo(1987)对魅力型领导的行为及其归因进行了一项研究的结果表明,作为一个魅力型领导,应该具有以下的行为或者特质:

- 提出一个与众不同或令人意想不到的愿景。引人入胜的愿景往往能使下属产生喜欢、欣赏及崇拜的感觉,从而认为该领导者具有魅力。毛泽东就是一个例子。中国当年有很多的主义可以选,但是为什么选择了共产主义?这是因为毛泽东在那个时代描绘出一个引人入胜的共产主义理想社会。这种愿景是独特的、创新的、鼓舞人心的,但同时它又要是可以被接受的,即能够为当时的中国人民所接受。正如他在中华人民共和国第一届全国人民代表大会第一次会议上强调的"我们正在做我们的前人从来没有做过的极其光荣的事业""我们的目的要达到,我们的目的一定能够达到"。松下幸之助为松下公司订立了非常长远的目标,例如产业报国等,他甚至为松下描绘了250年的发展目标和前景。这就是魅力型领导所应具有的构建引人入胜愿景的能力和胆识。

- 提出一系列实现这个愿景的方法。魅力型领导只提出一个引人入胜的愿景还不够,还必须为下属指明实现这一愿景的具体方法和路径。就像毛泽东说的,中国要实现共产主义,不是走苏联提出的道路,在城市逐渐消灭资本主义然后实现共产主义,而是要采取以农村包围城市的办法。敢于提出一种适合自身发展特点的方法,而不走约定俗成的老路,这也是魅力型领导的一种特点。回顾中国企业巨头联想公司的成长,柳传志和杨元庆从技术创新到收购IBM PC部门实现全球化,带领联想走出了国门,成为全球IT届的领导者。确立了具体的发展路线和方向,并且清晰地了解自己每一步的行动目标,这样的领导才能使美好的愿景不会成为"水中月"。

- 敢于牺牲个人、家庭的利益,承担个人的风险。毛泽东在领导中国人民解放战争的整个过程中,经历了很多的困难和危险。比如,他的弟弟、哥哥、妻子都先后牺牲了,他冒着生命危险参加重庆谈判,他的儿子毛岸英在抗美援朝的战争中也壮烈牺牲,尽管如此,他始终能够坚定自己的信念,不计较个人的利益得失。蒙牛公司的总裁牛根生,正是承担了四十岁后出来创业的风险,才取得了今天蒙牛的辉煌。现在的牛根生似乎多了一份人生的豁达,他对待下属的慷慨和多次"散财"的举动,为牛根生赢得了不少美誉。一个领导者甘愿冒着失去金钱、权力、生命这样的风险,来忠于自己设定的愿景和目标,相对于那些不愿冒险、死守自己地位和财产的人,无疑会得到追随者更多的信任和崇拜,从而产生强烈的领袖魅力。

- 拥有强烈的自信。具有自信的领导者更有可能被认为是有魅力的,领导者越是相信自己的决策是正确的,追随者越有可能更增加对领导者的信任。毛泽东的自信来自游泳的爱好,在与风浪搏击的过程中形成了强烈的自信心。诸如"让那些内外反动派在我们面前发抖吧"这样的语句,增强了广大人民群众对革命必将胜利的信念。开创中国搜索引擎第一家的李彦宏,也是凭借着骨子里的自信和胆识带领着百度取得了无数的辉煌。

魅力型领导还有一些特点,比如在决策的过程中,他们一般采用一种不是特别讲究高压的强制的办法,而是通过一种个人认同的方法,这样更能体现一个领导者的魅力。比如毛泽东经常深入到群众中去了解第一手资料,在七千人大会上主动开展自我批评等,都给人们一种意料之外的感觉。

魅力型领导的归因理论

对于一个企业或部门的领导者来讲,什么样的行为才能有魅力?或者说什么样的行为才能给下属一种魅力型领导的印象?一个魅力型领导,应该有什么样的表现?魅力型领导的归因理论给予了详尽的解释(Conger & Kanungo,1987、1998)。

影响过程

魅力型领导主要通过个人认同(personal identification)对下属产生影响。领导者的魅力使下属形成这样一种信念,他们希望模仿和取悦领导者,通过一系列的行为来获得领导者的认可,并将这种认可作为他们个人价值观的一部分。当下属的行为获得魅力型领导的表扬与认同时,会增强下属的自信,并产生一种努力保持与提高这种行为的义务感,以在将来能与领导者的这种期望相契合。通常,这成为下属行动的最主要的动机。另外,魅力型领导会将一些新的价值观与信念内化到下属头脑中并以此影响下属。比起仅仅是表面上接受领导者的言行,能够让下属接受领导者关于企业与组织的价值观和信念就显得更为重要。只有员工将企业的目标变成自己努力想要达到的目标,才会坚持不懈地为企业贡献自己的力量。

促进的条件

所谓促进的条件,是指一些因素会使魅力型领导更具领导力,更能够被下属知觉为他是一位有魅力的领导者。其中,最重要的一个条件是拥有一个危机的情境。具体来讲,对于一个企业来说,就是处于变革中。当一个国家或者说一个组织处在一个危机的情况时,人们往往更能体会到一个魅力型领导所起的作用。就像中国当时处于动荡的时代,毛泽东领导人民建立起一个与以前的封建制度完全不一样的新中国,这种危机情况对领袖魅力起到一个非常好的促进作用。

魅力型领导的自我概念理论

前文介绍的领导魅力的归因理论,是从一个下属的角度来看待魅力型领导的。而魅力型领导的自我概念理论(self-concept theory),则更多地从领导者和下属两方面来解释魅力型领导的产生和发展。该理论主要从人类动机的角度来看待魅力型领导是怎样产生的，以及是如何影响下属的行为的。其前提条件是，一个领导者，必须要影响到下属的一些内在动机和价值观，才能更好地影响下属。自我概念理论认为，个体表现出的外在行为，是其内在的动机、价值观以及内在态度的一种表现。因此，作为一名魅力型领导，要注重影响下属的内在动机，并以此发挥自身的作用。而另一方面，下属之所以希望或愿意接受魅力型领导，即对领导者产生一种认同（personal identity），是因为与这个领导者的价值观、信念一样，或者二者在很多自我概念方面的因素是一致的。

自我概念理论中所描述的魅力型领导的表现，以及魅力型领导的一些主要特质和行为，与归因理论中介绍的几个方面没有大的差别，比如要提出一个与众不同的愿景，有实现目标的方法、有强烈的自信以及敢于牺牲个人的利益等，这里将不再做详细讨论。

在影响过程方面，自我概念理论与归因理论的阐述有所不同，正如前面所介绍的，归因理论强调个人认同和内化（internalization）的作用，而自我概念理论则认为，在领导者对下属的影响过程中，更多的是一种社会认同（social identity）的过程。所谓社会认同，更多的是注重一种社会互动的过程，也就是通过社会成员的相互交往，达到相互影响的作用。因此，自我概念理论认为，魅力型领导必须在组织内部、团队内部，与下属产生强烈的互动。通过互动，使下属认同领导者的价值观。这种互动不但是领导与下属之间的互动，更多的是群体成员之间或跟随者之间的一种互动，大家相互影响，产生对魅力型领导的认同。

自我概念理论在承认危机重要性的同时，更强调领导者与下属之间的价值观的相似性。在领导者与下属的价值观越相似的情况下，越容易产生魅力型领导。或者说，在领导与下属的价值观相似的情况下，魅力型领导能更容易、更好地领导下属。

魅力型领导的相关概念

心理动力过程

心理动力过程（psychodynamic process）是一个涉及很多心理学知识的概念，即从心理过程这一视角来解释魅力型领导为什么会起作用。魅力型领导之所以能够对下属产生有效的影响是因为其中发生了一种移情（empathy）或者说投射（projection）的效应。移情是个体具有真实或想象中的他人的情绪、情感状态，并产生与之一致性的情绪、情感体验，是一种替代性情绪、情感的反应能力。而个体具有的将自己的特点归因到其他人身上的倾向称为投射。举例来说，为什么希特勒在 20 世纪 30 年代能够形成德国对整个世界的统治？他拥有如此高的威信和魅力，以至于一些显然不正确的言行，如对犹太人的歧视和屠杀，以及对其他国家的轻蔑能够影响那么多德国人？这是因为，第一次世界大战之后的经济上的萧条和心理上的恐惧使人们饱受压抑，在这时终于有一个人指出了方向，告诉大家应该如何做，于是人们就把很多压抑的情感投射出来，或者说移情出来，放到了希特勒身上，从而出现了盲从的现象。这是从心理学的角度来解释魅力型领导产生的原因。

社会传染和领袖魅力

社会传染（social contagion）和领袖魅力之间存在一定的关系，这是指很多魅力型领导是由于群众之间或追随者之间的相互影响才产生的，而不仅是领导者与下属之间的相互作用。也就是说，一位领导者在群众中一旦产生魅力，这种魅力的影响就会在群众中蔓延，并越传越神。如本章开始的案例中，很多新近加入华为的员工，他们并没有与任正非有过多的接触，更没有与任正非创业和共事过，但他们同样体验到了任正非的魅力，其非常重要的一个原因是从老员工那里听说了很多任正非的创业经历，以及他如何领导华为取得了一个又一个的奇迹。

近距离和远距离的领袖魅力

通常情况下，一个卓越的领导者不仅会对他的下属产生魅力，还可能吸引许多其他的追随者，尽管并未与这些追随者直接接触，但仍然会对他们产生魅力。如任正非，他的魅力不仅影响了华为的员工，同样也在影响很多其他的人。在很多 MBA 和 EMBA 的课堂上，他的故事吸引了很多学生。研究发现，一名领导者对不同的人产生的魅力是有所区别的。一个人如果没有与该领导者形成直接的接触，则往往会受到领导者所取得成就的影响。领导者的成就越高，人们就会越觉得他了不起，这样就产生了一种远距离的魅力（distant charisma）。这是一种靠成就而产生的魅力。在评价毛泽东的业绩时，传记作者罗斯·特里尔（Ross Terrill）写道，"在中国和世界历史上，毛泽东都占有重要的地位，毛泽东领导了一场摧毁旧中国的革命，与其他任何主要国家急剧的社会变迁相比，他推动中国进入改革的运动可能更加剧烈。他为世界上这一最古老又最庞大的政体恢复了独立，赢得了地位"。同时，他又指出，"在有记载的中国三千年的整个历史中，毛泽东可以列入十多位最主要的统治者之中。……毛泽东超过了包括秦始皇在内的以前任何一位中国执政者。也许，堪与他并列的是建构了中国人生活模式的孔子及其他圣哲。在某些方面，毛泽东又超过他们，因为他生前就名声远扬，而中国大多数圣哲则是死后流芳。他类似太平天国的领导人洪秀全，但他在夺取政权上比洪秀全更胜一筹"。（特里尔，2006：第 496 页）作为一个美国人，他尽管没有见过毛泽东，但从这些业绩中，感受到了毛泽东的魅力。

相反，如果与领导者有过接触或与之很熟悉，在这种情形下产生的就是近距离的魅力（close charisma）。近距离的领袖魅力更多的是通过很好地激励下属，跟下属有很多的交流和沟通，来形成一种相互的影响而产生的。例如，毛泽东是中华人民共和国的缔造者，许多人并没有见过他，但也非常崇拜他、欣赏他，这是远距离的魅力。而毛泽东身边的工作人员，更是喜欢他，崇拜他，因为他们见过毛泽东的音容笑貌，喜欢他的诙谐幽默，为他的亲切友好、平易近人而感动，因此而产生的魅力则是近距离的魅力。在上述的毛泽东传记中，作者在叙述 1972 年随同尼克松访华的温斯顿·洛德对毛泽东的印象时说道："我相信我从未遇见过这样的人，即使不知道他是谁，但参加一个有他在场的鸡尾酒会，他肯定会凭他的力量把我吸引过去。"（特里尔，2006：第 430 页）

领袖魅力的常规化

对于一个企业、组织或政治团体来讲,当一个卓越的魅力型领导离任时,就面临着领袖魅力的常规化(routinization of charisma)问题。所谓领袖魅力的常规化,就是指如何将魅力型领导那些能够影响下属的作用,在继任者身上体现出来。例如,张瑞敏对海尔产生的影响在他卸任以后还能够影响海尔的员工。实现常规化的目标,可以通过以下几个途径:

- 设立一种仪式或者说一种固定的、规范化的形式提示魅力领袖的行为规范。例如,自从2004年9月28日开始,我国首次开始每年举办官方祭祀孔子的活动,目的就是提示大家,发扬传承传统文化中优秀的东西。
- 改革管理的结构,将魅力型领导所倡导的东西当作一种制度规定下来。如张瑞敏倡导的规范管理,已经在海尔集团形成了一种制度。即使张瑞敏卸任了,这种制度也会延续下来。
- 通过企业文化延续魅力型领导的价值观念。比如,联想把创新、创业这样一种核心价值观固化下来,以此作为企业的核心文化,而这一最核心的企业价值观就是柳传志当年建立联想时最重要的行为表现,这样能够使领袖魅力常驻,在联想集团发展的今天,乃至未来都应该继续发扬这种创业创新的企业家精神。

魅力型领导产生的效果

有关魅力型领导对下属及企业所产生的影响,人们也做了很多的实证研究,结果发现,魅力型领导既有积极的一面也有消极的一面。我们在讨论魅力型领导时,必须既看到其所带来的积极作用,也要看到其所具有的消极作用。

事实上,魅力型领导所具有的消极作用这一点在实际生活中已经深刻地表现出来,许多企业和组织也都面临这种处境。当一个企业或组织的员工都对某个领导者过于崇拜、过于依赖、过于服从的话,就有可能产生问题。例如,在第二次世界大战中的德国,就是人们过于崇拜希特勒,所以酿成了大规模屠杀犹太人的悲剧。

领袖魅力的负面作用

通常,魅力型领导所产生的一些负面作用具体表现为以下几点:

(1) 下属对魅力型领导的敬畏,降低了他们提出好建议的可能;
(2) 下属渴望得到魅力型领导的认可,阻碍了他们提出必要的批评意见;
(3) 下属对魅力型领导的崇拜,使他们产生领导者永远正确的错觉;
(4) 过分自信和乐观使魅力型领导无视危险的实际存在;
(5) 无视问题和失败的存在削减了企业的学习机会,降低了适应环境的能力;
(6) 魅力型领导冒险决策而产生的大型项目常常招致失败;
(7) 魅力型领导冲动的、非常规的行为不仅吸引了他的信徒,同时也为他树立起他的敌人;

(8) 对魅力型领导的过分依赖,阻碍企业产生有能力的继任领导者的机会;

(9) 企业不能发展出继任领导者,则最终导致领导的危机。

魅力型领导的积极作用

尽管有这些消极影响,魅力型领导的积极作用还是主要的。他们能使下属经历一些心理上的成长以及一些能力的提升。一项研究表明,魅力型领导能够在下属面前塑造一种积极的形象,因为他们能够清楚地认识到情绪影响的力量并且善于利用这种力量,因此魅力型领导自身会产生更多积极的情绪、积极的表达和唤起性的行为并以此来影响下属,进而增加下属的正向情感,减少负向情感(Erez et al.,2008)。另一项研究表明,在魅力型领导带领的组织中,员工越轨行为(既包含个人性的越轨行为也包含组织性的越轨行为)减少,这可能是因为魅力型领导在组织中经常扮演一个道德型的角色,他们更善于将自己的价值观传递给下属,保持领导者和下属的价值观一致性,因而下属的越轨行为减少(Brown & Treviño,2006)。

同时,魅力型领导的影响机制会为企业或组织创造一种成就导向的文化,在这种文化下,员工以完成任务为自我价值的一部分,并努力做到更好。这样,企业就会更好地达到它所预定的目标。研究发现,魅力型领导能够降低员工的缺勤率,增加他们的培训和拓展活动,提升组织绩效(Rowold & Laukamp,2010)。

第二节　变革型领导

1978 年,詹姆斯·麦格雷戈·伯恩斯(James MacGregor Burns)在对政治领域中的领导人进行定性分类研究的基础上,提出了领导过程应包含交易型(transactional leadership)和变革型(transforming leadership)两种领导行为。Bass(1985)正式提出了交易型领导行为理论和变革型领导行为理论。交易型领导是指领导与下属间的关系是以两者一系列的交易和隐含的契约为基础的。在交易中,领导提供物质或精神上的奖励,当下属完成特定的任务后,便给予承诺的奖赏,领导的整个管理过程就像一项交易。与此不同的是,变革型领导是一种领导者向员工灌输思想和价值观,并以此激励员工的过程。在这一过程中,领导者除了引导下属完成各项工作,常以个人魅力,通过对下属的激励来激发下属的思想,通过对他们的关怀改变他们的工作态度、信念和价值观,使他们为了组织的利益而超越自身利益,从而更加投入到工作中。目前大部分有关变革型领导(transformational leadership)的理论都受到了以上所介绍的理论的影响(伯恩斯,1996)。从定义上来讲,交易型领导主要是侧重于一种"交易"的本质,通过在奖惩基础上的即时交换来影响追随者。领导者试图为追随者确定具体目标、实现目标的具体方式及实现目标将会得到的报酬,通过这样的过程来影响和激励下属。如果下属偏离了特定的方式,其绩效就要受到影响,并要求采取正确的补救措施。该模式强调,相应的工作交换相应的报酬(薪水、红利、办公室的大小等)。交易型领导者倾向于尽量采用胡萝卜的方法确定绩效期望与目标(有的时候也会使用大棒),向追随者提供与任务相关的反馈。

变革型领导与魅力型领导的提出基本上都是在20世纪80年代初期。这两个概念实际上有很多重叠的部分。比如,作为一个变革型领导,非常重要的一点是要有魅力。所以这两种领导理论经常是交互使用的。虽然它们有很多重叠的部分,但也确实有很多不同的地方。在这一节中,我们就来介绍一下什么是变革型领导,以及它与魅力型领导的不同之处。

变革型领导对未来有明确的预期,并能激发追随者理解并认同一些新的、切实可行的愿景,使追随者愿意朝着这一愿景而努力工作,把组织或团队建设为一个愿意接受挑战,并从中得到乐趣的学习型集体。变革型领导通过一系列行为与能力来影响追随者。变革型领导是既善于挑战又富有激情的人。变革型领导存在于组织的各级层面上,而不仅仅是在最高层领导者中存在。变革型领导模式建立在交易型、魅力型领导模式及领导归因模式的基础上,并进一步做了拓展。对一个领导者而言,这个模式明显是实施起来最具全面、最富有挑战性的领导风格。

Bass 和 Avolio(1990)认为变革型领导模式也与追随者有关,包括如何使动机激发、智力激荡、理想化的感召及个性化的关怀等。变革型领导者做事像教练、导师、助手、知己以及咨询者,善于培养一种协同努力的氛围(synergy)。当人们一起创造出全新的、明显优于个人努力结果的思路,及解决问题的方案及成绩时,这种协同努力的氛围就产生了。当人们以超越传统的方式来看待周围事物时,一个组织就更容易获得这种氛围。在这种氛围下,组织成员的相互关系不会因为出现分歧而受到影响,相反,却会因为尊重、欣赏这种差异,利用这种差异而获得收益。在变革型领导的带领下,下属学会以双赢的原则思考问题,并且学会理解他人、倾听他人,从而创造出合力。追随者对变革型领导感到信任、羡慕、忠诚和尊敬。

变革型领导风格的特点

注重个人的转变

人们在研究变革型领导时,往往会将交易型领导作为并列的概念提出来并加以对比。正如前面部分所介绍的,交易型领导在管理下属时,是通过奖励或者惩罚的办法使下属服从自己,以强化正确的行为或改变错误的行为。相比交易型领导,变革型领导最重要的一个特点是注重个人的转变,即将强调的重点从个人的利益转变成集体的利益,也就是说,使一个组织或企业的目标与员工的个人利益结合起来,这样,在实现组织目标的同时满足了个人的利益,而个人利益的实现也可以更好地促进组织目标的完成。例如,好利来公司通过帮助员工解决婚嫁问题、住房问题等办法来留住员工,满足了员工利益的同时也使自身打败了中国老字号的一些品牌,成为中国月饼行业的知名企业。

注重组织的变革

变革型领导所产生的另外一个影响作用是注重企业或者组织的变革。比如通过组织结构的扁平化，以及注重对企业的价值观和企业文化的塑造，建立一个与以前不同的企业，促进组织的变革。2015年11月，巨人集团又成了网络的焦点，这次的新闻不是它们的产品，也不是它们的广告，而是"干部人数从160人减少到27人，公司扁平化，让小团队有足够的权力自己做决定"。通过组织的变革，变革型领导能够引领组织在环境改变的同时，着重于组织结构的改变，引领企业的发展。

扩展了"追随者"和"领导者"的概念

以前的领导理论通常是指领导者影响下属，使下属"服从"并按要求去做。尤其是交易型领导，下属的行为会与奖励和惩罚直接联系起来。这些理论强调领导拥有很多的权威，而下属必须服从领导者。相反，变革型领导更多的是靠关心、支持下属，与下属形成良好的人际关系，跟下属保持一种高度的认同来实现领导者的目标及组织的目标。变革型领导通过描绘引人入胜的愿景，或激发下属旧有的心智模式来激发下属的内在动机，使下属主动地认同组织的核心价值观，心甘情愿地接受领导者的建议，自觉地完成领导者交办的任务。1999年，杨元庆带领的联想电脑公司初具规模。当时，从总经理、副总经理到助理总经理，公司上下被称作"总"的人有上百号。"总"这个称谓，人为地拉开了员工与领导者间的距离，弱化了彼此的亲近关系。基于此，联想在1999年9月到10月开启了一场"无总称谓"的实践。当时，在联想各办公地点，杨元庆总会带领总经理室成员迎接员工上班，而他们每个人都会佩戴'称谓胸卡'，上面明确写着'请叫我××'（如杨元庆的胸卡上写着'请叫我元庆'），硬是让'×总'的称呼在联想绝迹。时至今日，联想员工在想到杨元庆、杜建华（联想集团副总裁）等高层领导时，总是脱口而出"元庆""老杜"等称呼，感觉自然而亲切。

以上三个方面就是变革型领导的风格或特点。通过对员工个人的转变，或者通过组织的变革，来实现领导者的目标或企业的目标，增强组织的适应性，使组织在一个内部稳定的情况下有一个健康的发展，这就是卓有成效的变革型领导风格的主要目标。

变革型领导的三大关键因素

变革性的领导要实现以上所介绍的主要目标，他的行为通常要具有以下的特点：

具有个人的魅力或一种鼓励人心的气质

成功的变革型领导应当使下属拥有这样一种信心：追随这个领导者一定能够实现组织的目标和自己的利益。这种个人的魅力非常重要。而这种魅力的产生，有很大一部分要通过坚强意志力的体现来影响别人。只要坚持就能影响别人，魅力也就随之产生。也就是说，个人魅力或者说所谓的鼓舞人心，让别人更好地来信服你，往往坚强的意志力就可能产生很大的影响。我们在本书的第二部分的各个章节中还要具体介绍领导者如何使自己在下属心目中具有魅力的方法和技巧。

智力激发

所谓智力激发，是指一位变革型领导应改变下属头脑里所具有的一些约定俗成的观念及想法。在这里要提到与学习型组织相关的一个概念,叫作心智模式。心智模式是指人们通过以前的工作及生活的环境,在头脑里形成的固化下来的思维模式及行为习惯。这些心智模式在今后的很多行为中会自觉不自觉地表现出来。例如,很多国有企业的员工养成的上班时一杯茶、一张报纸的行为习惯,在企业变成股份制企业之后也很难改变。作为变革型领导,就一定要想方设法改变员工头脑中固有的这些观念和习惯,使它们与组织的核心价值观相一致。这一点对于变革型领导来说是非常重要的。

考虑到员工的个人

作为一位变革型领导,应该善于或注重如何有效地提出高的期望或高的目标,使下属能够完成一个高水平的绩效,从而起到更好的激励作用。那么,什么样的目标或者期望最能激励下属呢?目标设置理论(goal setting theory)的研究表明,相对于同样一个任务,非常低的或非常容易的目标所起的激励作用不大。由于员工很容易完成这样的目标,不需要经过一定的努力就可以实现,所以容易的目标不能很好地激发员工的内在动力来完成工作。同样,一个不明确的目标也不能很好地来激励下属,在这种情况下,下属缺少一个明确的方向来引导自己完成任务。相反,一个高的目标或者困难的目标,同时又是具体的、明确的目标对下属则有最大的激励作用。这样的目标不是唾手可得的,但也不是让人不知道如何去达到的目标,而是"踮起脚尖够得着"的目标。也就是说,员工需要通过自己的努力,调动内在的积极性,发挥自己的才干才能实现这个目标。因此,作为一位变革型领导,一个重要的行为就是给下属确定一个有难度的、具体的目标,从而更好地鼓励下属。

变革型领导的基本实践

所谓基本实践,是指作为一位变革型的领导,应该表现出来的具体的行为,主要有六个方面:

愿景规划

要创建一个共享的愿景目标和一套共同的核心价值观,注重未来的发展。变革型领导应当注重企业未来的发展,订立一个长远的目标,为下属描绘一个引人入胜的前景。这样的一个前景越具体、越明确,对下属所产生的吸引力和效应就越大。对于企业未来所要达到的目标,变革型领导应制定出一个明确的衡量标准,使得下属在这个标准下,知道如何通过具体的行动和努力来实现组织的共同价值,达成企业的目标。

心智激发

通过激发新生事物,促使下属改变旧有的心智模式。变革型领导应该采取必要的措施,改变一些约定俗成的,在下属看来习以为常的心智模式,促使下属以一种不同以往的但又适合组织核心价值观的行为来完成自己的工作。例如,如何让海尔的员工认识到海尔最重要的东西是什么,海尔现阶段最应该注重的核心价值观是什么。张瑞敏对员工说,海尔就像处于斜坡上的一个小球,斜坡就是企业生存的环境,而阻止小球滑下来的动力就是企业的规范管理。海尔的各种规范管理,如"日事日毕,日清日高"等,一定要坚持,一定要做好。然而,小球不能在原地不动。靠什么力量可以使小球向上运动,也就是使海尔在激烈竞争的环境里不断地发展,这一力量的来源就是不断的创新。通过这样的表述,员工就非常清楚,海尔目前最重要的两个方面就是规范管理和不断的创新。

促进合作

促使追随者通过合作和授权实现愿景目标。与魅力型领导不同,变革型领导需要特别注重授权,让下属在行使任务时获得足够多的权力,足够多的做事情的自主性,这样才能使下属激发内在的动机,发挥主动性,增强自我效能感(self-efficacy),从而更好地完成工作,实现企业的未来目标。

个人支持

提供个人的帮助与支持。变革型的领导应该给予下属更多工作上的关心,为下属提供完成任务所需的条件。注意,在中国这样一个人情社会中,领导者对下属的支持和关心,不但要体现在工作上,还应该注重对员工的个人生活予以关心和照顾。

高绩效标准

确定较高的个人绩效标准。正如上文所说,变革型领导通过给下属确定一个具体的、有一定难度的目标,从而激发下属完成任务的内在动机。大量的目标设置理论的研究表明,目标设置对于下属完成高水平的目标确实有很强的激励作用。

表率作用

自身表率的传、帮、带作用。变革型的领导不但为下属提供高水平的目标,同时还要以身作则,在下属面前起带头作用。在这一点上,变革性的领导与魅力型的领导有一定的重叠,即通过领导者自身的表率作用影响下属,带领下属,使下属为企业目标的实现贡献更多的力量。例如,变革型领导需要通过向员工展示什么样的行为是正确的,什么样的行为更符合组织的目标,让下属更好地认同、达成目标。

总之,当今社会已经步入知识经济时代,竞争的压力以及激烈程度都是传统社会无法比拟的,领导者需要调动大多数人的热情和积极性,使其在内心对工作产生一种由衷的认同。过去那种仅仅依靠报酬奖励来促使下属工作的交易型领导已经不能适应现代知识经济社会的发展要求,在某些方面甚至成为社会进步的障碍。变革型领导所涉及的内容是有关如何变革、如何创新以及如何铸造一种新的时代精神。变革型领导强调核心价值,领导者和被领导者之间基于信任、激励以及沟通的理念,将事业的发展看作双方共同的责任。传统的交易型领导重在"交换",而变革型领导则重在"转变"。在此过程中,领导者首先勾勒出一幅有吸引力的组织愿景并积极地进行宣传,同时向追随者灌输共同的理想和价值观,不断地发展他们的知识和技能并让他们承担更多的责任,以使其对工作的重要性和价值更为敏感,从而进一步增强对领导者的认同。领导者通过个人魅力和个性化关怀鼓励被领导者为了组织利益而超越自我利益,从而使组织不断地朝向更高层次的目标发展。作为这个影响的一个结果,追随者对领导者信任和尊敬,他们受到鼓励去做比原先期望他们做的要多得多的工作。

读者如果想知道自己在以上变革型领导的六个方面表现得如何,请参考本章最后的自测题目进行自我评估。

第三节 国外相关研究

实证研究

在对魅力型领导和变革型领导的实证研究方面,人们运用了各种各样的研究方法,这些研究大都集中在领导的行为以及它如何影响追随者的动机和表现等方面。在这一节中,我们对这些相关的实证研究和方法简要地做一介绍。

调查研究

相对于魅力型领导,调查研究这种方法更多地在变革型领导的理论研究中得到应用。关于魅力型领导与变革型领导,人们通过调查研究编制了不同的量表,但这些量表都在不同程度上具有一些局限性。目前大多数研究都是通过这一方式进行的,比如一项探究交易型领导和变革型领导对员工创新行为影响的异同的研究中,研究者使用不同的量表测量交易型和变革型领导的领导力、员工的创新行为和下属的心理授权水平。结果显示,心理授权水平在领导力对创新性的影响过程中起到调节作用,在心理授权水平较高时,变革型领导力和下属的创新行为正相关,而交易型领导力和下属的创新行为负相关(Pieterse et al., 2010)。

实验室实验

与描述性研究或调查研究相比,实验室实验对于因果关系有更强的推理能力。最初的研究中,实验室实验在魅力型领导和变革型领导的理论研究方面却很少应用到。近些年来,越来越多的研究者采用实验室实验和调查研究结合的方式进行研究,得出更有说服力的结论,比如在一项探究魅力型领导对下属情感的影响研究中,研究者便采用了这样一种方式。在实验中,研究者邀请大学生参加一个"迷失荒野"游戏,小组成员需要想象自己陷入了荒野环境中,对14个可能帮助他们逃生的因素进行排序,整个讨论过程都会被记录下来,组员分别在游戏开始前和结束后填写情绪量表。事后,观察员通过回看录像对小组领导者的魅力进行打分,结果显示,魅力型领导有助于增加下属成员的正向情绪,减少负向情绪(Erez et al., 2008)。

现场实验

现场实验是以某个组织中的真实的领导者为研究对象的。目前,对于魅力型领导和变革型领导,虽然现场实验不是最主要的研究方式,但是近些年来越来越多的研究者开始采用此类方法进行探究。在关于变革型领导的一项研究中,研究者以一家软件公司呼叫中心的员工为样本,采用准现场实验的方法,探究受益人联系在变革型领导影响过程中的作用。呼叫中心员工的税收能够支持另一个部门的工作和薪水,因此另一个部门的员工是他们工作的受益人。研究者将实验情境设置在员工培训之中,将员工随机分配到有无变革型领导和有无受益人四个组中。在培训之前,不同组的员工将会听到15分钟的总监讲话,向员工传达公司的使命和价值观;或者听到15分钟受益人讲话,强调他们现在的工作的重要性;或者二者皆有,或者二者皆无。结果发现,变革型领导的有无和受益人的有无单独都不会对员工的销售业绩产生影响,但是二者的结合能够显著地提高员工的销售业绩。这说明,只有存在受益人联系时,变革型领导才能对员工的销售业绩产生影响(Grant,2012)。

描述和比较研究

描述性研究在于找出魅力型领导和变革型领导的共同特质,而比较性研究则在于寻找魅力型领导与非魅力型领导(或者变革型领导与非变革型领导)的不同之处。这两类的研究通常通过对领导者及其下属进行访谈(interview)以及观察(observation)进行,并试图确定领导者的行为、特质及其影响过程。

案例研究

通过对众多个性化的魅力型领导及变革型领导的案例进行研究,是描述型领导研究的另外一种类型。纵向的案例研究是指对某个领导者的职业生涯追踪一段时期,研究领导者和下属之间的互动以及由此带来的结果。

魅力型领导与变革型领导的比较

我们在前两节详细地介绍了魅力型领导及变革型领导的结构,行为表现及对下属的影响过程。在这一小节中,我们进一步比较变革型领导与魅力型领导,它们在本质上是对等的吗?它们是不同的但又有重叠的结构吗?

首先,对魅力型领导的归因导致了领导者、下属和情境之间的互动过程。通过提出一个有说服力的愿景,增强下属完成企业目标的信心等,魅力型领导为企业创造了一种更富热情和战斗力的企业文化。魅力型领导具有这样一系列的行为或特质,比如,要提出一个与众不同或令人意想不到的愿景以及一系列实现这个愿景的方法,要敢于牺牲个人、家庭的利益,以及承担个人的一些风险,要拥有强烈的自信,更多地使用民主式的决策方法等,通过使员工产生个人认同或通过价值观的内化来更好地完成企业的目标。当处在危机中时,一个魅力型领导所起的作用往往更多地被体会到。

其次,魅力型领导能够从正面或负面广泛地影响一个组织。领袖的魅力会使下属经历有心理上的成长以及能力的提升,但是,当一个企业或组织的员工都对或者某个魅力型领导太过于服从的话,就有可能有问题,这时就会产生一些负面影响,比如,使下属产生领导者永远正确的错觉,从而阻碍他们提出必要的批评意见,降低了提出好建议的可能等。而且,过分自信和乐观可能使魅力型领导无视危险的实际存在,削减了企业的学习和适应环境的机会。冒险决策也会造成项目的失败。魅力型领导可能树敌较多,而对魅力型领导人的过分依赖,阻碍企业培养出有能力的继任领导者并可能最终导致领导的危机。

变革型领导能够引导下属为了组织的利益而超越个人的利益。变革型的领导注重个人的转变,使一个组织或企业的目标与员工的个人利益结合起来,注重企业的变革和对企业的价值观和企业文化的塑造,以建立一个与以前不同的企业,也扩展了"追随者"和"领导者"的概念,以此增强组织的适应性,使组织在一个内部稳定的情况下有一个健康的发展。变革型领导在行为上有一些特点,比如,有个人魅力或一种能鼓励人心的气质,通过智力激发改变下属原有的心智模式,并且要考虑到下属的个人需要与发展。

作为一个变革型的领导,一个重要的行为就是给下属指定一个有难度的、具体的目标,从而更好地激励下属。

最后,作为一名变革型领导,应该表现出来的具体行为还有:创建一个共享的愿景目标和一套共同的核心价值观,注重未来的发展;通过激发新生事物,促使下属改变旧有的心智模式;促使追随者通过合作和授权实现愿景目标;对下属提供个人的帮助与支持;确定很高的个人标准;通过自身表率起到传、帮、带的作用。

虽然说针对变革型领导和魅力型领导的区别,学者们至今没有达成一致的见解,甚至在一些方面存在严重的分歧。概念上的模糊以及学术定义上的连贯性,使得比较变革型领导和魅力型领导变得困难。但是,作为基本的要求,需要了解变革型领导和魅力型领导的一些区别与不同,这些已经在前面部分有过介绍。这里只是强调一个最重要的因素,就是变革型领导越来越被人们认可,或者说魅力型领导更多的是变革型领导的一个组成部分,要想成为变革型领导,魅力往往起到了非常大的影响。

第四节　国内相关的研究及实践

理论上的研究

对于魅力型领导和变革型领导,国内也有一些研究。如王新等(2004)研究了魅力型领导者的个性和行为特征,指出虽然诸如自信、精力充沛和沟通能力良好等特征也和一般领导类型相关,但这些特征的结合被界定为魅力型领导的重要特征。董临萍(2005)分析了危机情境下魅力型领导出现的必然性,探讨其作用机制,并结合案例指出在危机处理过程中魅力型领导所应展现的行为特征。但是近年来变革型领导的研究受到了更多的关注,也是我们重点讨论的内容。

与国外学者一样,国内学者一般认为,变革型领导的方式比交易型领导更为有效。然而从权变的观点出发,变革型领导与交易型领导的有效性还要受到情境因素、被领导者因素的影响。同时,变革型领导会更多地影响到下属并且影响到领导—部属交换和工作绩效(王辉和牛雄鹰,2004)。

徐长江和时勘(2005)分析了替代领导者、领导者与下属的关系以及组织文化对变革型领导、交易型领导与领导效能关系的调节作用,并讨论了今后的领导行为研究中应该注意的问题。

对于变革型领导的结构与测量,李超平和时勘(2005)采用开放式问卷对管理者与员工共计249人进行了调查,内容分析表明,我国的变革型领导包括8类行为或特征。专家讨论后编制了适合我国国情的变革型领导问卷。431份有效问卷的探索性因素分析表明,变革型领导是一个4因素的结构,具体包括德行垂范、领导魅力、愿景激励与个性化关怀。

在这一基础上,李超平和时勘(2003)等研究了变革型领导与领导有效性之间的关系。领导的有效性依赖于情境因素,变革型领导行为是否对工作绩效产生积极的影响,也依赖于中介变量或调节变量。到目前为止,已经确认且经常采用的中介或调节变量有工作的结构化程度、领导者与下属关系的质量、领导者的职位权力、下属的角色清晰度、群体规范、信息的可获取性、下属对领导决策的认可度、下属的工作士气等,是否存在其他的中介变量或调节变量,仍有待进一步的研究(李超平和时勘,2003;Wang, Law, Hackett, Wang & Chen, 2005)。

此外,学者们还将变革型领导与员工满意度等联系起来。李超平等(2006)考察变革型领导与员工满意度、组织承诺之间的关系,以及变革型领导的作用机制,即变革型领导是否会通过心理授权影响员工满意度与组织承诺。他们利用14家企业744份调查问卷的结果,采用结构方程模型技术对变革型领导、心理授权、员工满意度、组织承诺之间的关系进行了交叉验证分析。结果表明,愿景激励与德行垂范对组织承诺与员工满意度有显著的影响,而领导者的魅力与个性化关怀只对员工满意度有显著的影响;心理授权对变革型领导与员工工作态度的关系具有一定的中介作用,愿景激励与德行垂范通过工作意义影响员工满意度与组织承诺;愿景激励通过自我效能影响组织承诺。隋杨等(2012)的研究结果显示,变革型领导能够通过员工心理资本的中介作用提升员工绩效和工作满意度,而且程序公平感在其中起到调节的作用,程序公平感越高,变革型领导对心理资本的影响越强,心理资本对员工的工作绩效和满意度所产生的作用也越强。

同时,陈永霞等(2006)的研究证明了在中国情境下,变革型领导与员工组织承诺呈正相关关系,并且心理授权在两者间起完全的中介作用。研究的结果对组织中的领导者具有一定的启示,即领导者不仅要通过塑造自身的变革型领导风格来提高员工对组织的承诺,而且要善于为员工营造一种心理授权的感受,提高员工的自我效能和自尊,从而提高员工的组织承诺。

一些研究者还探讨了变革型领导对组织创新和员工创造力的影响。孙建国和田宝(2006)的研究关注变革型领导与创新文化之间的关系,结果发现:变革型领导的功能在中、美、澳三国间有文化差异；变革型领导与创新文化总体上呈正相关,变革型领导各维度对创新文化总体影响按大小排序为愿景激励、个性化关怀、领导者魅力和智能激发。变革型领导对创新文化的影响作用不尽相同,要具体问题具体分析。陈璐等(2016)的研究发现,变革型领导能通过团队学习行为提升团队创造力,外部社会资本越高,这种中介作用越强。Gilmore等(2013)则发现,员工的正向情感特质能够调节变革型领导对创新行为的影响,当员工具有正向情绪特质时,变革型领导对创新行为的积极影响会被减弱。

除此之外,员工的组织公民行为和变革型领导之间的关系也受到了研究者的广泛关注。Zhu和Akhtar(2014)的研究发现,变革型领导能够通过基于情感的信任和基于认知的信任两种途径提升员工的组织公民行为。但是在这个过程中,员工的亲社会动机起到重要的调节作用,当员工的亲社会动机高时,变革型领导通过基于情感的信任影响员工的助人行为,反之则通过基于认知的信任进行影响。

从以上的结果可以看出,近年来我国学者对于变革型领导的研究不断发展,与我国的企业变革较好地相适应。但是我们必须认识到,我们的研究比起国外的相关研究看还比较落后,有的领域尚属空白,需要进一步深入地研究探讨。

实践上的探索

我们在第一章中介绍的适域的观点认为,领导的有效性是随着情境的不同而改变的。作为一名中国企业的领导者,表现出什么样的行为、特质或个性,才能让员工感受到魅力呢？

以儒家为代表的中国传统管理思想对中国企业管理者如何成为魅力型领导及变革型领导具有重要的启示。传统的儒家管理思想可以概括为"修己"和"安人",即以自我管理为起点,以社会管理为过程,最终实现"平天下"的目标。格物—致知—正心—诚意—修身—齐家—立业—治国—平天下,是其管理思想的逻辑演绎,将家、业、国、天下的管理只看作人口和范围的不同,而管理的模式和方法没有本质的差异,对家族的管理方法同样适用于企业和国家,这样就形成了以家族管理为出发点的中国传统管理思想。以伦理文化为基础的家族管理思想与西方制度化科学管理理论不同,西方管理强调理性准则,不论亲疏远近,一律用统一的组织制度和纪律来约束人们的行为。而伦理型管理是由己及人来看待社会,把治家的伦理道德准则及管理方法运用于企业及国家管理中,要求企业成员要像父子、兄弟一样相处。由此看来,中国的魅力型领导和变革型领导在实践上确实应该有所不同。上述李超平等(2005)有关中国变革型领导的结构研究已经表明,德行垂范是一个非常重要的因素。在以孔子为代表的儒家思想体系中,领导者能够起作用的关键条件就是拥有典范型的举止,成为他人的榜样。通过领导者的榜样作用实现社会的和谐。然而,如何才能成为一个良好的榜样,真正起到率先垂范的作用呢？

不断学习,完善自我

领导的能力产生于领导者的内心,但这并不意味着它是与生俱来的；正相反,领导能力可以通过有意识地修身和坚持学习来培养。并不是只有少数人才能成为真正的领导者,所有愿意付出努力、坚持不懈完善自我的人都可以成为真正的领导者。孔子认为,领导者的道路有两大目标:内部目标是通过修身达到个人的完善,外部目标是通过领导者的榜样作用实现社会的和谐(史磊,2009)。被领导所感染的人们会产生对领导者的尊重和信任并乐于追随他。

作为一名领导者,第一件要做的事就是发现并培养自己能够影响他人的品质。一个人必须从自身着手,发现并勤奋地发展这些品德。完善自我的途径也就是发现我们已经拥有了些什么,并且通过不懈的努力,对其进行发展、完善,并将其应用到我们的日常生活中去。完美是我们期望的最终目标,但是只要我们尽了最大的努力,离完美就已经不远了。孔子说过:"居处恭,执事敬,与人忠。虽之夷狄,不可弃也。"我们怎么样才能到达完美的最终目标呢?有三条值得注意的途径:博学、审问、慎行。

关爱关怀,为人公正

在儒家思想的系统里,有两个基本价值观:仁爱和公正。仁爱就是对百姓的爱护。公正意味着公平地对待所有的事情。仁爱是由内而外的,公正则是对外的。没有仁爱的公正是没有人性的,而没有公正的仁爱则是软弱的。仁爱意在使所有人意识到人性本善,应该好好地做人。公正意在只要是对的,就应该公事公办。从公正延伸出来的含义包括"无私"。公正和私人利益是两个对立的价值。一个人应该做他必须做的事情,仅仅因为这件事是道德的,而并不是因为出于个人索取的考虑。做应该做的事,其价值在于做这件事本身,而并非在于外部结果。如果我们恪守这个原则,失败的概率就会变小。我们从事我们的工作,并不是因为行为的外部得失。君子知道什么是对的,而小人知道什么是有利可图的。

通过对仁爱和公正的实践,我们得到了别人的信任,社会也会变得更加和谐。没有信任,就不可能维系人与人之间的平常关系。信任程度将人与人联系在了一起。如果人与人之间的信任程度上升到了爱意,那么他们一般不会彼此欺骗。如果人与人之间的关系缺少了忠诚和信任,那人际沟通也会显得效率低下。孔子将信任摆在国家繁荣之前。国家的力量并不是用物质财富,而是用这个社会的信任水平来衡量的,而领导者的主要职责就是鼓励信任的生成。他认为,如果人民是被他们所信任的政府领导的,他们一定会克服暂时的困难,最终使国家繁荣昌盛。但是,如果他们并不信任他们的领导者,人心就会涣散,以至于一事无成。

和谐是仁爱及公正所带来的第二个结果,意为遵守合理的、保证社会秩序及稳定的行为规则。上层人士能够遵守正确的行为规则,普通老百姓也会比较容易领导。领导者一定要将最终目标放在社会的和谐之上。但是我们决不能将和谐与没有个性相混淆。世界应该是百花齐放、百家争鸣的。各种各样的配料能烹饪出一盘好菜,各种各样的乐器可以演奏出动听的音乐。和谐的条件就是不同的存在。

统一目标 统一认识

只有当企业的领导者和员工具有一致的目标时,企业才有可能获得成功。

领导者最大的责任就是使整个组织具有共同的目标。那么什么是共同的目标呢?就是企业的每个成员在与领导者保持协调一致的情况下的所想所为。精通管理的领导者对整个组织的控制可以达到非常自如的程度。怎样才可以达到这种统一呢?要靠领导者特有的高尚品质及行为来发挥示范作用,从而在组织中创造并维持一种和谐。

实际上,这种领导者的典范作用以及企业内部的团结一致正是增强企业凝聚力极为重要的两个方面。当领导者的权威性得到高度尊重时,他与他的员工之间就容易产生一种和谐的关系。领导者的威信不是来自职位,而是来自其本身高尚的人格及行为。维持组织的和谐统一是领导的职责之一,他有责任去保护这种和谐不遭到破坏,阻止内部矛盾的产生并保持和谐有序的气氛。如果无法做到这一点,那么这个领导者将不可能赢得员工的尊敬。所以在过去,无法维持社会稳定(和谐)的朝代经常会有叛乱,也就是失去了所谓的"天赐王权"(与那些统治者的权力来自人民大众的制度不同,中国古代认为统治王权是上天赐予的,当社会和平无法维持时,也就是失去了这种权力)。

保持和谐在当今的中国社会来说也是非常关键的。中国人总的来说还是愿意尽量避免公开的矛盾,寻求统一,如果实在无法避免,至少表面上大家还是要保持相安无事。这里和谐的概念可以分两种不同的方式去理解:一种指的是思想和理论的完全一致;另一种却是指不同观点思想的融合。后一种和谐就像一段音乐,哪怕重复成百上千次,也很难找到两次曲调完全一样的。所以我们把不同乐器发出的不同声音整合起来,变成一曲交响乐。不同内容形成的和谐是具有生命力和延伸性的,而由于规范一致而形成的和谐则不然。当一个企业的领导者能真正做到协调统一组织中的不同部门时,就是这个企业繁荣发展和迈向成功之时。因此,一个优秀的领导者应该尊重多样性,能够协调具有不同观念思想的个人,并引导他们朝着一个共同目标去努力,达到多样化的统一。

认识环境 审时度势

就像水是沿着地形的方向而流动一样,企业的发展也应该顺应环境才能取得成功。除了企业的领导者对于组织本身的关注可以称作外部注意力。因为企业的成败在很大程度上取决于所做决策的质量如何,所以应该在对外部环境有深刻理解的基础上再做决策。孙子兵法提醒我们成功没有固定的模式,过去发生的事情不一定将来也会发生,因为每一种新的情况都需要我们做出新的决策。杰出的领导者也许并没有什么成功的秘诀,但是他一定具有不断创新的能力,所以可以在每一种新的情况下做出正确的决策。总之企业的战略决策应该适应环境的变化和发展。

企业具有各自的竞争优势和战略地位,而如何去运用这种竞争优势和战略地位则是一项艰巨的任务。竞争优势包括一些无形的因素,比如领导者的自信程度、员工的热情度、领导者对于机会的敏感度以及面对环境变化的灵活性。而战略地位涉及一些有形的因素,比如经济基础和资产状况。一个好的领导者应该能根据环境来确立企业的竞争优势和战略地位。同时,我们也应知道,没有一成不变的竞争优势和战略地位,相反环境会影响以上两个因素,因此我们应该总是主动去适应环境的要求,而不是与之背道而驰。企业的领导者要积极创造各种有利条件,要灵活多变并且能够最大限度地利用企业自身的竞争优势。

案例

1982年,刚刚从华南理工大学毕业分配到TCL集团前身TTK公司做技术员时,李东生最大的愿望是当一名车间主任。

1987年,30岁的李东生第一次访问飞利浦,他听完情况介绍之后整个头都发懵,心想"这个企业高不可攀,我们永远也超不过它"。

2004年6月,TCL全球招聘大会现场。李东生率领旗下十位高层集体亮相,放言TCL将向全球招聘2200名具有国际化背景的中高级经营管理人才和研发人才,以打造一支"国际化部队"。在此之前,他刚刚完成了两笔大交易:和法国汤姆逊合组全球最大的彩电企业;收购跨国电信巨头阿尔卡特的手机业务部门。

2006年,在并购汤姆逊彩电以及阿尔卡特手机两年后,TCL陷入前所未有的巨损,李东生也陷入了人生的低谷,在这个关头,他的一篇《鹰的重生》震撼了TCL甚至整个商业届,他说"此时的鹰只有两种选择,要么等死,要么经过一个十分痛苦的更新过程150天漫长的蜕变"。

2011年,TCL集团的营业收入突破700亿元,李东升再次演绎"王者归来",面对众多媒体他庄严宣告:鹰已重生。他被凤凰网、《21世纪经济报道》联合评为"华人经济领袖",并荣获由《中国企业家》评选的中国"最具影响力的25位企业领袖"终身成就奖。

2015年,TCL销售额一举突破1000亿元大关,达到1046亿元,其中47%的收入来自海外。2016年,TCL彩电销售突破2000万台,成为国内行业龙头,挤进全球前三。

如今,李东生俨然已经站到了峰巅。TCL在全球拥有21个制造基地、23个研发中心,业务扩张至全球160多个国家。李东生的最新"龙虎计划"是移动通信要闯进世界前五强,家电、信息等进入国内一流。

李东生自己很明白,他仅仅是站在一个小小的山头。自李东生担任TCL总裁的前10年,TCL连续保持了50%的年增长速度,品牌价值达到267.12亿元,以382亿元的年营业收入名列国内电子信息业百强第三位。但李东生认为TCL进步得还不够快,他的目标是创建世界级的企业。2015年,在家电行业紧缩的大背景下,TCL增速首次跌至个位数,李东生认为,公司的核心能力还有提升的空间,希望能够恢复两位数的营业收入。

当海尔和联想小心翼翼在海外树立品牌形象、一步步打开市场缺口的时候,TCL选择了通过合纵连横进行快速扩张和布局。这条道路上不是没有成功的先例,但更多的是白骨累累。而李东生的哲学是"企业大不一定强,但是,不大一定不强"。

李东生一直在做一个困难的选择:要高速成长还是稳健经营。"就像打仗一样,你把兵力都集中到了第一线,后方必然空虚。如果防线出现一个漏洞的话,就很可能全线崩溃"。但是,李东生还要算一笔账。如果不快速成长起来,达到一个目标要付的代价两三年以后很可能是现在的几倍。"未来10年,中国有可能出现世界级的企业,如果失去这个机会,再追就很难了。"

他的意志坚定,可以不顾资本市场的非议,在集团整体上市刚刚完成,又要把最赚钱的手机业务分拆到香港上市。他不在乎"圈钱"的指责,他的目只有一个,就是将TCL整体做大。TCL整体上市、TCL移动上市都是为了将TCL做大。2003年,TCL用80亿元的权益做了393亿元的销售。但是,相对于索尼、飞利浦、三星这些巨头,TCL显得小。"为了做大企业,TCL今后可能还有这样的'圈钱'动作。"

他的另一个长处是善于"相马"和"驯马"。桀骜不驯的TCL移动董事长万明坚就是他的成功之作。但现在,为了TCL的未来,他需要招募一批可能自己都无法驾驭的国际化人才。事实上,在此次TCL大规模招兵买马之前一周,TCL刚刚遭遇一场"换将风波"。2006年5月24日,与李东生、创维老板黄宏生同为大学同学的TCL集团高级副总裁胡秋生突然辞去尚未正式对外宣布的TTE(TCL与汤姆逊重组后建立的新合资公司)CEO一职。虽然TCL集团副总裁、TCL国际执行董事赵忠尧临危受命,但换将的背后,是TTE架构的人力之忧。有传闻称,李东生对胡秋生在与汤姆逊的利益谈判中不够强硬很不满。

"在2010年,把TCL变成一个年销售收入超过1 500亿元的世界级企业。"为了这个目标,李先生通常每周工作至少50个小时,而他的3万员工自愿在法定的5天工作制外再增加半天。虽然这个目标仍然没有达到,但是TCL的成果却有目共睹。2015年,TCL营业收入首度突破1 000亿元,成为当时继海尔、美的、格力之后的第四个千亿级家电企业。

外人恐怕无法真正体会这个中等身材、温文尔雅的广东男人的内心世界。在公众面前,他温和克制,谦恭有礼,从来不把自己装扮成一个英雄。他可以按照广告导演要求,不厌其烦地背上数遍台词,而目的仅仅是配合拍摄一部公司宣传片。但在企业内部,他强悍激进,脾气暴躁。据说有一段时期,下面的人找他汇报工作前必须先找他的秘书问李总心情好不好。李东生不得不在公司大会上反求诸己。他的书房里挂着"天地正气"的条幅。在他的书架上,《曾国藩家书》与哈佛商学院的约翰·科特、迈克尔·波特的著作相邻而立。

李东生承认性格一直以来的柔和倾向,他说自己从小就是一个听话的孩子。一位产业分析家则相信,TCL在过去20年的成功很大程度上归功于李东生稳健的性格带来的"少犯错"。几乎没有企业比TCL更善于处理与地方政府之间的关系,它几乎比任何国有企业都更完善地解决了股份制改造的问题……一些人相信在处理TCL的内部矛盾,TCL与政府、社会的关系问题上,李东生拥有政治家式的手腕,TCL也很少像中国企业那样遭遇严重的信誉危机。但李东生却说自己缺乏政治才能,因为他直率的性格更适合于企业,同样显著的是,李东生很少谈论对于更广阔的社会环境的看法,甚至在回忆对自己影响至深的事件时,他根本没有提及过去30年间剧烈的社会振荡。但他所谓的直率性格只有在长时间的相处之后你才能感受到,在与他的初次谈话中,你无法感受到他自己所说的过分急躁的性格,你甚至无法猜想他会把自己的下属骂得泪流满面。

在某种意义上,李东生是一位不折不扣的实用主义者,他通过不断地学习与经验积累,而非理想主义热情或是某种偏执来运转公司。他可以毫不费力地从一个彩电生产者转变成一个手机生产者。他了解到联想改制,就开始了 TCL 的股份制改革;他看到了手机市场的兴起,就启用了万明坚;当他目睹了韩国企业的兴起时,他则开始认真思考全球化的战略……最重要的依靠是市场直觉与学习能力,就像他自己所说,他缺乏那种原创性的大胆思想与果敢的行动精神,但是他宽厚的性格,却常常可以吸引这种人的到来;他说他与万明坚之间从来没有外界盛传的那种矛盾,尽管在回答这个问题时,他用的时间格外多。

李东生从未试图将自己塑造成一名英雄企业家形象,尽管 TCL 在过去 20 年中表现傲人,并为中国企业的制度改革做出了令人羡慕的表率。当然,就像李东生所说,依靠短暂的谈话与媒体的表面描述来理解一个人是危险的,李东生复杂的内心世界或许仍等待着别人去挖掘,不过就一切外在表现来看,他的确是一位静悄悄的革命者。

TCL 搞关键业绩指标考评,李东生带头把自己也列进评估范围,他的理由是:"虽然按公司章程,总裁是由董事会考核的,但现在我们的董事会还不是很完善,还无法承担评审总裁工作的任务。那就把总裁工作的评审纳入集团系统。"

在 2015 年增发以后,李东生一跃成为公司最大股东,所持有的集团非流通股如果按发行价全部变现的话,身家超过几十亿。不过他好像根本没有时间考虑这个问题。

在 TCL 惠州总部大楼里,悬挂着李东生亲自题写的使命宣言,文章的最后一句是:历史是由那些充分利用他们时代的机会不断进行变革创新的人们写的。

讨论题

(1) 你认为李东生是一位魅力型领导还是变革型领导,为什么?

(2) 你认为在 TCL 的成长和发展过程中,更加需要一位魅力型领导还是变革型领导? 李东生是不是扮演了最成功的领导者角色?

(3) 李东生体现出了哪些魅力? 这些魅力的体现对于李东生领导 TCL 有哪些作用? 你认为他还应该有哪些方面的提高?

自测题

下面这些题目都是有关你在日常生活及工作中的表现,请你对自己的行为进行评估,在每一道题目后面最能代表你的选项上画圈。

1	2	3	4	5
非常不同意	不同意	不确定	同意	非常同意

	非常不同意	不同意	不确定	同意	非常同意
1. 能促进工作团队之间的合作	1	2	3	4	5
2. 促使部门的成员群策群力,达成共同的目标	1	2	3	4	5
3. 打破群体之间的沟通障碍	1	2	3	4	5
4. 鼓励部属具有团队精神	1	2	3	4	5
5. 在部属之间培养团队精神	1	2	3	4	5
6. 为下属设置具有挑战性的目标	1	2	3	4	5
7. 让下属知道你对他/她有很高的期望	1	2	3	4	5
8. 坚持要求下属达到最佳工作绩效	1	2	3	4	5
9. 信任下属可以完成复杂且困难的工作	1	2	3	4	5
10. 激励下属设定较高水平的目标	1	2	3	4	5
11. 不单口授,而且用自己的行为来领导下属	1	2	3	4	5
12. 总是做下属的好榜样	1	2	3	4	5
13. 对于期望下属能做到的事情都能以身作则	1	2	3	4	5
14. 以自己做榜样来领导	1	2	3	4	5
15. 总是以身作则	1	2	3	4	5
16. 激励下属以新的方式思考旧的问题	1	2	3	4	5
17. 激发下属重新思考做某些事情的方式	1	2	3	4	5
18. 会提出一些建议使下属不得不重新思考从未质疑过的问题	1	2	3	4	5
19. 会提出一些建议促使下属重新检讨一些约定俗成的想法	1	2	3	4	5
20. 会问一些促使下属思考自己做事方式的问题	1	2	3	4	5
21. 以自己的未来计划来鼓励下属	1	2	3	4	5
22. 会为自己的部门/公司描绘出美好的远景	1	2	3	4	5
23. 清楚地说明对未来前景的看法	1	2	3	4	5
24. 向下属描述部门/公司未来的令人兴奋的远景	1	2	3	4	5
25. 明确掌握本部门未来五年的发展前景	1	2	3	4	5
26. 会为下属的利益着想	1	2	3	4	5
27. 行为方式考虑到下属个人的需求	1	2	3	4	5
28. 在做决定时照顾到下属的感受	1	2	3	4	5
29. 尊重下属个人的感受	1	2	3	4	5
30. 在采取行动之前考虑下属的感受	1	2	3	4	5

参考文献

[1] 〔美〕詹姆斯·麦格雷戈·伯恩斯著,刘李胜等译:《领袖论》.中国社会科学出版社,1996。

[2]〔美〕罗斯·特里尔:《毛泽东传》,中国人民大学出版社,2006。

[3]《现代汉语词典(修订本)》,商务印书馆,1998。

[4] 陈璐、柏帅皎、王月梅:"CEO变革型领导与高管团队创造力:一个被调节的中介模型",《南开管理评论》,2016年第19卷第2期,第63—74页。

[5] 陈永霞、贾良定、李超平、宋继文、张君君:"变革型领导、心理授权与员工的缊织承诺:中国情景下的实证研究",《管理世界》,2006年第1期,96—105页。

[6] 董临萍:"论危机处理中的魅力型领导",《经济与管理研究》,2005年第12期,第40—42页。

[7] 李超平、时勘:"变革型领导与领导有效性之间关系的研究",《心理科学》,2003年第26卷第1期,第115—117页。

[8] 李超平、田宝、时勘:"变革型领导与员工工作态度:心理授权的中介作用",《心理学报》,2006年第38卷第2期,第297—303页。

[9] 刘玉瑛:《领导影响力》,人民出版社,2004。

[10] 隋杨、王辉、岳旖旎、Fred Luthans:"变革型领导对员工绩效和满意度的影响:心理资本的中介作用及程序公平的调节作用",《心理学报》,2012年第44卷第9期,第1217—1230页。

[11] 孙建国、田宝:"变革型领导及其对创新文化的影响",《管理评论》,2006年第5期,第15—22页。

[12] 王辉、牛雄鹰、罗胜强:"领导—部属交换的多维结构及对工作绩效和情境绩效的影响",《心理学报》,2004年第2期,第179—185页。

[13] 王新:"魅力型领导者个性和行为特征",《现代领导》,2004年第11期,第16—16页。

[14] 徐长江、时勘:"变革型领导与交易型领导的权变分析",《心理科学进展》,2005年第13卷第5期,第672—676页。

[15] 史磊:"浅析变革型领导理论及其与中国传统管理思想的结合",《金卡工程》,2009年第12期,第233—234页。

[16] Bass, B. M., *Leadership and Performances beyond Expectations*. New York: The Free Press, 1985.

[17] Bass, B. M., & Avolio, B. J., "Developing Transformational Leadership: 1992 and beyond", *Journal of European Industrial Training*, 1990, 14, 21—27.

[18] Brown, M. E., & Treviño, L. K., "Socialized Charismatic Leadership, Values Congruence, and Deviance in Work Groups", *Journal of Applied Psychology*, 2006, 91(4), 954—962.

[19] Conger, J. A., & Kanungo, R. N., "Toward a Behavioral Theory of Charismatic Leadership in Organizational Settings", *Academy of Management Review*, 1987, 12, 637—647.

[20] Conger, J. A., *The Charismatic Leader: Behind the Mystique of Exceptional Leadership*. San Francisco: Jossey-Bass, 1989.

[21] Conger, J. A., & Kanungo, R., *Charismatic Leadership in Organizations*. Thousand Oaks, CA: Sage Publications, 1998.

[22] Erez, A., Misangyi, V. F., Johnson, D. E., Lepine, M. A., & Halverson, K. C., "Stirring the Hearts of Followers: Charismatic Leadership as the Transferal of Affect", *Journal of Applied Psychology*, 2008, 93(3), 602—616.

[23] Gilmore, P. L., Hu, X., Wei, F., Tetrick, L. E., & Zaccaro, S. J., "Positive Affectivity Neutralizes Transformational Leadership's Influence on Creative Performance and Organizational Citizenship Behaviors", *Journal of Organizational Behavior*, 2013, 34(8), 1061—1075.

[24] Grant, A. M., "Leading with Meaning: Beneficiary Contact, Prosocial Impact, and the Performance Effects of Transformational Leadership", *Academy of Management Journal*, 2012, 55(2), 458—476.

[25] House, R. J., "A 1976 Theory of Charismatic Leadership", In: J. G. Hunt and L. L. Larson (Eds.), *Leadership: The Cutting Edge (189—207)*. Carbondale: Southern Illinois University Press. 1977.

[26] House, R. J., Spangler, W. D., & Woycke, J., "Personality and Charisma in the US Presidency: A Psychological Theory of Leader Effectiveness", *Administrative Science Quarterly*, 1991, 36, 364—396.

[27] Pieterse, A. N., Knippenberg, D. V., Schippers, M., & Stam, D., "Transformational and Transactional Leadership and Innovative Behavior: The Moderating Role of Psychological Empowerment", *Journal of Organizational Behavior*, 2010, 31(4), 609—623.

[28] Rowold, J., & Laukamp, L., "Charismatic Leadership and Objective Performance Indicators", *Applied Psychology*, 2010, 58(4), 602—621.

[29] Weber, M., *The Theory of Social and Economic Organizations*. Translated by T. Parsons, New York: Free Press, 1947.

[30] Wang H., Law, S. K, Hackett, R., Wang, D., & Chen, Z., "Leader-Member Exchange as a Mediator of the Relationship Between Transformational Leadership and Followers' Performance and Organizational Citizenship Behavior", *Academy of Management Journal*, 2005, 48, 420—432.

[31] Zhu, Y., & Akhtar, S., "How Transformational Leadership Influences Follower Helping Behavior: The Role of Trust and Prosocial Motivation", *Journal of Organizational Behavior*, 2014, 35(3), 373—392.

第四章　自我完善的领导

 **本章导读**

　　能力、人格、性别、伦理道德以及文化差异如何影响领导过程等问题一直是领导研究的重要课题,尤其在国际化越来越成为人们研究和思考焦点的今天更是如此。通过本章的阅读,希望读者了解定义和评价道德领导的困难,理解道德领导的主要概念以及它们是如何与当前的领导理论密切相关的,并理解领导行为过程如何受国家文化、性别等变量的影响,以及领导者如何通过不断提升自己的能力、完善自己的人格而成为一名有效的领导者。

开篇案例

　　《中国民营经济周刊》2008年12月盘点了中国十大悲情企业家,其中包括石家庄三鹿集团股份有限公司党委书记、董事长、总经理田文华。

　　2008年8月,"三鹿奶粉事件"发生后,人们把对这位荣誉缠身的女企业家之前所有称颂全部烧成纸灰,只给她留下千古骂名。田文华被业界称为"中国乳业的罪人"。

　　身为三鹿集团股份有限公司党委书记、董事长、总经理的田文华,放松产品质量管理,违反国家法律法规,在三鹿婴幼儿奶粉原料奶里加入大量的有毒化学原料"三聚氰胺",以此来虚增牛奶蛋白质的检测含量,从而导致全国数以万计的婴幼儿因食用含有"三聚氰胺"的三鹿婴幼儿奶粉而患上肾结石,其中有四名婴幼儿死亡。

　　卫生部的专家组调查认定,受三聚氰胺污染的婴幼儿配方奶粉,能够导致婴幼儿泌尿系统结石。令人震惊的是,三鹿集团早在7个月前就已经发现自己的产品中有三聚氰胺成分,但直到事发后才公开了相关情况。"三鹿奶粉事件"被媒体曝光后,田文华不但不主动采取措施,还千方百计推卸责任,严重危害了广大消费者的生命安全和身体健康,影响恶劣。2008年9月17日,河北省省委再次召开常委会免去田文华石家庄三鹿集团股份有限公司党委书记职务。公司董事会按照章程及程序罢免田文华董事长职务,并解聘其总经理职务,同时田文华被判刑。

类似的报道近年在媒体上多次出现。2017年4月,法制日报社中国公司法务研究院发布了《2016年度中国企业家犯罪报告》(以下简称《报告》)。《报告》收集了2016年1月1日到2016年12月31日公共媒体报道过的602起企业家犯罪案例。在全部602例案件中,国有企业领导犯罪或涉嫌犯罪的案件为335件,占55.65%;民营企业家犯罪或涉嫌犯罪的案件为267件,占44.35%。与2015年度的媒体案例相比,民营企业家涉及的犯罪案件在绝对数和所占比例上均有所上升。《报告》显示,在262例有明确涉案罪名的国有企业家犯罪中,共涉及24个罪名,其中,受贿罪186例,贪污罪57例,挪用公款罪22例,行贿罪10例,滥用职权10例,巨额财产来源不明罪7例,玩忽职守罪和非法吸收公众存款罪各6例,重大责任事故罪4例,职务侵占罪和国有公司企业事业单位人员滥用职权罪各3例,骗取贷款罪和私分国有资产罪各2例,非法经营罪、诈骗罪、单位行贿罪、内幕交易泄露内幕信息罪、妨害公务罪、挪用资金罪、票据诈骗罪、合同诈骗罪、集资诈骗罪、利用未公开信息交易罪、利用影响力受贿罪各1例。

在233例有明确罪名的民营企业家犯罪案件中,共涉及33个罪名。其中,非法吸收公众存款罪51例、集资诈骗罪30例、行贿罪25例、职务侵占罪15例、非法经营罪14例、非法存储爆炸物品罪13例、诈骗12例、重大责任事故罪11例、单位行贿罪9例、非国家工作人员受贿罪8例。虚开增值税专用发票罪、合同诈骗罪、挪用资金罪、操纵证券期货交易价格罪各7例,环境污染罪、危险物品肇事罪各6例,骗取贷款罪、内幕交易泄露内幕信息罪各5例,走私普通货物品罪、敲诈勒索罪各3例,利用未公开信息交易罪、传播淫秽物品牟利罪、非法占用农用地罪、骗取出口退税罪、组织领导黑社会性质组织罪、组织领导传销活动罪各2例。非法采矿罪、拒不执行判决裁定罪、挪用公款罪、生产销售伪劣产品罪、利用影响力受贿罪、洗钱以及伪造、变造、买卖国家机关公文、证件、印章罪各1例。

从这些具有明确罪名的案例中可以看到,很多领导在处理个人利益与集体利益时,出于道德的不规范、法律意识不强、贪欲膨胀等原因,出现了各自的问题,走上了犯罪的道路。不只中国的企业家出现问题,2002年美国安然公司出现的财务舞弊问题,也引起了美国学者及业界的广泛关注。因此,作为领导者,如何不断完善自我,如何增强法律意识、加强道德修养,成为国内外学者及企业家共同关注的问题。经济学家于光远说过,一个国家的经济发展在于这个国家的企业经营的好坏,一个企业经营的好坏在于企业家,而一个企业家的好坏在于企业家的素质。

第一节 领导的伦理道德

道德领导的必要性

国内外许多企业家在经营和管理企业时存在严重的伦理道德困境。中航石油陈久霖年薪在1600万元人民币以上,号称中国的打工皇帝,但还是越权做期货,使中航油亏损

5.5亿美元,面临破产保护的危险。创维公司黄宏生,涉嫌盗取公司资金;南京熊猫移动通信公司马志平,私挪15.9亿元资金。这些行为不仅对公司治理方式提出了挑战,同时也是对企业家伦理道德的质疑。

类似事件引起了学术界和实践领域的关注。商学院对于企业伦理这门课程的关注有着逐渐加强的趋势。公司有时出问题,尤其是一些非常大的问题往往是从高层管理者甚至从CEO开始的,这是一个非常惨痛的教训。当企业定义自己的核心价值观时,领导者可能说得头头是道,但实践起来却不然。例如美国安然公司在2000年年度报表里明确说明企业的核心价值观是"沟通、尊敬、诚信和优秀",标榜自己一定要诚信,但从CEO开始就不诚信。2001年10月,中央财经大学研究员刘姝威一篇600字短文刺破了蓝田股份公司造假黑幕,"蓝田神话"泡沫破碎,原形毕露,沦为退市公司,股价从20多元直线跌至0.2元,引起轰动。

Simons和Quinetta(2003)在美国做了一项研究,充分说明在企业讲伦理、讲道德、讲诚信,能够有效地提高员工、顾客的忠诚度与满意水平,而不仅是一个简单的形象问题。他们在美国选取了76家企业的6 500名员工,对于这些来自不同企业的员工来评价总经理或者部门经理注重诚信的程度如何。结果发现,讲诚信的领导者,不只能够帮助企业建立一个非常好的形象,更重要的是可以增加员工的满意度以及承诺感。领导者越讲诚信,员工对组织的评价越高,对组织的忠诚和热爱也大大提升。从顾客的角度来看,对于讲诚信的企业,他们对其服务或产品的满意水平也较高。更重要的是,这是对不同企业的研究,如果对经理的诚信评估每增加0.125个百分点的话,这个企业的效益就有2.5%的增长。这是一个回归分析研究的结果,意味着企业讲诚信,不只是给员工和顾客展示一个非常好的形象,更重要的对整个组织的经营效率也是有帮助的。所以说,对伦理道德的重视能够给组织带来看得见的效益,否则企业早晚会出现这样那样的问题,就像安然等其他公司那样。整体上来说,越讲诚信,越讲伦理道德,越有助于企业的长远发展。

道德领导

道德领导(ethical leadership)是一个非常广泛的概念,人们可以从不同的角度来看待。不少人从政治的角度来评判一个领导者是否有道德。但对于一个从政治的角度来看十分公正的领导者,从组织行为角度来看,很可能会得出截然不同的评价,因为政治领域更注重公正,而企业可能偏向于效率和诚信。评价领导者是否有道德,受到情境的困扰。当一个组织处在危机时刻,需要魅力型领导为组织指明前进的方向。在这种特殊情况下,领导者必须要让下属感觉他/她有能力做出正确的决策,并使下属服从调配。为了达到这样的效果,领导者通常不得不隐瞒一些事实。例如公司财务面临困境,但是为了稳定民心、鼓舞下属,必须宣称公司还有充分的资金保证。这种情况很难评价该领导者是否有道德。

同样,有的领导者自己可能是一个非常讲诚信的人,但是在做领导者时,可能会为了达到自己的或企业的目的,强制别人来做很多他不愿意做的事情,或者跟客户打交道时,有意隐瞒某些事实。此时该评价这个人是一个不讲诚信的人,还是说他是一个非常高明的领导者?似乎很有争议。

而另一方面,以道德的方式领导下属的确有着激励作用。当下属认为领导者在做决策和对待员工时原则性强,公正并可信,他们会认为自己的工作更有意义,因此更加努力,从而在绩效表现上更突出(Piccolo et al., 2010)。而诚信领导在管理中公开、透明的领导方式会赢得员工的信任,建立更好的上下级关系,从而提高下属的业绩。诚信的领导者对下属业绩的帮助作用特别体现在那些积极心理资本较低的员工身上,因为开诚布公的领导方式对下属意味着更可能被公正对待,他们会因此更有安全感,对未来充满乐观与希望、自我效能感更强、面对挫折也会更有韧性。这些都能有效提升下属绩效的心理资本(Wang et al., 2012)。

所以,了解道德管理,成为在下属心目中道德性强的领导者,是非常必要的。

道德的自我完善

为什么有的领导者注重诚信、正直、公正,并主动抵制不道德的行为和现象,而有的领导则抵制不住各种诱惑,自觉或不自觉地做出不道德的决策,或表现出不道德的行为?一个有趣的研究问题是探讨领导者之间道德行为不同的原因。

一种解释来自道德认知发展的理论。Kohlberg(1984)提出了一个模式来描述人们从儿童到成年如何经过六个连续阶段的道德发展。在每一个连续的阶段,人们发展对正义原则、社会责任和人权的更广阔的理解。在道德发展的低级阶段,人们的主要动机是自我利益和满足个人的需要。在道德发展的中级阶段,主要动机是满足团体、组织、社会的角色期望和社会规范。在道德发展的高级阶段,主要动机是实现内在的价值和道德原则。在这个阶段上的个人,可能背离道德和冒着被社会抛弃的风险、经济损失和受到身体的惩罚以达到重要的社会目标。

与身体的成熟不同,道德的发展不是必然的。一些人在一个特殊阶段上变得裹足不前。与一个在较低阶段的领导者相比,一个处在很高发展阶段的领导者通常被认为更有道德。

另外,研究发现,道德领导与领导者的个人需要和个人品质有关(Mumford et al., 1993;O'Conner et al.,1995)。那些爱幻想、情感不太成熟、外部控制导向和个人权力导向的领导者,更可能发生非道德行为或自我导向的行为。这种类型的领导者可能会觉得他人是没有价值的,而将他们看作为了自己个人利益所操纵的一个物体。这样的领导者往往使用权力剥削他人以提升自己的利益,而不是达到组织的目标。

道德行为总是发生在社会情境中,因此它也受到情境方面因素的强烈影响(Trevino,1986;Trevino et al.,1998)。不道德行为更可能出现在这样的组织中:具有巨大的生产或销售压力,为了奖励和晋升而进行强烈竞争,强调对权威的服从,领导者强大的职位权力。

另外，美国学者阿尔·基尼认为，道德的形成过程包括四个步骤：(1) 作为社会中的人，我们主要是通过对我们有影响的其他人的行为来学习如何做人做事；(2) 当他人的行为经常如此并且受到同龄人的肯定时，我们会效仿其行为；(3) 当我们的行为受到他人的肯定时，这些行为会变成我们的行为习惯；(4) 对我们的行为反思、评价和选择。也就是说，周围的人如何行事，如何评价不道德的行为直接影响到领导者的道德行为，也就是我们经常说到的"近朱者赤，近墨者黑"。

总的来说，领导者的个性和认知道德发展与情境方面交互作用，决定着道德和不道德的行为。就是说，考虑个人和情境两个方面而不是一个变量，能够更好地解释并完善道德行为。另外，处在认知道德发展高的阶段，感情成熟的领导者，更可能顶住社会压力而不采取破坏性的或不道德的行为实践（Yukl, 2001）。

营造道德氛围

领导者自身完善道德行为还远远不够，还要维系一个好的氛围，倡导一个讲道德的文化。下面的具体措施可以参考。

领导者以自己的行动建立一个道德行为的模范

榜样的作用是巨大的。领导者用自己的行动来设立道德行为模范，对下属有着潜移默化的影响。若领导者自身都忽视道德、行为恶劣，又如何要求下属洁身自好？因此，若要改善组织中的道德氛围，领导者要身先士卒，树立模范。

发展并建立一种道德行为的规范

经济学家认为，在市场经济环境中，除了无形的市场调节和有形的政府调节，还存在第三种调节力量，即习惯和道德。虽然这种力量不带有强制性，但足以让市场主体面临巨大的舆论压力。因此，推动发展和建立一种道德行为的规范，将有助于营造整个社会的道德环境，为企业的发展提供良好的道德氛围。这需要企业领导者共同努力，使道德规范不断推广，以发挥效用。就像现在我们所处的环境一样，大家越来越重视环保问题，已经形成了一种良好的氛围，一旦有人做出有损环境的事情，如浪费水资源、任意排放污水等，就会受到全社会的指责（苏勇，2003）。

发起与下属或同事之间关于道德和正直的讨论

对于这些问题的讨论，有时未必能得出一致结论，但通常能提醒参与者对该问题的重视，加深对该问题的了解。领导者通过发起与下属或同事之间关于道德和正直的讨论，可以有效地营造一种氛围，让人们关注道德问题，并对其做深刻思考，最终有利于建立良好的道德环境。领导者的道德管理能够创造一种开明的氛围，提高下属的自信，从而促使他们勇于指出企业中不道德的行为。研究结果显示，那些员工勇于指出不道德行为的团队比员工不敢言的团队做事的道德准则更高（Huang & Patterson, 2017）。

认可和奖赏道德行为

强化理论（reinforcement theory）认为，行为是由环境引起的，控制行为的要素之一是外部的强化物,行为结果之后如果能马上跟随一个反应,则会提高行为被重复的可能性。因此,认可和奖赏道德行为能激励员工坚持道德行为。如领导者长期忽视这一点,很可能会打击员工的积极性,从而导致不道德行为的增多。

倡导解决问题的道德方案

领导者需要以一种与道德标准和程序正义相一致的方式解决问题。有时候在面临个人利益存在风险的情况下,领导者需要冒险,支持道德的解决问题方案。

帮助别人找到解决冲突的公平而道德的解决办法

人们心中都有一条道德约束线,尽管约束程度不同。当人们面临"义"与"利"的两难抉择时,常常因为缺乏支持、孤军奋战而铤而走险。因此,帮助别人找到解决冲突的公平、道德的办法,将缓和矛盾,减少风险。

发起支持性的服务

领导者若能提供机会(如道德热线)或发起注重的讲座,提供处理道德事务的建议,这样当人们在面临道德问题时,将能够寻求到正确的支持和帮助。如很多公司设计道德热线就是很好的方法,一旦员工遇到非道德的事情,可以通过特定的渠道给予反应。

反对不道德的行为

完善自我、引导道德氛围的同时,领导者还应该主动抵制不道德行为,明确反对不道德的行为和做法。

拒绝共享不道德行为带来的收益

不道德行为通常源于不正当利益的诱惑。或许通常情况下你自己能够做到遵守道德规范,但是当面临巨大的诱惑时,将难以做出抉择。有些人做贼心虚,为了减少罪恶感或分担风险,会引诱他人共享其不道德成果。此时作为一个清醒的领导者,应果断拒绝。

拒绝接受含有不道德行为的任务

当上级要求自己去完成一件含有不道德行为的任务时,是拒绝还是服从?作为一个下属似乎处于很尴尬的局面。若服从,则违背了道德规范;若拒绝,又将给领导者留下负面印象,给自己以后的发展埋下潜在隐患。此时他们有较高的道德自律力,而不是重利轻义。

根据心理学认知失调理论的研究,个体会自动调节认知与行为之间的差异。当下属做出了违背道德的选择时,很可能为了减少负罪感而给自己的行为找种种借口,长此以往,将导致道德约束力的失效。因此,领导者应尽量避免给下属安排含有不道德行为的任务,否则得不偿失。而作为下属本身,为了避免自身的道德沦丧,也该坚定拒绝道义上不合理的任务。

尽量不鼓励不道德的行为

当下属通过某些不道德行为为组织赢得利益时,应尽量不予以鼓励。尽管下属积极性很高,对组织尽心尽力,但从长远角度来看,是狭隘而目光短浅的行为。一方面,不道德行为很可能对竞争者或其他相关市场主体造成损失,导致对方的报复行为,从而形成恶性循环,破坏了良好的道德氛围和发展环境;另一方面,对于组织内部来讲,鼓励不道德行为将诱使员工走向重利轻义的价值观,其负面作用不言而喻。

当众宣布组织反对不道德和不公平的政策

在企业中,范围最广影响最大的影响调节机制是企业的政策。当众宣布组织中反对不道德和不公平的政策,将有助于营造企业内部的道德环境,发展良好的道德氛围。

反对不道德的决定并寻求相应的方法

在企业内部,当其他员工做出不道德的决定或方法时,虽然可能是出于组织利益考虑,但从长远来看,对组织有百害而无一利。积极寻求相反的方法解决问题,反对不道德的决定,才是真正有利于组织长远发展的方式。

通知适当的部门有关产品的危险性或行为的危害性

当产品的危险性或行为危害性可能侵犯大范围人们的利益时,应该将危险的产品或有害的做法告知适当的部门,由它们出面解决,把潜在的危害性降到最低程度。

向那些反对不道德决定或行为的人提供帮助

反对不道德的实践通常是一个困难和存在风险的行为。反对不道德的行为,可能使个人与组织中有权力的人的关系处于危险的境地。许多"告发者"发现,他们的行动将导致他们失业或离职。若贯彻反对不道德决定或行为这一做法,就必须对这些人提供帮助和保护。

第二节 领导者的能力与人格

领导者的能力

领导者在自我完善的过程中,除了加强道德修养、营造遵守道德的氛围、反对不道德的行为,还要不断提高自己的能力,塑造具有魅力的人格。在本节中,我们介绍能力及性格的概念,希望对领导者在完善自我的过程中,有所帮助。首先,我们从能力开始。

能力及组成

能力反映了个体在从事一项工作的过程中完成各种任务的可能性。这是对个体能够做什么工作的一种现实的评估。一个人的总体能力可以分为两大类:心理能力(mental ability)和生理能力(physical ability)。

心理能力即从事各种活动所需要的基本心理能力(general mental ability, GMA)。一般认为,这种基本的心理能力包括七个维度:语词理解、语词流畅、推理、空间技能、数字计算、记忆、知觉速度。

同样，研究人员对上百种不同的工作要求进行了调查，最后确定在体力活动的工作方面包括九项基本能力（见表4-1）。个体在每项能力中，都存在程度上的差异。而且，这些能力之间的相关性极低。不难理解，一个人在某一项能力中得分高并不意味着在另一项能力中得分也高。如果管理者能确定某一工作对这九项中每一项能力的要求程度，并保证从事此工作的员工具备这种能力水平，则会提高工作绩效。

表 4-1　九项基本的生理能力

力量

1.	动态力量	在一段时间内重复或持续运用肌肉力量的能力
2.	躯干力量	运用躯干部肌肉（尤其是腹部肌肉）以达到一定的肌肉强度

能力

3.	静态力量	产生阻止外部物体力量的能力
4.	爆发力	在一项或一系列爆发活动中产生最大能量的能力

灵活性

5.	广度灵活性	尽可能远地移动躯干和背部肌肉的能力
6.	动态灵活性	进行快速、重复的关节活动的能力

其他因素

7.	躯体协调性	躯体不同部分进行同时活动时相互协调的能力
8.	平衡性	受到外力威胁时，依然保持躯体平衡的能力
9.	耐力	当需要延长努力时间时，保持最高持续性的能力

完成任何一项活动都需要人的多种能力的结合。例如儿童画画，必须有完整的知觉能力、识记与再现表象的能力、使用线条表现实物的抽象力与想象力、目测长度比例的能力、估计大小或亮度关系的能力、透视能力和灵活自如的运笔能力等。从事领导工作，同样也需要复杂的能力组合。如良好的记忆力、知觉能力、推理能力可以帮助领导者制定良好的决策。良好的言语能力可以帮助领导者更好地与人沟通，在必要的场合，富于激情的演讲、声情并茂的表述可以使领导者变成具有魅力的领袖。

值得注意的是，一个人的能力不可能样样突出，甚至还会有缺陷，但是利用自己的优势或发展其他能力来弥补不足，同样也能顺利地完成任务或表现出才能。这种现象叫作能力的补偿作用。例如，盲人缺乏视觉，却能依靠异常发达的触摸觉、听觉、嗅觉及想象力等去行走、辨认币值、识记盲文、写作或弹奏乐曲，表现出惊人的才能。领导者也是这样，在完善自我的过程中，要做到知己知彼。如果自己是一个口头语言表达能力不强的人，可以避免在公众场合过多发言，而妥善使用书面语言达到同样宣传的目的。

在能力自我完善方面，领导者要清楚能力的获得条件，也就是能力是遗传的还是后天形成的。

心理学的大量研究表明，能力尤其是基本的心理能力，是由遗传和后天培养共同决定的。尽管遗传所起的作用可能会更大一些，但后天的培养所起的作用同样重要。英国的实验证明,营养不良的儿童智力测验成绩都很差。日本学者的研究表明,限制妊娠母鼠的蛋白质,则新生幼鼠体重减轻,脑神经细胞减少。意大利的实验证明,减少妊娠母鼠的脂肪酸,得到相同的结果。营养不良的死婴脑中的 DNA 含量比正常婴儿少得多,营养贫乏的母体胎盘中的 DNA 含量也比一般人的平均值低。营养不良可以造成脑细胞数目低于正常发展儿童的数目。营养不良影响脑细胞的发育,从而影响心理功能的发展,这是显而易见的。

过去认为,人类脑细胞的数目是在出生前就决定的,出生后就不再增加,但是,近年来的研究表明,脑内神经细胞的数目在出生后六个月内仍在继续增加。细胞的增殖必须有蛋白质、核酸及一些辅助营养素的充分供应。

同样,在后天的学习和培养的过程中,掌握知识、技能的同时也能发展能力。研究表明,在学生的智力发展上,良好的教学方法可以把似乎缺乏能力的儿童塑造成才。领导者也应该针对自己的能力状况,采取后天学习和弥补的方法,不断完善自立的能力水平和结构。能力是在人的活动中形成和发展起来的,一个人的能力水平与他从事活动的积极性成正比。环境和学习作为能力发展的外部条件,人的能力必须通过主体的积极活动才能得到发展。充分发挥人的主观能动性、刻苦勤奋学习是能力发展的一个重要条件。

越来越多的组织行为学研究发现,情商是成为有效的领导者不可或缺的素质之一。一个元分析(meta analysis)研究(Martin, 2008)检验了 48 个关于情商和领导效益关系的研究,这些研究共探讨了 7 343 位被试,发现两者呈正相关关系。有研究表明高情商是领导者的必要因素(Higgs, 2002),并且情商比智力能力和管理能力对领导力的影响还大(Dulewicz et al., 2005)。

领导者的人格

人格(personality),似乎是一个很学术的名词,但实际上,它与我们日常生活中提到的性格、个性是非常接近的。它是指"一个人行为方式的总和,一个人的行为风格"。例如,我们说张总性格直爽,就是指张总这个人与人相处时,总是直来直去。这种行为风格及行为方式就是人格。心理学有关人格的研究很多,并发展出了不同的测量方法,在这里我们主要介绍"大五"人格结构和理论(McCrae & Costa, 1987)。

"大五"人格结构

所谓"大五"人格,就是使用五个维度对人格进行描述和测量。McCrae 和 Costa (1987)的研究表明,这五个维度是比较稳定的人格特质,并且可以对它们进行准确的测量。这五个维度包括:

(1) 外倾性(extraversion),描述一个人善于社交、善于言谈、武断自信方面的人格维度。

(2) 随和性(agreeableness),描述一个人随和、合作且信任方面的人格维度。

(3) 责任心(conscientiousness),描述一个人的责任感、可靠性、持久性、成就倾向方面的人格维度。

（4）情绪稳定性（emotional stability），描述一个人平和、热情、安全（积极方面）及紧张、焦虑、失望和不安全（消极方面）的人格维度。

（5）经验的开放性（openness to experience），描述一个人幻想、聪慧及艺术的敏感性方面的人格维度。

"大五"人格及领导的有效性

在组织心理学领域中，研究者早已发现人格特征和很多工作行为，如领导、工作绩效及工作态度等之间存在某种特定的联系，人格作为一种相对稳定的特性和倾向性，至少部分地解释了工作情境中的人的态度和行为表现。

孟慧和李永鑫（2004）对72家企业的210名管理人员的"大五"人格特质及其领导有效性的相关进行了研究，结果表明，管理人员的情绪稳定性与下属工作动机和组织承诺显著相关，虽然与其他绩效指标相关不显著，但从数值来说相关均为正值，也就是说管理者的情绪稳定性越高，则越有可能获得上司和下属对其的积极评价，也越有可能增加下属的额外努力动机和组织承诺；外向性与下属的组织承诺显著相关；经验开放性与上司评估的领导有效性显著负相关；随和性和责任心与七项绩效指标均呈正相关，其中与下属的工作动机、下属的工作满意度达到显著性水平，与下属的组织承诺显著正相关。也就是说管理者的随和性和责任心得分越高，越可能得到下属和上司的积极评价，其下属的额外努力意愿、工作满意感和组织承诺感越强。

读者如果想知道自己在"大五"人格维度上的具体表现，请完成本章最后的自测题目。

遗传还是后天培养

一个人的人格究竟是来自遗传还是来自环境？尽管对这一问题的回答还没有定论，但目前人们普遍认为，一个成人的人格是由遗传和环境两方面因素组成的，同时还受到情境条件的影响。

- 遗传。遗传观点认为个体的人格特征可以根据染色体上基因的分子结构得到全面的解释。这一观点的三种不同研究取向都提供了确凿的证据支持遗传在决定个体的人格特征方面起到十分重要的作用。其一是在幼儿中对行为倾向和特征的遗传基础进行的观察，研究表明，一些特质如害羞、畏惧、不安在很大程度上是由于内在的基因特点决定的；其二是对刚出生就分开的双胞胎进行的研究，研究发现这些分开的双胞胎在人格的很多方面是共同的；其三是对不同情境和时间中工作满意度的稳定性和一致性进行的研究，这些研究揭示了一个非常有趣的现象：个体的工作满意度是一个十分稳定的因素。

如果人格特点完全由遗传决定，则从个体出生就固定下来，并且在成长的过程不会发生任何改变。然而，人格特点并不是完全由遗传决定的。

- 环境。我们所处的环境对于人格的塑造起着十分重要的作用。我们的人格构成受到的影响因素包括家庭、朋友和社会群体的规范、成长的文化背景等。其中父母的言传身教无疑对儿童人格的形成起到非常重要的示范作用。除了家庭,学校教育的作用也非常重要。儿童是在学校里形成较固定的自我意识和社会意识的,学校对儿童的评价以及儿童在学校中的地位也对儿童的人格发生着影响。在独生子女的生活实践中,另一个比较重要的因素是同龄群体。独生子女在成长过程中,不断地受到同龄伙伴的影响,年龄越大,其影响也越大。在现代社会里,除了家庭、学校和同龄群体,社会学理论也将大众传媒列为影响独生子女社会化的重要影响因素。虽然我们还未发现人格形成理论提出大众传媒的影响,但在大众媒介普及的今天,独生子女的成长难以摆脱大众传媒的影响。最后,文化所建构的规范、态度和价值观一代代流传下来,一直保持着稳定性,对生活其中的个体无疑会产生直接或间接的影响作用。

- 情境。情境也在遗传和环境基础上对人格的影响起着一定的作用。一般来说,个体的人格是稳定的和持久的,但在不同的情境下也会有所改变。不同情境要求一个人的人格表现出不同的侧面,因此我们不该孤立地看待人格模式。

人格的完善

人格不但与我们如何与人相处有关,还会影响到我们在他人心目中的形象。对于一位领导者,更为重要的是人格还会影响到下属的绩效、对组织的态度及领导的有效性。因此,完善自己的人格是领导者不断追求的目标。

首先,领导者要学会自省。也就是不断审视和认真看待在大多数下属眼中,自己的人格是什么样子,从中得到反馈信息,总结自己人格方面的不足,逐步加以完善。例如,多数人认为你是一个专权、独裁的领导者,你就要在今后的工作中注重授权,或广泛地听取群众的意见。

这种反馈信息可能与自己的主观体验不符,这就需要调整自己的主观感觉。因为社会中的自我,就是别人眼中的自我,具有社会客观性,我们不能控制别人怎么看待自己。生活中我们经常照镜子,如果发现镜子里的自己脸上有污点时,没有人会把镜子砸掉,除非是弱智或精神分裂症。比如,某人感觉自己大公无私,但是得到的反馈是大多数人认为其任人唯亲、专断霸道,这时抱怨别人的误解是没有用的,气愤地予以回击会令你已经紧张的人际关系火上浇油。理智地思考就会发现,肯定是自己的某些行为导致了别人的误解。所以最好的方法是反思,调整自己的行为,改善自己的形象。

其次,要避免人格发展误区。人格的社会性,决定了健康的人格是为大多数人所接纳的,能够与他人建立正常的人际关系。但这绝不是说,发展、完善自己的人格是为了取悦别人。这里所说的正常或者良好的人际关系是指不损害他人的利益。如果发展自己的人格是为了取悦他人,就失去了人格的独特性和个性化,失去了人格发展的意义。发展健康良好的人格的核心目的就是发挥人的潜能,培养良好的工作、生活能力,为了每个个体生活得更快乐、更美好。如果失去了自我,在人格上变成附庸,那就发展成了人格障碍。例如,某位管理者为了搞好人际关系,无论付出多少时间和金钱都有求必应。乐于助人是良好的人格,但是严重超出了自己的能力范围,结果搞得家里人非常不愉快,造成家庭破裂,这就不能算作健康的人格。

最后,进行必要的心理咨询和心理调适。人类个体都有着巨大的潜能,同时又有着有限的能力,绝不是无所不能的。当我们感觉到自己的工作、生活、人际关系、内心体验出现了不协调,甚至出现了人格障碍,不能自我调节时,就要让心理咨询师或心理医生协助来解决心理困扰,发展健康的人格。

成为有效的领导者

大量研究表明,能力与人格是最为重要的影响领导有效性的个体变量,同时,价值观、品德等因素也会产生重要的影响。如何成为一位优秀的领导者,下面五个方面希望对你有所帮助。

第一,个人价值观对一个领导者的影响力有非常重要的影响。作为一名优秀的领导者,其品德应该超过下属,越是高层,品德要求越高。这是因为,首先,一个人的品德会直接影响自己的心理和行为。对信息的分析,对非程序化问题进行的处理和领导艺术等无不涉及一个人的主观能动性。其次,从对下属的影响力来看,企业领导者的作用就在于通过分享自己的价值观,激发企业员工上下共同的愿景,并将其演绎成为管理行为,运用影响情绪的原理,建立员工对企业的正向情感,形成正向强化循环的影响过程。领导者的个人价值观会吸引具有同样价值取向的人凝聚于组织,增加对组织的认同感和归属感;同时,领导者的人格和价值观还会潜移默化地影响组织成员,成为组织默认的行为标准。

第二,一个有效的领导者需要具备对他人的理解力和自我控制力。有效的领导者必须通过与下属的交流增进对他的理解。而且,通过个人接触能比用任何其他方式更能赢得下属的忠诚,因为下属从中感到了平等及自我价值。因此,那些高高在上的领导者是做不好人性化管理的。

一个具有人格魅力的领导者,不但有很强的理解力,而且对自己的言行、举止有着很强的控制力,用各种情绪来达成自己的目标,告诉自己周围的人什么是他赞成、支持的,什么又是他憎恶、反对的。情绪可以完成感召、影响他人的工作,让所有人为着同一个目标而努力奋斗。

第三,良好的沟通能力是成为一个有效领导者的必备条件。领导者是一个宣传者,他需要将团队的文化、理念和目标传达给下属,让大家了解。同时,他也需要与下属随时进行沟通以保证了解每个下属的需求。以情商为基础的良好沟通能力是领导影响力的桥梁,在准确传达领导者意见、要求、决策的同时,也广泛传播了领导者的影响力。沟通使领导者能够更加准确地了解信息,预防盲目;沟通还使领导行为具有良好的合作氛围和渠道,促进领导者决策的实施。

第四,一个有效的领导者必须有敏锐的洞察力。作为一个领导者,他必须了解环境变化和趋势,洞察组织文化、结构、运作、成员的细微变化,形成理念,加以引导。而这些都要求他要有敏锐的直觉。而直觉本就是一个领导者是否有敏锐的洞察力的表现。

在市场竞争如此激烈的当代,有时确实由不得一个领导者从容不迫。过分依赖逻辑或者切实的感觉,可能导致智力上的迟钝。而洞察力是领导力的杰出表现,它能使领导力具有更加广阔的感觉反应的有效范围。因而,作为一个有效的领导者在日常工作中必须具有方向性地去锤炼自己的洞察力、判断力和想象力。

第五,战略眼光是一个有效领导者必不可少的条件。战略远见使领导者能够在竞争对手之前发现企业可能存在的机会和可能面临的威胁,要有一定的预见能力,这种预见是通过周密细致的分析、判断而做出的一种理性的决策。由于有了这样的判断和决策,企业可以及早采取行动,避免困境或危机出现,高效率地进行运作。因此,领导者要有一定的战略眼光,要有战略性的思考意识和习惯。

第三节　性别与领导

人们形容男性领导者时,常用的词汇大多是果断、积极、进攻性强、刚毅、坚强、灵活、鲁莽、冲动、草率、暴躁……而在评价女性领导者时,大多用周到、缜密、有亲和力、沟通能力强、原则性强、协调能力强、有韧性、有忍耐力、被动、接受、保守、敏感、情绪化等词汇。这些词汇一方面反映了人们对于不同性别的偏见,更重要的是的确存在由于性别的不同所反映出来的行为特点的差异。

传统社会中,男性在领导者阶层占绝对优势,女性领导者可谓寥寥无几。然而近年来,一批杰出的女性领导者悄然崛起。根据中国女企业家协会的数据,2003年中国有2 000万女性雇主高级经理,其中40%以上就职于私营企业,女性企业家占了中国企业家总数的20%,预计在接下来3—5年这一数据会增加到30%。因此,人们越来越关注性别与领导之间的关系,尤其是领导行为和领导效能上男女之间可能存在的差别,尤其是作为一名女性领导者,如何更好地完善自我。

以性别为基础的歧视

内隐理论

第一章介绍的领导特质理论认为,领导者有六项特质不同于非领导者,那就是进取心、权力意愿、正直与诚实、自信、智慧、与工作相关的知识,这些在传统上都被认为是阳刚的特性。

传统的女性受家庭束缚比较大。尤其像古代中国的女性,讲究"从父""从夫""从子""无才便是德"。在这样的社会环境里,女性自我发展空间是非常狭小的,拥有进取心和权力意愿、自信等特质反而会遭到舆论的批评。

随着女性解放运动的兴起,性别歧视越来越受到关注。人们为消除性别歧视而做出的努力取得了重大成效。新时代的女性在工作和生活上有了更多的选择与自由,精神上也逐渐独立自主起来。她们有更多的机会接受与男性平等的教育,参与各种竞争。因此,近年来报纸上对女性领导者的杰出工作的报道屡见不鲜。尽管如此,男性在领导者中依然占主导地位,女性跨入高层管理阶层的门槛更高。于是人们不得不提出疑问:性别与领导之间存在什么必然联系吗?男性真的比女性更适合领导工作吗?

首先应该承认,男性和女性的特质存在明显差异。但这些差异并非成为领导者的决定因素。男女性别在管理风格上可以说各有千秋,无法分辨孰优孰劣。男性管理者更倾向于经营未来,而女性管理者更喜欢打理现在。例如在战略思考方面,男性管理者更擅长思考企业的未来,而女性管理则对经营现在的企业付出了较多的努力。男性管理者工作的重点比较集中,主要集中在战略决策以及经营性事务上,而女性管理者的注意力则比较分散,除了对于企业未来发展方向关注比较少,其他诸如行政、人事、公关等工作都分散了她们的注意力。在对企业竞争优势的理解上,与女性管理者相比,男性管理者更注重企业的资本实力,而女性管理者更看重企业的规模、市场份额、技术优势。而对于作为企业领导所必备的能力的认知上,在女性管理者看来,作为企业领导者所必备的能力/素质分别是"决策与计划能力""远见与洞察力"以及"对人力的选拔及培养的能力",而男性管理者认为"远见与洞察力""决策与计划能力"以及"沟通和与人交往的能力"是一个企业管理者所必备的。这种认识的不同直接导致了他们在选拔企业未来的管理人员上不同的操作方法、不同的管理风格。无论是男性管理者还是女性管理者,都将"勤奋努力"看作最主要的原因,但比较男性和女性管理者的其他选择,男性更多地将取得目前的成就归因于个人的努力,能够成为企业领导者是自己的天分,而更多的女企业家却认为,能够成为企业领导者是"机遇"使然。

刻板印象和角色期望

传统文化赋予女性的期望就是希望她能够温柔一点、体贴一点。所以给女性的期望就不是客观的期望,或者说是社会刻板印象。人们觉得女性本身有一些特点,这些特点不适合做领导者。在很长时间里,女性被假定为没有能力或愿望去成为有效的领导者。

最近有很多这样的研究,发现女性实际上有自己的优势来做领导者,比如一个女性做领导,如果下属都是男性的话,往往关系特别融洽,同事之间的关系特别好,女性更善于跟大家有非常好的交流,所以说女性从事领导工作有自己的优势。总的来说,一般认为,女性相对于男性而言更倾向于采用更为民主型和参与型的风格,而较少采用专制型或指导型的风格。女性更乐于鼓励参与,共享权利与信息,并努力提高下属的自我价值。她们通过包容而进行领导,依赖自己的领导魅力、专业知识、接触和人际交往能力来影响他人。女性倾向于运用变革的领导方式,通过将员工的自身利益转化为组织目标而激励他人。

从早期认为男性更适合当领导者的观点,到目前一些研究者认为女性比男性更可能拥有现在组织中有效领导所需的价值和技能,这些研究或许都有一些偏颇的地方。有关领导有无性别优越性的评价,Powell(1990)的观点似乎更中肯,他认为,很少有理由相信,女性或者男性是更优越的经理,或女性和男性是不同类型的经理。相反,在每个性别中都有优异的、一般的和较差的管理者。在今天高度竞争的市场上获得成功,要求组织最佳地使用他们的可用天赋。为了这个目的,它们需要确认、发展、鼓励和提升最有效的经理,而不论性别。

女性领导者的自我完善

女性在领导岗位上要想有成就,除了坚持自己优秀的个性特质,也应该尝试向男性学习,获得男性所具有的品质。在很多成功女性的身上,融合了男女两性的气质,既有女性温柔、细腻、感性的一面,又有男性刚强、果断、意志坚定的一面。女性具有以上优势,在寻求合作、实施人性化管理方面往往比男性更容易获得成功。近年来,在管理学界有一种说法——女性化的领导模式是未来的发展趋势。事实表明,权威型、命令型的男性领导模式即将被人性化、情感型的领导模式所取代,而女性由于具有感情细腻的心理特点并善于把这一优势融于管理之中,形成女性独特的管理风格,因此往往容易获得成功。在知识经济时代,成功的关键不仅是知识与技术,还要有独到的眼光与组织管理、人才培育的能力。前纽约市长朱利安尼根据亲身经验提出领导者应注意培养的五项特质(雷原,2004)。

- 要有自己的哲学。建立愿景,让组织的梦想看得见,学会哲学思考,创造组织的核心价值。
- 要有勇气。有主见,养成正面思考的习惯,使自己更加乐观。
- 要有准备。为学习做准备,认清自己该知道什么,该做些什么,要有忧患意识以及发现问题的能力。
- 要懂得沟通,开放、幽默,接受批评。学会倾听,要以开放的心态、信任和尊重别人。
- 要懂得团队合作。有效发挥每个人的力量,平衡团队的优缺点。

第四节 国际化中的领导

随着全球化和经济发展速度的加快,中国企业国际化这一必然趋势毋庸多言。但在国际化的道路上,中国企业既要和其他跨国企业一样适应第三次全球化浪潮带来的商务环境变化,又多出一个负担,就是需要极为谨慎地对待和处理一些中国企业特有的困难和挑战。这一过程中国企业领导者提出了新的挑战。

文化对领导行为的影响

企业经营全球化的趋势使得跨文化领导行为已经变成了一个重要的话题,领导者需要影响来自不同文化的员工。而成功的影响首先需要更好地理解员工所在国家的文化。同时,领导者也必须能够理解来自不同文化的人们如何看待领导和解释他们的行动。

企业中的人,无论是领导者还是普通员工,都自觉或不自觉地受着社会文化的影响。何谓文化?英国文化人类学家 E. B. 泰勒(E. B. Tylor)在 1871 年出版的《原始文化》一书中说道:"文化是一个复杂的总体,包括知识、信仰、艺术、道德、法律、风俗、观念以及人类在社会里所获得的一切能力与习惯。"文化源于一定时代和地域内人们的社会生活,同时具有很强的社会功能,表现为社会控制和社会调适。当文化以某种明确的规范(如法律、制度)出现时,能够控制人们的行为;而更为普遍的是文化对人们非强制的,但无所不至的心理、行为的影响。

近年来关于文化与管理关系的研究屡见不鲜。随着国际市场的日渐繁荣,不同文化之间的相互作用越加频繁和深刻。文化差异在比较中凸显。一些跨国公司在进行全球战略的过程中遇到了前所未有的问题,其中不少就是源于文化的差异。很典型的一个例子是沃尔玛公司。沃尔玛向来注重团队精神和家庭般的组织气氛,并通过各种形式加以强调。例如在美国本土的分公司里员工每天早上都需要举行唱国歌、高呼公司名称等仪式。然而这套方式在加拿大却行不通。加拿大的员工难以接受这种过于热情的外露表达方式。由此可见,对于那些要跨入不同文化市场的企业,不得不分外小心,以免受挫。

在众多文化差异中,东西方的差异尤其受到学者的关注。因为受到东西方不同文化的影响,东方领导者会表现出与西方领导者不同的领导风格。研究显示,东方领导者更倾向于采用谦卑型领导风格,而西方领导者更倾向于采用自恋型领导风格。因为西方领导更倾向于进行个人化取向的自我定义(Bond & Cheung, 1983),个体为了更多地表现自我而自恋(Hui & Villareal, 1989);而东方领导者更多表现出群体取向(Bond & Cheung, 1983),他们为了融入集体会表现得更谦卑(Hui & Villareal, 1989)。因此,需要管理跨文化企业的领导者,要特别注意改变自己的领导风格来适应特定文化对领导角色的具体期望,只有这样领导作用才能得以有效发挥(Dorfman et al., 2012)。在东方文化下领导,管理者需谨记"满招损,谦受益",自恋傲慢的行为很可能会带来耻辱。相反,在美国文化下的39位总统表现出的自恋领导行为,却被追随者认为更具领导魅力(Deluga,1997)。

角色:管理者还是领军人物

在国际化日趋深入的今天,领导者尤其是企业第一把手究竟应该扮演领军人物还是管理者的角色,是一个值得深思的重要问题。企业领袖通过个人的视野、愿景、能力、魅力、知识和品格去感染、激发、激励、影响追随者,使他们能够自觉自愿、积极主动地完成企业使命。企业的管理者更是一种理性行为,通过公司制度和组织机制给予的权力去实施战略、控制局面、评估绩效、协调利益、稳定秩序,以保障企业的经营业绩和经济效益。苹果公司前总裁乔布斯20世纪80年代创业初期的表现是个十足的管理者。坚定的意志、暴躁的脾气、武断的风格使得乔布斯不久就缔造了苹果公司。90年代重返公司的乔布斯不仅具有管理者的行为,而且还带来激励他人积极创新的领军人物精神,导致苹果公司一个接一个的辉煌业绩。

如果说90年代我们可以把企业总裁分为领袖和管理者两类的话,在市场激烈竞争的今天,企业的第一把手不仅要体现出高瞻远瞩、品格高尚的领袖风范,还必须具有坚韧不拔、重视细节、敢于决策并勇于承担责任的经理气质。通用电气的韦尔奇和IBM的郭士纳身上,都不仅充满了企业领导者的人情魅力和视野远见,而且表现出一个企业总裁所应具备的理性、效率、执行、协调、控制等综合管理的素质和能力。

管理多元化

在国际化的今天,领导者的一个重要责任是管理多元化。多元化可能表现为多种形式,包括种族、民族身份、年龄、性别、教育、社会经济地位以及性别。多元化对一个团队或组织带来潜在的利益和成本(Cox & Blake,1991;Milliken & Martins,1996;Triandis et al.,1994)。例如,多元化的见解增加了创造力和更好决策的可能性,但充分地使用多元的劳动力将增加能够完成工作所需要的人数。同时,多元化也可能导致更多的不信任和冲突、更低的满意度和更多的离职。因此,管理多元化是21世纪领导者的重要责任。一个主要的困难是发现、推动多元化,同时也要建立强有力的组织文化。这两者之间的平衡是领导者管理艺术的体现。就像现在的联想公司,如何能使来自不同国家、具有不同背景的人都能融入联想的文化是杨元庆最为重要的任务之一。

领导者能通过做许多事情培育对多元化的欣赏和容忍(Morrison et al.,1993;Nemetz & Chrisensen,1996)。表4-2列出了领导多元化的一些推荐的行动。

表4-2 管理多元化的指南

你自己欣赏多元化,从而建立行为的样板
鼓励尊敬个性的不同
推动不同价值观、信念和传统之间的理解
向团队和组织解释多元化的好处
鼓励和支持其他人容忍多元化的做法
不鼓励使用刻板词汇描述他人
明辨对妇女或少数民族的偏见及角色期望
挑战那些做出偏见评论的人士
抵制基于偏见的不公正待遇
采取严厉措施制止对妇女或少数民族的伤害

资料来源:Wang, H., Sui, Y., Luthans, F., Wang, D. and Wu, Y., "Impact of Authentic Leadership on Performance: Role of Followers' Positive Psychological Capital and Relational Processes", *Journal of Organizational Behavior*, 2013, 35, 5—21。

中国企业在国际化的道路上,向有海外探索经验的企业,如海尔、华为、吉利等,学习是非常必要的。但是,仍然有不少走向海外的中国企业对于目标市场没有充分的调查与研究。缺乏差异化与竞争力的产品走了20世纪60年代日本企业国际化的老路,核心技术不具备明显优势,资金使用和投资的风险控制力弱,缺乏真正国际化的战略和组织,甚至连基本的国际化人才都不能保障。值得注意的是,海尔和华为国际化的布局之中,都有一个缺省的前提,那就是企业的国际化必然需要一个或者一群真正具有国际视野和判断能力的领导者。企业家在当下中国企业组织中起着至关重要的作用,组织的决策流程和运作体系建立在企业家和企业管理者之间个人的信任基础之上。从某种角度说,如果"领导人"没有成长,组织也就很难成长。因此,中国企业家的思维、视野和雄心的国际化,是中国企业国际化的关键之所在。

总之,综合本章提到的道德领导,领导者的能力及个性、性别领导及国际化的领导,我们认为,一个领导者必须在工作实践中不断自我充实、自我改造和自我完善。人无完人,只有不断完善自我、实现和谐发展,才能造就出更多合格的、优秀的乃至卓越的领导者。下面的观点仅做参考。

(1) 丰富知识。知识是人们在学习和实践中获得的认识、信息和经验的总和。从无知到有知、由少知到多知、由浅入深、由片面到全面的不断运动,是人类思维发展的基本过程。知识是人们修身立业之本,是人们生活和工作的工具与条件。一个人掌握的知识越多,对客观规律的认识就会越深刻,工作就越具有探索性和创造性。作为一位管理者,倘若知识贫乏,那么,他对内则不能修身正心,难以树立正确的世界观和人生观;对外则不能审时度势、分清主次,往往会造成决策失误,给企业带来不可估量的损失。

(2) 开阔视野。眼界是指所见事物的范围、见识的广度。尼克松在《领袖们》一书中写道:"领袖人物一定能够看到凡人所看不到的眼前利害以外的事情。他们需要有站在高山之巅极目远眺的能力。"眼界开阔不开阔,直接反映一个人的见识和素养,直接反映一名领导者的水平和境界。要使眼界开阔,一是多读书,二是善观察,三是勤思考。读书能使人开阔眼界。许多没有了解的知识,从书中可以尽情汲取;许多难以解决的问题,从书中可以找到答案。观察是解决问题的钥匙,观察问题的能力是领导者领导水平的重要体现。思考是实施科学决策的"桥梁"。作为领导者,在复杂的形势面前,只有深入思考,才能科学判断形势,把握主流和本质;只有深入思考,理清工作思路,找准切入点,才能提出解决问题的真知灼见。在国际化日益繁荣的今天,领导者的视野更能决定企业的成功与失败。

(3) 提高能力。能力是反映人们认识世界、改造世界的实际才干和本领。尤其是与管理工作相关的技能和技巧更是领导是否有效的关键因素之一。没有高超的能力,美好的理想、良好的愿望终归只能是海市蜃楼般的幻影。

(4) 完善人格。领导者要不断反思自己的工作方法、处事手段及决策风格。领导者应立足本职工作,以不断思考、反省和探索的精神,及时解决好领导过程中出现的各种实际的问题。事实上,每一位领导者都有对自己的领导理念与领导行为加以反思、研究与改进的能力,都有一些对领导工作情境中的问题进行经验化处理的办法。但问题是,不少领导者只习惯于日复一日的"推磨式"工作,缺乏反思意识。同时,还要掌握一些反思技巧,比如,要懂得如何经常对领导过程中的各个环节进行反思,怎样写反思日记,怎样通过反思来提高领导工作水平等。要以虚怀若谷的姿态深入群众中去,及时了解自己工作中的问题及改进的措施,不断完善的人格能帮助领导者成就伟大的事业。

案例

平衡,稳定,专注。

这是《胡润百富》杂志记者对玖龙纸业董事长张茵4个小时的专访中,这位当时的中国女首富重复最多的词语。

她自言,目前很少负责公司的具体事务,只是主导一些关乎发展的宏观策略,而这一切其实就是目标与执行之间的平衡、公司与社会之间的平衡、事业与家庭之间的平衡。

香港创业

张茵祖籍山东,出生在东北,完成学业后,在工厂做过工业会计,并在深圳信托下属的一个合资企业里担任财务工作,直到在一家香港贸易公司做包装纸的业务。

1985年,张茵放弃了在内地所取得的成就,只身携带3万元前往香港创业。回忆起那段岁月,张茵说道:"香港从事废纸回收的虽然是些文化程度较低的人,但特别讲信义,与我特别投缘,再加上我坚持废纸的品质,恰好赶上香港经济蓬勃时期,因此6年内我就完成了资本的部分积累。"

但香港到底只是一个小小的岛屿,原料有限,为了寻求更大的发展,张茵和丈夫毅然将事业的重心迁往世界最大的原材料市场——美国。刚到美国,张茵就为自己定了一个目标,尽快成为美国的造纸原料大王。

由于有了香港的行业经验、诚信的准则、充足的资本、银行的支持和明确而专一的目标,1990年起,张茵的造纸原料公司中南控股已经成为美国最大的造纸原料出口商,并蝉联至今。目前中南控股已是全球最大的纸原料出口商,年出口超过500万吨,并以年均30%的速度递增,业务遍及美国、欧洲、亚洲等,在美国各行各业的出口货柜数量排名中位列第一。

由于如今世界造纸原料市场已进入了一个价格透明、低利润竞争的时代,因此张茵在形容中南控股时频繁使用"稳定""扎实"等字眼,稳定的合作伙伴、稳定的管理层、扎实的原材料网络成为如今中南控股最核心的竞争力。

张茵果断地抓住了20世纪80年代中国造纸原料市场的空白,但她事业的高峰却是在1995年之后。她告诉《胡润百富》杂志:"美国丰富的纸原料市场奠定了我事业未来发展的基础。同时,我也从国际原料市场看到了中国造纸市场的未来,并于1995年在东莞投建了玖龙纸业。"

虽然是一位女性,但在做投资决策时,张茵却具有连男性都难以企及的魄力和眼光。90年代,绝大部分中国的造纸厂还只是处于5万吨左右的年产规模,所用机器也是国产机,但张茵在东莞投产的第一台机器就是20万吨的年产规模,而且从一开始进入造纸行业,张茵就为她世界第一的包装纸厂商的目标设定了详细的规划,在东莞和江苏太仓的征地足以年产 900 万吨包装纸。

她说:"我们在太仓有几千亩土地,在 2000 年前后这么大规模的拿地是绝无仅有的。超前的眼光、大量的预投资使得我们很快就成为行业的领导者。"此后几年,由于中国对箱板纸的需求不断增长,张茵不断投资大型造纸机,目前玖龙纸业成为世界第八、中国第一的包装纸生产商。

由于张茵在玖龙纸业成立之初就以国际化的规模、国际化的效益为目标,因此经过玖龙人 10 年的努力,只用了短短 7 个月时间,玖龙纸业就于 2006 年 3 月 3 日在香港成功上市,并最终获得了 578 倍的超额认购,募集资金 38 亿港元。

由于玖龙的表现令到投资者认同,在上市后短短不到半年的时间,成为"摩根士丹利资本国际"环球指数、标准指数的成份股,并加入香港恒生综合指数。谈及 2006 年 3 月的 IPO,张茵仍感到十分兴奋。

她说:"行业的成长性;以中南为基础庞大、稳定的原材料供应;玖龙管理层前瞻性的发展眼光、专一性的经营理念;超前的环保理念;完善的管理和配套服务以及规模效益是玖龙上市时获得投资者认可的重要原因。"

惊人效益

成功的上市带给玖龙纸业的是机遇,更是挑战。上市前,玖龙纸业只是张茵的私人公司,发展所需各项资金只能靠自身的累积利润和银行贷款。而上市之后,给玖龙奠定了国际的资本舞台,使玖龙继续抓住更多的机遇。

由于工作的习惯,《胡润百富》在采访过程中称呼玖龙纸业为民营企业,张茵更正了这个说法。她说:"玖龙纸业是一家完全来自香港和美国的外资企业。"当然,我们之所以这么称呼玖龙的目的是能够将玖龙和国内的一些民营造纸公司做些比较,但在张茵看来,玖龙有自己的专业眼光和专业团队,会专心走自己的路。而与国内的民营造纸企业之间与其说是互相竞争,不如说是和气生财。

张茵的专注也是我们所不多见的,她非常确定地说:"玖龙纸业将不会进入新闻纸领域。"但她现在所经营的包装纸客户却是相当多元化的,她说"玖龙的客户都是全球性的,最大客户只占其销售总量的 3%,40% 的客户都是国外企业和直接出口部分,包括许多财富 500 强企业都是我们的客户"。

正是由于张茵及其专业化团队的超前、专注与魄力,玖龙纸业已成为一家市值 300 多亿港元的国际化上市公司。

出身清贫

虽然创造了惊人的企业效益,但张茵同样十分看重社会效益。谈起环保时,她不假思索地说道:"没有环保,就没有造纸。"在公益事业方面,张茵也有其独到的看法:"企业必须要在公司与社会之间取得平衡。我们每年会从贫困地区招募数百个孩子供他们念大学,并让他们在学成后留在玖龙工作。这样既帮了社会,也帮了企业。此外,我不仅是自己做善事,也鼓励员工多做公益事业,只有这样才是和谐的,才能更好地带动整个社会的善心。"

张茵自己也许并不知晓,在不知不觉中,她已经成为世界上最富有的白手起家的女富豪之一,因此,张茵对于女性创业的建议便格外具有价值。她说:"女性创业者在创业之前首先就要明确自己的定位,知道自己适合做什么,不要勉强;其次要有宽广的心胸和敢于冲破压力;然后要有健康的体魄,取得身心平衡。此外,家庭与事业间的平衡也是女性获得事业成功的关键:你的另一半必须与你对事业有着同样的专注与热爱,一切以事业为重,相互理解,这样才会有幸福的家庭生活。"

与所有的其他母亲一样,子女的成功也许对张茵来说比事业的成功更有意义。她的儿子目前正在美国哥伦比亚大学攻读硕士学位,是最令她感到自豪的事情。张茵从小就给儿子树立目标、培养其独立性和责任感,因为在她看来,这是为了将来发展百年基业所必备的素质。

事业上的丰收,爱情上的美满,子女教育上的成功,这一切都来自张茵的平衡之道,因为平衡而幸福、自信、美丽。

讨论题

(1) 从张茵身上,我们可以看到女性管理者的哪些特质?这些特质是如何帮助张茵在事业上取得的成功?

(2) 平衡的艺术是领导者必备的技能,张茵很好地平衡了事业与爱情、工作与家庭的关系,作为一名有效的领导者,还需要平衡哪些因素?

自测题

"大五"性格量表

全问卷有50个题目。每个题目有两组形容词,中间有九个答案供选择,请选择每题中最能代表你的答案。选择"1"代表左边的一组形容词完全适合你,"9"代表右边的一组形容词完全适合你;"5"代表你在两者之间。请尽量精确作答和避免所有的答案都在"5"左右。

	1	2	3	4	5	6	7	8	9	
1. 杞人忧天	□	□	□	□	□	□	□	□	□	处变不惊
2. 紧张	□	□	□	□	□	□	□	□	□	轻松
3. 神经紧张	□	□	□	□	□	□	□	□	□	松弛
4. 情绪化	□	□	□	□	□	□	□	□	□	不情绪化
5. 情绪起伏大	□	□	□	□	□	□	□	□	□	情绪稳定

(续表)

	1	2	3	4	5	6	7	8	9	
6. 没安全感	□	□	□	□	□	□	□	□	□	有安全感
7. 自怜	□	□	□	□	□	□	□	□	□	自足
8. 没耐心	□	□	□	□	□	□	□	□	□	有耐心
9. 易行动	□	□	□	□	□	□	□	□	□	不行动
10. 主观	□	□	□	□	□	□	□	□	□	客观
11. 爱独处	□	□	□	□	□	□	□	□	□	爱社交
12. 稳重	□	□	□	□	□	□	□	□	□	喜欢开玩笑
13. 含蓄	□	□	□	□	□	□	□	□	□	感情容易流露
14. 喜欢保持距离	□	□	□	□	□	□	□	□	□	友善
15. 自制力强	□	□	□	□	□	□	□	□	□	想做就做
16. 沉静	□	□	□	□	□	□	□	□	□	健谈
17. 被动	□	□	□	□	□	□	□	□	□	主动
18. 孤独	□	□	□	□	□	□	□	□	□	合群
19. 无情	□	□	□	□	□	□	□	□	□	热情
20. 冷漠	□	□	□	□	□	□	□	□	□	温情
21. 随俗	□	□	□	□	□	□	□	□	□	爱创新
22. 务实	□	□	□	□	□	□	□	□	□	富想象
23. 少创意	□	□	□	□	□	□	□	□	□	多创意
24. 少爱好	□	□	□	□	□	□	□	□	□	多爱好
25. 简单	□	□	□	□	□	□	□	□	□	复杂
26. 不好奇	□	□	□	□	□	□	□	□	□	好奇
27. 不爱冒险	□	□	□	□	□	□	□	□	□	敢于冒险
28. 喜欢常规	□	□	□	□	□	□	□	□	□	喜欢变化
29. 服从	□	□	□	□	□	□	□	□	□	独立自主
30. 不喜欢分析	□	□	□	□	□	□	□	□	□	喜欢分析
31. 暴躁	□	□	□	□	□	□	□	□	□	温顺
32. 暴虐	□	□	□	□	□	□	□	□	□	菩萨心肠
33. 粗野	□	□	□	□	□	□	□	□	□	有礼貌
34. 自私	□	□	□	□	□	□	□	□	□	不自私
35. 不合作	□	□	□	□	□	□	□	□	□	爱帮助别人
36. 硬心肠	□	□	□	□	□	□	□	□	□	有同情心
37. 多疑	□	□	□	□	□	□	□	□	□	信任别人
38. 吝啬	□	□	□	□	□	□	□	□	□	阔绰
39. 有挑衅性	□	□	□	□	□	□	□	□	□	常认许别人
40. 爱批评	□	□	□	□	□	□	□	□	□	宽厚

(续表)

	1	2	3	4	5	6	7	8	9	
41. 粗心	□	□	□	□	□	□	□	□	□	谨慎
42. 大意	□	□	□	□	□	□	□	□	□	小心
43. 不可倚靠	□	□	□	□	□	□	□	□	□	可依赖
44. 懒散	□	□	□	□	□	□	□	□	□	勤奋
45. 没组织性	□	□	□	□	□	□	□	□	□	有组织性
46. 得过且过	□	□	□	□	□	□	□	□	□	绝不苟且
47. 不自律	□	□	□	□	□	□	□	□	□	自律
48. 不整齐	□	□	□	□	□	□	□	□	□	整齐
49. 迟到	□	□	□	□	□	□	□	□	□	准时
50. 不讲实际	□	□	□	□	□	□	□	□	□	实际

参考文献

[1] 孟慧、李永鑫:"大五人格特质与领导有效性的相关研究",《心理科学》,2004 年第 3 期,第 611—614 页。

[2] 雷原:《中国人的管理智慧》,北京大学出版社,2004。

[3] 苏勇:《现代管理伦理学——理论与企业的实践》,石油工业出版社,2003。

[4] 余胜海:"媒体盘点中国十大悲情企业:黄宏生位居首位",新浪财经转载《中国民营经济周刊》,http://finance. sina. com. cn/china/hgjj/20081205/12155596158. shtml。

[5] Cox, T. H., & Blake, S., "Managing Cultural Diversity: Implications for Organizational Competitiveness", *Academy of Management Executive*, 1991, 3, 45—56.

[6] Deluga, R. J. "Relationship among American Presidential Charismatic Leadership, Narcissism, and Rated Performance", *The Leadership Quarterly*, 1997, 8(1), 49—65.

[7] Dorfman, P., Javidan, M., Hanges, P., Dastmalchian, A., & House, R., "GLOBE: A Twenty Year Journey into the Intriguing World of Culture and Leadership", *Journal of World Business*, 2012, 47(4), 504—518.

[8] Dulewicz, C., Young, M., & Dulewicz, V., "The Relevance of Emotional Intelligence for Leadership Performance", *Journal of General Management*, 2005, 30(3), 71—86.

[9] Higgs, M., "Do Leaders Need Emotional intelligence?: A Study of the Relationship between Emotional Intelligence and Leadership of Change", *International Journal of Organizational Behavior*, 2002, 5(6), 195—212.

[10] Huang, L., & Paterson, T. A., "Group Ethical Voice: Influence of Ethical Leadership and Impact on Ethical Performance", *Journal of Management*, 2017, 43(4), 1157—1184.

[11] Hui, C. H., & Villareal, M. J., "Individualism-Collectivism and Pyschological Needs Their Relationships in Two Cultures", *Journal of cross-cultural psychology*, 1989, 20(3), 310—323.

[12] Kohlberg, L., *The Psychology of Moral Development*. New York: Harper & Row, 1984.

[13] Martin, C. M., *A Meta-analytic Investigation of the Relationship between Emotional Intelligence and Leadership Effectiveness*. Dissertation, 2008.

[14] McCrae, R. R., & Costa, P. T., "Validation of the Five-factor Model of Personality across Instruments and Observers", *Journal of Personality and Social Psychology*, 1987, 52, 81—90.

[15] Milliken, F. J., & Martins, L. L., "Searching for Common Threads: Understanding the Multiple Effects of Diversity in Organizational Groups", *Academy of Management Review*, 1996, 21, 402—433.

[16] Morrison, A. M., Ruderman, M. N., & Hughes-James, M. W., "Making Diversity Happen: Controversies and Solutions", Greensboro, NC: Center for Creative Leadership, 1993.

[17] Mumford, M. D., Gessner, T. L., Connelly, M. S., O'Connor, J. A., & Clifton, T. C., "Leadership and Destructive Acts: Individual and Situational Influences", *Leadership Quarterly*, 1993, 4, 115—147.

[18] Nemetz, P. L., & Christensen, S. L., "The Challenge of Cultural Diversity: Harnessing a Diversity of Views to Understand Multiculturalism", *Academy of Management Review*, 1996, 21, 434—462.

[19] O'Connor, J., Mumford, M. D., Clifton, T. C., Gessner, T. L., & Connelly, M. S., "Charismatic Leaders and Destructiveness: A Historiometric Study", *Leadership Quarterly*, 1995, 6, 529—555.

[20] Piccolo, R., Greenbaum, R., Hartog, D., & Folger, R., "The Relationship Between Ethical Leadership and Core Job Characteristics", *Journal of Organizational Behavior*, 2010, 31(2—3), 259—278.

[21] Powell, G. N., "One More Time: Do Female and Male Managers Differ?", *Academy of Management Executive*, 1990, 4, 68—75.

[22] Simons, T., & Quinetta, R., "Why Managers care about Fairness: The effects of Aggregate Justice Perception on organizational Outcome", *Journal of Applied Psychology*, 88, 432—443.

[23] Trevino, L. K., Butterfield, K. D., & McCabe, D. L., "The Ethical Context in Organizations: Influences on Employee Attitudes and Behaviors", *Business Ethics Quarterly*,

1998, 8, 447—476.

[24] Trevino, L. K., "Ethical Decision Making in Organizations: A Person-situation Interactionist Model", *Academy of Management Review*, 1986, 11, 601—617.

[25] Triandis, H. C., Kurowski, L. L., & Gelfand, M. J., "Workplace Diversity", In: H. C. Triandis, M. D. Dunnette, & L. M. Hough (Eds.), *Handbook of Industrial and Organizational Psychology*. Palo Alto: Consulting Psychologists Press, 1994, 4, 769—827.

[26] Wang, H., Sui, Y., Luthans, F., Wang, D. and Wu, Y., "Impact of Authentic Leadership on Performance: Role of Followers' Positive Psychological Capital and Relational Processes", *Journal of Organizational Behavior*, 2013, 35, 5—21.

[27] 〔美〕Yukl, G., *Leadership in Organizations*, 清华大学出版社, 2001。

第二部分

人际互动中
的领导

第五章 权力、沟通与影响力

本章导读

领导者如何行使自己的权力,如何与他人沟通以达到最大的影响作用是领导有效性非常重要的内容。通过本章的学习,希望读者能够了解权力与影响的广泛概念、权力的类型及来源、权力获得和失去的方法及途径等。在这里,我们尤其重点介绍沟通和影响的重要性,帮助读者认识沟通及影响的过程,并且介绍了一些影响他人的方法和技巧,希望能够帮助读者深刻理解权力、沟通与影响力的相关知识,进而提高自己的影响力。

开篇案例

财富论坛官方网站消息:作为一个在由男性主宰的世界里不断取得成功的女人,谢企华的主要精力放在如何能使上海宝钢集团公司成为一家国际化的大企业上。她说,即使宝钢成不了世界最大的钢铁生产商,她也决心让它成为世界最大的钢铁生产商之一。

在谢企华频频施展的大手笔中,与巴西淡水河谷公司(CVRD)和永城煤电(集团)有限责任公司正式签订投资合作协议只是一个片段——经过一年多的谈判,就永煤集团控股子公司河南龙宇能源股份有限公司增资扩股并变更为中国第一家中外合资煤炭股份公司的事项达成一致,三家预计募集资金16亿元人民币,用于收购和开发新的煤炭项目。而此前,宝钢为了满足对铁矿石的需要,与巴西和澳大利亚的一些公司达成了铁矿石合作开采协议;为了能为蓬勃发展的中国汽车业提供充足的钢板,此后还与日本新日本制铁成立了合资公司。

面对中国钢铁行业难得的发展机遇,谢企华大刀阔斧地施展着才干。尽管宝钢集团的上市公司宝山钢铁股份有限公司(600019.SH,简称:宝钢股份)增发价值逾280亿元人民币的50亿股新股的计划有可能最终流产,但这丝毫遮掩不住这名领导着中国最大的钢铁企业的女性的光辉。从2003年开始,在谢企华带领下的宝钢进入美国《财富》杂志评选的世界500强企业。在2005年谢企华卸任时,宝钢列第309位。2004年,在《财富》全球商界女性50强中,谢企华排名第二。

谢企华她被誉为中国的"铁娘子"。她的同事说,她精明果敢,很适合经营这家拥有 10 万员工、1 800 多亿元资产的大公司，能够让这家国有企业高效而灵活。她有着过人的沟通能力和前瞻性。谢企华的秘书曾分析，"常常泡在书堆里，不断出国考察，与安赛乐、新日铁等竞争对手定期交流"是谢企华战略眼光和思维的源泉。"她的意志很强，做事注重实效"，一位接触过她的配套厂负责人说，"她说了什么，宝钢就会做到什么"。"头脑清醒、行事稳健"是谢企华给人的另一个感受。接触过的人都认为正是因为有冷静的头脑，谢企华才带领宝钢走上了不断学习、科学管理、稳步扩张的大路。首都经济贸易大学工商管理学院教授黄津孚赞叹宝钢的管理体制时说："他们能跟踪世界上最先进的技术和成果，所以才能取得今天辉煌的成果，中国企业要想尽快赶上世界发达国家的水平，必须学学宝钢这样系统创新的经验。"

"无我"是谢企华的常态。谦和的她对外宣讲的全是宝钢，以至于我们寻遍了各种搜索引擎，也找不到她的个人和家庭故事。她淡泊名利，各种各样国内机构颁给她的荣誉无数，"2005 年中国十大经济女性年度人物""全球最值得关注的 50 位商界女性"等，但她一般不会出席这样的颁奖现场。谢企华有着一张普通的中国妇女的脸，平和、大气。短发圆脸，大大的眼镜，衬托出她质朴的书卷气。她脸上没有焦灼，没有担当大事的人常有的额头纹和一道道皱褶。她像是一个普通下地的农民，灿烂的微笑使得本来就很健康的脸，越发洋溢着劳作者的开朗与获得丰收的喜悦。好像经营一家庞大的钢铁集团，是一件很自然和简单的事，不需要紧张，不需要夜不能寐，不需要殚精竭虑来苦心经营，好像自然微笑就能够化解所有的危机。

2005 年谢企华已经六十多岁了，当她卸下身上的重担，将宝钢接班人交给徐乐江时，卸下的是管理的担子，承载的是众人的尊敬和信任。宝钢历史上的谢企华永远成为辉煌的一页。

在前面几个章节中，我们主要探讨的是作为个体的领导者，如何通过自己的行为来影响下属，使下属朝着组织的目标而努力。然而，事实上，领导者要想最大限度地影响下属，一个非常重要的途径就是要与下属进行沟通、交流。在这个互动过程中，领导者通过行使自己的权力，展示自己的魅力，审视不同的情境，针对不同的下属施以不同的影响策略。在以上的案例中，谢企华凭借自己的沟通技能，掌控宝钢的管理大权并且产生了深远的影响力。尤其是作为女性管理者，谢企华更是表现出独有的魄力和控制力。

第一节　权力与影响

影响是一个广泛的概念

一个领导者具有良好的领导能力或者领导才华，通常指的是这个领导者能影响一群人朝着共同的目标一起努力工作。这里所说的影响，是一个非常广泛的概念，组织里面的领导者需要影响的一群人也不单指下属,还包括自己的上级与同事。

首先是影响上级。如果有人在某些方面能够影响领导者,如建议经常能得到领导者的欣赏,成绩经常能得到领导者的肯定,那么,他就会受到下属的尊敬。组织的其他成员看到领导者做决策常常征求他的意见,就会认为他肯定有一些特殊的技能或者是丰富的经验,从而获得领导者的依靠和信任,这样的人在下属和同事的心目中就会得到尊重。当然,领导者会尽量不受他人的影响,能影响到领导者的人,可以很好地证明他个人的能力。

其次是影响其他部门的同事。与自己在一个公司工作的这些人,影响他们会得到什么益处?通过影响同事,可以更好地传达本部门领导者的意图,以及满足下属的需求。比如,在营销部工作的管理者如果可以与其他部门(如人力资源部、财务部)的同事具有广泛的联系与接触,就能为本部门业绩的实现提供有力的保障,同时也可以把领导者的想法在更广泛的范围内传播与实现。

最后是影响下属。更好地影响下属可以增加领导者的权力,下属会更好地完成领导者布置的任务,更容易口服心服地按照领导者所提出的要求去做,更愿意按照领导的意愿去行事。而影响下属最直接、最容易的方法就是使用领导者手中的权力。因此,我们首先从对权力的理解与认识开始。

权力和职权的概念

究竟怎样才能更好地影响别人?在组织环境中,最直接、最有效的方式是使用权力。这涉及两个概念,一个是权力或权威(power)(权力与权威两个词经常混用,为了统一起见,在下文中我们统称为权力,指一切可以影响他人的力量和能力);另外一个是职权(authority)。权力和职权曾为不同的学者以不同的方式加以使用,以至于引起了相当多概念上的混淆。因此,首先应该明确权力、职权这两个词汇的意义及作用。

Mintzberg(1983)、Pfeffer(1981,1992)等人都认为,权力的概念对理解人们如何在组织中施加影响是非常重要的。那么,权力是什么?权力意味着所有一切能够影响别人的能力,只要能够影响别人、让别人按照你的要求去做,就意味着你拥有一定的权力。比如,承担领导职位的人,由于职位的原因,掌握了很多资源,因此有很多的支配能力。他可以让下属努力工作,早来晚走。如果下属不这么做,他就可以行使奖惩的权力,通过批评或者奖金的方法让下属按照他的要求去做。但权力所包含的内容远不止这些。有时,我们说一个人很有权力,能够影响别人,并不单指这个人有多大的职位权力,而可能是因为他人格有魅力,或者他是某一方面的专家,因此大家都愿意听从他的建议。最简单的一个例子是,走在马路上的一位年轻男士遇到两位女士请求帮忙,其中一位女士非常漂亮,另外一位女士长相一般,这时哪位女士更能影响这位男士,或者说这位男士更愿意帮助哪位女士呢?对于大多数男士来说,恐怕都会选择漂亮的女士。长相在这种情况下也是一种影响力,因为它能影响人的意愿和行为。因此,权力在这里指所有能影响他人的力量和能力。这与我们常说的"权"有一定的区别。中文意义上的权,更多的是与下面说的职权相关。

所谓的职权是包含组织或者社会系统中与特定职位相关的权力、特权、义务和职责。一个领导者的职权通常包括对组织做出某些决策的权力。一个对目标群体拥有直接职权的领导者，有权做出与这个职权相一致的要求，而这个目标群体有义务服从。需要注意的是，如果刚才我们说长相可以给一个人带来一定权力的话，那么职权更多的是跟职位，或者说跟一个人在某一个组织或者社会团体中所具有的特定位置有关。例如，人格的魅力可以使一位领导者具有非凡的影响力。而人格不具魅力的领导者，同样会有很多的职权，同样可以命令下属。所以，职权更多的是与特定的职位相关。对于一个正式的组织来讲，一个有权力的人不一定有职权，例如在一个非正式团体中的"头儿"可以影响这个团体中的每个人。但是，有职权的人一定在等级结构上处于一定的位置。

事实上，将这两个概念严格区分略显困难，但却非常必要。我们在后面的章节中讲到权力和职权时也有混淆在一起的地方。但两者在概念上的区别，还是应该引起读者的注意。

权力类型和权力来源

正如上文所介绍的，从权力的类型来讲，广为接受的权力来源可以分为两个方面："职位权力"和"个人权力"（Bass, 1960; Etzioni, 1961）。因此，权力部分起源于个人在组织中的地位。权力的其他部分来自领导者个人特质，以及领导者与目标群体之间的互动。与特定位置有关的，也就是与职权有关的权力，我们叫作职位权力；另外一种，比如说人格的魅力，跟职位无关的权力，我们称之为个人权力。Yukl 和 Falbe（1991）认为，这两种类型的权力是相对独立的，每种权力包含不同但又相互联系的几个因素。

职位权力包括合法权力（legitimate power）、奖赏权力（reward power）、强制权力（coercive power）、信息权力（infomration power）和生态权力（ecological power）。合法权力是指法定或者是规则赋予的权力。在某个位置上的人，如总经理或董事长，便具有了相应的合法权力。奖赏权力也与职位有关。作为领导者，自然有权支配一定的资源。表现出色的下属就会得到领导者分配较多的资源，比如提职、加薪、培训机会等。即使不是直接的权力，但是也会有间接的影响。例如，年终考核时领导者也有间接的奖赏权力，因为考核打分的高低与领导者的喜好有关。这种奖赏的权力不只是朝向下级的，有时也是朝上或者指向平级的。现在很多企业里使用的360度考核，就表明员工有权评价上级或同事的行为或表现，这时给上级或同事打分的高低直接会影响绩效考核的结果，因此，这也是一种奖赏的权力。强制权力或者说胁迫的权力是指如果下属的绩效不好，或者表现得不令人满意，那么领导者有权给他惩罚，这种权力我们叫作强制权力。拥有信息权力就是指能够把一些信息据为己有，或者是保持在一定的范围内，另外一层意思是指领导者能够阻断信息传播的途径，这样的权力叫作信息权力。最后一种叫生态权力，指是否拥有改变一个人生存环境的能力。例如是否有权改变下属的生活、工作条件，即能不能改变一些物理上的生存状况。例如，可以通过工作内容的丰富化，让员工提高自己内在的动机。这也是与职位有关的权力。

个人权力包括参照权力(referent power)和专家权力(expertise power)。参照权力是指领导者具有的人格魅力,或者是外表吸引人,因此别人可能就会喜欢他、欣赏他,并按照他的要求去做。举个通俗的例子,王菲、谢霆锋等歌星就有很高的参照权力。因为流行歌星拥有很多歌迷,由于这些歌迷喜欢、欣赏、崇拜这些歌星,这些人就会受到这些歌星的影响。唱什么歌、穿什么衣服、做什么动作等就会模仿这些歌星。这就叫参照权力。专家权力则来自专长、技能和知识。某个方面的专家就能在这个领域影响许多人,因为别人没有这些专长和技能,所以自然就会听从专家的指导。

各种权力的使用指南

了解上述权力之后,一个非常重要的问题就是如何运用这些权力增强自身的影响力。同时需要了解的是,在行使这些权力时,需要注意的地方是什么。

行使合法权力时要注意:提出清楚、礼貌的要求;解释提出该要求的原因;注意不要超出你的职权范围,如果必须核实你是否有这样的职权;遵循适当的渠道,如书面命令或口头传达;追踪核实下属服从的情况;如果下属出现拒绝或推诿的现象,有必要坚持要求下属服从。

行使奖赏权力时,要注意:提供人们想要即最能打动下属的奖励,如加薪、提职,或是口头表扬;提供公平和符合道德的奖励;不要许诺超出你所能给予的奖励;解释给予奖励的标准并力求简单;如果下属达到要求就兑现承诺并给予奖励;把奖励当作下属完成任务或承诺的肯定形式,而不是一味当作操纵下属的手段。

在行使强制权力时要注意:解释规则和要求,确保人们理解违反规则的结果;对违反规则的人做出相应的惩罚;不对个别的人表示任何偏爱;深入调查事实,避免快速得出不全面的结论;在实施惩罚前提出足够的口头和书面的警告;保持冷静和避免表现出敌意或个人的感受;提请别人做出改进的建议,就具体的计划寻求一致方案;如果在提出威胁和警告后下属仍然不遵从,就实施惩罚来维持可信性;使用合法、公平,并与错误严重性相称的惩罚。

获得和保持参照权力时要注意:表示接受和积极的关注;采取支持的和有益的行动;真诚地对待他人;在适当的时候为人们辩护和提供支持;主动提供帮助;勇于自我牺牲;遵守诺言;等等。

行使专家权力时要注意:解释一项要求或提案的原因及其重要性;提出证据表明这一提案将会成功;不要做匆忙、粗心或不一致的陈述;不要夸大或误传信息;认真倾听别人的考虑和建议;在危机时自信而果断地行动。

权力如何获得或失去

在这里,我们从理论的角度来进一步解释人们在组织中是怎么获得权力,或者怎失去权力的。有两个理论非常重要：一个理论叫作社会交换理论；另外一个理论叫作战略权变理论。社会交换理论认为，团体中领导者和下属之间在长期的互惠影响过程中发生的权力获得或失去，战略权变理论解释不同的次级单位在权力方面的获得或失去预示着组织处于变化的环境中。也就是说，由于企业战略的转变，造成了某些人在一段时期很有权力，而在另外一段时期可能就失去了权力。

社会交换理论(social exchange theory)不只局限在上下级之间的交往上，实际上，人与人之间的交往过程都存在一个由经济水平的交换(economic exchange)过渡到社会水平交换(social exchange)的过程。社会交换理论认为，由于领导者和下属之间相互交往的时间不同，交往的内容不同，他们之间就会有不同的关系，有的关系可能近一点，有的可能稍微远一点。交换的形式有两种，一种叫作经济交换，另外一种叫作社会交换。经济交换是指领导者与下属之间停留在经济水平上的一种交换。下属的职责是完成自己的工作，只要工作很好地完成，领导者就会给他相应的工资和奖励，这种交换停留在经济合同的水平上。所谓社会交换是指领导者与下属的相互关系已经超越了经济水平，领导者与下属之间交换的是相互的信任，相互的忠诚以及相互的责任感。这意味着与领导者进行社会水平交换的人往往会受到领导者更多的影响。也就是说，领导在这些人的心目中更具有影响力。这样的领导就会在团体或组织中更有权力。反之，如果一个领导者不能在广泛的范围内得到下属的信任，甚至下属对他产生敌意，这样的领导者就会逐渐失去影响力。有关的内容，我们会在第七章中还会加以详细的描述。

战略权变理论是从一个组织整体的结构和战略发展来看，哪些人更有权力，哪些人相对没有权力。例如，一个企业初创的阶段，能把产品卖出去，及时收回成本，对企业的生存发展关系重大，所以销售就起到非常重要的作用。从事销售的人，相对的比其他部门(如生产、研发部门)就有更多的权力，他们在企业中会产生更大的影响。当企业发展到研发已经成为最重要工作的阶段时，从事研发的人在企业中所具有的影响力也就更大了。

第二节　沟通技能与影响力

沟通是一个过程

领导要想对下属、平级同事及上级领导者产生影响，不可缺少的一个过程就是人与人之间的沟通。沟通是影响力产生的前提条件。

人际沟通是一个过程，是由两个或两个以上的人相互交流信息，以达到相互理解或满足个人需要的目的。产生出复杂的思想并将之与他人沟通是人类大脑的主要功能之一。大脑执行三项基本的任务，其中一项就是把接收到的材料加工生产成连贯而有意义的思想并与他人进行交流。看到、听到和感觉到的材料根据人们独特的偏好被大脑作为图画或声音接收并存储起来。对某些人而言，视觉形象能产生最大的冲击，而对其他人而言则可能是声音或触觉最重要。不同类型的输入材料储存在大脑的不同"记忆库"里,把思想转换成语言传输出去,用以表达。随后,这种表达会被人们所感知。

完整的沟通过程包括发送、编码、沟通、解码、反馈。其具体过程是,发送信息者要想将自己的某个想法与人沟通,首先,他必须将这样的想法即信息进行编码,加工成语言、图画或躯体语言,然后通过一定的沟通渠道将这些编码信息传递出去。沟通渠道可以是视觉的、听觉的,也可以是触觉的等。而接收信息者要想理解发送信息者的信息内容,必须将接收到的视觉、听觉或触觉信息进行解码,然后才能清楚发送信息者要表达的思想或情感的内容是什么。要注意,为了确认接收信息者成功理解了发送信息者的信息内容,发送信息者必须接收或主动寻找必要的信息反馈,以便完成沟通过程的下半部分过程。在反馈中,原来的接收者变成了发送者,原来的发送者变成了接收者。因此,我们可以看到,沟通过程是一个双向的互动的过程,而不是一个单向的简单的信息传送的过程(见图5-1)。

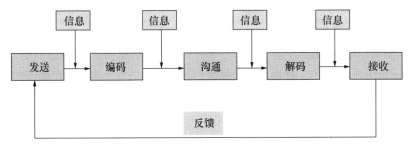

图 5-1　沟通的一般过程

在沟通过程当中,还存在沟通背景及沟通噪声这两大因素的影响。沟通的双方如果缺乏共同的可互相理解、交流的背景,对方就会对你说的话不知所云,沟通就难以成功进行。另一方面,沟通噪声的多少、大小、强弱,同样也会影响沟通的成功进行。所谓的噪声,既包括沟通渠道不畅等,也包括心理上的"噪声",例如,在解码或编码过程中出现信息加工的错误。

由此我们可以概括出沟通的基本内涵:首先,沟通是一项由两个人或两个以上的人共同完成的集体活动;其次,沟通是一个包括发送信息至接收反馈的完整的过程;再次,沟通是一种信息的分享活动,"传""收"双方在传递、反馈等一系列过程中获得信息,包括情感的交流;最后,沟通不是一般意义上的单向性的信息传递,而是通过双向的信息互动,情感交流,使"传""收"双方认识趋于一致,行动趋于协调的过程。

人际沟通的特点

就人际沟通的过程来分析,人际沟通具有以下特点:

第一,在人际沟通中,沟通双方都有各自的动机、目的和立场,都设想和判定自己发出的信息会得到什么样的回应。因此,通常情况下,沟通的双方都处于积极主动的状态,在沟通过程中发生的不是简单的信息活动,而是对于信息的积极交流和理解。

第二，人际沟通借助语言和非语言两类符号，这两类符号往往被同时使用。两者可能一致，也可能矛盾。

第三，人际沟通是一种动态系统，沟通的双方都处于不断的相互作用中，刺激与反应互为因果，如乙的语言是对甲的语言的反应，同时也是对甲的刺激。

第四，在人际沟通中，沟通的双方应有统一的或近似的编码系统和译码系统。这不仅指双方应有相同的词汇和语法体系，而且要对语义有相同的理解。语义在很大程度上依赖于沟通情境和社会背景。沟通场合以及沟通者的宗教、职业和社会地位等的差异都会对语义的理解产生影响。

在人际沟通过程中，尤其是在组织环境下的沟通还要注意以下几点：

(1) 沟通的发生不以人的意志为转移。有人认为，只要我不与别人说话，不将自己的心思告诉别人，就不会发生沟通，别人就无法了解我。这其实是错误的观念。在人的感觉能力可及范围内，人与人之间会自然地产生相互作用，无论情愿与否，谁都无法阻止沟通，除非他人感觉不到某人存在。

(2) 沟通信息必须使内容与相互关系相统一。任何信息沟通，无论语言的或非语言的，在传递特定内容的同时，还要注意沟通者之间的相互关系。沟通过程中，沟通者必须保持内容与相互关系的统一，才能实现有效沟通。例如，下级向上级汇报工作时，下级使用"你听明白了吗？"这种句子显然不恰当。此问话方式指示的关系是上级对下级，与沟通者之间的真实关系不符。

(3) 沟通是循环往复的动态过程。人际沟通以信息发出者发出信息为开始，但并不以信息接收者接受信息为结束，信息接收者通过反馈维持沟通的循环往复。整个沟通过程中，沟通双方均为主体。当甲方为信息发送者、乙方为信息接收者时，甲方是主体，乙方是客体；相反，乙方为信息发送者、甲方为信息接收者时，乙方是主体。一般沟通状态下，这种主客体关系总处在动态变化中，沟通双方都对沟通的有效完成起着重要作用。

(4) 沟通是整体信息的交流。表面上看，沟通不过是简单的信息交流，仅仅是理解他人的语言或非语言信号。事实上，任何沟通行为，都是在整个个性背景上做出的。它传递的是一个人的整体信息。人们说一句话，做一个动作，或理解别人的一句话、一个动作，投入的是整个身心，是整个性的反映。

人际沟通的误区

每个人都会依据自己的印象、以前的经验及对结果的预期而产生各种各样的思想，即对信息的加工是一个非常复杂的过程，其中存在很多变化和发展，而且有时带有明显的偏见，从而进一步影响沟通的过程。

常见的误区有归因误区，主要是指在我们对事物的认识和交流过程中常常存在归因失真的错误或者偏见。比如，尽管我们在评价他人的行为时有充分的证据支持，但还是倾向于低估外部因素的影响而高估内部或个人因素的影响，这就成为基本归因错误。这种错误尤其在信息解码和理解过程中频繁出现。

此外,在沟通的过程中还常常出现以下几种误区:

- 选择性知觉。当我们无法全部接收和理解所有信息时,就会进行选择性知觉,最典型的就是接收对自己有利或"顺耳"的信息,而过滤对自己不利或者"逆耳"的信息。
- 晕轮效应。当我们以个体的某一种特征,如智力、社会活动力或外貌为基础,而形成对他人的一个总体印象时,我们就受到晕轮效应的影响。在沟通的过程中,这种晕轮效应尤其会因为信息发出者的个体特征而影响到最后接收信息的效果。
- 对比效应。前后的反差会带来很大的对比和偏差效应。如果先前接收的信息与后续接收的信息不一致,或出现很大的误差,人们往往倾向于将知觉到的误差夸大,大于实际存在的差别。
- 刻板印象。当根据某人所在的团体认知为基础判断某人时,我们使用的捷径就成为刻板印象。比如,我们可能认为美国人是乐观、热情、开放的,法国人是浪漫的,等等。如果持有刻板印象,那么在沟通交流的过程中不会因为信息本身而有效接收,却会因为对信息发出者的刻板印象而扭曲信息。

同时也要注意,沟通的环境也会造成一些误区,往往成为沟通的背景噪声。沟通的背景噪声主要指在沟通过程当中,由于沟通背景因素而产生的沟通噪声。同样,这里的沟通背景也主要是指沟通过程的心理背景、社会背景和文化背景。在沟通的过程中,背景因素相当重要。不同的心理、社会、文化背景组合,会对应于不同的沟通期望和沟通模式。尤其是在大企业和跨国公司里,由于人们的背景差异十分突出,沟通又是迫切地需要具有重要性,而背景因素又并非三言两语能说清。因此,深刻认识背景因素,尤其是文化背景因素对人们沟通行为的影响,具有极端重要性。在沟通双方对对方的沟通背景不清楚、不熟悉的情形下,沟通过程必然出现许多背景噪声。如果能进行有效区分,一定能增强沟通的效果。

情感智商

正如大家知道的,对人际沟通过程及效果有非常重要影响的一个因素是情感智商(emotional quotient,EQ,以下简称"情商")。曾经有一项调查,对象是1981年伊利诺伊州某中学81位毕业演说代表与致辞代表学生,这些人的智商是全校之首,他们上大学后学习成绩都不错,但到近30岁时很多人表现却平平。中学毕业10年后,只有1/4的人在本行业中达到同年龄的最高阶层,很多人的表现甚至远远不如同龄人。有研究表明:对一个人成功与否来说,智商因素只占20%,出身、环境、机遇等占20%,情商占60%。有人认为"智商决定择业,情商决定升迁"。所谓20%与60%并不是一个绝对准确的数量计算结果,它并不意味着在人生成功中有一个绝对准确的20%和60%的比例,它只不过表明了情商在人生成就中,起着不可忽视的作用。而智商的作用尽管不可缺少,但我们过去把它的作用估量得太高了。美国哈佛大学教育学院的心理学家霍华德·加德纳(Howard

Gardner)说:"芸芸众生,命运之神青睐的人往往就是生活中的强者——他们不是命中注定就有惊人的成就,而后天的努力是他们事业成功的归因,这当中情商是命运天平中关键的砝码。情感智商较高的人一般能把握住生活中的机遇,最终取得成功。"

情商这一心理学概念,是由美国耶鲁大学心理学家 P. 沙洛维(P. Salovey)和 J. D. 梅尔(J. D. Mayer)在 1990 年首次提出的,并在 1996 年对其含义进行了修订。但情感智商这个新概念,是在《纽约时报》科学专栏作家、哈佛大学教授 D. 戈尔曼(D. Goleman)在 1995 年写出《情绪智力》(*Emotional Intelligence*)一书后,才成为美国社会广泛传播和讨论的话题,而后流行于世界。

情商是相对于智商而言的,它反映的是一个人把握和控制自己的情绪,对他人情绪的揣摩和驾驭,以及承受外界压力,不断激励自己和把握自己心理平衡的能力。正像智商是用来反映一个人传统意义上的智力水平高低一样,情商是用来衡量一个人情感智力水平高低的。

情商本质上是情感与理性协调联结的结果。现代神经生理学的研究成果表明,人类情感活动尽管有其非常自主的神经生理机制,但它又与主管理性活动的大脑皮质有着非常密切的联系。情感一方面具有很强的独立活动能力,可以影响、冲击甚至阻碍理性,但它在许多情况下,又可以接受理性的控制和调节。

从有影响力的特征我们可以看出,影响力跟人的情商有很大联系。高情商是好的领导必不可少的条件之一。高情商的领导者倾向于有更高的领导效益。近年来大量的研究显示,高情商领导下的员工和公司都有更好的业绩(George,2000; Ruderman *et al.*, 2001)和创造力(Rego *et al.*,2007)。因为高情商的领导者会帮助下属创造充满支持与帮助的工作环境,从而和下属建立良好的关系,提升下属的工作绩效,建立一个成功的公司(Affandi & Raza, 2013)。高情商(情感清晰、情感修复能力强)的人更倾向于拥有变革型领导力(Zafra *et al.*,2012),这种领导者具有领袖气质,通过激励与鼓动,用挑战性强的工作激发积极性,还有关心员工需求来影响下属。

情商由五个维度组成:第一个维度是"认识自身情绪"的能力,即知道自己的喜怒哀乐或知道自己情绪的波动;第二个是"妥善管理情绪"的能力,指个体能够非常好地控制自己,不轻易愤怒或不得意忘形;第三个是"自我激励"的能力,有这种能力的人也叫自我效能感高或自我激励能力强,自己不断地激励自己有做好一件事情,或能够把一件工作出色完成的能力;第四个是"认识他人情绪"的能力,即了解人际交往时别人有怎样的情绪发展;第五个是"人际关系的管理"能力,指一个人能否与他人有一个良好的沟通能力,能够左右逢源、游刃有余。拥有这五个维度的能力,不仅时刻让领导者自己保持对工作的动力,同时也赋予我们激励员工的能力(Freedman & Everett, 2004)。情商高的经理普遍更乐观,不容易郁郁寡欢或意气用事(Schutte *et al.*,1998)。他们还会提高下属们在任何情况下解决问题的效率,对员工产生鼓励和激发的作用(Singh, 2009)。

读者如果想知道自己在以上五个方面的表现如何,请完成本章最后的自测题目。

在我们的生活中经常看到这样的人——受过高等教育,高智商使他具有非常丰富的知识,使他能够顺利地应聘到一个单位就职或者从事一项研究工作。如果他情商高,情绪稳定,适应环境能力强,有良好的人际交往技巧,不因外界因素的影响而情绪变化无常,受到挫折时能重整旗鼓。这样他的智商和潜能就能得到充分发挥,在工作中所向披靡,走向成功。反之,如果一个人智商虽高,却以此自负,情商低下,为自己周围并不理想的环境所困扰,那他的结局可能愤世嫉俗、孤芳自赏,没有良好的人际关系。这样他就有可能,高不成低不就,可能一辈子碌碌无为;或是走上邪门歪道,毁于高智商犯罪。由此可见,一个人成功与否,情商与智商一样重要。成功者往往智商情商兼而有之。

第三节 做一位有影响力的领导者

影响行为的类型

正如我们介绍的,领导的本质就是影响过程。如何能成为一个有影响力的人物,是每位管理者所必须了解的。

人与人之间的相互影响或组织内的影响主要有两种类型:一种是主动式,即主动地影响别人;另一种是被动式,即在事后不得不采取措施来消除某些行为的影响作用,这样的影响行为也叫作被动反应式。

主动式的影响策略主要有11种:"理智地说服""通知""有鼓舞力量的求助""请教""交换""协作""个人的求助""迎合""合法的策略""压力""强迫策略"等。

"理智地说服"广泛地适用于大部分情境下,多用于理性的分析和请求来达到双向的沟通效果,最后能够收到较好的成效。如果双方处于不清醒或者过度情绪化的状态中,可以通过冷静分析和有效说服来达到目的。"通知"是解释和提供给需要影响的对象关于他所能得到的好处和支持,以此影响对方的方法。"有鼓舞力量的求助"是指提出一个可以打动对方并且提供有价值的请求来得到对方的认可。当目标人物被邀请参加到一个计划的制订或者决策过程中时,"请教"的方法常常被使用,使用的目的是使得目标人物最终同意自己的意见。当目标人物同时想要从自己身上得到别的认可和其他事物时,可以使用"交换"的方法。同时,在影响的过程中如果能与目标人物"协作",提供一些信息和资源,同样也可以达到目的,有可能会更加轻松。"个人的求助"是指请求对方帮自己一个忙,这种策略使用的前提是必须与对方有较好的友谊关系或者其他要好关系。"迎合"并不是一种单纯献媚的方法,而是指当你需要得到对方的支持和认可时,如果做出一些行为使对方感到高兴或者改变对自己的印象,则这个影响的过程将会更加容易。"合法的策略""压力"和"强迫策略"都是相对强势的手段,有时可能涉及警告、威胁等,在必要的时候这些方法是非常有效的,但是不适宜作为常用的策略。此外,研究还表明"合法的策略""压力"和"强迫策略"大多用于向下的渠道,比如上级对下级。因为这些策略更加适用于处于优势和强势的上级位置,常被领导者用来达到影响下级的目的。

领导者或管理者希望影响别人,首先要有有效的影响行为。在直接影响别人的过程中,权力和影响策略实际上是两个不同的调节变量。如果没有足够大的权力,则必须采取更多的影响策略,才能达到影响行为的目的。反过来说,如果有很大的权力,即使没有采取多少主动的策略,下属也会听从。

影响过程

影响过程涉及如何更好地影响下属,主要有三个阶段,即工具化服从(instrumental compliance)、内化(internalization)、个人的认同(personal identification)。所谓工具服从是管理者通过实行一种奖励或惩罚的办法,达到影响他人的目的。内化是让下属不但在表面上服从,在内心也认同管理者的想法或价值观,让下属感觉到自己从内心愿意这么做。有研究表明,内化对别人的影响相比工具化服从是更好的办法。

弗里曼(Freeman)的研究就是其中之一。这个研究主要拿小孩作为被试。实验者在幼儿园有很多玩具的房子里让小孩做一些画图的游戏,然后告诉孩子自己会离开一段时间,让孩子随便玩房子里的玩具,但是明确指出有一个机器人的玩具不能玩,谁玩了就会被惩罚。然后实验者离开房间,通过单向玻璃观察这些小孩的行为。一些小孩虽然很想玩机器人的玩具——因为那是最好玩的玩具,但是不敢玩,只有一个小孩敢玩。之所以起到这样的效果,是因为实验者实施了威胁的影响,或者说用工具性服从达到了目的。但是,六个星期之后,Freeman 派另外一个人也到这个幼儿园相同的房子里面做实验,实验过程基本一样,只是在实验者出门时没有明确指出不能玩什么玩具。结果发现绝大部分的孩子都会玩机器人玩具。这个实验说明,工具化服从只能起到一个短期的效果,过了六个星期这样的威胁不存在了,受影响的人就会把它忘记。所以,针对工具化服从的短期行为,要想有长期的结果,必须要达到一种内化的程度。如何达到内化的程度?

Freeman 做了另外一个实验,他到另一个幼儿园做实验,整个实验情境与上述内容一样,但是最后说的那句话不一样,说"你们不要玩机器人玩具,因为玩这个玩具是不对的"。这时着重强调给孩子一个是非判断的观念,让孩子感觉到玩机器人玩具不对,而不是外界实施的威胁和惩罚。结果发现在其他条件都一样的情况下,孩子们自觉地都不去玩机器人玩具了。过了六个星期之后再去观察,还是有很多孩子不玩机器人玩具,这就体现了内化的过程具有长期的效果。因为将这种观念内化后,孩子们觉得玩这个玩具不对。虽然过了六个星期,但是他们仍然觉得既然它是不对的,任何时候都不应该玩。所以说,工具化服从和内化起到的作用完全不同,简单的服从只能是短期的影响,长期的影响必须是内化的结果。

最后还有一个影响过程是个人认同,这是一种比内化更为强烈的影响层次。被内化的人可能自己已经认识到这一主张或行为是正确的,而个人的认同已经到了一种非常积极主动地跟领导者和影响者保持一致的程度,即使自己没有从价值观上与领导者保持一致,也愿意保持一致,或按照领导者的要求去做。读者可能已经感觉到了,要做到下属对领导者的个人认同,领导者必须具有强有力的领导魅力。

实施影响意图的结果

领导者通过影响策略及影响过程影响下属,但并不总是如愿以偿。在实施影响的过程中,会出现不同的结果。

影响可能达到的结果有三个层次:第一个层次是承诺,指员工从内心接受管理者的影响,即口服心服,不但从行为上,而且从内心接受领导者的影响,是影响所能产生的最佳结果。中国人讲"心悦诚服"就是这个意思,是影响的最高层次。第二个层次是顺从,即可能内心不是很同意,但表面的行为也跟别人保持一致,是"阳奉阴违"或者是"无可奈何",而不是真正的心悦诚服。第三个层次是根本不接受别人的影响,即抵制。抵制有很多种方法,可以公开抵制,也可以用一些别的方式,比如找借口、说服领导者撤销要求、请更高的权威否决对他的要求、拖延行动、假装遵从实则破坏、拒绝执行所提要等。

下属如果真想违背领导者,不听从命令,可以有很多方法。他们往往不会只是公开违背领导者,而是找借口、拖延、假装遵从实则破坏等。因此,在影响的过程中,可能会表现出多样化的行为和结果。领导者在实施影响的过程中,需要分辨出下属的表现分别会有怎样的影响结果。最理想的层次是心悦诚服,退而求其次是顺从,但是如果下属有一些抵制的表现,领导者应该善于辨别这样的行为。

有影响力的人物的特点

怎样才能成为一个有影响力的人物呢?美国学者在这方面做过不少调查,总结出一些规律性的东西。作为一个有影响的人物,肯定有一些不同于常人的特点。首先就是人口统计学变量(demographice variables)方面的差异,有影响力的人比没有影响力的人在以下几点有所不同。

第一是教育程度。研究发现,有影响力的人受过高等教育的比例比其他人明显要高。例如,有影响力的人中受过研究生教育的比例是那些没有影响力人的4倍,在本科教育上这个差别大概是1.6倍。这说明受过大学教育是有影响力的人非常重要的特点。相对于教育水平低的人群,有影响力的这些人教育水平高,分析问题的能力更强,能够更好地影响别人,更好地来展示他的一些信念、信仰。值得注意的是,调查还发现,是否有高的影响力与性别没有关系。在年龄方面,中年人往往影响力比较强。此外,中高收入阶层的人群影响力较强。据统计,有影响力的人70%已婚,53%有子女,72%就业,58%从事全职工作。有影响力的人一般拥有住宅,即相对来讲他们有比较好的住房条件。

第二是行为特征。有影响力的人在行为特征上也有不同的地方。通常来说,他们大都是积极分子、人缘较好、具有主动的心态,还是潮流引导者。

第三其他。有影响力的人物还有一些别的特点,如阅历丰富。研究发现,有影响力的人,许多经历过失业、离异、大病。总之,阅历丰富的人往往影响力更强。为经历过挫折和生活中一些重大的事件,会使人变得经验丰富。

互联网上发起的评选结果公布了 20 世纪中国最有影响力的人物分别是毛泽东、周恩来、孙中山、邓小平、李鸿章、朱镕基等,评选的结果受到中国政治环境的影响,但是也体现出当选的这些人都具有过人之处,其敏锐的思想和很大的魄力也是影响力产生的根源。

第四节　影响他人的技巧

让人喜欢你的方法

怎样更好地影响别人或让别人喜欢自己,是非常重要的事情。戴尔·卡耐基(Dale Carnegie)(1936)的书——《如何赢得朋友并影响他人》(*How to Win Friends and Influence People*)就是针对这个话题专门而写的。这本书在西方影响非常大,西方自有出版业开始到现在销量最好的书是圣经,其次就是这本书。自 20 世纪 30 年代第一版到现在已经有很多版本面世,很多人都想通过这本书学习究竟怎样交到好朋友或更好地影响别人。该书介绍了几种赢得朋友并影响他人的办法。比如,真诚地关心他人是指真正表达对同事、领导者、下属的关心;带上你的微笑,微笑能够很容易地拉近你与别人的距离,这一点做起来其实非常容易;牢记他人的名字,尤其对于一个并不经常见面的客户或朋友,如果能一下就叫出他的名字,会给人很好的感觉,牢记他人的名字会带来意想不到的惊喜;学会倾听,在与别人交谈时,尽量多肯定、鼓励对方,做到多听少说;谈论他人感兴趣的话题,这样可以很容易拉近;真诚地尊重他人,要以一种欣赏的观点来看待别人,我们要看到每个人都有自己的优点,这样才能更好地跟人相处。

增强影响力的技巧

所谓技巧,就是采用一种更好的影响策略,以达到更好的影响结果。换句话说,就是期望达到更多的承诺、更多的服从,或者更少的抵制。需要注意的是,这种影响,不管是针对领导者的影响,还是针对下属的影响,都必须在对方的大脑中起作用,进而达到我们影响的目的。因此,如果知道人类大脑的活动过程就会很容易地影响他人。目前心理学的研究尽管给我们提供了大量的参考依据,但从根本上讲,大脑的内在活动过程及机制还是个"黑箱"。打开"黑箱",了解其中的活动过程是心理学家一直在努力的过程。然而,我们可以通过刺激—反应的方法,推测大脑的反应过程。就像你给一个小孩糖让他叫你叔叔或阿姨一样,每个人针对不同的刺激会有一些反应。虽然这些反应的内在原因或隐藏在背后的东西我们还没有非常清楚的认识,但是有一些技巧性的东西能够帮助我们了解,通过给下属不同的刺激,就可以引发相应的反应。一些学者专门探讨这类问题并总结出一些技巧性的东西,以便增强我们影响他人的效果。

例如，一位珠宝店的老板有一批珠宝卖不出去，正值圣诞节前夕，她想削价处理。她给店员写了一封信，指示将这些珠宝都以 1/2 的价格出售，然后出去度假了。奇怪的是，等老板回来之后发现，所有的珠宝全部都卖出去了，但是卖出去的价钱不是她想象中的 1/2，而是 2 倍。调查之后发现店员把 1/2 看成了 2，结果把价格标成了原来的 2 倍，珠宝反而都卖了出去。这个例子可以说明，人们大脑中有一些机制性的东西，碰到问题时常常会产生一个定势的反应。人们可能会想：贵的就是好的，便宜的反而是垃圾。这样的机制性的东西直接影响到人们的购买行为。与此类似的还有一个例子，一个年轻人来到珠宝店，看中了一款 500 美元的首饰准备买给未婚妻。因为他跟老板比较熟，所以老板准备以 250 美元卖给他。听到这个数字之后，年轻人反而犹豫了，因为他想给未婚妻买特别好的礼物，一听到 250 美元就觉得可能不好。后来店主意识到这个问题，过一段时间再打电话给这个年轻人，告诉他店里面新进了跟上次款式一样的项链，但是质量特别好，价格是 800 美元。年轻人过来一看，特别满意。因为老板和他是朋友，不好意思挣他太多的钱，于是说"咱俩是朋友，我给你一个很低的价格，算我送你的小礼物"。结果还是以 250 美元卖给他，这次年轻人反而特别高兴。小小的例子可以反映人们行事的一些机制性的问题，即通过给予一个特定的刺激（在这里是提高价格），就会相应地得到一个反应（即购买行为），尽管我们不知道大脑中究竟产生了什么反应。

在人与人交往的过程中会有很多与上述例子类似的东西——你给他一个刺激，就会得到一个相应的反应。我们在这里主要介绍六个技巧，即互惠、承诺和一致、社会认同、喜好、权威和短缺。

互惠

互惠是指我们应该尽量以相同的方式回报他人为我们所做的一切。也就是说，当人们在想要索取之前一定要给予，这样才能够更好地索取。对于领导者而言，希望下属做什么时，应该先给下属一些关怀和关爱，然后再提出要求，这样做之后往往能更加容易地得到对方的认同。这是因为，人们在大脑中有一个机制性的东西。这个机制性的东西是，一旦我们接收到别人的好处，就很自然地有一个回报的愿望或行为，在这里我们称之为互惠。著名的考古学家 Chad Zirke 认为，人类之所以成为人类，互惠系统功不可没。他说："我们人类社会能发展成为今天的样子，是因为我们的祖先学会了在一个以名誉做担保的义务偿还网中分享他们的食物和技能。"（Leakey & Lewin，1978）

互惠原理以及如影随形的负债感给人印象最深刻的一点就是，它们在人类文明中几乎无处不在。也正因为如此，在对这一原理做了深入的研究之后，一些社会学家断言，在这个世界上恐怕找不到一个不认同这条原理的社会组织。不仅如此，这条原理在每一个社会组织中都运用得非常普遍，以至于几乎每一种形式的交换都渗透了它的影响。事实上，一个发达的以互惠原理为基础的义务偿还体系很有可能正是人类文明的一个特征。

有这样一个例子：一位教授进行一次试验，给一些不认识的人寄了贺年卡，本来以为可能没有多少人给他回寄，结果没有想到，多数人都给他回了贺卡，写着类似的祝福的话语。这是因为当人们收到某个东西以后，就自然产生了一种回报的愿望。我们总是希望以相同的或者是不同的方式来回报给过我们好处的他人。就是这种互惠机制存在与人们的大脑中，对人们的行为产生着非常重要的影响。

为了了解互惠原理可以怎样被熟悉它的人利用，我们不妨看一下康奈尔大学的里根(Regan)教授主持的一个实验(1971)。在这个试验中，一个实验对象(A)被邀请参加一次所谓的"艺术欣赏"实验。在实验中，A与另一个实验对象B一起给一些图片评分。B的真实身份是Regan教授的助手。实验在两种情况下进行，在第一种情况下，B主动送了A一个小小的人情：在评分中间短暂的休息时间里，B出去了几分钟，回来的时候带回了两瓶可乐，一瓶给了A，另一瓶自己在喝，并告诉A："我问他(主持实验的人)是否可以买一瓶可乐，他说可以，于是我给你也带了一瓶。"在另一种情况下，B没有给A任何小恩小惠，中间休息后只是两手空空地从外面回来。但在所有其他方面，B表现得都一样。评分完毕之后，主持实验的人离开了房间，B要A帮他一个忙，希望A买一些B正在卖的彩票。观察A是否愿意买B推销的彩票，这才是实验的真正目的。结果发现，由于接受了B的可乐，结果A买彩票的可能性大大增加，要远远高于B没有买可乐的情况。Regom教授在这个研究中还发现，即使A不喜欢，但是如果接受了可乐，买彩票的概率还是会大大提高。也就是说，在没有买可乐时，他可能要受到"喜爱"这个因素影响(比如喜欢B，就可能买彩票)，但是一旦有了可乐，"喜爱"已经变成次要的因素了。用中国人的话来说就是"吃了人家的嘴软，拿了人家的手短"。因为你得到了别人的好处，你就自然产生了一种报答的愿望和行为。

还有一个例子，科尔克里西纳是美国的一个宗教团体，发源于印度，在美国得到了进一步发展。这个宗教团体很有钱，但名声却不是很好，因为团体成员在各种场合随便拦住人就要让人捐钱。后来教会意识到了这个问题，改变了策略，获得了很大的成功。他们在公共场合主动给陌生人送花，并且毫不吝啬自己的称赞之辞，在别人心花怒放时，再说明来意，即要求别人捐钱。结果发现，一束花换来的是滚滚而来的捐献。尤其夸张的是他们还派人在垃圾桶旁边专门捡回人们扔掉的花再去送给下一个对象。然而，尽管是这样听起来让人有点不齿的做法，却为团体募集到了很多钱，这也是运用互惠的策略。

这一策略在中国人中运用会起到更加明显的作用。在中国的人际交往中，人们尤其讲究"回报"，"滴水之恩当涌泉相报"就是这个意思。中国的文化更讲究人情，礼尚往来；讲究报恩、回报、面子。互惠虽然是西方的说法，但是在中国会有更强的表现。对于领导者来说，一定要设法触及下属的"互惠"开关，即先要对下属进行给予，然后就可以等待下属的回报了。因为"互惠"的开关一启动，下属就很难停下来了。

承诺和一致

承诺和一致是指人们都有一种要做到与过去的行为相一致的愿望，希望以实际行动来证明以前的决定是正确的(Conway & Ross, 1984; Goethals & Reckman, 1973)，也就是说人们总是希望自己与以前的行为和态度保持一致。针对这一点也有很多的研究。首先介绍赛马的实验。人们发现,在赛马时,一旦下注在一匹马身上,就觉得这匹马一定会赢,在潜意识里就认为这匹马是最好的马。买股票时也是一样。

为什么会有这样的结果?原因就是一旦选中之后,人后续的行为就有保持一致的倾向。此外,沙拉和蒂姆的故事也很有趣。沙拉和蒂姆是一对情侣,沙拉希望跟蒂姆结婚,但蒂姆酗酒的坏毛病使得沙拉不能容忍。一次吵架后两人分手了,沙拉找到另外一个男朋友并且准备结婚。蒂姆听到这个消息之后请求沙拉与之复合,发誓要改掉酗酒的毛病并且说可以马上结婚。沙拉被蒂姆感动,和男友分手又跟蒂姆在一起了。然而两年之后,蒂姆酗酒的毛病根本没有改变,沙拉反而再也没有抱怨。事实上是因为沙拉心里想要证明自己当初的选择是正确的,因此她根本不在乎蒂姆是否改掉了酗酒的毛病,而坚持认为选择蒂姆是自己非常正确的决定。

此外,还有一个海滩实验说明承诺和前后一致对人的影响(Moriarty,1975)。两个研究者在海滩游泳。一个带着特别好的收音机听音乐,听了一会儿到海里去游泳。另一个扮演小偷,把前者的收音机拿走,然后观察周围的人是不是来阻止他的偷窃行为。结果试了二十多次,只有一个人出来阻止。随后,研究者改变了情境,一个人去海里游泳之前,委托身边的人帮忙照看收音机。此时如果另一个研究者再去拿的话,20次有19次都会被阻止。这也是承诺的问题,既然答应帮忙照看收音机,就意味着要有一种承诺,就必须相应的有一些行为。签署结婚誓言也有类似的效果,结婚誓言上说不论生老病死、自然灾害都要爱对方,都要不离不弃,一旦签署了这个承诺,以后的行为就要跟它保持一致。

这一技巧在组织环境下有很多应用。一个非常简单的例子就是,领导者在向下属提出要求,尤其是希望下属能够对这样的要求能够认同时,就应该逐步提出要求,而不是一下子提出一个很高的、下属无法接受的要求,而应该由浅致深、由易到难,这样,下属就会更容易接受这一要求。

社会认同

社会认同是指人们进行是非判断的标准之一就是看别人怎么想、别人怎么做,也就是说受到别人的影响。很多时候,由于我们的知识有限、经验不够丰富,或其他原因,不够自信做出一个正确的判断,所以会参照别人来做很多事。尤其是当我们要什么是正确的行为的时候。如果看见别人在某一场合做某件事,我们就会断定这样做是有道理的。尤其是在一个陌生的场所,你如何行事,更需要参考别人的一言一行。比如,在某段路上开车应该开多快,在宴会上如何吃西餐,我们身边人的做法对我们决定应该怎样行事都有很重要的指导意义。

大家应该都看过《家有儿女》等一些情景剧,你可能还记得,在整个连续剧播放过程中,经常会传来事先录制好的笑声配音。为什么要有这样一个笑声配音呢?研究发现,同样一部连续剧,人们对有笑声配音的评价就比没有笑声配音的要好很多,这就是社会认同的结果(Fuller & Sheehy-Skeffington, 1974; Smyth & Fuller, 1972; Nosanchuk & Lightstone, 1974)。配音的笑声起到了示范的作用,告诉观众,"这一段很有意思,我都笑了,你怎么还不笑"。

研究者已经开始利用这一社会认同原理改变人们的行为,有时取得了惊人的成绩。例如在一项早期的研究中,研究者挑选了一些怕狗的幼儿园小孩,让他们每天花20分钟观看一个小男孩高兴地与狗玩耍的录像。结果表明,这一观察使怕狗的小孩发生了明显的变化。仅仅四天之后,67%的儿童就已经愿意进入有狗的房间了,而且当其他人离开房间后仍然待在那里,亲热地拨弄、抚摸那条狗。一个月后当研究者再次测验小孩对狗的恐惧程度时,发现小孩取得的进步并没有消失。事实上,他们比以前更喜欢与狗玩耍了。很显然,这一过程中社会认同的原理得到了相当好的演绎。

在组织环境下应用这一技巧的例子就是利用榜样的力量。如果一个企业的核心价值观是忠诚地服务客户,要想让企业的员工都能对此认同,一个非常好的办法就是树立榜样让大家来模仿学习。也就是企业每年评选出来的优秀工作者,一定要跟企业的核心价值观一致,这样就可以让更多的人逐渐认同这些价值理念。

喜好

喜好是指人们总是比较愿意答应自己认识和喜爱的人提出的请求。同样一个人提出一个请求,这个人你喜欢还是不喜欢,会在很大程度上影响最后的结果。如果这个人是你喜欢的人,他提出的要求你就会心甘情愿地接受。

喜欢跟哪些因素有关?首先是长相——外表的吸引力。外表的吸引力直接影响到人们对一个人喜好的程度,关于这一点研究者们做了很多的研究。20世纪90年代人们就发现,漂亮女孩挣的钱(干同样的工作,其他条件都一样)比不漂亮的女孩多14%(Hammermesh & Biddle, 1994)。大家一般都承认外表漂亮的人(女子长相美丽、男子高大威猛)在社会上有更多优势,但最近的研究表明,我们对这种优势的深入和广度的估计还远远不够。外表漂亮的人能够让旁观者自动地、不假思索地产生一种正向的反应,这就是社会学家所说的"光环效应"。所谓光环效应,是指一个人的正面特征会主导人们对这个人的整体看法。而现在有充分的证据表明,外表的吸引力就是这种正面特征中的一个。

增加喜好的第二个因素是相似性,是指人们愿意接受跟自己有一定相似程度(比如宗教、年龄、教育程度)的人提出的请求,相似的程度越高越好。有研究发现,我们最有可能对那些穿着与我们类似的人提供帮助。同样,研究者们在检查保险公司的销售记录之后发现,顾客们更可能从与他们有相同的年龄、宗教信仰、政治观点或者抽烟习惯的推销员那里购买保险。夫妻也是这样,价值观越相似,两个人的关系越稳定。

此外还有一些因素可以增加人们的喜好水平。比如称赞——能够获得别人的喜欢;接触和合作——可以因为熟悉而导致喜爱。有很多研究证明,两个人接触的频率与这两个人相互喜欢的程度成正比,往往是一个线性增长的过程。但前提条件是接触之前没有厌恶感,只要态度是中性的,接触的次数越多,喜欢程度就会增加得越多;关联——利用相互关联的事物来引起好感,即所谓的"爱屋及乌"。比如销售人员卖汽车时,常常邀请美丽性感的车模来为销售助阵。调查显示,有性感车模在旁边的汽车的销量要大于没有车模的汽车的销量,其中非常重要的一个原因就是关联起的作用——观众把正向的情感(对车模的欣赏和爱慕)引导到汽车上来。

权威

权威是一种推动人们去做事情的强大力量。即领导者如果让下属感觉到有权威的话,那么他就能够非常好地影响下属。

著名心理学家 Milgram(1974)做过一个经典的社会心理学实验,就是有关权威与服从的。实验由三个人组成:一名很有权威的"教授",一名教授的"助手"和一名"学生"。实验的情境是"教授"指导"学生"解决问题,如果"学生"出现错误,教授的"助手"就负责惩罚"学生"。实际上,"教授"及"学生"都是 Milgram 的助手,他们的行为都是事先演练好了的。只有教授的"助手"是真正的实验者,看他在不同情境下是如何反应的,即看"助手"对"教授"的权威服从程度如何。"助手"首先将"学生"绑到一张椅子上,然后在"教授"的注视之下,把电极绑到了"学生"的手臂上。随后,"助手"和"教授"去了隔壁的房间,"教授"通过一个对讲机问"学生"问题,一旦"学生"答错了,就要接受一次电击的惩罚。"学生"每答错一次,下一次的电击的电压数就增加 15 伏(当然不是真正的增加,但"学生"要表演得真正受到了电击的样子)。刚开始进行得比较顺利。随后,"教授"不断提升电压,要求"助手"进行电击操作。但是随着答错的次数增加,电压上升到了 200 伏,"学生"已经表现出处于不能忍受的痛苦状态,但是"教授"还是面不改色地要求"助手"增加电压,继续电击。一直到 500 伏,学生很夸张地表现出很多特别难受的症状,而且面临生命的危险。然而此时只要是"教授"命令电击,"助手"就会给予电击,而不会顾虑到是否会发生生命危险。从这个实验中完全可以看出权威的力量——"助手"对于权威的绝对服从,有时甚至让人怀疑他是否丧失了道德。这个例子说明了纳粹时期,为什么德国人会受到希特勒的影响残害很多犹太人,有时绝对的权威会造成完全的服从和绝对的影响。

权威对人的影响力非常大。美国人发现,在医院里面,每天由于医生的权威对护士的影响而产生 12% 的用药错误,如果按照这个比例,一个星期里住院病人中就有一半可能被用错药。极端的例子是一个医生给病人开药,病人的耳朵疼却被医生写成从肛门用药。护士毫不犹豫把药全部推到病人的肛门里去——这就是盲目服从权威。只要是医生开的药方,根本不问是不是合理就遵照执行。关于医院里的权威还有很多研究,有人甚至扮演医生的角色给护士一些明显有误的指示,发现多半的情况下护士根本不考虑就按照这个指示来做。由此可见权威对人的影响力量。

怎么才能让人感到你有权威呢?人们做过很多研究,首先是拥有一个头衔。头衔对于增加权威很重要。实验者邀请一个人到 5 个班里做演讲。在这 5 个班上,被邀请的人都做了相同内容的演讲,但在不同的班上,实验者对这个人的背景情况的介绍不同。在第一个班上介绍该人是博士生,在第二个班上介绍该人是讲师,在第三个班上介绍该人是副教授,在第四个班上介绍该人是教授,在第五个班上介绍该人是知名教授。在讲座完成之后,实验者要求同学们猜测该主讲人的身高。结果发现,头衔每上升一级,猜测的身高增加 1.54 厘米。其次是衣着,同样可以增加你的权威感,你在大街上随便把一个人拦住,要求他把扔在地上的垃圾捡起来,如果你穿着非常一般服装,很少有人按照要求做;但是,如果你穿着制服(类似警察或保安的衣服)向他提出要求,多数人都会服从。最后是标志,即能表明你身份的一些东西。在美国的一项研究发现:你将车故意停在十字路口的最前面,绿灯了亮了,但是你不将车开走,看后面的车如何反应。结果发现,如果你开的是普通的车,后面的人会拼命按喇叭或者是咒骂,催促你快走;如果你开的是宝马车,后面的人可能会乖乖地等着你。

短缺

短缺是我们介绍的最后一点。对一样东西保持喜爱的方法之一是意识到它可能会失去,越稀缺的东西就越显得珍贵,即物以稀为贵。

仔细观察就会发现,现在出售电影票、演出票都说"抢票热线"。给人的感觉是票很稀缺,因此大家都来"抢";或者卖东西时给一个时间的限制,所谓"清仓甩卖,最后一天",过了这个时间就没有了,这样起到吸引人的作用。再比如,很多餐馆或俱乐部做得特别聪明,实际上里面根本没有多少人,但是就不放人进去,在门口等待的人会感受到很强的稀缺感。这些做法都是利用了短缺的技巧。

这种受到"机会越少、价值越高"影响的例子在实际生活中随处可见。例如,我们经常中断正在兴头上的面对面的谈话而去接不知什么人从什么地方打来的电话。在这种情况下,打电话的人对我们来说具有一种非常重要的意义——假如不接电话,这个人以及他将带来的信息就会从生活中消失得干干净净,因此它的价值要远远大于我们正在进行的面对面的谈话。因此,不管正在进行的谈话多么热烈、多么重要——大部分的人都会去接电话,即使可以肯定电话里面的事情并不如现在谈论的有意思——但是失去一个电话,可能再也没有补救的机会。

在组织环境下随处可以应用这一技巧。例如,管理者在给下属提供培训的机会时,尽管没有名额的限制,但可以通过一次考试,"选拔"那些成绩好的人来学习,这样,他们就会更加珍惜这一"难得"的培训机会。

总之,这六种技巧可以起到影响人们思维模式的作用,从而更好地增加影响效果,更容易达到目标,我们不妨在工作中有针对性地应用,也许可以给你带来意想不到的收获。除此之外,在中国的组织企业中,下面一些影响下属的技巧也可以为我们所用。但要记住我们第一章的适域观点,即结合企业的实际情况,灵活地加以运用。

中国组织中的影响技巧

受中国传统文化的影响,在中国的组织中,管理者在实施对他人影响的过程中,还会有一些其他的措施和技巧,简单列举如下:

- 以身作则。一个简单而有效的影响别人的方法是以身作则地领导。领导者可以通过以身作则来传播企业文化的某些方面,通过自身行动来传播价值观和传达各种期望。那些显示忠诚、做出自我牺牲以及承担额外工作的行为特别要以身作则。在必要的时刻,你也许要每周工作65小时以显示包含在企业文化之中的自我牺牲的价值。

- 理性说服。通过理性说服影响别人的传统方法仍不失为一种重要的策略。理性的说服涉及使用符合逻辑的观点和事实证据来使另一个人相信一条建议或者要求是可行的,并且是可以达到目的的。总的来说,要使理性说服变成一种有效的策略需要自信以及仔细的研究。对明智和理性的人来说它可能是最为有效的。
- 相互帮助。假如另一个人将帮助你完成一项工作,那么主动提出帮助是另一种通常的施加影响的策略。通过交换,你与对方达成协议。这种交换常常被视为愿意在日后进行回报。假如对方帮助你完成一项任务,这种交换还可包括答应分享利益。
- 形成一个可以仰仗的人际网络。形成人际网络对把握职业生涯(包括成为一位具有影响力的人)来说是很重要的策略。建立网络以及在需要时寻求支持的能力,有助于一位领导者对他人施加影响。比如,一家银行的分行经理在他需要拓展业务空间时要利用人际网络,除了他的顶头上司,还有他的主要客户,因为客户有利的评价能使他的上级更容易接受他的提议。
- 形成联盟。有时候通过单独行动来影响某个人或团体是有难度的,所以有必要与别人组成联盟以产生力量。作为一种施加影响的策略,联盟的形成是行之有效的,因为就如一句老话所说:人多力量大。如同其他施加影响的策略一样,结成联盟的一个主要的因素是个人魅力。假如你以个人魅力和领袖气质影响了他人,他们更有可能加入你的联盟。
- 诉诸上级。当我们想影响某人时,获得他的上级对此事的支持是非常有效的。尤其对中国领导者来说,他们比美国领导者更容易认为这个技巧有效(Fu &Yukl, 2000)。

案例

全球第五大饮料生产企业的成绩足以值得这位朴素的领跑者骄傲,然而现在他面临的问题是,如何才能让娃哈哈具有更持久的长跑能力。

58岁的浙江人宗庆后不像是一个爱追赶时髦的人,他黝黑而少言,不善演讲,江浙口音里透出和气。他一年有一大半时间在全国各地奔波,研究乡村消费者更胜于城市消费者。最近,他甚至老实地承认说,自己的确有点精力不济了。

但是,这些都不影响他无意中成为中国市场中最时髦的人之一。从国内首家邀请明星代言,到创建营销体系屡破外国巨头,在饮料市场,他成为中国式时尚产品的创建者。

2004年7月初,这位娃哈哈集团的掌门人宣布了首个海外工厂在印尼正式投产的消息。这并不让人意外。从1987年开始涉足保健品以来,娃哈哈始终以市场后进者的姿态杀入,却又最终带领潮流。2003年,娃哈哈的销售额达到100亿元。与此同时,企业没有一分钱的银行贷款,自有资金一直在10亿—20亿元。现在,娃哈哈已经是全球第五大饮料生产企业。

实际上,娃哈哈的战略模式在专家看来,主要依托于两个方面:一方面是对中国消费者的理解和中国市场资源的整合能力,娃哈哈正是依靠这一点和国际企业对抗;另一方面是选择了企业现代化道路,娃哈哈依靠这一点拉开了和国内其他企业的差距。而确保这个战略实施的,正是宗庆后的控制力。

在这个由46个分厂及几十家销售分公司组成的庞大企业里,至今都没有一个分厂或者销售分公司具备独立法人资格,即既无经营权,又无资金控制权。"分厂相当于生产车间,原材料调配,生产什么、数量多少都全部由总公司安排。"熟悉娃哈哈的一位市场人士介绍。

营销方面同样如此。已经被奉为营销大师的宗庆后亲自抓销售,是至今没有改变的习惯。娃哈哈在各地的特约二级批发商实际上都掌握在娃哈哈手中,一个好处是"如果一级批发商不合适的话,可以撤换之"。

在娃哈哈,少有"海归"空降或猛然改革机构,也没有实行被不少中国企业奉为经典的时髦的品牌经理制度。宗庆后的大将们多是已经在公司待了10年以上。

值得一提的是,与法国达能合作,宗庆后一直坚持品牌不倒,至今达能没有一人进管理层。如同达能的亚太区总裁杜海德所说,娃哈哈"仍然在宗庆后先生勤劳能干的双手的照料下"。而对此,宗庆后给予达能的回报是优良的利润。

而实现这一人人对公司各环节最高端到最低端的控制,几乎由宗庆后一人完成。

毫无疑问,宗庆后像每一个企业创始人一样,在娃哈哈的威信非常高。至今宗庆后的公司都没有副总。娃哈哈实行扁平式管理,或者换句话说,实行的是计划经济模式,部门经理分管各部门业务,而宗庆后几乎是事必躬亲。

"所有的销售策略、价格、政策,都是出自宗总的脑袋,下面的人100%执行。"杨秀玲说。甚至在几年前,部门购买50元钱以上的报销都要宗庆后亲自签字。"一个年产值上亿元的分厂,买个电瓶车都要他同意。"娃哈哈的一位工人说。

而宗庆后能实现这样的控制,"因为他是一个'商业超人'",从娃哈哈创办起就一直关注其发展的原新华社浙江分社采编室副主任、现《东方早报》副主编胡宏伟评价说,"宗庆后对市场有着罕见的判断力,以及极强的商业敏感,这些都保证了他的绝对权威"。

而宗庆后的判断力除了来自天性,还在于他一直坚持"用脚丈量市场"。在接受记者采访前的6月29日,宗庆后刚到重庆、成都和江西巡查市场,在江西,他在城市里穿梭,查看当地最大的商场和路边小店,然后立刻把销售方案写成销售通报让下属执行。与此同时,杨秀玲一个上午就接到了他三四个电话,都是指示江西市场工作的。"他发现一个问题就交代一个问题。"杨说。

娃哈哈对外联络办公室副主任单启宁回忆说,在2017年北京人大开会期间,宗庆后抽空即巡视北京市场,他拿着公司人员名单跟在宗庆后身后。"宗总看到哪里,就在那里布置工作,比如需要补货,或者把生产线改进等,我就负责打电话,只要出门,他就没停过。"单启宁说。

现在宗庆后一年仍然有近200天的时间在全国各地巡视,针对每个市场做出指示。宗庆后平均数日就要写一份销售通报,对营销做直接指挥。据称,宗庆后每年写的销售通报超过200份，这些由他手写而成的通报，从数行字到千语，有的甚至写在宾馆信签上，看过的人说，从中可以看出宗庆后对市场和竞争对手的一举一动了若指掌。业界对娃哈哈的市场反应敏捷称奇，读过之后就不足为怪了。

谈起自己的经历，宗庆后说，他曾下乡15年。三年自然灾害、"文化大革命"和上山下乡从另一方面造就了他吃苦耐劳、勇于进取的性格和良好的素质。他说，给他影响最大的就是毛泽东。宗庆后说他属于读着毛泽东著作长大的一代，从毛泽东思想特别是军事思想中汲取了无限的"养分"。宗庆后在最近参加的一期央视《对话》中，面对主持人对其"事无巨细大权独揽"的管理风格提出疑问时，他很自信地回答："这个大权独揽我承认，而且我认为这是做得比较对的，你去看看中国现在成功的大企业，都是一个强势的领导，都是大权独揽，而且是专制的。我认为在中国现阶段要搞好企业，你必须专制而且开明。"在管理方面，多年来娃哈哈形成了一套超级扁平而又绝对集权的管理构架：不设置副总，总裁之下直接就是"中层干部"。没有设置副总职位的宗庆后并未使企业失去此职能。宗庆后将副总的职能分散到不同环节上，更便捷了工作流程的进行，提高了工作效率。

娃哈哈集团不设副总，也减少了在高层领导之间权力纷争的可能。宗庆后在管理体制上推崇毛主席的"民主集中制"，强调民主是手段，集中才是目的。他认为一个卓越的领导者，必须是一个"开明的独裁者"。而中国古代封建王朝的兴盛往往与君主的开明程度有着非常直接的关系，例如"文景之治""开元盛世"的出现多是因为执政的君主比较开明和勤奋。所以他对自己的"事无巨细大权独揽"并不认为不妥，用他的话来说是"独裁但要开明"。

然而，正是这样看似"事无巨细独揽大权"的宗庆后，带领着娃哈哈近二十年来的发展，是社会诚信累积的二十年，是企业技术创新、管理创新和制度创新的二十年。企业的规模不断壮大，收益越来越好。2010年，娃哈哈业绩进入500亿俱乐部，创始人宗庆后发出豪言，要达到1000亿的目标。

但是7年过去了，不但目标没有实现，业绩还在2012年出现了拐点。根据胡润研究院发布的2016年度《胡润百富榜》，其中宗庆后家族以1120亿元的财富排名第五，财富值较上一年度的1350亿元，缩水230亿元。

"娃哈哈真的太土了。"土生土长的杭州人小虎说起来自己家乡最大的饮料公司时，多少带点恨铁不成钢的感觉。这位1992年出生的杭州男生从小一直喝AD钙奶，但上大学之后，他开始喜欢上可口可乐，娃哈哈就悄无声息地从他的"饮料品牌库"中消失了。"也没有为什么，反正就是不喝了，大概看起来不很中产阶级吧。"

这也许是宗庆后创立娃哈哈30年来最大的尴尬。如今即便宗庆后依然坚持每年出差200多天，去走访经销商和销售现场，但在北京包括永辉超市在内的很多大型超市，货架上除了营养快线、瓶装水和八宝粥，你几乎找不到娃哈哈更多的产品。

这显然是极其危险的事情，在新品层出不穷的饮料市场，娃哈哈已经多年没有新的明星产品,人们留有印象的仍然只是营养快线、瓶装水和八宝粥等多年前的爆品,但它们已经被越来越多的精品赶超。以至于宗庆后在央视《对话》采访中反思娃哈哈为什么会出现下滑,缺少新的"大单品"就是重要一点。

多数消费者或许并不知道,娃哈哈一直在不停地推新品,它出产过的产品多达300多种。不过它们大部分的产品路线和推广方式几乎一致——找一个市场上的成功饮料对标,然后低成本迅速复制一款,并借助娃哈哈强大而稳固的经销商渠道投放至渠道终端,同时辅以大规模广告宣传。

知乎上一位叫汪维的用户列举了娃哈哈曾经模仿的几款经典产品。他在文中调侃预测,市面上什么新饮料卖得还可以,味道也还行,娃哈哈90%的可能性都会出同款。因此,娃哈哈在业内还有个外号叫"饮料界腾讯"。

在20世纪90年代,中国企业处在野蛮生长时,这种低成本、快速的开发生产的"山寨货"产品策略曾为娃哈哈带来了巨大的成功。娃哈哈可以说在这个策略上用到了极致。它甚至通过一个强大的联销体经销商模式,总能把新品在短期内迅速铺向农村的每一家小卖部,因而轻易反超模仿对象。比如2005年娃哈哈模仿小洋人妙恋推出的营养快线在高峰期一年销售额为200亿元,成为娃哈哈产品系中销量最好的一个,这一纪录已经保持了12年。1998年推出的非常可乐直接填补了农村可乐市场的空白,最高时期为娃哈哈贡献了20亿元的销售额。

不过,这样的产品策略最大的问题在于它不是基于对消费者需求和消费趋势的洞察,而是跟在竞争者的后面。当中国零售市场开始逐渐走出蛮荒,走向品牌竞争,那些从小喝娃哈哈AD钙奶的消费者已经变了。他们对饮料的要求变得丰富起来,他们在乎的不仅是味道和所谓的功能,还有品牌所代表的生活方式和身份标签。表面上看,娃哈哈似乎也在尝试变年轻,它最近两年也推出过椰子水、即饮的猫缘咖啡,2017年又开始主推针对女性白领的酵素饮料。然而,所谓年轻化、品牌升级,并不只是推出看起来时髦的流行新品这么简单。

比如在最近两年流行起来的茶饮料中,统一旗下的小茗同学算是最成功的新品之一。它在2015年夏天推出之前,与广告公司李奥贝纳合作,对95后人群做了大量的研究,从口味偏好到他们的语言和文化,这款二次元风格的饮料才得以诞生。而产品思维的区别导致了完全不同的营销方式。

小茗同学的二次元95后人群定位,让它的铺货上选择了一二线城市的便利店和超市成为主要渠道。在营销方式上,它不断在强化自己二次元的幽默风格。比如最近,它与QQfamily角色的冷笑话以漫画形式搬上瓶身。

反观娃哈哈的茶饮料,早在2002年以"天堂水,龙井茶"的口号推出之后,迅速在茶饮料市场风靡,此后周星驰和冯小刚还为这个系列的茶饮料做过代言。但在康师傅茉莉花茶、农夫山泉东方树叶、统一小茗同学相继火爆茶饮料市场后,娃哈哈绿茶在2013年前后已经停产了。在营销方式上,娃哈哈茶饮料也并无特色,仅以简单粗暴的广告轰炸消费者的耳朵。而这样的方式,几乎过去二十多年从未变化过。

庞大高效的销售体系,曾经也是娃哈哈的核心优势。娃哈哈全国销售人员大概有3 000人左右,除此之外还有拓展队员2 000多人。这5 000人被分成客户经理(上级为区域经理和省级经理)、商超经理和拓展经理。这个庞大的销售队伍能让娃哈哈的产品快速推到各级经销商。

在对经销商管理上,娃哈哈实行8+4策略——做好8个老产品和4个新品。娃哈哈会不断给经销商砸陈列费用,达到产品的曝光率。在整体的品牌宣传上,总部层面主要靠媒体广告,即卫视、央视广告投放、综艺节目广告冠名、网剧电视剧广告植入等。这些广告的思维几乎也和20年前一样,强调的就是曝光。

当越来越多的娃哈哈产品变得难卖时,原来强势的销售体系也在受到挑战,经销商和销售团队之间开始出现各种矛盾。

据豆子介绍,由于省级销售经理任务越来越难完成,只能不断给经销商发货,这导致了大量压货。据豆子说,"想做一个新品,压得越多死得越快"几乎是个行业规则。

在销售任务的压力下,这一两年,娃哈哈的客户经理和区域经理开始加速流失,而这也造成了更大的问题。"老的客户经理知道每个经销商的实力和风格,新品下来之后懂得根据经销商的实力发货,即便压货也有尺度,但新的客户经理不熟悉情况,更多为了自己的绩效不断让公司给经销商发货,最后积压导致经销商赔钱,自己也赚不了提成。"

无论是娃哈哈的成功,还是它的失落,都要归功于创始人宗庆后。如同许多中国40后到60后的中国第一代企业家,他们聪明、勤奋、勇猛,但也同样守旧、固执、缺乏现代商业管理意识。

虽然宗庆后的女儿宗馥莉一直被认定为接班人,但她实际上并未进入核心。多位离职员工透露,娃哈哈的经营决策仍然是宗庆后本人,这是一个高度集权的公司。甚至有人开玩笑说"娃哈哈的董事会议其实就走个过场"。娃哈哈很大程度上依然是宗庆后一个人的帝国。而他已经七十多岁。

与宗庆后一同老去的还有整个管理高层。据豆子透露,公司销售人员老化、做销售活动没创意,整个公司文化都像是"国企缩影,官僚气息浓厚"。虽然娃哈哈也在不断招聘大学生注入新的血液,但他们很多无法适应,也不能解决实质问题,流失率很高。即便是2017年35岁的准接班人宗馥莉早在2004年就进入娃哈哈管理层,也未能改变父亲一人独大的做法。

一向拒绝上市的娃哈哈背后,掌舵人宗庆后虽然在老去,但却极力维护着自己的帝国主权。而这个属于上一个时代的帝国正在陨落。

讨论题

（1）你认为宗庆后是如何影响公司和下属的？使用了哪些方法？

（2）宗庆后这种看似"事无巨细独揽大权"的方式有效么？在权力的背后是不是缺乏有效的沟通？具体从哪些方面和细节上体现出来？

（3）根据本章介绍的内容，总结你自己与人沟通的技巧。你希望以后在哪些方面提高自己沟通的效果？

 自测题

下面这些题目都是有关你在日常生活及工作中的表现，请你对自己的行为进行评估，在每一道题目后面最能代表你的选项上画圈。

	非常不同意						非常同意
1. 我很了解身边的人的情绪	1	2	3	4	5	6	7
2. 我是一个能鼓励自己的人	1	2	3	4	5	6	7
3. 遇到困难时，我能控制自己的脾气	1	2	3	4	5	6	7
4. 我常常知道自己为什么觉得开心或不高兴	1	2	3	4	5	6	7
5. 我的人际关系很好	1	2	3	4	5	6	7
6. 我通常能为自己制定目标并尽量完成这些目标	1	2	3	4	5	6	7
7. 我对自己的情绪有很强的控制能力	1	2	3	4	5	6	7
8. 通常我能知道自己会有某些感受的原因	1	2	3	4	5	6	7
9. 我通常能从朋友的行为中猜到他们的情绪	1	2	3	4	5	6	7
10. 我的朋友很多	1	2	3	4	5	6	7
11. 我能很好地控制自己的情绪	1	2	3	4	5	6	7
12. 我经常告诉自己是一个有能力的人	1	2	3	4	5	6	7
13. 我能很敏锐地洞悉别人的感受和情绪	1	2	3	4	5	6	7
14. 我真的能明白自己的感受	1	2	3	4	5	6	7
15. 我通常能使我的朋友觉得开心	1	2	3	4	5	6	7
16. 我经常鼓励自己要做到最好	1	2	3	4	5	6	7
17. 我很了解自己的情绪	1	2	3	4	5	6	7
18. 我是一个社交能力很强的人	1	2	3	4	5	6	7
19. 当我愤怒时，我通常能在很短的时间内平静下来	1	2	3	4	5	6	7
20. 我观察别人情绪的能力很强	1	2	3	4	5	6	7

参考文献

[1] Affandi, H., & Raza, N., "Leaders' Emotional Intelligence and its Outcomes: A Study of Medical Professionals in Pakistan Interdisciplinary", *Journal of Contemporary Research in Business*, 2013, 5(7), 279—297.

[2] Bass, B. M., *Leadership, Psychology and Organizational Behavior*. New York: Harper. 1960.

[3] Carnegie, D., *How to Win Friends and Influence People*. Pocket Books, 1936.

[4] George, J. M., "Emotions and Leadership: The Role of Emotional Intelligence", *Human Relations*, 2000, 53(8), 1027—1105.

[5] Goleman, D., *Emotional Intelligence*. New York: Bantam Books, 1995.

[6] Conway, M., & Ross, M., "Getting What You Want by Revising What You Had", *Journal of Personality and Social Psychology*, 1984, 47, 738—748.

[7] Etzioni, A., *A Comparative Analysis of Complex Organizations: On Power, Involvement, and Their Correlates*. New York: Free Press, 1961.

[8] Freedman, J., & Everett, T., "EQ at the Heart of Performance: The Business Case for Emotional Intelligence", *Institute for Organizational Performance*, 2004.

[9] Fuller, R. G. C., & Sheehy-Skeffington, A., "Effects of Group Laughter on Responses to Humorous Material, A Replication and Extension", *Psychological Reports*, 1974, 35, 531—534.

[10] Goethals, G. R., & Reckman, R. E., "The Perception of Consistency in Attitudes", *Journal of Experimental Social Psychology*, 1973, 9, 491—501.

[11] Hammermesh, D., & Biddle, J. E., "Beauty and the Labor Market", *The American Economic Review*, 1994, 84, 1174—1194.

[12] Leakey, R. E. & Lewin, R., *People of the Lake*. New York: EP Dutton, 1978.

[13] Lopez-Zafra, E., Garcia-Retamero, R., & Martos, M., "The Relationship between Transformational Leadership and Emotional Intelligence from a Gendered Approach", *Psychological Record*, 2012, 62(1), 97—114.

[14] Milgram, S., *Obedience to Authority: An Experimental View*. Harpercollins, 1974.

[15] Mintzberg, H., *Power in and around Organizations*. Prentice Hall, 1983.

[16] Moriarty, T., "Crime, Commitment, and the Responsive Bystander: Two Field Experiments", *Journal of Personality and Social Psychology*, 1975, 31, 370—376.

[17] N. S. Schutte, J. M. Malouff, L. E. Hall, D. J. Haggerty, J. T. Cooper, C. J. Golden, & L., "Dornheim, L. Development and Validation of a Measure of Emotional Intelligence", *Journal of Personality and Individual Differences*, 1998, 25, 167—177.

[18] Nosanchuk, T. A., & Lightstone, J., "Canned Laughter and Public and Private Conformity", *Journal of Personality and Social Psychology*, 1974, 29, 153—156.

[19] Fu, P. P., & Yukl, G., "Perceived Effectiveness of Influence Tactics in the United States and China", *The Leadership Quarterly*, 2000, 11(2), 251—266.

[20] Pfeffer, J., *Power in Organizations*. Marshfeild, MA: Pittman, 1981.

[21] Pfeffer, J., *Managing with Power: Politics and Influence in Organizations*. Boston: Harvard Business School Press, 1992.

[22] Regan, R. T., "Effects of a Favor and Liking on Compliance", *Journal of Experiment Social Psychology*, 1971, 7, 627—639.

[23] Ruderman, M. N., Hannum, K., Leslie, J. B., & Steed, J. L., "Making the Connection Leadership Skills and Emotional Intelligence", *LIA*, 2001, 21(5), 3—7.

[24] Salovey, P., & Mayer, J. D., "Emotional Intelligence", *Imagination, Cognition, and Personality*, 1990, 9, 185—211.

[25] Singh, S., "Emotional Intelligence at Workplace", *Business Manager*, 2009, 24—25.

[26] Smyth, M. M., & Fuller, R. G. C., "Effects of Group Laughter on Responses to Humorous Material", *Psychological Reports*, 1972, 30, 132—134.

[27] Yukl, G., & Falbe, C. M., "The Importance of Different Power Sources in Downward and Lateral Relations", *Journal of Applied Psychology*, 1991, 76, 416—423.

第六章　激励与授权

本章导读

在领导者试图影响下属的过程中，激励和授权都是十分重要的领导行为。在西方传统的激励理论基础之上，本章着重介绍了参与式领导，包括参与式领导的类型、因果模型和影响因素等。尤其是在越来越提倡员工参与决策的今天，参与式领导应该得到充分的重视。本章还介绍了授权方面的知识，希望读者能够结合自身经历仔细体会如何在授权的同时，做到适时的过程监控和结果监控，避免"一抓就死，一放就乱"现象的发生。

开篇案例

平安保险：员工参与管理

1998年，中国平安保险公司在变革方面有一个大手笔——聘请麦肯锡为之做企业诊断。平安与麦肯锡深入合作的咨询项目包括发展平安寿险成为国际一流的寿险公司、加强投资管理功能以追求快速增长，以及全面提升平安集团人力资源管理效能等三个方面。

其中，人力资源改革包括三个主要思想：第一，将人事管理转化为动态的、充满活力的人力资源管理，并将人才作为一种资源来使用和开发。第二，强调个人发展与公司发展相统一。人力资源改革着重于激发员工不断提高素质，发挥潜能，同时公司也为优秀的员工提供晋升机会，实现员工的生涯规划和公司远景相结合，让优秀的员工最大限度地为公司发展做出贡献。第三，强调考核和活力，使每个人都有压力和动力，使平安员工成为"诚实、信任、进取成就"的优秀员工，使平安成为"团结、活力、创新、学习"的优秀组织。

透明的管理：总经理接待日

"总经理接待日"是深圳平安人寿保险公司的一项制度化管理，总经理室四位成员每人轮一周，用一个下午的时间直接面对一线员工和客户，倾听他们反映问题，根据谈话记录，建立反馈追踪表，该落实的落实，该调查的调查，并反馈结果。在第一个总经理接待日中就发生了较激烈的争论，而深圳平安人寿的管理者认为，"碰撞"对于一个充满活力的企业来说,是必要的、必需的,可在多角度的碰撞中发现淤积的问题、症结,明白分歧所在,从而产生整合力。

聚光原理:提交合理化建议

今天的企业要想取得成功,必须反应迅速、灵活,且不断改进。针对平安公司的实际情况,总结不足,对落后的思想、过时的制度、陈旧的管理办法和不合理的岗位设置,提交"合理化建议",为公司的发展进有益之言。

这次"合理化建议"征集活动得到了员工的热烈响应。前后共收到"合理化建议"六十多份。有人运用"二八定理",指出保险公司应特别注重绩优业务员的留存问题、进一步成长问题、对公司同仁的影响问题。许多员工提出品牌维护观点,建议加强公司整体行为,在树立公司形象、宣传公司产品等方面做大量工作,给管理者提供了许多新的思路。

细微处见精神:考试题中提建议

鉴于提交合理化建议书的大多是室主任、部门经理,深圳平安人寿在一次全体内勤参加的业务考核试卷的末尾出了这么一道题:你认为公司现在急需解决的头三件大事是什么? 于是,300多份答卷便有了300多份建议,这些建议中,不仅体现了精辟的见解,还有着涌动的热情。

一位员工说:"公司是大家的公司,公司的荣辱就是我们全体员工的荣辱,用类似这样的方式经常与员工沟通和交流,就是很好的形式,希望以后还能多些形式与主题,让大家参与公司的建设。"

从上面这篇关于平安保险公司的报道,我们可以看出,员工对于公司管理和建设的参与度正在得到重视。事实上,在领导者与下属沟通交往的过程中,通过对员工的激励、决策参与以及授权的管理,可以起到更好的影响作用。在上一章中,我们谈到了如何通过权力的应用以及人际沟通技巧更好地影响下属。在组织环境中,员工"不得不"做很多他们不愿意或不喜欢的工作,如"早来晚走""努力创新"等。如何让员工愿意做这些事,喜欢做这些事,高高兴兴地去做这些事,是领导者的责任与义务。而"引起人们采取某种行动的热情和毅力的内部或外部力量则是激励"(Daft, 2002)。就像上面案例中介绍的那样,平安保险公司通过员工参与等手段,使员工真正感到了公司是大家的,公司的荣辱就是全体员工的荣辱,做到了从员工的内在动机方面调动他们的积极性。本章研讨激励的问题。除了传统的激励方法和手段,如公平理论、期望理论等内容,还将介绍其他有效的激励下属的方法,如参与决策、授权赋能等内容。

第一节　领导与激励

马斯洛的需要层次理论

世上唯一能推动人们做事的方法就是了解人们的内在需求,并告诉他们如何能满足这些需求。有关人类需求或动机的研究有很多不同的理论。最著名的动机理论要数亚伯拉罕·马斯洛(Abraham Maslow)的需要层次理论(hierarchy of needs)(Maslow,1954)。他假设每个人都存在五种需要,分别是:

(1) 生理需要:包括觅食、饮水、栖身、性和其他身体需要。
(2) 安全需要:包括保护自己免受生理和情绪伤害的需要。
(3) 社交需要:包括爱、归属、接纳和友爱。
(4) 尊重需要:内部尊重因素,如自尊、自主和成就感;外部尊重因素,如地位、认可和关注。
(5) 自我实现需要:包括成长、开发自我潜能和自我实现的需要。

当任何一种需要基本上得到满足后,下一层次的需要就会成为主导需要。个体的需要是逐级上升的。从动机角度来看,这种理论认为,虽然没有一种需要会得到完全、彻底的满足,但只要它大体上获得满足,就不再具有激励作用了。所以,如果想激励某个人,根据马斯洛的需要理论,就需要了解他目前处于哪个需要层次,然后重点满足这种需要及其以上的更高层次的需要。

马斯洛还把这五种需要分为高级和低级两个级别。生理需要和安全需要称为较低级的需要;社交需要、尊重需要和自我实现需要称为较高级的需要。区分这两个层次基于这样的基础:较高层级的需要通过内部(个体内在体验)使人得到满足,较低层级的需要则主要通过外部使人得到满足(如通过报酬、工会合同、任职时间等内容)。

马斯洛的需要理论得到了普遍认可,尤其是在从事实际工作的管理者当中。这一点应归功于该理论的直观逻辑性和易于理解的内容。遗憾的是,总体上该理论还缺乏研究证据的检验。马斯洛本人并没有提供任何实证材料,一些试图寻求该理论有效性的研究也无功而返。

麦克利兰的成就需要理论

麦克利兰的需要理论(theory of needs)由戴维·麦克利兰(David McClelland)及其合作者于1961年提出。该理论主要关注三种需要:成就需要、权力需要和归属需要。它们的界定如下:

(1) 成就需要:追求卓越、达到标准、争取成功的内驱力。
(2) 权力需要:控制别人以某种方式行事而不以其他方式行事的需要。

（3）归属需要：建立友好的和亲密的人际关系的愿望。

一些人对于获得成功有着强烈的冲动。他们追求的是个人成就感而不是成功之后的奖赏。他们总是渴望把事情做得比以前更有效、更完美。这种内驱力就是成就需要。通过对成就需要的研究，McClelland 发现，高成就者与其他人的区别之处在于：他们总想把事情做得更好。他们寻求具有下列特点的环境：个人有权利自己做主找到解决问题的方法，能够迅速获得有关自己工作绩效的反馈，从中判断自己是否有进步；工作目标具有适度挑战性，并为自己的成功或失败承担责任，而不是将结果归因于运气或其他人的行为。他们回避那些自己觉得特别容易或特别困难的工作任务，这一点很重要，他们喜欢的是中等难度水平的任务。因此，对下属应该通过设置有一定难度的目标，激发他们的成就动机的水平。

权力需要指的是影响和控制其他人的欲望。高权力需要者热衷于"掌管"，努力对其他人施加影响，喜欢处于竞争性和地位取向的情境中。他们倾向于更关心威望和赢得对他人的影响，而不是有效的绩效。因此，可以通过授权、让下属获得更多权力的方法，提高他们做事情的动机。

麦克利兰分离出来的第三种需要是归属需要。研究者对这种需要的关注最少。高归属需要的人追求友爱，喜欢合作性而非竞争性的环境，渴望相互理解程度高的工作。因此，管理者应该营造一个和谐的人际关系环境，使员工在这样融洽的环境中，得到归属需要的满足。

双因素理论

双因素理论（two-factor theory）也称为激励—保健理论（motivation-hygiene theory），由心理学家弗雷德里克·赫茨伯格（Frederick Herzberg）等人提出。他相信，个人与其工作的关系是一种基本关系，而个人对工作的态度在很大程度上决定着工作任务成功完成与否。赫茨伯格调查了这样一个问题——人们想从工作中得到什么。他让人们详细描述自己感到工作中特别好的和特别差的情境，对调查结果进行分类归档，并制成图表。他发现，人们对工作满意时所做的回答和他们对工作不满意时做出的回答大相径庭。一些因素始终与对工作满意有关，而另一些因素则始终与对工作不满意相关。例如，获得进步、受到认可、责任大小、取得的成就等内在的因素，似乎都与对工作满意有关。当被调查的员工对工作感到满意时，他们倾向于归因于这些特点。另一方面，对工作不满意的员工，则常常倾向于抱怨外部的因素，如公司政策、监督管理、薪金水平、人际关系和工作条件等。

赫茨伯格还指出，与传统的看法不同，这些数据表明满意的对立面不是不满意。消除工作中的不满意因素并不一定会让工作令人满意。他还指出，这一发现表明了二维连续体的存在："满意"的对立面是"没有满意"，"不满意"的对立面是"没有不满意"。

根据赫茨伯格的观点，导致对工作满意的因素与导致对工作不满意的因素是相互独立的,而且截然不同。因此,管理者若努力在工作中消除不满意因素,则只能给工作场所带来和平,却未必具有激励作用。这些因素只能安抚员工,却不能激励他们。赫茨伯格把管理质量、薪金水平、公司政策、工作环境、与他人的关系和工作稳定性这些因素概括为保健因素(hygiene factor)。当这些因素充分满足时,员工便没有了不满意感,但也不会因此而感到满意。赫茨伯格提出,要想激励人们积极从事工作,必须重视与工作本身有关的因素或是可以直接带来结果的因素,如晋升机会、个体成长机会、认可、责任和成就。人们发现这些因素具有内在奖励性,称为激励因素(motivation factor)。

公平理论

公平理论由斯泰西·亚当斯(Stacey Adams)于1965年提出。这一理论认为员工首先思考自己的收入与付出的比率,然后将自己的收入—付出比与他人的收入—付出比进行比较,如果员工感觉到自己的比率与他人相同,则为公平状态;如果感到二者的比率不同,则产生不公平感,也就是说,他们会认为自己的收入过低或过高。这种不公平感出现后,就会试图去纠正它。

员工不是在真空环境中工作,他们总是在进行比较。如果你大学刚毕业就有人提供给你一份年薪10万元的工作,你可能会乐意接受,并且努力工作。可是,假如你工作了一两个月后,发现另一位最近毕业的、与你年龄、教育经历相当的同事年收入为12万元时,你有何反应呢?你可能会很失望。

在公平理论中,员工所选择的与自己进行比较的参照对象(reference)是一个重要变量,通常包括同一组织中从事相似工作的其他个体,还包括朋友、邻居及同行。员工通过口头、报纸及杂志等渠道获得了有关工资标准、最近的平均工资等方面的信息,并在此基础上将自己的收入与他人进行比较。

通常来说,员工可以使用四种参照比较:
(1) 自我—内部:员工在当前组织中处于不同职位上的相关经验;
(2) 自我—外部:员工在当前组织以外的职位或情境中的相关经验;
(3) 他人—内部:员工所在组织内部的其他个体或群体;
(4) 他人—外部:员工所在组织之外的其他个体或群体。

在当前组织中任期较短的员工可能不太了解组织中其他人的信息,所以他们依赖于自己的个人经历。不过,任期较长的员工更多与自己的同事进行比较。在组织中地位高的员工——那些拥有专业技术和良好教育背景的人员——可能视野更开阔,对其他组织中人们的信息了解更多。因此,这种类型的员工更多地进行他人—外部的比较。

当员工感到不公平时,他们可能会采取以下几种做法:① 曲解自己或者他人的付出或所得;② 采取某种行为使得他人的付出或所得发生改变;③ 采取某种行为改变自己的付出或所得;④ 选择另外一个参照对象进行比较;⑤ 辞去工作。

近年来,研究者将有关公平或者公正的含义进行了扩展。长期以来,公平理论一直着眼于分配公平(distributive justice),或者说是人们感到个人之间在报酬数量和报酬分配结果上的公平性。但是我们还应该考虑程序公平(procedural justice),即用来确定报酬分配的程序是否让人觉得公平。有证据表明,分配公平比程序公平对员工的满意感有更大影响,但是,程序公平更倾向于影响到员工的组织承诺、工作绩效(Zhang et al., 2013)、对上司的信任和离职意向。同时,在程序公平高的情况下,领导增强组织公民行为(即不被正式赏罚机制认可的,但对组织有益的行为)的效果更强(Walumbwa et al., 2010)。在做不到完全的分配公平时,可以通过实现程序公平提高员工的满意度。

研究表明,当企业中出现分配公平和程序公平都很低的情况时,员工的心理健康会受到负面影响。他们会因此感觉自我价值被贬低,对未来将会在企业中获得的长期收益感到不可控和不确定,由此产生较大的心理负担和压力(Rousseau et al., 2009)。

期望理论

正如第二章所介绍的,期望理论最早是由美国心理学家 Vroom 在 1964 年出版的《工作与激励》一书中首先提出来的,其基本内容主要是 Vroom 的期望公式和期望模型。

期望理论认为,人总是渴求满足一定的需要并设法达到一定的目标。这个目标在尚未实现时,表现为一种期望,这时目标反过来对个人的动机又是一种激励的力量,而这个激励力量的大小,取决于目标价值(效价)和期望概率(期望值)的乘积。用公式表示为:

$$M = \sum V \times E$$

其中,M 表示激励力量,是指调动一个人的积极性,激发人内在潜力的强度。V 表示目标价值(效价)。这是一个心理学概念,是指达到目标对于满足他个人需要的价值。对于同一个目标,由于各个人所处的环境不同,需求不同,其需要的目标价值也就不同。同一个目标对每一个人可能有三种效价:正、零、负。效价越高,激励力量就越大。E 是期望值,是人们根据过去的经验判断自己达到某种目标的可能性是大还是小,即能够达到目标的概率。目标价值大小直接反映人的需要动机强弱。期望概率反映人实现需要和动机的信心强弱。这个公式说明,假如一个人把某种目标的价值看得很大,估计能实现的概率也很大,那么这个目标激发动机的力量越强烈。

怎样使激励力量达到最佳值,Vroom 提出了人的期望模式:

个人努力—个人成绩(绩效)—组织奖励(报酬)—个人需要。在这个期望模型中有四个因素,需要兼顾三个方面的关系,包括:

(1) 努力和绩效的关系。这两者的关系取决于个体对目标的期望值。期望值又取决于目标是否适合个人的认识、态度、信仰等个性倾向,及个人的社会地位、别人对他的期望等社会因素,即由目标本身和个人的主客观条件决定。

(2) 绩效与奖励的关系。人们总是期望在达到预期成绩后,得到适当的奖励,如口头表扬、奖金、晋升等。组织的目标,如果没有相应的有效的物质和精神奖励来强化,时间一长,员工的积极性就会消失。

(3) 奖励和个人需要的关系。奖励什么要适合各种人的不同需要,要考虑效价。要采取多种形式的奖励,满足各种需要,最大限度地挖掘人的潜力,最有效地提高工作效率。

学者研究激励过程的途径很多。一种途径是研究人们缺乏的需要,运用马斯洛的需要层次理论,找出人们所感觉到的某种缺乏的需要,并以满足这些需求为动力,来激励他们从事组织所要求的动机和行为;另一种途径是从个人追求目标的观点来研究个人对目标的期望,这就是期望理论。依照这种途径,则所谓的激励,乃是推动个人向其期望目标而前进的一种动力。期望理论侧重于"外在目标"。需要理论着眼于"内在缺乏"。本质上这两种途径是互相关联和一致的,都认为激励的过程是在于实现外在目标的同时又满足内在需要的满足。

不过,期望理论的核心是研究需要和目标之间的规律。期望理论认为,激励一个人最佳的方式是,让他认为他的努力极可能导致很好的表现,很好的表现极可能导致一定的成果,这个成果对他有积极的吸引力。这就是说,一个人已受他心目中的期望激励。可以推断出,这个人内心已经建立了有关现在的行为与将来的成绩和报偿之间的某种联系。因此,要获得所希望的行为,就必须建立起这样的联系,并且进行深入的发掘和利用。

第二节 参与式领导

参与式领导

正如本章开始时的案例所介绍的那样,参与式领导是现代组织应用较多的一种激励下属的方式,通过员工对决策制定过程的参与,促使员工主动性的增加,提高他们工作的积极性和内在动机。

历史上对参与式领导含义的阐述主要分为两种。一种是让下属以某种方式参与领导者本应独立决定的决策——通过向下属咨询或召开下属团队会议讨论决策事件。在这种情况下,领导者往往保留最终决策权,但是在最后的决策过程中,领导者会认真考虑下属提供的信息和意见。参与式领导的另一种含义更深入一些,领导者让下属参与决策过程(例如讨论决策情境或评估可选方案),并通过允许下属直接地影响决策结果来和他们分享决策权。

在本书中,我们给参与式领导一个描述性的定义是,参与式领导是采用不同决策程序,使下属参与领导者的决策,使其对决策产生影响的一种领导行为。我们前面说过,领导者要做的就是出主意、用干部,也就是首先要确立目标,然后影响下属,使其朝着这个目标努力。所谓的确立目标实际上就是一种决策行为,越高层次的领导者,需要做的决策就越多。那么,我们如何来做这些决策?如何提高决策质量,同时让下属更加认同?参与式领导最重要的一个特征就是希望下属参与到决策过程中来,把他们的意见和想法结合到领导者的认知、知觉,以及对事物的评价上来,进而共同做出决策——这是参与式领导的关键点。这样的概念,尽管是在现代社会中人们一直在强调的做法,或在很多企业里,明确规定要进行民主化的管理,但是对很多领导者来讲并非如此。这些领导者认为做决策就是自己特有的权力,作为下属只需要服从。从这个意义上来讲,参与式领导就是鼓励下属,或者强调决策的制定过程要不断增加下属参与的程度。

根据下属参与决策的程度,我们可以将参与式领导分为四个层级,如图6-1所示。

图6-1 参与式领导的四个层级

第一个层级是独裁。所谓独裁是指领导者在制定决策时,从来不听取下属的意见,只是根据自己对事物的判断和知觉来进行决策。这种情况无论在政治生活中还是在企业中都很常见。

第二个层级是协商。领导者在做决策时,会听取下属的意见。但是,听取之后的决策过程仍然由领导自己来进行。例如,关于北京的世界文化遗产公园是否应该涨价的问题,以前都是独裁;现在发展为让市民也参与到讨论中,举办听证会——这就是协商的一种表现。然而最终是否采纳意见还是由政府来决定,市民的意见只是作为参考。

第三个层级是共同决策。相比于前两种情况,共同决策使得下属参与的程度又加深了——在做决策时需要领导者和下属共同完成。

那么,参与式领导最高的层次是什么呢?我们称之为授权。这时的领导者不仅会征求下属的意见,还会把权力交给下属,最终由下属自己来做决策。比如对于销售人员的授权。相比于传统的领导方式,可以对销售人员分区授权——让不同的人负责不同的区域范围。在其职权范围内,销售人员可以自己做任何决策。

关于授权,我们在后面的章节还会具体介绍,它是近年来参与式领导研究的新进展,是参与式领导的最高层次。

参与式领导的因果模型

在理解参与式领导概念的基础上,我们进一步来探讨参与式领导的因果模型。图6-2是参与式领导因果模型的示意图。在这里我们主要讨论参与式领导的结果变量和影响因素。

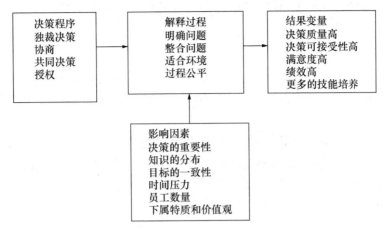

图 6-2 参与式领导的因果模型(Anthony,1978)

参与式领导的结果变量

参与式领导对于整个决策甚至整个管理,对于更好地影响下属会有哪些影响?

第一,决策质量。参与式领导提高了制定决策信息的可获取性和流动性。例如,下属经常比领导者有更多关于工作的当前信息,他们的参与往往可以导致更好的决策。当然,并非员工参与的程度越高,决策的质量就越高,这还受到很多情境因素的影响,我们将在后面讲到。举一个极端的例子——群体思维现象(groupthink),表面上看来这是一种集体决策,但由于有人存在"搭便车"(free rider)的做法,还有人倾向于将自己的想法强加于别人,因此最终的结果并不一定是真正的群体思维结晶。

第二,决策的可接受性。由于让下属积极地参与到决策过程中,使得下属有机会发表自己的意见并产生一种强烈的主人翁意识,对于决策的结果更加容易接受。Wang等(2006)以中国企业被试为对象的研究发现,参与式领导有利于下属产生"自己人"(perceived insider status)的感觉,而这种感觉能够促进下属工作绩效及组织公民行为的增加。

第三,参与决策可以提高下属的满意度。参与式领导对下属的满意度有非常有利的影响,包括对其领导者本身的满意度及对工作的满意度,以及对组织和工作状况的总体满意度。集体参与式领导方式能够满足下属的一些需要,如经济保障、自尊、为人赏识、自身发展等。

第四,参与决策可以让下属感到自己被公平对待和尊重,继而对领导者产生信任,于是会更积极地工作来报答此信任,因而会展现更多的组织公民行为并且提高自己的工作绩效(Huang et al., 2009)。

第五,参与式领导是培养下属技能的重要手段。参与式的管理给下属提供了他们使用才能的机会,从发展的角度来讲,有利于下属技能的培养。在第二章的认知资源理论中,我们也介绍了领导者的经验对于领导的效果非常重要。那么,领导者的经验从何而来呢？非常重要的一点就是让他们有更多的参与决策的机会，使他们尽快成为有经验的管理者。

参与式领导的影响因素

正如我们第一章介绍的适域观点，参与式领导也并非在任何情况下都有效。任何一种理论或方法的实践都需要依附于一定的情境。下面我们通过一个例子来说明情境因素的重要性。

著名心理学家、2002 年诺贝尔经济学奖获得者丹尼尔·卡尼曼（Daniel Kahneman）曾经做过一系列的实验研究在不确定条件下人们如何决策的问题（Kahneman & Tversky, 1979）。他的研究有这样的问题："人们为一种特殊的疾病的爆发做准备，这种疾病可能会导致 600 人死亡。"被试分为两组，每组提供两个备选方案。第一组两个备选方案的科学评估结果是这样的：

（1）如果采用 A 方案，将有 200 人存活；

（2）如果采用 B 方案，有 1/3 的概率 600 人存活，有 2/3 的概率 600 个人全部不能存活。

被试将被要求做出选择，选择 A 方案还是 B 方案。

第二组的备选方案是：

（3）如果采用 C 方案，将有 400 人死亡；

（4）如果采用 D 方案，有 1/3 的概率 600 人没有人死亡，有 2/3 的概率 600 人全部死亡。

被试同样将被要求做出选择，选择 C 方案还是 D 方案。

这两组备选方案实质上是一样的，只是表述的方式不一样。第一组的两个备选方案都使用了"存活"一词来表述，而第二组两个备选方案的措辞都是用"死亡"表述的。从理论上讲，人们在进行决策时，选择 A 和选择 C 的比率应当是相同的。但是，Kahneman 实验的结果却发现，表述的方式直接影响到了人们的决策。在以"存活"表示后果时决策者是风险回避的，也就是在第一种描述的情况下，人们更多的选择的是 A 方案。但是当以"死亡"表示后果时，决策者往往是风险偏好的，也就是说，面对 C 方案和 D 方案时，人们更倾向于选择 D 方案。

这种现象称为框架效应（framing effect），即不同的表述方式会影响到人们的决策结果。因此，目前的许多研究都越来越重视情境的作用。参与式领导的理论也不例外。对于一定类型的下属或在特定的情境下，参与式领导会非常有效；而在其他情况下，参与式领导可能会失效。下面我们就来具体探讨影响参与式领导效果的因素：

- 决策的性质。参与的程度首先应当取决于决策的性质，比如决策的重要程度，或者决策本身究竟在多大程度上需要通过集思广益来获得一种更具创造力的解决方式。

- 信息和知识的分布。相关信息和知识在领导者和下属之间的分布也影响到参与式领导有效与否。下属是否获得了足够的、全面的信息，下属本身是否具有一定的判断和解决问题的能力都是领导者需要考虑的因素。此外,当领导者向下属分享的信息足够多时,参与式领导对下属的绩效产生的积极作用才足够明显。换句话说,领导者在实施参与式领导时,跟下属多分享信息会使下属更加真切地感受到领导者希望他们多参与的决心,继而使参与式领导更有效（Lam et al., 2015）。

● 目标的一致性。决策一旦制定,无论先前是决策的支持者还是反对者,都应当保证他们会接受这一决策,并为其实施而付出努力。因此,领导者还必须考虑到下属在决策上的态度以及决策结果对于他们的影响,了解到他们有多大可能性接受即使是与他们本意完全相悖的决策。另外,由于参与决策的人数限制,对于那些没有参与到决策过程中的下属,能否令决策结果与他们的目标取得一致也是不容忽视的因素,因为他们很有可能是决策的执行者。

● 时间压力。虽然很多时候相对民主的参与式领导有很多的好处,如前文提到的高质量、高满意度和高可接受程度等,但这种方式的时间成本也是巨大的。有时由于时间的压力,需要决策过程尽快完成,就不允许过多地采用参与式的领导方式。

● 员工数量和能力。参与式领导方式在员工数量庞大、大部分员工理性思考能力不足的企业中很难实施（Fadare, 2013）。

● 下属特质和价值观。下属的特质和价值观也对参与式领导效果有影响。那些有能力、有见识并且具有很强独立需要的下属往往能够增强参与式领导的作用;相反,如果下属是消极的、冷漠的或者功利主义的,参与式领导就不会提高下属在决策方面的满意度和忠诚度。当团队由能力属性多样的（heterogeneous）下属构成时,参与式领导更容易激发下属间的交流,加强下属对团队目标、方法和做事过程的反思,进而激发团队创造力。然而,如果领导了一支能力属性单一的团队,下属倾向于与其他人一致,那么参与式领导就不会激发下属的反思,也不会提高他们的创造力（Somech, 2006）。

如何实施参与式领导

有效的参与式领导往往需要领导者具有一定的特性、能力和行为。

参与式领导的一个重要的领导特征是正直。当领导者对下属真诚时,下属才会逐步信任领导者提供的信息和其他意见,当他们认为领导者在下属团队内外的行为有道德时,他们则会相信领导者会采取与团队价值一致的行为,并会公平对待下属。当领导者守信、在重大事项上站在团队的立场、相信下属做出了有价值的贡献时,下属对团队的忠诚和责任感就产生了。当下属拥有信任、忠诚和责任感时,就会为了团队的利益,积极地与领导者和其他成员一起参与到问题的解决与决策中去。

参与式领导还需要领导者具有一种全新的权力观。传统的权力定义强调依赖性,也就是指一个人（A）让另一个人（B）做他不情愿做某事的力量。因此,从战略角度尤其是竞争角度来讲,人们往往倾向于占有权力,而不是跟别人分享权力。而参与式领导则需要以一种投资的角度来看待权力。将权力分配给下属形成委托—代理模型,虽然存在风险,但却是增值的唯一方式。在后面关于授权的讨论中,我们将具体讨论到这一模型。

参与式领导必须要具有诊断决策情境的能力。它包括:

- **评价决策的重要性**。如果决策的结果对于领导者的团队甚至于整个组织都具有非常重大的影响或者一些决策结果明显优于另一些决策结果,那么决策的质量就变得非常重要。

- **识别具有相关技能和专业知识的人**。当领导者缺乏相关的信息或者知识,而这些信息或者知识又恰恰为他的下属或平级同事所掌握时,参与式决策往往变得格外重要。这种情况下,决策所面临的问题往往过于复杂或者不能从领导者以往的经验中得到合理解决,这就需要识别具有相关技能和专业知识的人,并从他们那里得到帮助。

- **评价参与者合作的可能性**。只有当参与者愿意通过合作而寻求一种好的解决办法时,参与式领导才是有效的。能够引起参与者兴趣的往往是那些非常重要的或者会对参与者产生重大影响的决策。如果参与者自己的工作目标或者既定任务与领导者存在很大分歧,合作就会变得非常困难。

- **评价如果没有参与的接受性**。由于参与的过程需要耗费大量的时间,所以如果领导者已经掌握了足够的信息和知识使得问题得以解决,并且决策的结果可以得到接受和认可,参与式领导就不再是必需的了。在以下情况下,独裁式的决策比较容易被接受:① 领导者占据重要地位或者对整个团队具有绝对的权力;② 领导者具有很高的说服技巧使得他的决策得到众人的拥护;③ 决策本身符合大多数人的意愿或者形势紧急需要及时做出决定,而决策本身又是合理的;④ 人们所处的社会文化提倡对于权威的遵从。

- **评价会谈的可行性**。无论是单独向相关人员咨询或是召开会议讨论,都需要耗费大量的时间。因此,如果涉及的人员数量过于庞大或者过于分散,就不适宜进行参与式领导,尤其是在一些危急时刻,这种降低效率的做法更不是一种明智的选择。

要使得参与式领导更加有效,领导者的行为必须包含鼓励参与的意识。它包括:

- **鼓励关注**。在做出一些决策之前,询问相关人员的意见是一种非常好的鼓励方式。领导者需要具有很强的移情理解力和社会洞察力。他们要学会理解下属的兴趣、目标和价值观,并且通过理解和鼓励来加强合作、推动讨论,与下属建立和谐的关系。

- **试探性的提议**。在多数情况下,要想鼓励大家参与,最好的方法不是直接提出一个具体的方案让大家进行讨论,而是提供一个基本的意向和提议引导大家进行改进与完善。这样可以避免群体的思维受到限制和约束。

- **记录想法和建议**。当下属提出建议时,一定要让他感觉到他的建议受到了重视。一种很常见的办法就是在会议过程中进行记录,将每个人的想法用列表、画图等方式进行记录,这样可以避免遗漏或者遗忘某个人的建议。

- **倾听不同意见而不辩解**。为了有效促进下属参与合作,领导者必须学会倾听,引导下属谈论自己的想法,抒发自己的感情,并且要集中、仔细地给下属提供口头和非口头的反馈。即使对于相反的意见,也不应表现出愤怒和不满。

- 机智灵活。对于下属的意见和建议，领导者在发表评论时一定要注意方式方法，避免伤害下属的自尊心和挫伤他们的积极性。即便是反对的意见，措辞上也一定要慎重，尽量使用鼓励性的言语。
- 采纳或妥善处理建议。如果人们发现他们的意见和建议没有在最终的决策中得到体现，就会变得沮丧甚至不满，这对于今后的参与式领导是非常不利的。因此，聪明的领导者必须学会妥善处理人们的建议，使其真正发挥作用又不至于影响到下属的情绪。

第三节 授权赋能

授权赋能

前面在参与式领导的分类中我们提到了授权的概念，它是参与式领导的最高层次。有一些研究认为授权可以作为其他形式，参与式领导存在很大差异，应该将其作为一种独立的组织行为来对待。

一直以来，学术界对授权赋能（empowerment）的概念并没有一个统一的认识。权力本身就有几重含义：在法律意义上，权力意味着职权（authority），因此授权赋能可以是官方授权（authorization）。权力还可以表示能力（capacity）和能量（energy），授权赋能则可以表示赋予下属以能量（energize）。在授予权力的基础上，赋予下属能力与能量，这能够更好地表现出授权赋能这一术语动机层面的意义。

对于授权赋能的研究主要分为组织管理和心理学两个角度：

最初的研究始于组织中的权力下放，认为授权赋能（empowerment）"意味着赋予权力——官方权力的授予"（Burke，1986）。在组织管理研究中，授权赋能概念的产生是建立在对权力让渡（alienation）（Blauner，1964）、参与管理（participative management）（Lawler，1986，1988）、工作丰富化（job enrichment）（Hackman & Oldham，1980）等研究的基础上的。学者认为，授权赋能是一组授予决策权的管理行为（Blau & Alba，1982；Mainiero，1986），在这里，授权和决策权下放的思想成为授权赋能的核心。

1988年，Conger和Kanungo（1988）从心理学角度研究授权赋能。他们认为，授权赋能是动机性构念（motivational construct）指的是"使能够"（enable）而不仅是"授予权力"（delegate）。授权赋能不仅包含授予权力和参与，还涵盖了提高下属自我效能感的过程。这里的自我效能指的就是自己认为能够胜任某件工作的感受。授权赋能所产生的动机（motivation）被更加清晰地描述为"内在任务动机"（intrinsic task motivation），也就是说只有在下属感知到了这种授权赋能的心理状态，并且在工作中产生了发自内心的动力时，才可以称之为心理赋能。

综合以上两种观点，Zimmerman（1995）提出授权赋能是一个多层次的构念，并且层次间相互依赖。它包含心理赋能(psychological empowerment)和组织赋能(organizational empowerment)两个层面。心理赋能是指进行个体层面的分析;而组织赋能则包括能够提高员工技能、提供所需的支持从而影响组织层面变化的流程和结构。

国内对于授权赋能的研究很少,已有的研究主要集中在授权(delegation)这一方面。授权,简单讲就是授予权力,是企业领导者将其所属权力的一部分授权给下属(刘秀英等,2004;宋铭,1994)。可以发现,与国外的授权赋能的概念相比,国内的研究只涉及领导行为和主管授权这两部分内容,而没有包含组织层面其他变量和产生赋能心理状态层面的内容。

本书将授权赋能这一概念分为两个方面:

(1) 指赋予下属新的责任和完成责任所需的附加的权力。

(2) 心理赋能描述了人的内部动机和自我效能是如何受到领导行为、工作特征、组织结构和自身需要及价值观的影响。

从投资的角度看授权

传统权力观的核心概念是"依赖",认为权力就是A方能使B方做B方本来不愿意做的事情的力量。持有这种观念的领导者自然会倾向于独占权力,而不是分享权力。那么授权究竟有什么好处呢?

(1) 让管理者有更多的时间做他们想要做和应该做的事情,如制定战略等。

(2) 调动下属的积极性。通过授权可以让下属分享权力,满足他们对权力的需要,从而调动他们完成任务的内在动机;授权可以提高下属的心理资本(自信地设立目标和赢得成功),从而使下属工作更投入(Park et al., 2017)。

(3) 培养下属。正如我们上面介绍的,让下属承担更多的责任,可以使他们丰富经验,尽快成为一名优秀的领导者。

(4) 提高决策质量和速度。在第二节中我们已经介绍了,有时下属掌握了更多客户或市场的信息,他们的决策可能是更快速的,质量也是更高的。

(5) 改善上下级关系。通过权力的让渡,使下属感到有能量做事情,可以更好地培养上下级之间的信任关系,培养共同的使命感,对组织的情感认同(affective commitment)和对上级领导效能的信服(Hassan et al., 2013)。

(6) 增强下属的组织公民行为,如下属之间助人为乐的行为和自发地对工作负责任的行为。通过授权可以让下属感到更多自治权和机会,进而产生心理赋能,从而更愿意帮助别人。他们会觉得自己更有能力而又不用拘泥于公司制度,因此会更愿意主动负责(Li et al., 2017)。

因此,授权赋能型领导的权力观认为,权力是组织与调动资源以实现企业目标的影响力与控制力,要想充分利用这种影响力,实现资本的增值,对待权力必须树立一种投资的观念。我们将用委托—代理模型来说明这种观念(见图6-3)。

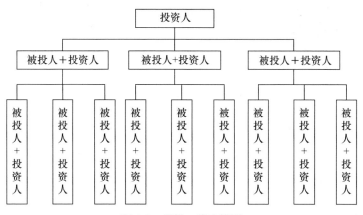

图6-3 委托—代理模型

如果说最初有一位投资人,将自己的企业交给职业经理人来经营。那么,投资人与职业经理人之间就形成了委托—代理的关系。接下来企业的各层管理者之间都可以看成投资人和被投人之间的一种关系。总经理与副总经理之间是一种委托—代理的关系,副总经理与其所分管的中层领导者是一种委托—代理的关系,中层管理者与他所带领的下属也是一种委托—代理的关系。这就是我们所谓的授权过程。

那么,委托—代理理论是如何看待这一问题的?上下级是一种委托—代理的关系,是一种投资伙伴的关系。委托—代理是存在一定风险的,例如,代理人是否有能力代理相应的事务。尽管有风险,但这是资本增值的唯一方式。当然,我们可以通过监控的行为和措施,将这种代理的风险降到最小。举例来说,一个总经理要挑选一个负责营销方面的副总经理,那么他首先就需要考察和判断哪个人比较适合承担整个公司的营销任务。一旦选择了这个人,双方达成契约,就意味着二者之间是一种委托—代理关系。权力作为一种资本,由投资者赋予被投资者。被投资者就要利用投资者赋予他的权力去行使他的职责。这一过程中投资者还要进行监控,最后完成投资调整。这就是一个完整的委托—代理过程。

具体来讲,我们可以将授权赋能的过程分解成四个基本环节,如图6-4所示。

图6-4 授权赋能的基本环节

第一步:挑选合适的被授权人

领导者应当以事实作为根据,对被授权人进行客观、全面的评估。应当考虑三个方面的内容:被授权人的人品(德)、被授权人的才能(能)、志向的一致性(志),也就是授权人与被授权人必须要有共同的目标。

在这三个方面中,哪一个更重要,可以说"仁者见仁,智者见智"。曹操认为"治天下,平时尚德行;有事尚功能"。他把才干重于德行之上。若论曹操自己,就其道德论,实在太差了;然其人甚能干,正是乱世之奸雄。而刘邵在《人物志》中以发展的眼光提出新的用人观,即刘邵"衡评人物,一讲德性,一重才能,务求二者兼顾"。一方面,他极重人之才智,"若无才智,如何能在社会上为人群建立起功利";另一方面,他主张"德"自在"才"之上,因为人之"才"皆因其"性"来。

进而,在论述"德"和"才"关系的思想指导下,刘邵将人才分为三等:首为圣人,有中庸之德,兼备众才,应是全德全才之人;次为兼材,以德为目,此种人始是有德,其才不限于某一方面、某一类事,而能有兼长者;再次为偏材,此人为在一方面有专长者,如今称呼科学家、艺术家等。

按照刘邵《人物志》所述,人才的评价和选拔标准是德才兼备,以德为先。因为由"偏材"到"兼材"再到"圣人",其"才"的成分在逐渐增长,更重要的是其"德"的成分从无到有,由少到多。同时,刘邵认为"德行应由内而发,而仍必兼有才智"。因此,在刘邵看来,在用人时考虑处理"德"和"才"的关系时,应当将"德行"置于才智之上。

进一步,《人物志》提出评价人和选拔人的基本方法是"观人察质,必先察其平淡,而后求其聪明"。"平淡"是指不好名,不求人知,境界高尚,而且具有海纳百川的胸怀和气概,此如一杯水,惟其是淡,始可随意使其变化,或为咸,或为甜。平者如置放任何一物,放平处便可安顿,放不平处则不易得安顿。淡则能放进任何物,而使其发生变化,不致拘缚在一定格上。总之,平淡的性格可使人的潜在性被更多地发现,获得成就。

那么,如何才能真正了解一个人,或对一个人有全面的观察呢?《三国志》中的诸葛亮给了我们非常好的建议。他认为,全面了解一个人可以:

- "问之以是非而观其志";
- "穷之以辞辩而观其变";
- "咨之以计谋而观其识";
- "告之以祸难而观其勇";
- "醉之以酒而观其性";
- "临之以利而观其廉";
- "期之以事而观其信"。

第二步:达成授权契约

授权人完成了挑选过程之后,应当制定具体的授权内容及规则制度,双方达成契约。

(1) 就目标达成一致:
- 明确总体与阶段目标;
- 确定达成目标的指导方针;
- 明确检查标准、检查期限;
- 获取被授权人的承诺。

（2）就职权达成一致：
- 保证被授权人为完成既定目标必需的权限；
- 保证为完成既定目标所必需的资源。
  ◇ 人力：人员的调配、使用、评估与激励；
  ◇ 财力：预算；
  ◇ 物力：材料与工具；
  ◇ 网络：将被授权人的职责告知相关人员。

（3）就奖惩达成一致：
- 明确评估标准；
- 明确完成任务的激励；
- 明确未完成任务的惩罚。

第三步：授权的监控

前面我们提到过，以投资的观点看待授权，它是具有一定风险的。授权的成功与否取决于投资者是否愿意承受风险并通过监控降低或避免风险。对于授权的监控主要分为三种：

第一种叫作结果的监控，这是对总体与阶段目标的确定和检查，即衡量被授权人是否按照契约完成了任务。这种监控往往比较容易，因为明确的标准已经在前面的步骤中制定了。

第二种叫作过程的监控，这是对工作流程的监控。例如，某公司要求保安每小时巡逻一次。为了要对这个过程进行监控，公司配置了一种"巡更系统"，在公司大楼的各个角落安装接收器，保安巡逻的过程中每遇到接收器就要利用手中的仪器发出信号，信号被接收器所记录，很好地实现了对保安的监控。

第三种叫作文化的监控，也就是将企业的文化作为约束职工的规范。比如海尔公司的创新文化，每当有发明创造产生，都会以发明者的名字命名。在这样一种氛围内，每个员工都受到了企业文化的感染和激励，自觉地产生创新意识，实现了一种文化上的监控。

第四步：授权的调整

在过程监控完成之后，需要在评估的基础上对授权进行调整。首先要对结果进行归因：要明确内在因素与外在因素的区分，如果被授权人没有完成既定目标，究竟是被授权人能力不够、不努力，还是出现了一些不可抗拒的外界干扰因素，使得任务不能如期完成。

在归因完成之后，要进行相应的调整：究竟是应当奖励还是惩罚被授权人？对其提升还是降职？在今后的工作中应当扩大还是缩小其职责范围？等等。一般来讲，如果是被授权人的能力不行，那么就要考虑重新挑选被授权人了；如果是由于环境的因素导致的任务没有完成，可以考虑给该授权人再一次机会。

授权的影响因素

在授权的过程中,常常会有许多因素使授权不能很好地进行,甚至出现授权的误区。调查发现,以下因素对授权的影响最大:

- 高层领导者的素质水平,即高层管理者愿不愿意授权,或会不会授权。
- 职责分工不明,企业各个层级的领导者没有明确的分工,不清楚各自的权限和职责。
- 公司制度不健全,企业缺乏明确的规章制度要求授权,或缺乏明确的绩效考核标准,授权人对被授权人的业绩难以评估。
- 给团队授权(团队决策权,团队管理自己工作的自主权)的不足会导致对下属个人的授权不足(Chen et al., 2005)。
- 上下级之间的信任,良好的信任关系是授权的保障,如果你不信任下属,又怎能放心地授权呢。
- 团队合作的文化,如果企业能培养一种良好的授权文化,可以使授权行为成为日常工作的常态。
- 员工素质水平,员工水平直接影响授权的成败,员工水平过低,直接的授权只能导致任务完成的失败,给企业造成损失。很多民营企业,创业者在卸任后,由于对职业经理人缺乏信任,将权力授予了能力不足的家族成员,造成了企业进一步发展的失败,这样的例子可谓层出不穷。

总之,授权是一个全方位的、需要整体配合的过程。要想达到最好的授权效果,必须从上级开始到公司制度、企业文化以及下属的素质和能力,这些因素都可能成为制约授权过程和影响授权效果的关键点。

授权的误区

在授权的过程中,还可能存在一些误区,具体表现如下:

- 对被授权人的能力缺少客观评价和历史判断的授权,使承诺无法保障;
- 单方授权,没有达成承诺或者没有明确的承诺,只有不明确的、口头的承诺;
- 不带控制机制的授权,导致权力的滥用;
- 缺乏反馈机制的授权,无法监察授权过程出现的意外问题;
- 有责无权,或者缺乏奖赏与支持;
- 过于关注短期的结果,随意干涉下属的工作;
- 对授权失败归因的误差:无法客观判断外界因素对承诺达成的影响,导致应该继续的授权被终止或应该终止的授权被继续。

授权指南

首先,领导者应该把什么类型的任务授权给下属,即授权的任务类型是什么。

有时将一项任务交给下属完成可能会比领导者亲自完成取得更好的结果。这时应该进行授权。比如,也许下属在某一方面具备更加充分的专业知识,或者有机会获得更加详尽的相关资料;又或者领导者本身有很多要紧的事务要处理,无暇顾及这个任务。在这种情况下,授权是非常好的选择。

我们知道,授权的好处之一是可以培养下属的能力,那么,所授权的任务最好是与下属职业生涯相关的,可以为下属提供一个好的平台发挥自己的优势,迎接挑战,为今后可能遇到的类似工作以及个人发展积累经验。有时这种授权看起来会与下属目前所从事的工作不相关,这就需要领导者的远见卓识,对未来的情况有个正确的估计。

授权的任务难度必须适当,既不能太难,让下属望而却步或者消极对待,甚至产生领导者故意刁难自己的错觉;也不应该太过简单,因为只有适当难度的任务才能带给下属带来挑战,激发他的动机和潜能。

领导者应当授权同时带来愉快和不愉快的任务。有的领导者只把不愉快的任务授权给下属,而把愉快的任务留给自己,这样的授权并不会增加下属的满意感,而且对于下属的发展也没有帮助。相反,有些领导者只分配给下属愉快的任务而独自承担不愉快的任务,这样会使效率降低,而且也会给自己带来本不应有的压力。

企业中有一些事情是必须由经理人亲自完成的。比如,对一些外来的突发事件的处理,必须依靠经理人的权威和经验才能与外界良好地沟通,而这个时候如果仍然授权给下属,不但不能发挥授权的优势,反而会引发不必要的麻烦。

如何授权?在这里,我们给出几点建议,供领导者参考:
- 给下属清晰明确的责任。
- 提供足够的权威和明确的权力界限。
- 明确要求定期汇报。
- 明确下属接受了这一责任。
- 通知其他需要知道的人,如财务部、人事部等相关部门的同事。
- 以合适的方式监控进展。
- 安排下属接收必需的信息。
- 提供支持和帮助,但是避免反授权。所谓反授权,是指由于没有明确下属的职责范围,所以下属无论遇到什么事情都找你,你反而要为他完成任务解决很多的具体问题。
- 犯错误是一次学习的经历,如果确实是因为外界不可抗拒的原因造成的授权失败,可以给下属第二次机会,使得前一次的失败成为以后进一步做好工作的经验。
- 明确地奖赏和认可下属的主动性及风险承担(Appelbaum *et al*., 1999)。

第四节 授权与监控

控制的概念

在上一节中,我们介绍了授权赋能的概念,其中介绍了在授权的同时一定要监控。这一点对于中国的企业尤其重要。人们发现,在中国企业内部进行授权时,经常遇到的问题就是"一抓就死,一放就乱"的现象。即一旦给下属授权了,就有可能导致权力的滥用,其原因一方面是由于中国人做事不注重规则的执行而重视情和理法,另一方面中国管理者的素质有待进一步提高。正如一些合资企业的管理者所抱怨的,在中国,一般水平的劳动力是过剩的,但既有一定管理能力又有良好的职业道德素养的中层管理人员却相对缺乏。所以,很多下属被赋予了一定的权力之后,不能很好地完成相应的责任与义务。同时,一旦出现授权的失误,中国企业领导者的习惯做法是马上收权,马上"治理",马上"严查",从而造成"一抓就死"的现象发生。

事实上,领导一个组织,授权赋能固然重要,然而同样不可或缺的还有控制(control)。很难想象在一个有效的组织管理中,只有授权赋能而没有控制。没有控制的授权赋能必然使组织走向混乱和冲突,并导致授权赋能的失败,因而从这个意义上来说,适当的控制是授权赋能的条件和保障。因而有必要像研究授权赋能一样研究控制。在 Zhang 等(2007)的研究中,权力的分享与控制不但互不矛盾,而且起到相互促进的作用。具体来讲,权力的分享可以使下属产生心理上的授权赋能感(psychological empowerment)。而适当的结果控制和过程控制可以加强这一效果。也就是说,在下属感受到领导者控制的情况下,权力的分享可以导致更高水平新的心理授权赋能感。其中一个可能的解释是,领导者对过程及结果的适当控制,可以被员工知觉为领导者的关心与指导。领导者既然已经授权给下属,同时又表现出对下属的关心,进一步表明了领导者对下属的重用。下面我们首先介绍一下国外有关控制的研究。

实际上,如同对授权赋能概念的认识一样,国外学者对于控制概念的认识也未达到统一,但对控制已不再是简单的监督这一层面的认识已经达成了共识。Baddeley 等(1996)将控制过程分为三个步骤:① 衡量实际绩效;② 将实际绩效与标准绩效进行比较;③ 采取管理行动来纠正偏差或不适当的标准。Tannenbaum 和 Schmidt (1973)将组织中的控制看作人际的影响过程,这个控制的概念扩充了经典的"控制"的意义,并与其他学者一起为控制的概念中引入了"信任""关注""引导"等含义。正是这种含义上的扩充才形成了参与式管理及权力的平等理论(power equalization theory)(McMahon & Perritt, 1973)。在此基础上,Tannenbaum 和 Schmidt (1973)提出,组织中的控制的结构可以用控制的总量和控制在管理层级间的分布即控制分布来描述,以便于考查控制对于组织效果的影响。在综合了 Tannenbaum 等人工作的基础上,McMahon 和 Perritt(1971,1973)提出了控制的结构可分为三个方面,即控制的总量、控制的分布与控制的一致性,通过这三个方面来考察控制对组织、团队及个体的影响。

由于授权赋能以及控制概念的多样性,国外学术界对授权赋能和控制对员工的工作绩效、工作满意度、组织公民行为等影响的一些研究结果并不完全一致,并且对于授权赋能与控制关系的实证研究较少。国内对于授权赋能、控制等的研究还较少。一般将授权赋能(empowerment)的概念等同为授权或委托(delegation),即上级将权力授予下属,没有包含组织层面和心理层面的其他内容。在控制的概念中也没有类似信任、关注、引导等含义。对于授权赋能和控制对员工的工作绩效、工作满意度、组织公民行为之间的影响问题没有相关的研究。随着改革开放的深入,我国的经济、社会文化发生了深刻的变革,知识经济、社会民主、以人为本已经成为社会发展的潮流。因此,企业也必须在领导方式等方面进行适当的变革,改变过去那种单纯的以层级、命令为基本特征的领导方式,更多采用授权赋能。同时要改变控制的概念、内容及方式,提高员工工作的积极性、创造性和主动性。这对于一些效率低下、管理不善的国有企业而言,更具有深远的意义。

控制的形式

我们上面已经介绍了,控制可分为行为控制(过程控制)与结果控制(目标控制)(Ouchi,1978)。对于行为控制而言,只有当技术可以区分好的或适当的行为时,才是可行的;对于结果控制而言,只有当可观察的结果能有效代表所要达到的目标时,结果控制才是可行的。行为(过程)测量是主观的,因而行为控制是细微的、灵活和丰富的,在通过组织层级传递时容易损失。结果控制往往是定量的,但在获取诸如部门的所有细节性信息时就无能为力了,因而只能满足组织一定的业绩测量,不能提供更加详细的信息,但在组织的层级之间传递时不容易发生损失。当然,无论控制是基于行为还是结果,行为始终都是反馈和改变的最终目标。所有的控制最终都是行为的控制。

刘学(2001)认为,对于下属行为及结果的控制而言,行为及结果的可观察性、可区分性非常重要,是判断内部控制是否有效的标志。当下属的行为或结果可观察、可区分时,行为或结果控制都有效。在下属行为过程不可观察、结果虽然可观察却无法区分的情况下,简单的行为控制和结果控制都难以奏效。过程不可以观察,意味着外在的监督机制(行为控制)失效;结果无法区分,意味着外在的激励机制失效。

控制的意义

科学管理之父弗雷德里克·温斯洛·泰勒(Frederick Winslow Taylor)将控制作为他的钢铁厂试验的最初目的。他在1906年的演讲中指出:将控制权从工人的手中完全转移到管理者手中,就是经验管理过渡到科学控制。Copley(1923)指出控制是科学管理的中心思想。Drucker(1974)、Litterer(1966)指出,管理控制包括两部分,一部分与通过对员工活动的指导所取得的有效控制结果有关,另一部分与预期结果的评价和是否采取必要的校正措施有关。基于这种两分法，许多学者对于控制的定义是限于监控活动的结果、检查该结果的反馈信息并决定是否采取必要的改正措施。比如 Kohn 等（1976）对于控制的定义是：通过持续、相伴的信息传播系统或信息流而实现长久的、循环的计划、执行、比较、校正的过程。Reeves 和 Woodwark（1970）等认为，学者对于控制一词的使用比较模糊，因为控制中应当还含有引导（direct）的含义。由此，控制的概念超越了传统的基于命令和监控的概念范畴。1972 年，Koontz 和 O'Donnell（1972）在前人工作的基础上提出了管理控制的十二条原则，进一步完善了经典的管理理论。

McMahon 和 Perritt（1971,1973）从心理的层面研究控制，他们认为 Tannenbaum 将控制分为两维结构存在一致性的缺陷，因为处于不同管理层级的管理者对于各层级的控制的知觉可能是有差异的，为了衡量这个差异性，应当增加第三个维度，即一致性（concordance）。一致性定义如下：在组织的控制结构中，各层级的知觉的一致性程度，也就是根据不同的管理层级中的管理者（高、中层）对整个组织中不同层级的管理者（高、中、低层）制定相应的控制曲线，三条控制曲线间的差异就是一致性程度。在综合了 Tannenbaum 等人工作的基础上，他们将控制的结构分为三个方面，即控制的总量、控制的分布与控制的一致性。对于控制总量的测量，他们采用 Tannenbaum 的办法，即将三个管理层级的总分加总；控制分布的测量是通过对构成控制曲线的三个点（高、中、低层）进行最小二乘法回归来计算；一致性的测量是在每一个管理层级上累计三条控制曲线间的偏差而得。

McMahon 和 Perritt（1973）经过实证分析认为，工作满意度与控制的分布（按权力的平均化分布）与高的总控制量之间的相互作用相关；绩效评价与高的总控制量直接相关，也与高的控制一致性和控制按权力平均分布的相互影响有关。沟通和内部合作与高的总控制量直接相关，还与高一致性与控制分布的相互作用相关；工作自主性（autonomy）与控制按权力平均化的分布直接相关；工作压力与总控制量直接相关；总的管理支持和高的总控制量与控制分布的相互作用直接相关。Tannenbaum 和 Schmidt（1973）还认为，对于组织的效果而言，控制的三个因素即控制的总量、控制的分布、控制的一致性不是独立的变量，它们通过组合的影响对组织的效果产生作用。

一些研究者（Creed & Miles，1996；Spreitzer et al.，1999）认为，传统的基于命令和监控的控制系统已经不适应现代的竞争环境。传统的控制理论来源于 19 世纪的管理哲学，即强调职位与序列的有限竞争。委托—代理理论、交易成本经济学（transactions cost economics）是其理论基础，认为人们是不可信任的并且是机会主义的（Creed & Miles，1996）。以这样的控制系统来管理授权赋能情境下的员工显然是行不通的。同时，在团队工作的情境下，很难评价个人对业绩结果的具体贡献。而企业的精简性裁员，使得管理的跨度增大，越来越少的管理者管理着越来越多的下属，使得传统的监督工作变得非常困难，于是以信任为基础的新控制理论应运而生。

Spreitzer 等（1999）在管理控制理论中引入了信任的变量，用以解决控制所固有的矛盾：怎样使得管理者抛弃这样的概念，即失去了传统的控制机制，事情就会失控。

Spreitzer 等(1999)提出用信任和信任的两个替换变量(two substitutes for trust)来取代传统的控制机制。Mayer 等人认为,当管理者对员工的直接监督(包括过程及结果)不可行时,信任就变得更加重要。管理者对下属的信任意味着管理者相信下属关注组织的目标并且能够做出高质量的决策,也意味着管理者认为下属的行为可信赖、目的是诚实的。学者们认为这些信任缓解了管理者对于授权赋能的担心,使得他们更愿意对下属进行授权赋能。Mayer 等(1995)还认为,管理者在工作关系中所愿承担的风险不仅取决于管理者对下属的信任水平,还受到影响风险知觉的情境因素的作用。这些情境因素可以被视为非个人的信任替换,可以减小工作关系中内在的风险。这两个替换变量分别是:① 取得和发布绩效信息;② 通过激励系统定位员工与组织的利益。这两个信任的替换变量(substitutes for trust)有助于减少管理者对下属参与决策的担心(Mayer et al., 1995)。

首先,基于下属业绩的信息的发布(反馈给管理者和下属自己)有助于减少投机行为。与传统的监控下属行为相比,关注绩效结果的方法对于下属的侵扰更少。这样的信息反馈允许下属采取适当的措施以取得指定的绩效结果。其次,激励系统可以使下属产生责任心,使得下属的自利行为最小化。激励系统将下属的经济命运与企业的利益紧密联系在一起,给下属以准确的定位。

学者们认为管理者对下属的信任能够增强他们允许下属参与决策的信心。Lawler(1986)指出,下属的参与决策要求自身可以被信任能够对组织的工作做出重要的决策。Mayer 等人提出,信任有助于管理者采取自我指导工作团队和授权赋能的领导方式。

Flamholtz(1979)继续从人际的影响过程来研究组织的控制系统。他认为,管理者对组织成员的控制是通过组织的控制系统来实现的,组织的控制系统由一系列机制组成,这些机制的建立是为了促进人们的行为指向组织目标。控制的目的不是以指定的方式来控制人们的行为,而是通过影响他们的决策和行动,使个体或团队的目标与整个组织的目标保持一致。

Flamholtz 提出,组织的控制系统由四个管理职能:① 促进个体或团队的目标与组织的目标相一致,防止它们出现冲突;② 协调组织中不同群体的努力方向,并使它们相一致,这在大型的组织中更加重要;③ 在保证组织目标得以实现的同时,允许日常经营中的分权化,分权化使得组织的管理者拥有一种总结管理、减少对上层依赖的机制;④ 控制系统通过反馈来识别问题。

Flamholtz 认为,在一个控制系统中有五个基本要素:

第一,组织的目标(goals)。组织的所有活动都是为了取得计划目标的完成。组织的目标包括终极目标与有重要作用的具体目标。组织的目标既是努力的结果,也是引导人们行为的手段。目标应当是可测量的。

第二,标准(standards)。标准是为了实现组织的既定目标而要达到的绩效。标准可以用来设立需要的绩效水平,可以来激励绩效,还可以用来作为评价实际绩效的基准。从控制系统的角度来说,标准有利于事前及事后控制。在事前控制中,标准是一种业绩的激励。在事后控制中,标准用于评价、奖惩实际的绩效。

第三,测量(measurement)。测量是对组织的行为和绩效的性质赋予数值的过程,是针对组织目标的各个维度而进行的。对于组织控制系统而言,测量涉及两个方面。首先,数值可以用来监测在实现组织目标的过程中所完成的绩效的程度,目的是提供一个正确的反馈,并为绩效评价提供基础,这是测量的信息功能;其次,对于测量功能而言,关键不在于赋予的数字,而在于测量过程本身。测量将影响人们的行为,这称为测量的过程功能。对于有效的控制系统而言,所有主要的目标都要测量。

第四,评价系统(evaluation system)。评价系统包括对应组织目标的所有个体、团队的绩效。评价系统以测量系统为基础,评价是激励的基础。

第五,奖励系统(reward system)。奖励是对行为结果的奖励,可以是内在的或外在的。控制系统所提供的奖励包括报酬、提拔、认可(compensation, promotion, recognition)是为了激励组织所期望的行为,这种行为有助于组织目标的实现。同时,这种奖励还强化正面的绩效,调整负面的绩效。根据心理学家的研究,奖励必须要兑现,并且要及时兑现。

总之,Flamholtz的控制理论认为:在组织管理过程中,控制系统取代了管理者个人的控制。控制系统是用以影响一个组织中成员的行为的机制,包括目标、标准、测量、评价和奖励五个部分。为了激励人们为了组织的目标而努力、为了协调组织中各方的努力方向、为了提供问题的反馈,控制系统是必不可少的。对于一个有效的控制系统而言,必须考虑到目标的现实性、组织成员的目标与组织整体目标的一致性。

授权与控制的统一

正如上面所介绍的,领导者一方面要将权力给予下属,使他们独立承担责任与义务,可以更好地调动他们的积极性;另一方面,也要对他们进行适当的监控。这种监控可以让下属感到领导者的信任、指导与关心。在中国这样一个注重人情,注重人际关系、社会网络的社会,人与人之间具有很强的依赖性(interdependent)。上下级角色中的下属对与上级的关系更加重视。从这个角度来讲,领导者的主动监控,会使下属更容易感受到自己在此关系中的重要性,从而引发内在激励的效果。由此在领导者的行为中,控制的内容已经升华,它超越了传统的监督、监控的功能,不单纯以制约授权而存在。它增加了关注下属、使下属产生内在工作动机的因素。由此,我们可以看出,既给下属权力又同时施以适当的监控,会让下属产生上一节所介绍的授权赋能的感知,我们称这样的领导者为授权赋能型领导。

如果一名领导者只注重授权给下属,而没有给予适当的监控,这样的领导者,我们称之为放任型领导。只注重监控,而不给下属充分的权力的领导者,我们称之为控制型领导。最后,既没有授权行为,又没有监控行为的领导者被称为传统型领导,如图6-5所示。

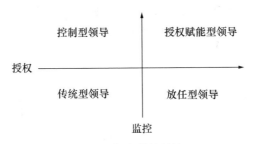

图 6-5 授权与监控的统一

你属于四种类型中的哪一种呢？请参照本章之后的自测题进行一下自评。

授权赋能型领导在中国的实践

结合授权赋能型领导的概念以及中国企业的特点，中国企业领导者在实施有效的授权赋能行为时要注意：

首先，应当进一步加强授权和控制理论的学习，转变领导观念，完整理解和把握授权赋能、控制的思想内涵和具体实践方法，这是做好授权赋能的基础。授权赋能不是简单地下放权力，而是既授权也授责，更重在提高下属的自我效能感。领导者对下属的控制不只是监控，还含有引导与鼓励的内容。领导者在授权赋能时，必须把握好授权赋能与控制的平衡的问题。没有授权赋能的领导行为无法有效地激发下属的自我效能，而没有对下属适当控制的授权行为容易导致被授权组织或个人的局部目标与组织的整体目标的冲突。平衡的授权与控制可以有效地提升下属的自我效能，提高下属的个人绩效并防范企业内部的利益冲突。实证研究发现，领导者的授权、控制行为对下属的个人绩效有着显著的影响。

其次，授权赋能是为了激发下属的自我效能感，提高其工作的投入度，达到所谓"不待扬鞭自奋蹄"的效果。研究发现，中国企业员工的投入度与其工作感受、受到的待遇及其情绪有很大关系。因此，企业的领导者为了做好授权赋能，提高员工投入度，需要表达出对员工的关心，并关注员工的情绪与感受。在中国的企业情境下，员工并不反感家长式领导的做法，即施恩与威权并重，以爱护家人般的态度和心境向员工表达出个性化的关心、尊重与理解，关注他们的感受。即使对下属控制时也要有这样的内涵，这是领导授权赋能行为的一部分。

最后，国内企业的领导者对下属授权赋能的前提是信任该下属。但这种信任关系应当建立在工作的基础上。一些企业的领导者信任以个人关系为基础的"圈内人"，往往把他们作为授权赋能的对象，而对于"圈外人"则很不信任，在对他们进行授权赋能方面有所保留。作为企业的领导者应当打破"圈子"界限，主动接近、了解所有下属。对所谓"圈子"以外的下属，领导者应当首先检视自己，有没有"圈子"意识，有没有戴有色眼镜看人，有没有通过信任来激励下属。领导者应该相信下属的能力，相信他们拥有更多的一线信息、解决具体问题的经验也更多，能够更科学、更出色地完成工作。通过授权赋能，领导者的能力通过下属得以放大,使下属更加积极、主动地处理问题,使得领导者更多、更快、更好地完成工作,并且通过授权把具体的工作分派出去,让领导者从一个更高的层面来统领全局。

总之,无论国外的企业管理理论如何先进成熟,都是在西方市场经济背景下和独立、自由及平等的价值理念下发展而来的。众所周知"南橘北枳"的道理,因而中国企业的管理者必须探索适合自身经济文化背景的理论和实践经验,也就是我们一直在倡导的适域观点。因此,中国企业的领导者在进行授权赋能时,需要领导者具有成熟的思想、开阔的胸怀、对下属的信任、娴熟的沟通与控制技巧和足够的信心,需要考虑到传统文化对员工潜移默化的影响,不但实施授以自主权、参与决策等与西方相似的行为,而且实行家长式领导,工作上帮助,生活上关心,个人成长上引导。总之,授权、个性化关怀、控制三者并行,才是真正完整有效的中国企业领导者的授权赋能行为。

案例　茅理翔:家族企业管理巨变

在中国家族企业的发展史上,方太一直占据重要的地位。1992年邓小平南方谈话,将中国的改革开放推向了一个新的高潮。家族企业更以雷霆万钧之势蓬蓬勃勃地发展起来,对中国的经济发展做出了巨大的贡献。方太集团的创始人茅理翔作为一个直接参与者、实践者和探索者,更是深有感触。方太集团在1985—1995年进行第一次创业,1996—2006年进行了第二次创业。正好跨越了这历史性的15年,经历了家族企业的六大管理巨变。方太集团意识到:一定要将家族企业这个"家"放大,变成大家文化。大家文化是一种讲社会责任的文化,是符合时代经济潜规则的文化,是一种聪明的竞争文化。

家族企业创业初期,是创业企业家一人打拼天下,家里人辅佐,一个人说了算、直线指挥、决策快、机制活、执行力强、团队合作好。有初级的制度,但制度服从于人治。但随着市场竞争的加剧,企业规模的扩大,传统家族企业的弊病也越来越明显——管理粗放。

家族矛盾、排斥人才、战略模糊,严重制约了民营企业的发展。大家都感到很困惑,都在探索新的出路。有的民营企业家与管理专家联手将自己的企业改造成股份制,建立现代企业制度,有的成功了,有的失败了。

然而方太集团在这个过程中,慢慢地探索出了一条自己的路子。方太集团的家族企业,不像人们想象的大权一手在握的独裁统治,而是一种先进的分权思想。1999年茅理翔写了一篇"淡化家族制"的文章,提出建立现代家族制管理模式,将西方的现代管理思想、方法、制度引进来与中国传统文化和传统家族企业的优势进行嫁接,是边探索边实践,在方太集团初步建立了现代家族制卓越管理模式。这个模式的特点是,企业是家族的,管理是现代的,引进了大批非家族职业经理人来经营企业,引进国际上最先进的管理制度和体系与方太集团进行对接。

茅理翔认为:管理以人为本,人是管理的主体。传统管理将人当成赚钱的工具,希望员工能无私奉献,拿最少的工资福利能做出较大的贡献。对人才只用家里人,不用外人,

即使用了,只使用,不重用。而方太集团的人才观发生了巨变:

(1) 开放用人。总经理以下所有的中高层干部均为非家族职业经理人,很多都是从跨国公司过来的顶级人才。

(2) 尊重、信任、有职、有权。方太集团的授权做法非常彻底。对部级经理人三权(职能权、人事权、审批权)下放。连几千吨钢板的采购权都放给了生产总监和采购部长,几千万元的广告费也放给了市场总监。这在一般民营企业是不可思议的。

(3) 人人都是人才。方太集团愿景的第一条:帮助每一个方太人成功。这与15年前相比是一个巨大转变。方太集团有一个"阳光计划",每年向大学招50名应届毕业生,集中培训六个月,然后人力资源部进行职业生涯设计,跟踪培养干部。还搞了一个飞翔计划,对普通员工进行全面培训。方太集团一年花费300多万元在培训上,进行全员培训。

(4) 员工参与管理。现在的年轻人文化水平高了,民主参与管理的意识非常强烈。在第一次创业时,茅理翔也没有意识到这个问题,根本不把这当成一回事,但现在方太集团开设了一个方太驶舰网,可以把建议、批评、抱怨等直接反映到网上。去年收到的合理化建议多达1065条。如果从中发现管理上的不足,管理层会主动改进。每半年方太集团还进行一个职工满意度调查,进而改善管理。

方太集团鼓励有本领的员工毛遂自荐,还有意识地把一些几十万元、几百万元的规模型项目交给那些有能力的人去经营管理,让他们独当一面,在重要管理活动中成长。一般人肯定不能理解这种投资,认为这样的投资未免过于奢侈,风险也太大,但这种方法是锻炼和检验一个人是否成才的试金石。

茅理翔认为授权恰恰是塑造员工忠诚度的最好工具。这意味着管理者不再仅仅履行管理职责,而是充当教导者、启发者的角色,与员工一起来讨论员工的工作目标、流程、计划等实务,让他们学会自我管理、自我约束。"实现最好的管理就是没有管理之境界"就是指,一切行为都靠员工自觉,同时认真听取员工对工作和企业的看法,积极采纳员工提出的合理化建议,使企业环境更为员工满意。"员工参与管理会使工作计划和目标更加趋于合理,增强员工的积极性,提高工作效率,更重要的是增强员工对企业的认同感和参与感,这一切都需要企业充分放权",茅理翔如是说。

一个企业将目标定在为自己赚钱上,在当代竞争社会中是站不住脚的。一定要将家族企业这个"家"放大,变成大家文化,这样才真正符合市场经济的潜规则。所以方太集团使命所提出的"让家的感觉更好"是以顾客为中心的,让每个相关利益者即顾客、员工、合作伙伴、股东的感觉都更好。在这个过程中体现出来的员工参与和领导者授权,实际上也是一种聪明的文化。

讨论题

(1) 你如何看到茅理翔表现出来的员工参与管理和领导授权的思想？你认为他真的授权了么？授权的尺度应该如何把握？

(2) 针对中国的家族企业，或者更广意义上的民营企业来说，你认为参与式领导和授权的意义及可行性如何？

 自测题

在以下各题中，请对自己的行为进行评估，在每一道题目后面最能代表你的选项上画圈。

	非常不同意	不同意	不确定	同意	非常同意
1. 当我的下属在工作中遇到困难时，我会及时给予帮助	1	2	3	4	5
2. 我经常鼓励下属，以增强他们的信心	1	2	3	4	5
3. 对于下属工作中的失误，我勇于承担责任	1	2	3	4	5
4. 我相信下属能够做好他们的工作	1	2	3	4	5
5. 我对下属工作给予足够的支持	1	2	3	4	5
6. 我给下属相应的权限，让他们在工作中能够自主决策	1	2	3	4	5
7. 我不干涉下属职权范围内的工作	1	2	3	4	5
8. 我充分授权，让下属全面负责他所承担的工作	1	2	3	4	5
9. 我向我的下属和其他下属明示该下属的职权范围	1	2	3	4	5
10. 我让下属承担工作责任的同时，还赋予他们相应的权力	1	2	3	4	5
11. 我经常与下属共同探讨有关工作的事情	1	2	3	4	5
12. 在做决策时，我尊重和重视下属的建议	1	2	3	4	5
13. 我经常创造机会使下属能充分发表自己的意见	1	2	3	4	5
14. 在工作中遇到问题时，我积极倾听下属的意见和建议	1	2	3	4	5
15. 涉及下属和他的工作时，我做决策前会征求他的意见	1	2	3	4	5
16. 我经常对下属委以重任	1	2	3	4	5
17. 我经常给下属提供培训和学习的机会	1	2	3	4	5
18. 我很关心下属的个人成长和职业生涯的规划	1	2	3	4	5
19. 我经常为下属创造露脸和锻炼的机会	1	2	3	4	5
20. 我允许下属工作中失误，使他们能够从中学到东西	1	2	3	4	5

(续表)

	非常不同意	不同意	不确定	同意	非常同意
21. 我会严肃地指出下属工作中的过错	1	2	3	4	5
22. 我经常询问下属的工作进展情况	1	2	3	4	5
23. 我经常和下属就工作进展情况进行沟通	1	2	3	4	5
24. 我会定期抽查下属的工作是否在顺利地进行	1	2	3	4	5
25. 我为下属设定清晰的工作职责及程序	1	2	3	4	5
26. 我注重工作目标	1	2	3	4	5
27. 我为下属设定工作目标,并要求他们确保完成	1	2	3	4	5
28. 我让下属明确公司总体目标	1	2	3	4	5
29. 我对下属的工作目标都有具体考核指标	1	2	3	4	5
30. 我注重工作结果	1	2	3	4	5
31. 我按时考核下属的工作是否完成	1	2	3	4	5
32. 我会因为下属工作任务完成出色而为他争取加薪的机会	1	2	3	4	5
33. 我会因为下属工作任务完成出色而为他争取升职的机会	1	2	3	4	5
34. 我会因为下属完成工作目标而给以肯定	1	2	3	4	5
35. 我会因为下属没完成工作目标而给以批评	1	2	3	4	5

参考文献

［1］刘秀英、王丽:"企业中的授权与分权",《环球科技经济瞭望》,2004 年第 5 期,第 15—16 页。

［2］刘学:"过程不可观察与结果不可区分条件下的组织控制",《经济管理》,2001 年第 20 期,第 35—38 页。

［3］宋铭:"授权艺术——企业领导者的必修课",《软科学》,1994 年第 4 期,第 56—57 页。

［4］Adams, J. S., "Inequity in Social Exchange", In: L. Berkowitz (Ed.), *Advances in Experimental Social Psychology*. New York: Academic Press, 1965.

［5］Anthony, W. P., "Participative Management", *Reading*. MA: Addison-Wesley, 1978.

［6］Appelbaum, S., Hébert, D., & Leroux, S., "Empowerment: Power, Culture and Leadership—A Strategy or Fad for the Millennium?", *Journal of Workplace Learning*, 1999, 11 (7), 233—254.

［7］Baddeley, A., Sala, S, D, & Robbins, T. W., "Working Memory and Executive

Control (and Discussion)", *Philosophical Transactions: Biological Sciences*, 1996.

[8] Blau, J. R., & Alba, R. D., "Empowering Nets of Participation", *Administrative Science Quarterly*, 1982, 27, 363—379.

[9] Blauner, R., *Alienation and Freedom*. Chicago: The University of Chicago Press, 1964.

[10] Burke, W., *Leadership as Empowering Others*. San Francisco: Jossey-Bass, 1986.

[11] Zhang, Y., Chen, C. C., & Wang, H., "Bounded Empowerment: Main and Joint Effects of Supervisory Power Sharing and Management Control", *Academy of Management Conference*, 2007, Philadelphia.

[12] Chen, G., Kirkman, B., Kanfer, R., & Allen, D., "A Multilevel Quasi-experimental Study of Leadership, Empowerment, and Performance in Teams", *Academy of Management Proceedings*, 2005, (1), D1—D6.

[13] Conger, J. A., & Kanungo, R. N., "The Empowerment Process: Integrating Theory and Practice", *Academy of Management Review*, 1988, 13, 471—482.

[14] Copley, F. B., "Frederick W. Taylor: Father of Scientific Management", *Taylor Society*, 1923.

[15] Creed, W., & Miles, R. E., "A Conceptual Framework Linking Organizational Forms, Managerial Philosophies, and the Opportunity", *Trust in organizations: Frontiers of Theory and Research*, 1996.

[16] Daft, R. L., *The Leadership Experience* (2nd ed.). Orlando, FL: Harcourt College Publishers, 2002.

[17] Drucker, P. F., *Management: Tasks, Responsibilities, Practices*. New York: Harper & Row, 1974.

[18] Fadare, S. O., "Participative, Transformational, and Transactional Leadership in the United Kingdom, Nigeria and France", *Australian Journal of Business and Management Research*, 2013, 3(7), 18—n/a. Retrieved from https://search.proquest.com/docview/1503062100?accountid=13151

[19] Flamholtz, E., "Organizational Control Systems as a Managerial Tool", *California Management Review*, 1979, 22, 50—59.

[20] Gyu Park, J., Sik Kim, J., Yoon, S., & Joo, B., "The Effects of Empowering Leadership on Psychological Well-being and Job Engagement", *Leadership & Organization Development Journal*, 2017, 38(3), 350—367.

[21] Hackman, J. R., & Oldman, G. R., *Work Redesign*. MA: Addison-Wesley, Reading, 1980.

[22] Hassan, S., Mahsud, R., Yukl, G., & Prussia, G., "Ethical and Empowering

Leadership and Leader Effectiveness", *Journal of Managerial Psychology*, 2013, 28(2), 133—146.

[23] Herzberg, F., Mausner, B., & Snyderman, B., *The Motivation to Work*. New York: Wiley, 1959.

[24] Huang, X., Iun, J., Liu, A., & Gong, Y., "Does Participative Leadership Enhance Work Performance by Inducing Empowerment or Trust? The Differential Effects on Managerial and Non-managerial Subordinates", *Journal of Organizational Behavior*, 2009, 31(1), 122—143.

[25] Kahneman, D., & Tversky, A., "Prospect Theory: An Analysis of Decision Under Risk", *Econometrlca*, 1979, 47, 263—291.

[26] Kohn, M. G., Manski, C. F., & Mundel, D. S., "An Empirical Investigation of Factors Which Influence College Going Behaviors", *Annals of Economic and Social Measurement*, 1972, 5, 391—419.

[27] Koontz, H., & O'Donnell, C., *Principles of Management: An Analysis of Managerial Functions*. New York: McGraw-Hill Education, 1972.

[28] McCLelland, D. C., *The Achieving Society*. New York: Van Nostrand Reinhold, 1961.

[29] Lam, C., Huang, X., & Chan, S., "The Threshold Effect of Participative Leadership and the Role of Leader Information Sharing", *Academy Of Management Journal*, 2015, 58(3), 836—855.

[30] Lawler, E. E., *High-involvement Management: Participative Strategies for Improving Organizational Performance*. San Francisco: Jossey-Bass, 1986.

[31] Lawler, E. E., "Strategies for Involvement", *Academy of Management Executive*, 1988, 2, 197—204.

[32] Litterer, J. A., "Conflict in Organization: A Re-Examination", *The Academy of Management Journal*, 1966, 9, 178—186.

[33] Mainiero, L. A., "Coping with Powerlessness: The Relationship of Gender and Job Dependency to Empowerment-strategy Usage", *Administrative Science Quarterly*, 1986, 31, 633—653.

[34] Maslow, A., *Motivation and Personality*. New York: Harper & Row, 1954.

[35] Mayer, R. C., Davis, J. H., & Schoorman, F. D., "An Integration Model of Organizational Trust", *Academy of Management Review*, 1995, 20, 709—735.

[36] McMahon, J. T., & Perritt, G. M., "Toward a Contingency Theory of Organizational Control", *Academy of Management Journal*, 1971, 8, 169—182.

[37] McMahon, J. T., & Perritt, G. M., "The Control Structure of Organizations: An

Empirical Examination", *Academy of Management Journal*, 1973, 14, 327—340.

[38] Li, N., Chiaburu, D., & Kirkman, B., "Cross-Level Influences of Empowering Leadership on Citizenship Behavior", *Journal of Management*, 2017, 43(4), 1076—1102.

[39] Ouchi, W., "The Transmission of Control through Organizational Hierarchy", *Academy of Management Journal*, 1978, 21, 173—192.

[40] Reeves, T. K., & Woodward, J., "The Study of Managerial Control", *Industrial Organization: Behaviour and Control*, Oxford, 1970.

[41] Rousseau, V., Salek, S., Aubé, C., & Morin, E., "Distributive Justice, Procedural Justice, and Psychological Distress: The Moderating Effect of Coworker Support and Work Autonomy", *Journal of Occupational Health Psychology*, 2009, 14(3), 305—317.

[42] Somech, A., "The Effects of Leadership Style and Team Process on Performance and Innovation in Functionally Heterogeneous Teams", *Journal of Management*, 2006, 32(1), 132—157.

[43] Spreitzer, G. M., De Janasz, S. C., & Quinn, R. E., "Empowered to Lead: The Role of Psychological Empowerment in Leadership", *Journal of Organizational Behavior*, 1999, 20, 511—526.

[44] Tannenbaum, R., & Schmidt, W. H., "How to Choose a Leadership Pattern", *Harvard Business Review*, 1973, 36, 95—101.

[45] Vroom, V. H., *Work and Motivation*. New York: John Wiley, 1964.

[46] Walumbwa, F., Hartnell, C., & Oke, A., "Servant Leadership, Procedural Justice Climate, Service Climate, Employee Attitudes, and Organizational Citizenship Behavior: A Cross-level Investigation", *Journal of Applied Psychology*, 2010, 95(3), 517—529.

[47] Wang, H., Lee, C., & Hui, C., "I Want to Be Included: Sources of Perceived Insider Status and Why Insider Status is Important", *Asia Academy of Management Conference*, Tokyo, 2006.

[48] Zhang, Y., LePine, J., Buckman, B., & Wei, F., "It's Not Fair... Or Is It? The Role of Justice and Leadership in Explaining Work Stressor-Job Performance Relationships", *Academy Of Management Journal*, 2013, 57(3), 675—697.

[49] Zimmerman, M. A., "Psychological Empowerment: Issues and Illustrations", *American Journal of Community Psychology*, 1995, 23, 581—598.

第七章　领导—部属交换

本章导读

通过本章的学习,读者将了解到领导者影响部属的一个非常重要的途径就是通过与部属建立高水平的领导—部属交换关系,从而更好地激励部属,使他们对企业表现出积极的态度,创造高水平的业绩。高水平的领导—部属交换需要领导者与部属之间相互喜欢、忠诚、尊重,愿意为对方做出超过自己职责范围的努力。西方的领导—部属交换只局限在工作范畴,而在中国企业环境下,"关系"等文化特点无疑会影响到领导者与部属之间建立高水平的交换关系。

开篇案例

1996年,麻省理工学院物理学博士毕业后的张朝阳在风险投资支持下创建的爱特信公司,成为中国第一家以风险投资资金建立的互联网公司;1998年2月25日,爱特信正式推出"搜狐"产品,并更名为搜狐公司,张朝阳也一度被称为"互联网之父"。目前,搜狐作为中国最领先的新媒体、通信及移动增值服务公司之一,业务广泛覆盖了搜索引擎、输入法、游戏、媒体资讯、社交等方方面面。

张朝阳最大的领导风格是真实,无论对高管团队还是普通员工,都以最真实的面目示人,营造信任的氛围。"我性格上最大的特点就是,追求真实到了一种残酷的地步。无论对自己还是对别人。不能忍受半点不真实。我要求无论自己还是他人,都要诚实,不讲假话。有人讲某些话时,可能他并没有讲假话,但他话语的背后隐藏着某种心理,当他的某种心理状态在作怪时,我不能忍受,会给他剥出来。"

众所周知,在中国互联网江湖,搜狐系高管全局能力强、执行彪悍、创业成功率高是出了名的。譬如,优酷创始人古永锵、人人网创始人陈一舟、爱奇艺创始人龚宇、56创始人王建军、酷6创始人李善友等。属下人才辈出,这和张朝阳的放权管理是分不开的。试问,如果老板不信任高管、事无巨细地盯着,属下怎么可能这样杀出来?搜狐的用人文化就是"证明文化",只要你证明了自己,那么就建立了信任,老板就放手让你做事!

在搜狐的很多老员工眼里,张朝阳是个好人,随性温和,不伤害他人,对下属宽容信任。而好人文化,也是搜狐倡导的员工企业文化。员工价值是诚信公正、以德为本,倡导诚信,做一个好人。搜狐曾经的员工,酷6网原CEO李善友说"离开搜狐的人都很怀念张老板,再也遇不到像他那样给予下属宽松信任的空间的老板了"。

搜狐的成功离不开张朝阳的领导,他用自己的真诚与部属建立相互信任,通过相互忠诚的关系来激励部属,因此创造出了搜狐骄人的业绩,也培养出了一批互联网的大佬。很多学者的研究结果也证明,领导者激励部属、促使部属业绩提高、满意度增加的一个重要方法就是与下属建立信任关系(Posdakoff et al., 1990),发展高水平的领导—部属交换水平(leader-member exchange, LMX)(Wang et al., 2005)。值得注意的是,领导—部属交换理论完全是一个西方的概念及理论,与中国的"关系"存在很大不同,前者完全着重于工作的关系,而后者表现为一定的工作之外的人际交往与特定联系的存在。然而,领导—部属交换完全适用于中国的企业环境,正如张朝阳所能做到的那样,通过改善与部属的交往关系,从而达到激励下属的目的。在本章中我们就着重介绍领导—部属交换理论及其对部属业绩、对组织的态度等工作结果变量的影响。

第一节 领导—部属交换理论

领导—部属交换的概念及理论

有关领导研究的结果一直都表明,领导效果的好坏一直是员工士气与组织绩效的重要影响因素。而领导效果的好坏则取决于一定时期内领导者与其部属之间的互动与影响。20世纪70年代,Dansereau等(1975)、Graen(1976)、Graen和Cashman(1975)等学者提出了领导—部属交换理论。无论在对领导效果的解释上还是在对离职率等结果变量的预测上,领导—部属交换理论都有明显的优势。40多年来,该理论吸引了众多研究者进行理论探讨和实证研究,并已成为西方有关领导研究的前沿领域。

在Graen和Dansereau提出领导—部属交换以前,对领导行为的研究主要聚焦于领导者,通过发掘和检验领导者特定的特质及行为以及领导者与个体、群体和组织绩效的关系来解释领导的效果。这些理论几乎都基于这样一个假设:领导者以同样的交换方式对待他的所有部属。但是Graen等人提出了质疑,认为应该把领导行为研究的重点放在领导者与部属的相互关系上,尤其是领导者与不同的部属会有远近亲疏的交换关系。他们指出,由于时间和精力有限,领导者在工作中要区分不同的部属,采用不同的管理风格,并与不同的部属建立起不同类型的关系。其中,领导者与一部分部属建立了高质量的交换关系,这些部属会得到更多信任、被委派更多的工作、与领导者形成更强的信任关系,甚至可能享有特权,如工作更有自主性、灵活性,拥有更多的升迁机会和报酬等,这些部属就属于"圈内人"(in-group member),其余部属就成为"圈外人"(out-group member),后者占用领导者的时间较少,获得奖励的机会也较少,他们的领导—部属关系局限在正式的工作关系范围内(Graen & Uhl-Bien,1995)。实证研究表明,圈内部属和圈外部属的现象在组织环境中是确实存在的(Green et al.,1996)。

领导—部属交换这一现象被揭示出来之后,人们试图采用不同的理论加以说明。根据国内外诸位学者对领导—部属交换的解释,可以把它们分为三类观点。

角色扮演的观点

对领导—部属交换最早的理论解释是采用角色扮演理论(role playing theory),这是Graen 等人最初的理论框架。这种理论认为,新员工在组织的社会化进程中,要经过角色获得(role taking)、角色承担(role making)和角色习惯化(role routinization)三个阶段。在角色获得阶段,领导者通过一系列相关事件来检验及评价部属的动机和潜能。在角色承担阶段,一般是领导者给部属提供机会去尝试不同的任务,这些任务蕴含与领导者的工作关系的发展,如果部属接受了这种机会并有出色的表现,领导者和部属的关系就可能发展成高质量关系。在角色习惯化阶段,领导者和部属的行为互相依赖,从这个时刻起领导者和部属的关系会相对稳定。相反,如果在这三个阶段中部属没有积极的回应,就会发展成低质量的关系(Graen,1976;Dockey & Steiner,1990;Liden et al.,1993)。

社会交换的观点

后来,社会交换理论(theory of social exchange)(Blau,1964)引入了对领导—部属交换的解释。Blau 认为:"只有社会交换才能造成人与人之间的义务感、互惠感和信任;单纯的经济交换做不到这一点。"按照Blau(1964)的观点,经济性交换和社会性交换是两种不同形式的交换方式,并不是一个连续体的两个极端(Schriesheim et al.,1999)。该理论只对领导—部属交换的状态描述和分类有所贡献,而对领导—部属交换的发展则没有涉及。

Liden 和 Graen(1980)依据社会交换理论认为,领导—部属交换的性质通常表现为两种截然不同的状态:一种是发生在领导者与部属之间的、不超出雇佣合同要求范围的经济性或合同性交换,即经济水平交换;另一种则是发生在领导者与其部属之间的、超出了雇佣合同要求范围的社会性交换,这种交换关系是建立在领导者与部属之间相互的信任、忠诚与相互的责任基础上的(Liden & Graen,1980;Sparrowe & Liden,1997)。目前这一观点逐渐成为主流观点。

互惠连续体的观点

互惠连续体的观点认为,交换是从负性的互惠到综合的互惠,中间的状态被定义为平衡的互惠。互惠有三个主要的维度:回报的即时性(immediacy of returns)、回报的等值性(equivalence of returns)和利益(interests)的程度。回报的即时性是指在接受到交换伙伴的物质或非物质的利益时给予回报所需要的时间。这个时间可以从即刻到无限长。高的即时性是指即刻给予回报,低的即时性是指在未来的某个时刻给予回报。等值回报是说交换双方交换的价值是否相等。低的等值交换是指回报物比得到物更多或更少,高的等值回报是指交换物大约相等。利益作为第三个维度,是说在交换关系中的每个交换者的动机,范围从最高的自我利益,到无私地奉献和考虑对方的收益,在两个极端之间的利益形式是类似商业的利益关系,即双方努力得到各自所想得到的利益。如果领导者和部属采用综合的互惠来交换,就形成高质量的关系;如果采用负性的互惠来交换,则形成低质量的关系。

不管是上面的哪种观点,学者都认为领导者与部属之间会形成两种不同性质的关系,一种是高质量的关系,另一种是低质量的关系。领导者会因为关系的不同而对部属采取不同的管理方式。但是区别在于,领导—部属交换只是局限于与工作有关的范围,还是除了工作还有社会方面的交换。以 Graen 等为代表的学者认为领导—部属交换应该严格限定在工作有关的范围内,而 Dienesch 和 Liden 认为应该包括工作和社会方面的交换(Dienesch & Liden, 1986)。

领导—部属交换的维度

明确了领导—部属交换的概念及理论解释之后,另外一个重要概念就是领导—部属交换的结构问题。领导者和部属间的关系究竟包括哪些内容?领导—部属交换在结构上是单维的,还是多维的?这些问题至今为止还存在不同的看法。

领导—部属交换的单维结构

在以前多数的研究中,研究者将领导—部属交换假定为单一维度的结构,认为领导—部属交换是一个从低质量到高质量的连续体。这里的低质量,最初被称作圈外交换(out-group exchange),是指仅限于根据雇佣合同所进行的交互作用和影响;而高质量的交换则被称作圈内交换(in-group exchange),是指包括物质的和非物质的,并且超出正式工作说明书范畴以外的交互作用。Graen(1976)、Graen 和 Scandura(1987)、Graen 和 Uhl-Bien(1995)等人认为,如果领导者与其部属之间的交换仅局限于和工作有关的方面,那么领导—部属交换就应该是单维的,是对领导者和部属工作关系好坏的整体反映。依据这一单维构想的假设,学者们开发出了 5 题目的领导—部属交换量表和广泛使用的 7 题目的领导—部属交换量表(LMX-7)。

领导—部属交换的多维结构

但是,现实环境中,领导者与部属的交往和互动很难局限于工作情境之中,上下级交换关系的确立过程实际上是双方角色的获得过程,而角色理论所强调的正是"角色是多维度的"(Garen & Uhl-Bien, 1995)。

Dienesch 和 Liden(1986)认为,领导—部属交换主要有三个维度,即情感(affect)、贡献(contribution)和忠诚(loyalty)。Liden 和 Maslyn(1998)在此基础上,根据关键事件访谈的方法,依据归因理论(attribution theory)、角色理论(role theory)和社会交换理论,验证了 Dienesch 等人的多维构想假设,又增加了第四个维度,即专业尊敬(professional respect)。并且通过实证研究发现,这四个维度之间的相关度都在中等程度,表明领导—部属交换的四个维度不仅在理论上可以进行区分,在实际上也确实存在差别。Dienesch 和 Liden(1986)、Liden 和 Maslyn(1998)对这一构念的四个维度给出了定义如下:

(1)情感,指领导者与部属双方建立起来的,主要基于个人相互吸引而非工作或专业知识方面的彼此间的情感体验;

(2)忠诚,指领导者与部属中的一方对另一方的目标和个人品质公开表示支持;

(3)贡献,指领导者与部属关系中双方对共同目标所付出努力的数量、方向和质量方面的知觉;

(4)专业尊敬,指领导者与部属关系中双方对彼此所拥有的、在工作领域中的声誉的知觉程度。

关于领导—部属交换四维构念的观点,既扩大了这一概念的领域,又反映了领导者与其部属之间就信任、忠诚和相互责任进行交换的动态性特征。王辉等(2004)修订了 Liden 和 Maslyn(1998)的多维领导—部属交换量表,形成了一个具有 16 个题目的中文版领导—部属测量工具,并验证了领导—部属交换对任务绩效(task performance)和情境绩效(contextual performance)的影响作用。

有兴趣的读者,可以参考本章最后的自测题目,对你与某位部属之间的交换水平进行评估。

领导—部属交换的单维结构和多维结构之间的关系

领导—部属交换的不同维度在领导—部属交换发展过程中的重要程度和起作用的先后顺序都会有所不同。有些维度在领导—部属交换发展之初显得很重要,而另外的因素在已经建立的领导—部属交换中更重要。例如,Liden 和 Parsons(1989)认为,情感在领导者和部属的初次接触后就开始发展,相反,忠诚可能需要相当长的时间去培育。

不仅如此,Liden 和 Maslyn(1998)还指出,研究者可以把 LMX-MDM(multi-dimensional measurement of LMX)的四个维度作为领导—部属交换的前因变量来看待,也就是会影响到领导—部属交换的整体水平的高低,但是他们没有进行理论上的进一步探讨和实证的数据支持。Wang 等(2002)则认为,Graen 等人最初把领导者与部属的关系界定在工作范围内,后来的多维结构则是把领导者与部属的关系做了扩充。如果采取领导—部属交换原来的概念,即仅限于工作方面,那么多维领导—部属交换的社会方面的维度(情感、忠诚、专业尊敬)可以作为领导—部属交换的前因变量(Wang et al., 2002)。

Wang 等人认为,基于前面所提到的领导—部属交换发展的角色扮演理论,在领导—部属交换的形成过程中,双方需要经过一系列的交换,才能形成高质量的关系。在这个过程中,互动行为起了很关键的作用。在社会心理学的研究中,相互的喜爱(liking)是互动行为研究中的核心变量,管理学研究也表明喜爱会影响领导者和部属的关系,在早期领导—部属交换发展阶段和形成后的稳定阶段,情感起了决定作用。在角色扮演期,情感是很重要的,Deluga(1994)认为,人际吸引(情感方面)孕育了领导者和部属的适配性

(compatibility),这种适配性能够帮助部属准确地理解领导者的绩效期望,从而改善绩效。双方的情感是影响信任、忠诚和责任的基本因素。因此情感是 LMX-MDM 的基本变量,会对领导者和部属的交换质量产生影响。

Wang 等人同时也讨论了其他维度(忠诚、贡献和专业尊敬)预测领导—部属交换的可能性。按照 Liden 和 Maslyn(1998)的定义,忠诚是指领导者与部属中的一方对另一方的目标和个人品质公开表示支持。忠诚包含对一个稳定目标的信念,也就是说只有其中一方对另一方表达忠诚,才能发展出高质量的信任。Liden 和 Graen 的实证研究表明,领导者通常会让忠诚的部属去做需要独立做出判断和承担责任的任务。所以忠诚对领导—部属交换的发展和维系会产生影响。贡献是 LMX-MDM 中与工作有关的维度。这些与工作有关的行为或绩效对发展高质量的领导—部属交换很重要。高质量的关系是指领导者和部属之间有价值资源的更多的交换。绩效好的部属更能够给领导者留下深刻印象,得到资源和支持。高水平的贡献使部属得到正式雇佣关系以外更多的任务和职责。专业尊敬指领导者与部属关系中双方对彼此在组织内或组织外所拥有的专业声誉的知觉程度。这种知觉可能基于双方以前的互动。专业尊敬与领导—部属交换有关是因为胜任工作是发展高质量关系的核心标准。所以 Wang 等人认为 LMX-MDM 的所有维度——忠诚、专业尊敬、情感和贡献都能预测领导—部属交换水平。Wang 等人进行了两个不同样本的实证研究,结果证实了上面的假设(Wang et al., 2002)。

领导—部属交换的相关研究

自从 20 世纪 70 年代以来,大多数对领导—部属交换理论的研究考察了领导—部属交换是如何与其他变量相关的。这些研究包括大量的现场调查研究、一些实验室实验以及一些现场研究,大部分集中在探讨前因变量(antecedents)和结果变量(consequences)上(任孝鹏和王辉,2005)。Liden 等(1997)等对领导—部属交换的前因和结果变量进行了总结,得出以下模型(见图 7-1):

领导—部属交换的前因变量

很多变量都曾被作为领导—部属交换的前因变量进行研究,根据 Liden 等(1997)的模型,领导—部属交换的前因变量主要包括领导和部属的特性、领导者和部属的一致性,以及一些情境变量等。

部属的一个很重要的特性是部属的绩效,领导者在与部属交往的过程中,经常会把绩效好的人当作自己信任的助手。如果部属的业绩不好,领导者很难对其产生信任。其他的部属特性还包括认知能力和积极情感、外向性、控制源、对公司家长制的信念等部属的个性特征,以及讨好行为(ingratiatory)、观点顺应(opinion conformity)和放大(enhancement)、讨价还价(bargaining)、果敢性(assertiveness)、高权威(high authority)和结盟(coalition)等向上影响的行为(upward influence behavior)。

应当注意,并不是所有的部属都希望成为领导者的圈内人。一些部属不想成为领导

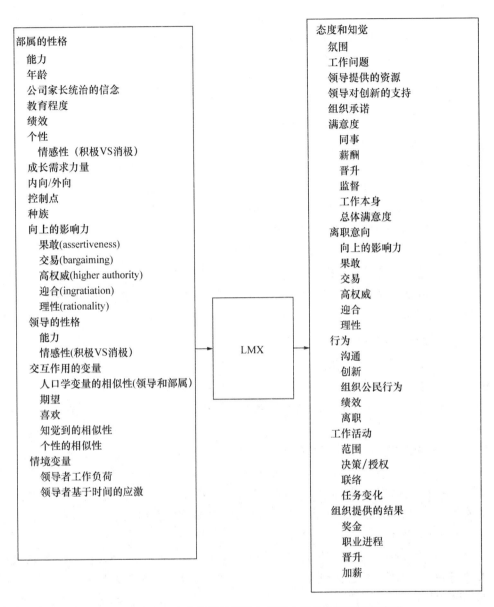

图 7-1 实证研究中包括的领导—部属交换的前因和结果变量
资料来源：Liden 等（1997）。

者信任的助手,因为当部属跟领导者之间有一个高水平的交换时,或者说成为被信任的助手时,就意味着他必须要承担很多额外的工作,不仅要完成领导者交代的工作上的任务,还要做很多没有严格规定要做,但是必须自觉地或者非常愿意去做的一些分外的事情,如主动加班、帮助其他员工完成任务、主动承担有困难的工作,等等。除了这些不愿意做这些额外事情的员工,还有一些部属,可能由于自身能力较差,或缺少专业知识和技能,他们的绩效通常不能达到领导者或工作说明书上的要求,因此,他们也主动与领导者保持距离,不愿意成为领导者身边的"圈内人"。

领导者的特性有正向情感(positive affect)。领导者和部属的一致性则包括性别的一致性、领导者和部属的能力相似性、权力需要的一致性。情境因素包括工作负荷、财政资源的数量、群体规模、群体构成、领导者的权力、组织政策和文化等。

除了上面所说的变量,Maslyn 和 Uhl-Bien(2001)认为,部属和领导者各自的努力程度和所知觉到的对方的努力程度对双方关系的质量会产生影响,而且以知觉到的对方的努力程度的影响尤为显著。自从 Liden 等人提出领导—部属交换的多维结构后,有人进一步分析了不同的前因变量对领导—部属交换不同维度的影响作用。Maslyn 和 Uhl-Bien(2001)认为,根据社会交换的理论,领导—部属交换是一种社会交换,但是双方的需求是不同的。领导者希望的是部属在工作相关方面的回报,而部属希望的则是领导者在社会方面的回报。而在多维结构中,贡献是工作方面的,忠诚、情感和专业的尊重则是社会方面的。他们在一个关于 232 对领导者和部属的调查中发现,领导者知觉到的部属的努力程度会影响贡献维度;部属知觉到的领导者的努力程度则影响专业尊重和忠诚维度,但是对情感的影响没有达到显著水平。

领导—部属交换的结果变量

为了验证领导—部属交换理论,已有学者采用实证的方法研究领导者与部属不同的交换水平对员工工作结果的各种影响。如 Liden 和 Graen(1980)的研究证实:处于高水平领导—部属交换关系中的部属,会得到领导者更多的支持、更多的工作自由度和信任;而这些员工也会表现出更高水平的工作绩效、组织承诺(organizational commitment,OC)和组织公民行为,对领导者也会更加尊敬和信任。

首先,高水平的领导—部属交换与绩效和生产率有正的相关关系,这种高的绩效水平不仅来自领导者在评判方面的主观因素,事实上在很多客观的绩效指标上也有正相关的关系。从这个意义上讲,领导者也应该多与绩效高的员工建立高水平的交换关系,以让他们进一步提高绩效。

Duarte 等(1994)的研究结果表明,在进行绩效评估时,无论是长期的还是短期的绩效,处于高水平的领导—部属交换关系中的领导者都会给予部属较好的评定,而不论其客观绩效的好坏。

国内的一些学者也对这个问题做了很多研究,如王辉和刘雪峰(2005)认为高水平的领导—部属交换会导致部属更高的绩效。在高水平的领导—部属交换关系中,社会交换将向更高层次发展,双方相互信任、尊敬,上下级之间的义务感也得到加强,此时部属往往会努力工作,从而获得更好的工作绩效。另外,由于与上级的交流更频繁,部属还会得到更多的与工作相关的信息,这也有助于提高其工作绩效。

其次,高水平的领导—部属交换水平与部属的满意度有正向的相关,即一个部属与领导者的交换水平越高,他就会获得越高的工作满意度,进而提高工作的积极性。

Schriesheim 等(1998)利用 106 对上下级对子(dyad)为样本,经过统计分析发现,领导—部属交换与部属获得的授权程度、部属的绩效和工作满意度存在显著的正相关;Gerstner 和 Day (1997)的元分析结果所得到的研究结论与此类似。Bass(1990)甚至证明了处于高水平的领导—部属交换关系中的部属会具有更多的权力。

最后,高水平的领导—部属交换还与薪酬和晋升、承诺有正相关关系,而与缺勤和辞职有负相关关系。Wakabayashi (1988) 在一个来自日本样本的纵向研究中发现,在前三年测量的领导—部属交换能够预测经理的第 7 和第 13 年的职业生涯进程。在早期的职位上有高质量关系的经理能够得到更多的机会进入更高层的管理层级。但是这方面的研究比较少,还没有形成一致的结论。

领导—部属交换的中介和调节作用

随着研究逐渐深入,领导—部属交换的相关理论模型也越来越复杂。近些年来,除了单一的前因变量对领导—部属交换的作用以及领导—部属交换对结果变量的作用过程,研究者更多从整合的角度探究领导—部属交换在组织行为学研究中的角色。领导—部属交换可以在组织行为中起到重要的中介作用,即前因变量通过领导—部属交换,进而影响到结果。比如在前人的研究结果——高质量的领导—部属交换水平可以带来高的员工满意度的基础上,Venkataramani 等(2010)提出了更复杂的模型,探究领导—部属社交网络、领导—部属交换水平和员工满意度、离职意向之间的关系。研究结果发现,一个部属和他的领导者的关系越好,以及领导者在他的部属中越处于中心地位,他的部属感知到领导者的地位越高,这决定了更好的领导者和下属之间的关系,即更高水平的领导—部属交换水平,进一步提升员工的工作满意度,降低员工的离职率,即领导—部属交换中介了员工感知的领导者地位和工作满意度、离职率之间的关系。

除了前因变量和结果变量,研究者发现,在领导—部属交换发生作用的模型中,还有很多其他因素可以对不同的影响过程起到调节作用。Eisenberger 等(2010)提出了一个领导的组织实体化(supervisor's organizational embodiment)的概念,即员工在多大程度上认为他们的领导者和组织是一致的,结果发现,当领导者的组织实体化水平上升时,领导—部属交换对员工的情感组织承诺作用也会加强,即领导者的组织实体化能够在领导—部属交换对员工的情感组织承诺产生的作用过程中起到调节作用。

多过程的领导—部属交换

在一个团队中,一名部属可能不止对应一名领导者,一名领导者也不会只对应一名员工,因此,近些年来,从团队的水平上研究多个领导—部属交换并探究其相互作用越来越受到关注。

Tse 等(2013)的一项研究发现,如果领导者和两名部属之间的关系不同,可能会增加两名部属之间的不平衡,相对于相似的领导—部属关系,不相似的领导—部属关系会提升一名部属对另一名部属的轻蔑程度,降低他对另一名部属提供的帮助的感知。社会比较导向在这个关系中起到调节作用,上述结论只有在部属社会比较导向程度高时才成立。

Vidyarthi 等(2014)则将单一的领导—部属交换拓展到双领导力水平,探究一名部属同时有实权领导者(agency leader)和事务领导者(client leader)两种领导者时,不同的领导—部属交换的一致性对部属的工作满意度和离职水平有怎样的影响,结果显示两种领导—部属交换都能部分解释部属满意度和离职率的差异,而其余的差异部分则由两种交换的一致性解释,相比于双低水平,当两种交换水平双高时,部属满意度更高,离职率更低;而当两种交换水平不一致时,实权领导—部属交换比事务领导—部属交换发挥更大的作用;而且,在事务领导—部属交换水平比较低时,和实权领导者的交流频率决定了领导—部属交换能够在部属满意度和离职率上产生多大的作用。

Li 等(2014)提出了一个多水平、双过程的模型,探究个人水平和团队水平的领导—部属交换对员工工作表现的影响机制。结果发现,在个人水平上,高水平的领导—部属交换能够通过提高员工的角色投入,进而提升员工的工作表现;而从团队水平上,领导—部属交换差异化通过破坏团队合作损害团队的财务表现,领导—部属交换水平呈两极化趋势的团队体现最为明显;领导—部属交换差异化增强了领导—部属交换质量和角色投入之间的关系;团队合作则增强了角色投入和员工表现之间的关系。

领导—部属交换关系的应用

综上所述,与上级的关系,很可能会影响到部属工作的每一方面,如工作绩效、工作满意度等。它是如此重要,因此作为部属从工作的第一天开始就要努力,以便与自己的上级建立良好的关系,这远比在关系破裂后试图修补它要容易得多。一旦领导者因为首因效应对某个部属形成了刻板印象,那么再想改变它就比较困难了,可能要多付出几倍的努力。所以从最初就建立一个高的领导—部属交换水平,会对部属事业的发展起到事半功倍的作用。

如果领导—部属交换水平已经处于较低的状态,部属也可以采取一些措施。首先,要和上级有一个真诚的沟通,一起探讨这一问题,使上级更了解部属的业绩、更关注的问题,消除一些偏见。好的沟通在企业中是至关重要的。另外就是要工作更加努力以引起上级的注意,业绩始终是领导者评价部属的一个最重要的标准,高绩效的员工自然会受到领导者重视。

第二节 领导者对于下属的归因

正如上一节所示,一个领导者如何对待一个部属取决于部属被认为是有能力的和忠诚的,还是无能的或不忠诚的。对部属能力和可靠性的估计是基于对其行为和绩效的归因。归因理论描述了理解、认知的过程,领导者通过归因决定有效和无效的绩效,进而采取合适的反应(Green & Mitchell,1979;Martinko & Gardner,1987)。

两阶段归因模型

领导者对部属的归因一般分成两个阶段:第一个阶段是领导者试图确定绩效不佳的原因;第二个阶段,领导者试图选择一个合适的反应以纠正问题(Yukl,2002)。

在第一阶段时,领导者或者将低绩效的主要原因归咎于部属内在的某些方面(如缺乏努力或能力),或者归咎于超出部属控制的外部因素(如任务具有内在的障碍、资源不足、信息不充分、其他人不能提供必要的支持或仅是运气不佳等)。当出现以下情况:① 在相同的任务上部属以前没有出现低绩效的历史;② 部属有效地执行了其他任务;③ 部属与其他相同情境下的人们做得一样好;④ 失败或错误的影响并不严重或害处不大;⑤ 领导者自己的成功取决于部属;⑥ 部属被观察到有其他补救的品质(声望、领导技能);⑦ 部属找到了一个借口或者表示了抱歉;⑧ 有明显的外部原因迹象,在这些情况下,这个部属的低绩效更可能归咎于外在原因。另外,以前作为部属时有同类工作经验的领导者,比那些没有此类经历的领导者,可能更多地归咎于外在原因,因为他们了解能影响绩效的更多的外在因素(Mitchell & Kalb,1982)。

当做出一个外在的归因时,领导者更有可能的反应是试图改变情境,例如提供更多的资源、提供协助以清除障碍、提供更好的信息、改变任务以降低内在难度、在运气不佳时显示同情或什么也不做。当做出一个内在的归因,而且领导者认为其主要的原因是部属没有足够的能力时,领导者可能的反应则是,提供详细的指导、更紧密地监督部属的工作、在需要时提供指示、建立容易的目标或期限或给部属分派一项容易的工作。如果问题被认为是部属缺乏努力和责任心,这时可能的反应是,给予直接的或间接的评议,给予警告或批评、惩罚部属、更经常地和更密切地监督或发现新的激励措施。

归因理论和领导—部属交换的关系

归因理论的相关研究指出了与部属低交换关系存在的一个危险(Lord & Maher,1991)。研究发现,已经形成的交换关系类型影响着领导者对部属行为原因的解释。在评价那些已经建立高水平的领导—部属交换的部属时,领导者明显缺少批评,进而关于绩效的归因也不同。领导者对于高交换的部属,把高绩效更多地归结为内在原因如个人能力,而把差的绩效归因于如任务负担重等外部因素。而对于领导—部属交换水平较低的下属,则把他的高绩效归因于外界因素,如任务难度低,而将低绩效归因于其能力不够。

领导者对部属的行为和对绩效的归因是相一致的。因此,领导者对部属的成见,容易渗透到对部属绩效的归因及相互的交往过程中。低交换关系的部属获得很少的支持、指导和资源,而当他们发生错误或有绩效困难时,领导者经常谴责他们而不是分析情境原因或分析来自其他方面的影响。

领导者将部属的低绩效归咎于内在原因,而部属往往有自我辩解的倾向,将错误或失败归结于外在因素。这两种偏见形成尖锐对立,使得领导者处理绩效问题时特别困难。领导者的偏见导致更大的惩罚性行动,而这将引起部属更多的怨恨,他们认为自己不该对问题负责。因此,归因研究的一个主要作用是帮助领导者变得更仔细、公正和系统地评价部属的绩效。领导者需要更加注意许多可能的因素、分析产生问题的不同原因,以及选择一种合适的应对方法。

如何管理低绩效的员工

管理低绩效员工是领导者非常重要而又困难的管理责任。人们对批评总是倾向于防御,因为批评威胁到他们自己的尊严及可能隐含个人的不满。许多领导者避免批评部属的不当行为或低绩效,因为这些直接批评常常产生感情的冲突,不能解决问题,这些批评仅仅在以双方降低尊敬和信任为代价时才会出现。帮助一个部属改进绩效需要正确的反馈,但是它的方式应当是保持一种友好的关系,或改善一种已经紧张的关系。当处理部属的不当行为或有缺陷的绩效时,领导者应采取一个帮助性的、着重于问题解决的方法。

收集有关绩效问题的信息

在批评低绩效的部属之前,直接把握事实是非常有帮助的。收集直接有关的信息,如时间(问题在什么时候发生)、程度(有什么负面后果、它们有多严重)、经过(导致问题的原因、部属涉及什么问题),以及范围(问题是否仅仅发生于该部属身上,或者其他人是否面对相同的问题)。如果获得的信息是二手的,要试着从报告人员那里获得详细的记录。如果问题是以前发生过的,要确认以前所采取的处理问题的行动。

尽量避免归因偏见

尽量避免去假定发生问题是由于部属缺乏动机或能力所造成的。造成绩效低下的原因有很多,如可能由于情境原因和内在原因,或者是两者的结合。情境原因常常是部属所不能控制的,包括:供应商、材料或人力的短缺;没有预见或不寻常的事件(如事故、坏天气、人为破坏、法律和新的规章制度)以及组织其他部门人员或外部人员失职而未能正确和及时地完成应尽的责任。低绩效的内部原因则通常涉及低水平的动机或部属在技能上的缺陷,如不能按照预期安排实现一个主要的行动步骤;不能监督过程以便在问题变得恶化之前查出;在处理问题时显示出很差的判断力;拖延处理问题直到其变得恶化;不能提示上级需要他们关注的问题;在一个任务的执行中做出一个本可以避免的错误;不能遵守标准的程序和规则;以非专业的或不适当的方式行动。这两种原因都可能造成低绩效,避免归因偏见才能客观地分析问题的根源。

及时提供正确的反馈

领导者在发现问题之后应当迅速提供正确的反馈,而不要等到最后的时刻。在做出初步的调查结论后,就应当及时处理所观察到的不正确行为,及时处理其他绩效问题。若是拖延了反馈信息的提供,就会失去在问题变得恶化之前去及时处理的机会,进而由于没有对不适当或无效行为做出反应,而使问题出现或恶化。如果在最后时间部属听到一大堆批评意见,可能更具有防御性反应。

以具体的事例简要描述问题

具体指出低绩效的行为或具体的事例,反馈才更有效果。领导者要向部属指出具体的行为实例,并避免夸张的诸如"你天天迟到"之类的话。简要描述失误的行为或不良的表现。要注意,人们听到的批评意见持续时间越长,即使这些批评是建设性的,人们也会变得越具有防御性。

解释失误行为的负面影响

有效的反馈应包括为什么一个人的行为不当或失误的原因的解释。例如,告诉部属其行为会引起其他人的问题和干扰他们的工作,或这些行为如何危及一个重要工程或任务的成功实现。

保持平静和职业化

避免显示出生气或对个人的排斥。一个对部属大声喊叫、训斥和做出刻薄批评的领导者,不可能鼓动部属改进其绩效,反而可能妨碍问题的解决,破坏上下级之间的关系。批评必须针对行为而不是个人,领导者要清楚地表明自己尊重这个人,希望帮助其处理绩效问题。

相互确认不良绩效的原因

给部属机会去解释造成错误、不良绩效或不当行为的原因。倾听部属对问题的解释是重要的,不要跳过原因去做结论。有时部属会不知道原因或寻找各种借口,而不是主动或愿意承担责任。仔细地、正确地区分情境原因和个人原因非常重要,不良绩效产生的个人原因比情境原因更难发现,因为部属通常不愿意承认自己的错误和失败。当发现这些原因后,应与部属共同讨论今后的行动方案,从经验中学到什么样的教训等内容。这种探讨应集中于失误或不适当的行为上,而不是针对个人的品质进行,如说部属的判断能力差、不负责任或缺乏动机等。双方应仔细地探讨并确认问题发生的所有原因,而不是直接提出一个正确的行动。

了解部属的改正建议

给予部属承担处理不良绩效的责任。如果部属找借口或否认应该承担的责任,就不可能使绩效得到改进。如果部属自己能提出处理问题的建议,则对改进绩效很有帮助。因此,当向部属提出如何纠正不良绩效时,应以询问其改进建议开始,而不是直接告诉部属如何去做。如果部属不能找到一些可行的改进方法,领导者应尝试着将自己的想法告诉对方,并希望部属能遵照执行。

表达对部属的信任

研究表明,当领导者对部属表示出很高的期望时,部属会做得更好(Eden,1990)。一个缺乏自信或因为不良表现而沮丧的部属,改进的可能性更小。领导的一个重要功能是增强人们的信心,尽管部属过去有错误,但通过努力仍能完成困难的任务。

表达帮助部属的真诚愿望

传达自己希望帮助部属做得更好的愿望。把握机会,运用自己的知识、影响力或与之接触的机会,对部属提供协助。帮助部属理解问题的原因,提供这个问题的新见解,帮助部属确认不同的解决问题的方案,提供如何处理问题的建议,以及向部属推荐能够对他们提供帮助的专家。

在特定的行动步骤上达成一致

确认下属所要采取的具体步骤。除非个人做出明确的承诺去实施特别的步骤,否则他可能很快忘记这个行动方案。

总结讨论和证实同意

达成协议后要注意总结讨论所达成的要点,检查双方的理解程度。在结束会议时,重复自己提供帮助的愿望,表达自己可以讨论任何其他问题的愿望,也可以试着设立下一次讨论评价的时间。

第三节 中国企业环境下的领导—部属交换

"关系"与领导—部属交换

许多学者认为,中国人的文化本质上是一种"关系取向"的文化(杨国枢,1992)。关系取向既是个体的一种心理定势,又是一种人际行为模式。"关系"(guanxi)在中国文化和中国人的日常生活中具有十分重要的作用,是人们生活及工作的润滑剂。人们在日常生活中的很多事情,如装修房子、买汽车等事情都希望通过熟人、托"关系"来完成。在领导者与部属的交往过程中,同样也涉及"关系"的问题。有关"关系"的研究及在领导行为中的应用,我们会在下一章中详细介绍,在这里,我们只探讨一下"关系"与领导—部属交换之间的不同。

正如上文中介绍的那样,领导—部属交换是指领导者与部属之间长期互动的过程中,存在的一种经济水平或者社会水平的交换关系。部属与领导者的交换关系能否成为高水平的交换,即社会水平的交换,部属能否成为领导者的"圈内人",非常重要的一个标准就是部属的绩效要好。也就是说,绩效是衡量"圈内人"与"圈外人"的一个重要的标准。当然,我们也承认,领导者与部属之间的相互喜欢或好感对二者之间的互动也起到了一定的影响。与领导者"投缘"的部属更容易成为高水平领导—部属交换的对象。但是,这种相互的好感只是在领导者与部属相互交往的早期起作用(Dockey & Steiner,1990;Liden et al., 1993),随着交往的深入,部属的绩效所起到的作用越来越重要。

在中国组织环境中,除了上述两个因素,对领导者与部属之间的交换起作用的另外一个因素就是"关系"。如果某位部属是领导者的老同学、领导者的老上级的亲属,或其他与领导者有特殊关系的人,那么,该领导者也许就会给这位部属一些特殊的照顾,如加薪、晋级、提职等。这一现象在个别企业尤其是国有企业确实还时有发生。我们认为,在某些情况下,"关系"确实有利于领导者与部属之间形成高水平的交换关系,但从本质上讲,领导—部属交换是一个互动交换的过程,在这个过程中,绩效是最重要的衡量标准。明智的领导者应该以绩效为标准,判断谁是"圈内人",谁是"圈外人"。这样才能有利于形成良好的组织文化或氛围。要记住,领导者重视什么,员工就会表现什么。如果你注重绩效,部属就会努力工作,表现出高水平的绩效;如果你重视"关系",部属则会千方百计地努力跟你拉"关系",而不将重心放在工作上(毛孟凯,2002)。

因此,研究者认为,西方情境下的领导—部属交换维度可能不完全适用于中国情境。在一项针对中国企业环境下领导—部属交换的概念结构的研究中,Wang 等(2007)发现了中国情境下领导—部属交换的结构中包含"互动"和"亲近"两个独特的中国维度,这与西方传统的领导—部属交换存在明显的差异,西方领导—部属交换主要集中在工作范畴,而中国人可能将工作与生活分得更不清楚,工作中有生活,生活中也有工作。

从领导者的角度看领导—部属交换

与崇尚个性发展为基点形成的西方文明不同,中国社会在其发展过程中,由于自然环境和传统文化等的影响,大家习惯于结成一个个的圈子,形成了一种有趣的"圈子文化"。

重视人际关系是最具特色的中国文化传统之一。研究者普遍认为,中国文化传统的核心是儒教或儒家思想体系,而西方文化传统的核心部分则是基督教。在基督教文化中,上帝是至高无上的、不可怀疑的,其人与人之间的关系受制于人与上帝的关系,上帝面前人人平等。在基督教的经典中,甚至存在为了使人们更好地信奉唯一的上帝而反对与任何一个具体的人过分亲近的倾向。

而在中国社会,儒家思想在人民大众中的感召力可以说一开始即表现为家庭伦理亲情的召唤在人心激起的强烈归属感和依赖感。并且,这种取向通过将人们的注意力集中于各种人际关系而得到强化。中国人是居于各种人际关系之中的,其中最主要的人际关系是五伦关系,即父子关系、夫妻关系、朋友关系、长幼关系和君臣关系。实际上,如果人际关系仅仅是在这一层面上定义的话,西方人与中国人没有什么区别,因为他们也是生活在各种人际关系之中。问题在于,中国人的人际关系有其深刻而明确的伦理含义,如为父要慈、为子要孝、为君要仁、为臣要忠、为夫要义、为妻要从、为长要惠、为幼要顺、为友要相互信任。由此可见,中国人的人际关系就是一些重要的、基本的伦理道德关系,它提供人们活动的游戏规则。当一个人处于任何一种人际关系中时,客观上就已经确定了他自己在这种人际关系中的位置以及他应尽的责任和义务。人际关系有强弱之分,相应的责任和义务也有强弱差别。但如果谁不遵从这些基本要求,就会受到世人的指责,被人瞧不起,是一种很没有"面子"的事情。而"面子"是一种由于个人表现出来的形象类型而导致的能不能被他人看得起的心理,中国人尤其非常看重"面子"。而且人际关系本身具有的功能,也迫使人们不愿违反关系规则。一个人如果不履行自己的义务,不仅会受到别人的谴责,而且可能会失去一些人际关系及其所包含的利益。

在这种传统文化的影响下,中国人就常常生活在一个个由亲情、乡情、友情连接而成的圈子里,有如洋葱头结构,常人难以摆脱。圈子结构也正好与中国差序格局的社会结构相吻合(费孝通,1985)。圈子有圈里圈外之分,圈子内部更存在中心、次中心和边缘之分。对于社会来讲,圈子是中心;而对于圈子本身而言,圈子又自有中心。每个人,因其位置不同、权力和利益各异,身心自由度也大有不同。处于中心的人,自然是权力很大,负有巩固和发展圈子的重任,往往有一言九鼎之威,如果缺乏相应的束缚,有时可以为所欲为;而从中心往边缘,则权力渐小,利益渐少,服从性渐次加大。

需要指出的是,这里所说的"圈子文化",与上文提到的"圈内""圈外"具有本质的不同。在领导—部属交换中的"圈内"或"圈外",其衡量的最重要标准是下属绩效的好坏。而中国传统文化圈子的衡量标准是人情,甚至是个人利益的得失。

因此,既然领导者身边必然要有一些人,那么将谁当成"圈内人"或"圈外人"就显得非常重要。领导者一定要以绩效作为衡量的首选标准,这样才能在部门或组织中树立良好的形象,部属才会将注意力集中到工作上来。反之,如果一位领导者身边得到重用的人都是善于逢迎、讨好的人,那么整个部门甚至组织的风气就会受到影响。千万要记住,领导者重视的内容就是部属努力的方向。

要注意树立一种制度化保障。用制度而不是靠权谋、关系来进行管理,要下决心掌握管理艺术和技能。在具体做法上,凡事对"事"不对"人",在保留人治灵活性的同时,淡化其色彩,而逐步代之以流程和制度。

领导者在与部属交往过程中,还要避免"首因效应"和"晕轮效应"的影响。正如上文提到的,在领导者与部属交往的过程中,感情因素或个人的喜好无疑会影响到领导者确定谁是"圈内人",谁是"圈外人"。所以,领导者要有意识地避免个人的偏好,你所喜欢的人并不一定各个方面都好;你一开始看不上的人,可能恰恰是业务骨干、工作能手、管理精英。

从部属的角度看领导—部属交换

第一,需要非常清醒地认识到,绩效是领导者衡量部属属于"圈内人"还是"圈外人"的最重要条件。上下级关系实际上是一种工作性质的交往关系,上级对下级的态度,在很大程度上取决于这种交往的工作价值。如果上级认为下级的素质好、责任心强、有较强的工作能力,与下级的交往会给自己的领导工作以有效的支持和配合,就会接纳、欢迎、鼓励下级的积极交往。反之,如果上级认为下级的素质一般、能力平平,积极交往在领导工作中无多大裨益,上级可能就会对下级表面上客客气气,实际上有意疏远。在这种情况下,下级就应该克制和削弱自己与上级交往的积极性,避免感情上的无效投资。一定要搞清楚自己在上级心目中的位置,了解自己对于上级所管辖工作的价值,调整好与上级交往的度,这样再与上级交往就不会引起他的反感。而当下级通过自己的勤奋和努力,提高了自己的工作能力,能够胜任某一方面的工作,成为单位中不可缺少的骨干人才时,上级就会改变对下级的态度。此时,下级再加强与上级的交往,必然会收到理想的效果(牟临杉,2005)。

第二,与领导者交往时要保持一定的认知差距。下级常常犯的一个错误,就是把自己的想法强加给上级,以为上级的想法与自己一致,而实际情况往往并不如此。由于上级所处的位置,他考虑问题的角度自然会与下级有所不同,更喜欢从第三者的角度看问题,力求公正、客观。因此,在与上级交往时一定不要自以为是,以为自己所想就是上级所想,这样做只会适得其反。

第三,与上级交往要保持一定的距离,交往既不要过多,也不宜过少,应该把握在双方都感觉恰如其分的范围内,既要密切联系,又要保持一定的心理距离。自以为他是自己的顶头上司,就可以口无遮拦;自以为与上级零距离接触可以增加彼此的亲近感。这样其实效果并不好。实际上,与上级交往过于积极主动或消极被动都是不足取的。心理学家认为,如果外界对人的感官刺激过强,会使人感到厌倦、疲劳甚至反感;但如果过少过弱,又会使人产生沟通障碍,出现彼此陌生的反应。与上级交往频率过高,往往会产生这样的结果:一是干扰上级的工作,二是影响上级的休息,三是扭曲了自己人格形象,其结果是引起上级的反感。有事没事总往上级那儿跑,会使其他人觉得你有意讨好上级,有"套近乎"之嫌。当然,也不能与上级交往频率过低,因为沟通太少,信息不通畅,容易引起误解。

第四,要不断提高自己的素质,增加上级的认同感,搭建与上级交流的平台。上级在与下级交往时,总希望下级在考虑问题时站的角度高一些,特别是能够理解、领会上级的意图,同时也要通过交谈,获得一些新的信息或者纠正一些失误的判断。如果你具备这些素质,就可以增加对上级的吸引力。这样上级与下级交流时,才能感觉有价值,从而愿意增加交流。如果出现信息不对称,即"对牛弹琴"的现象,那么上级必然会失去与下级交谈的兴趣。

第五,角色交往与非角色交往要适度。角色交往是指下级以被领导的身份与上级进行交往。这种交往的特点是工作性质的,情感成分很少,原则性较强,而且有相应的规章制度加以制约。非角色交往是指下级以个人身份与上级交往,其特点是工作成分少、感情成分多,交往的密切程度取决于个人的好恶和价值标准,仅以道德规范加以约束。下级在与上级交往中,应该既有角色交往也有非角色交往角色,但要把握好分寸,公事就要公办,私事才能私办,公私界限要分明,不能以感情代替原则。如果与上级的非角色交往过于密切，其原则性就会丧失，甚至发展到以感情代替原则的地步。这样做的结果是，一旦出现了私心，不但会损害双方的工作形象，而且会降低上级的威信，在群众中产生不良的影响。

第六，维护上级的举止要适度。作为下级，维护上级的权威和尊严是必要的，这也是下级应尽的职责，还关系到上下级能否建立良好关系。作为上级也的确需要一部分人作为骨干，围绕在自己的周围，贯彻自己的意图。俗话说"一个篱笆三个桩，一个好汉三个帮"，更何况上级呢？但是特别要注意，这种维护方式应当含蓄和隐蔽一点，千万不要太露骨了，否则会让人感觉这是一个拍马屁的小人。当然，维护领导是有原则的，不能把对上级权威的维护当成对某个人权力的维护，甚至对上级的错误也极力掩盖。这种过分的行为必然会引起群众的不满，遭到反对，还会给自己的事业带来损失。

下面这些具体的做法或许对下级有一定的帮助：

- 努力完成自己的本职工作。不管接受的工作多么艰巨，即使鞠躬尽瘁也要做好，千万别表现出不知从何入手或做不来的样子。
- 勇于承担压力与责任。不要总是以"这不是我分内的工作"为由来逃避责任。当额外的工作指派到自己头上时，不妨视之为一种机遇。
- 关注细节。别以为上级很忙，不会注意到下级的细枝末节。甚至下级的出勤情况，上级可能也在睁大眼睛瞧着呢。如果能提早一点到公司，就显得很重视这份工作。
- 善于学习。要想成为一个成功的人，树立终生的学习观是必要的。这种学习，既包括与业务有关的专业知识学习，也包括对那些与日常生活密切相关的所谓"八卦"知识的了解，如保健知识等。
- 说话谨慎。对工作中的机密必须守口如瓶。与个人人品有关的"流言蜚语"也要慎重，不要偏听、偏信、偏传。
- 反应要快。上级的时间比下级的宝贵，不管他临时指派了什么工作给下级，都比下级手头上的工作重要，接到任务后要迅速准确及时完成，反应敏捷给上级的印象是金钱买不到的。
- 保持冷静。面对任何困境都能处之泰然的人，一开始就取得了优势。上级和客户不仅钦佩那些面对危机声色不变的人，更欣赏能妥善解决问题的人。
- 切勿对未来预期太乐观。千万别期盼所有的事情都会照自己的计划发展。相反，得时时为可能产生的错误做准备。

中国情境下领导—部属交换在组织中的作用

在中国企业情境下，领导—部属交换作为一个重要的组织概念，同样发挥着重要的作用，和许多因素之间存在复杂的联系。

首先，领导—部属交换水平受到多种因素的影响。Aryee 和 Chen（2006）探究了领导者对奖励的控制和小组工作氛围对领导—部属交换的影响，结果显示领导者对奖励的控制越大,小组工作氛围越好,领导—部属交换关系水平越高;马力和曲庆(2007)则探究了部属的公平敏感度对领导—部属交换水平的影响,研究表明相比起计较者,当部属是一个倾向于惠及他人的仁慈者时,更容易与领导者建立起良好的关系,有更高的领导—部属交换水平。

其次,领导—部属交换在很大程度上能影响员工的表现。李燕萍和涂乙冬(2011)发现高质量的领导—部属交换能够通过提高部属的心理授权感知带来部属的职业成功,这个关系会受到网络能力、人际影响、社会机敏性和外显真诚四种政治技能的调节;王震等(2012)的研究显示,领导—部属交换会带来员工的积极性态度和行为,态度指标包括工作满意度、情感承诺、留职意愿,行为指标包括绩效表现和组织公民行为,并且这种效果强于变革型领导;彭正龙等(2011)研究发现,领导—部属交换和反生产行为具有显著的负相关关系,互动公平感在其中起到完全中介作用。仲理峰等(2009)则认为领导—部属交换不仅影响员工的工作表现,对领导者的工作表现也产生影响。除了积极效果,领导—部属交换也可能起到消极的作用。马力和曲庆(2007)的研究表明,领导—部属交换质量可能带来不公平的结果,对于高质量的领导—部属交换关系,领导者会抬高对这些部属的绩效评价,这些部属也会对领导者的互动公平给予更高的评价;李燕萍和涂乙冬(2012)则发现,领导—部属交换与员工工作压力为U形相关,过高的领导—部属交换水平可能反而导致较高的员工压力。

除此之外,学者们还对中国企业环境下的领导—部属交换所起的中介作用进行了研究。研究者发现,变革型领导可能通过领导—部属交换对员工产生正向的影响;Wang等(2005)的研究结果表明,领导—部属交换完全中介了变革型领导与部属工作绩效和组织公民行为之间的关系;李秀娟和魏峰(2006)研究则发现,在变革型领导与员工绩效、满意度和组织承诺之间,领导—部属交换具有部分中介作用,而在权变性奖励、例外管理、放任领导与员工绩效、满意度和组织承诺之间则起到完全中介的作用。余琼和袁登华(2008)的研究还表明领导—部属交换在领导者情绪智力对员工情境绩效和任务绩效之间的作用中起到中介作用。Walumbwa等(2012)则通过收集中国企业领导者和部属的配对数据,发现伦理型领导通过影响下属感知到的领导—部属交换关系,进而影响他们的工作绩效。

最后,领导—部属交换能够在很多组织行为过程中起到调节作用。王辉等(2009)的研究显示,领导—部属交换能够调节授权赋能领导行为对部属心理授权感知和工作满意度的作用关系,授权赋能领导行为对部属的心理授权感知和工作满意度的正向作用在领导—部属交换水平较低时更为明显。杨英等(2010)发现领导—部属交换能够调节任务绩效风险和组织利益风险对领导授权赋能行为的作用关系,当领导—部属交换水平较低时,领导者认为存在较大的授权风险时,授权行为会急剧减少,而当领导—部属交换较高时则影响不大。姚琦和乐国安(2011)的研究发现领导—部属交换可以调节新员工工作期望与适应性的关系,当领导—部属交换关系较高时,期望未实现对适应性的破坏作用会被抵消,而且领导—部属交换关系的不同维度具有不同的调节作用,"贡献"维度调节工作责任期望落差与角色清晰之间的关系,"尊敬"和"情感"维度则会调节工作回报期望落差与组织理解之间的关系。韩翼和杨百寅(2011)则发现,真实型领导对员工的创新行为有显著的正向影响,领导—部属交换在这个过程中可以起到调节作用,高水平的领导—部属交换关系可以提高真实型领导对创新行为的影响,而低水平的领导—部属交换关系则不能产生积极影响。

印象管理技术与领导—部属交换

上面我们介绍了中国企业环境下上下级处理领导—部属交换问题时所遇到的问题,实际上,西方有关印象管理的研究(Wayne & Green,1993)也可以为我们处理这一关系提供参考。印象管理是指一个个体总是希望获得别人和社会的赞同,并想控制社会交往的结果。所以,我们每个人都非常注意自己在社交场合中的形象。这种形象包括穿着、仪态、语言、动作等。印象管理是一个社会的基本事实,每个人有意无意地都在进行印象管理。所以,部属在与领导者交往的过程中,也在自觉或不自觉地利用印象管理技术,有时是为了弥补绩效的不足,有时则是为了使已经良好的绩效锦上添花。

心理学家罗纳德·德卢加(Ronald Deluga)认为,工作成绩非常重要,因为你必须出色地完成工作,但是,印象管理技术会给你的成绩锦上添花。良好的印象管理可以使自己在他人眼里更具魅力,更受别人喜欢(Deluga & Perry,1991)。

无论我们认为从外表衡量一个人的好坏是多么肤浅和愚蠢的观念,但社会上的很多人每时每刻都在根据你的服饰、发型、手势、声调等自我表达方式来判断着你。当你走进一个房间,即使房间里没有人认识你或者以前见过你,但是他们仅仅凭你的外表就可以对你做出 10 个方面的判断:① 你的经济水平;② 你的文化程度;③ 你的可信任程度;④ 你的社会地位;⑤ 你的老练程度;⑥ 你家族的经济情况;⑦ 你家族的社会地位;⑧ 你的家庭教养;⑨ 你是不是成功人士;⑩ 你的品行。无论你愿意与否,你都在留给别人一个关于你形象的印象,这个印象在工作时影响你的升迁,在商业上影响着你的生意,在生活中影响着你的人际关系,它无时无刻不在影响着你的自尊和自信,最终影响着你的幸福感。

美国著名形象设计师莫利曾对美国财富排名榜前 300 位中的 100 位执行总裁进行调查,97% 的人认为懂得并能够展示外表魅力的人,在公司中有更多的升迁机会;100% 的人认为若有关于商务着装的课,他们会送子女去学习;93% 的人相信在首次面试中,申请人会由于不合适的穿着而被拒绝录用;92% 的人认为不会选用不懂穿着的人做自己的助手;100% 的人认为应该有一本专门讲述职业形象的书以供职员们阅读。

英国著名形象公司 CMB 通过对世界著名的 300 名金融公司的决策人调查发现,在公司中位置越高的人越认为好的形象是成功的关键,因而注重形象的塑造和管理,并且他们也愿意雇用和提拔那些有出色的外表并能向客户展示出良好形象的人。

美国纽约州希腊求斯大学管理系曾对财富前1000名首席执行官调查,96%的人认为形象在公司雇人方面是极为重要的,尤其是对那些要求可信度高的工作和与人打交道的工作,如市场、销售、金融、律师、会计等。

成功人士无不在乎自己的形象。许多人不知道他们不能达到成功的目标是由于不具有形象上的魅力。一个成功的政治家、企业领袖靠的不仅是自己杰出的才华,同最好的演员一样,他们靠的不仅是自己能带给追随者的信念和对未来的承诺,更重要的是他们非常懂得形象的魅力并能够运用这种魅力,把这些承诺的价值具体表现出来,把属于他集体智慧结晶的思想生动地表达出来,让追随者把他的形象与自己追求的未来结合为一体。他们个性化的外表及人格化的魅力也是他们能够吸引千千万万追随者的重要原因。形象能够产生魅力,运用形象的魅力是成功者的智慧之一。

在西方,由于深刻了解"印象管理"的重要性,考虑到个人(职员)的形象就是集体(公司)的形象,许多公司把形象作为一个员工最为重要的基本素质。因为员工的形象不仅通过外表,而且通过沟通行为、职业礼仪等留给客户一个印象,这种印象反映了公司的信誉,产品及服务的质量,公司管理者的素质、层次等。通过对公司员工形象的判断,客户可以判断公司的服务、信誉,因而员工的形象直接影响着公司的信誉。许多跨国公司不惜重金为自己企业的人员进行形象培训和设计,以提高员工个人素质。据纽约州立大学对《财富》前1000位公司的执行总裁的调查,总裁们普遍认为如果公司员工能展示给客户一个良好的形象,公司可以从中受益,员工的形象等于公司的形象;公司的形象直接影响着利润,因此保持优秀的公司形象是管理者努力的目标之一。

案例

李经理是小唐所在大型金融公司的人力资源经理。当外出一周后的李经理回到办公室时,发现自己六周前交给小唐完成的报告仍然没有完成。这个报告是为公司经纪部的副总裁准备的,李经理预计周三交给他。

这已不是小唐的第一次逾期。他对工作非常认真细致,但他似乎是强迫自己一遍又一遍地检查每一件事情以避免错误。

李经理打电话叫来小唐,对他说:"我知道经纪部的报告还没有完成。这个部门的副总裁需要这份报告去准备他的年度预算。他正给我施加压力,要求尽快将报告提交给他。当我指派这个工作给你时,你告诉我六周时间就足够了。"

"很抱歉报告没有按计划完成。"小唐回答道,"但是它比我最初预期得要复杂得多。我不得不花费更多时间,确认从各个部门收集的数据,因为它们看起来不准确。正当我想……"

"小唐,"李经理打断说,"这不是你第一次拖延重要的项目了。你是一个专家,应当专业地规划工作和及时完成它们啊!"

"一个充斥着错误的报告非常不是专业的,"小唐回答道,"对我来说,重要的是高质量完成工作,我为之而自豪。分部的经理不能提供精确的数据,不是我的错。"

"当你检查他们的数据时,发现了什么样的错误?"李经理问。

"我没有确切发现任何错误,"小唐很窘地回答,"但是当我将数据输入计算机和做初步分析时,发现一个分部的数据丢失了。我花了一周等待丢失的信息,没有它,这个报告就不能提供关于那个部门精确的图表,我注意到……"

李经理不耐烦地打断说:"小唐,我们还有办事员去做诸如检查数据和确认它们是否完备的工作。在我看来,你没有有效地管理自己的时间。如果你委派一些简单的任务给其他人,你就不会在你的工作中拖延。"

"这些办事员正在忙着制定新的雇员守则,"小唐争辩说,"在我的工作中没有足够的办事员协助,这也是有时延迟的原因。"

"为什么你没有让我知道这些问题?"李经理问道,她的声音显示出她有些生气,"我曾发现有一些办事员协助过你。"

小唐变得更加具有防御性:"我上周想跟你说,但你在外地管理培训项目。我发了一个信息让你打电话给我。"

"小唐,每件事情你都有借口,你没有任何错误,"李经理讽刺地说,"你应当在你分析问题之前检查这些数据。对于丢失的数据,如果它们是埋在你办公桌成堆的卷宗下面,对我来说毫不奇怪。你的办公桌是全公司最乱的。"

小唐看起来闷闷不乐,但没有说话。李经理继续说:"小唐,除非你马上行动起来,否则你在这个公司的职业生涯将很短。我希望明天中午之前报告交到我的手上,不希望听到任何借口。"

 讨论题

(1) 在会见小唐之前李经理做错了什么?为避免拖延,李经理应该做些什么?
(2) 在会见小唐时李经理做错一些什么?做些什么准备工作能使会见更有效率?
(3) 小唐应当做些什么才更有效率?

 自测题

下面这些题目是有关领导者与部属之间交换水平的,假设你是领导者,请在心目中想好一名具体的部属,然后就你与该部属之间的交换水平进行评估。对于每一道题目,请在它后面最能代表你的意见的选项上画圈。

	非常不同意	不同意	不确定	同意	非常同意
1. 当部属与他人发生冲突时,我会站在部属这一边	1	2	3	4	5
2. 我非常喜欢我部属的为人	1	2	3	4	5
3. 如果我被人攻击,我的部属会为我辩护	1	2	3	4	5
4. 我乐意与我的部属交往	1	2	3	4	5
5. 如果我犯了无心之失,我的部属会在公司其他人面前为我辩护	1	2	3	4	5
6. 我喜欢与我的部属一起工作	1	2	3	4	5
7. 即使我的部属对事情并没有充分的了解,他也会在上级面前为我的工作行为辩护	1	2	3	4	5
8. 我的部属是那种大家都喜欢和他交朋友的人	1	2	3	4	5
9. 和我的部属在一起工作非常有意思	1	2	3	4	5
10. 在所有的紧急情况下,我的部属都会支持我	1	2	3	4	5
11. 即使我让部属做职责范围之外的工作,他也会尽力完成	1	2	3	4	5
12. 为了我,即使是要完成很多额外工作,我的部属也不介意	1	2	3	4	5
13. 我的部属所拥有的工作方面的知识有目共睹的	1	2	3	4	5
14. 我的部属工作方面的知识以及他的工作能力众所周知	1	2	3	4	5
15. 我的部属的专业技能令人羡慕	1	2	3	4	5
16. 我部属的技术和能力给我留下了深刻印象	1	2	3	4	5
17. 我的部属愿意为我做超出他的职责范畴之外的工作	1	2	3	4	5
18. 我的部属愿意为我的利益而付出超额的努力	1	2	3	4	5
19. 我的部属拥有在工作中成功的知识和技能	1	2	3	4	5
20. 为了我,我的部属会尽自己最大的努力去做自己分内乃至分外的工作	1	2	3	4	5

参考文献

[1] 费孝通:《乡土中国》,生活·读书·新知三联书店,1985。

[2] 韩翼、杨百寅:"真实型领导、心理资本与员工创新行为:领导成员交换的调节作用",《管理世界》,2011年第12期,第78—86页。

[3] 李秀娟、魏峰:"打开领导有效性的黑箱:领导行为和领导下属关系研究",《管理世界》,2006年第9期,第87—93页。

[4] 李燕萍、涂乙冬:"与领导关系好就能获得职业成功吗?一项调节的中介效应研究"《心理学报》,2011年第43卷第8期,第941—952页。

[5] 李燕萍、涂乙冬、高婧:"领导—部属交换对员工工作压力的影响及其中介机制

研究",《管理学报》,2012 年第 9 卷第 8 期,第 1170—1177 页。

[6] 马力、曲庆:"可能的阴暗面:领导—成员交换和关系对组织公平的影响",《管理世界》,2007 年第 11 期,第 87—95 页。

[7] 毛孟凯:"人际关系的经济分析",《浙江社会科学》,2002 年第 5 期,第 14—19 页。

[8] 牟临杉:"领导成员交换理论及其拓展",《企业改革与管理》,2005 年第 7 期,第 48—49 页。

[9] 彭正龙、赵红丹、梁东:"中国情境下领导—部属交换与反生产行为的作用机制研究",《管理工程学报》,2011 年第 25 卷第 2 期,第 30—36 页。

[10] 任孝鹏、王辉:"领导—部属交换(LMX)的回顾和展望",《心理科学进展》,2005 年第 13 卷第 6 期,第 788—797 页。

[11] 王辉、牛雄鹰:"领导—部属交换的多维结构及对工作绩效和情境绩效的影响",《心理学报》,2004 年第 36 卷第 2 期,第 179—185 页。

[12] 王辉、刘雪峰:"领导—部属交换对员工绩效和组织承诺的影响",《经济科学》,2005 年第 2 期。

[13] 王辉、张文慧、谢红:"领导—部属交换对授权赋能领导行为的影响",《经济管理》,2009 年第 31 卷第 4 期,第 99—104 页。

[14] 王震、孙健敏、赵一君:"中国组织情境下的领导有效性:对变革型领导、领导—部属交换和破坏型领导的元分析",《心理科学进展》,2012 年第 20 卷第 2 期,第 174—190 页。

[15] 杨国枢:"中国人的社会取向",《中国人的心理与行为科际学术研讨会论文集》,台北:"中央研究院"民族学研究所,1992。

[16] 杨英、龙立荣、周丽芳:"授权风险考量与授权行为:领导—成员交换和集权度的作用",《心理学报》,2010 年第 42 卷第 8 期,第 875—885 页。

[17] 姚琦、乐国安:"企业新员工工作期望与组织社会化早期的适应:领导—部属交换的调节作用",《南开管理评论》,2011 年第 14 卷第 2 期,第 52—60 页。

[18] 余琼、袁登华:"员工及其管理者的情绪智力对员工工作绩效的影响",《心理学报》,2008 年第 40 卷第 1 期,第 74—83 页。

[19] 仲理峰、周霓裳、董翔、宋广文:"领导—部属交换对领导和部属工作结果的双向影响机制",《心理科学进展》,2009 年第 17 卷第 5 期,第 1041—1050 页。

[20] Aryee, S., & Chen, Z. X., "Leader-member Exchange in a Chinese Context: Antecedents, the Mediating Role of Psychological Empowerment and Outcomes", *Journal of Business Research*, 2006, 59, 793—801.

[21] Bass, B. M., "From Transactional to Transformational Leadership: Learning to Share the Vision", *Organizational Dynamics*, 1990, 18, 19—31.

[22] Blau, P. M., *Exchange and Power in Social Life*. New York: Academic Press, 1964.

[23] Dansereau, F. J., Graen, G., & Haga, W. J., "A Vertical Dyad Linkage Approach to Leadership within Formal Organizations—A Longitudinal Investigation of the Role Making Process", *Organizational Behavior and Human Performance*, 1975, 13, 46—78.

[24] Deluga, R. J., "Supervisor Trust Building, Leader-member Exchange and Organizational Citizenship Behavior", *Journal of Occupational and Organizational Psychology*, 1994, 67, 315—326.

[25] Deluga, R. J., & Perry, J. T., "The Relationship of Subordinate Upward Influencing Behaviour, Satisfaction and Perceived Superior Effectiveness with Leader-member Exchanges", *Journal of Occupational Psychology*, 1991, 64, 239—252.

[26] Dienesch, R., & Liden, R., "Leader-member Exchange Model of Leadership: A Critique and Further Development", *Academy of Management Review*, 1986, 11, 618—634.

[27] Dockey, T., & Steiner, D., "The Role of the Initial Interaction in Leader-Member Exchange", *Group and Organization Studies*, 1990, 15, 395—413.

[28] Duarte, N. T., Goodson, J. R., & Klich N. R., "Effects of Dyadic Quality and Duration on Performance Appraisal", *Academy of Management Journal*, 1994, 37, 499—521.

[29] Eden, D., *Pygmalion in Management: Productivity as a Self-fulfilling Prophecy*. Lexington, MA: Lexington Books, 1990.

[30] Eisenberger, R., Karagonlar, G., Stinglhamber, F., Neves, P., Becker, T. E., & Gonzalezmorales, M. G., et al., "Leader-member Exchange and Affective Organizational Commitment: The Contribution of Supervisor's Organizational Embodiment", *Journal of Applied Psychology*, 2010, 95(6), 1085—1103.

[31] Gerstner, C., & Day, D., "Meta-Analytic Review of Leader-Member Exchange Theory: Correlates and Construct Issues", *Journal of Applied Psychology*, 1997, 82, 827—844.

[32] Graen, G. B., & Cashman, C. J., "A Role-making Model of Leadership in Formal Organizations: A Developmental Approach", In: J. G. Hunt, & L. L. Larson (Eds), *Leadership frontiers*. Kent State University Press: Kent, 1975, 143—165.

[33] Graen, G. B., & Uhl-Bien, M., "Relationship-based Approach to Leadership: Development of Leader-Member Exchange(LMX) Theory of Leadership Over 25 Years: Applying a Multi-Level-Multi-Domain Perspective", *Leadership Quarterly*, 1995, 6, 219—247.

[34] Graen, G., "Role Making Processes within Complex Organization", In: M. D. Dunnette (Ed). *Handbook of Industrial and Organizational Psychology*. Chicago: Rand McNally, 1976, 1201—1245.

[35] Graen, G. B., & Scandura, T., "Toward a Psychology of Dyadic Organizing", In:

L. Cumming, & B. Staw, (Eds), *Research in Organizational Behavior*, Vol. 9, Greenwich: JAI Press, 1987, 175—208.

[36] Green, S., Anderson, S., & Liden, R., "Demographic and Organizational Influences on Leader-Member Exchange and Related Work Attitudes", *Journal of Applied Psychology*, 1996, 68, 298—306.

[37] Green, S. G., & Mitchell, T. R., "Attributional Processes of Leaders in Leader-Member Interactions", *Organizational Behavior and Human Performance*, 1979, 23, 429—458.

[38] Li, A. N., & Liao, H., "How do Leader-member Exchange Quality and Differentiation Affect Performance in Teams? An Integrated Multilevel Dual Process Model", *Journal of Applied Psychology*, 2014, 99(5), 847—866.

[39] Liden, R. C., & Graen, G. B., "Generalizability of the Vertical Dyad Linkage Model of Leadership", *Academy of Management Journal*, 1980, 23, 451—465.

[40] Liden, R. C., & Parsons, C. "Understanding Interpersonal Behavior in the Employment Interview", In: Eder, R., Ferris, G., (eds.), *The Employment Interview: Theory, Research and Practice*. Lawrrence Eilbaum: Hillsdale, 1989, 219—232.

[41] Liden, R. C., Sparrowe, R., & Wayne, S., "Leader-member Exchange Theory: the Past and Potential for the Future", *Research in Personnel and Human Resource Management*, 1997, 15, 47—119.

[42] Liden, R. C., Wayne, S., & Stilwell, D., "A Longitudinal Study on the Early Development of Leader-member Exchange", *Journal of Applied Psychology*, 1993, 78, 662—674.

[43] Liden, R. C., & Maslyn, J., "Multidimensionality of Leader-member Exchange: An Empirical Assessment through Scale Development", *Journal of Management*, 1998, 24, 43—72.

[44] Lord, R. G., & Maher, L. J., *Leadership and Information Processing: Linking Perception and Performance*. New York: Routledge, 1991.

[45] Martinko, M. J., & Gardner, W. L., "The Leader/Member Attribution Process", *Academy of Management Review*, 1987, 12, 235—249.

[46] Maslyn, J., & Uhl-Bien, M., "Leader-member Exchange and its Dimensions: Effects of Self-Effort and Other's Effort on Relationship Quality", *Journal of Applied Psychology*, 2001, 86, 697—708.

[47] Mitchell, T. R., & Kalb, L. S., "Effects of Job Experience on Supervisor Attributions for a Subordinate's Poor Performance", *Journal of Applied Psychology*, 1982, 67, 181—188.

[48] Podsakoff, P. M., MacKenzie, S. B., Moorman, R. H., & Fetter, R., "Transformational Leader Behaviors and their Effects on Followers' Trust in Leader, Satisfaction, and Organizational Citizenship Behaviors", *Leadership Quarterly*, 1990, 1, 107—142.

[49] Schriesheim, C. A., Neider, L. L., & Scandura, T. A., "Delegation and Leader-member Exchange: Main Effects, Moderators, and Measurement Issues", *Academy of Management Journal*, 1998, 41, 298—318.

[50] Schriesheim, C., Castro, S., & Coglister, C., "Leader-member Exchange (LMX) Research: a Comprehensive Review of Theory, Measurement, and Data-Analytic Praticices", *Leadership Quarterly*, 1999, 10, 63—113.

[51] Sparrowe, R., & Liden, R. C., "Process and Structure in Leader-member Exchange", *Academy of management Review*, 1997, 22, 522—557.

[52] Tse, H. H. M., Lam, C. K., Lawrence, S. A., & Huang, X., "When My Supervisor Dislikes You More than Me: The Effect of Dissimilarity in Leader-member Exchange on Coworkers' Interpersonal Emotion and Perceived Help", *Journal of Applied Psychology*, 2013, 98(6), 974—988.

[53] Venkataramani, V., Green, S. G., & Schleicher, D. J., "Well-connected Leaders: the Impact of Leaders' Social Network Lies on LMX and Members' Work Attitudes", *Journal of Applied Psychology*, 2011, 95(6), 1071.

[54] Vidyarthi, P. R., Erdogan, B., Anand, S., Liden, R. C., & Chaudhry, A., "One Member, Two Leaders: Extending Leader-member Exchange Theory to a Dual Leadership Context", *Journal of Applied Psychology*, 2013, 99(3), 468.

[55] Walumbwa, F. O., May, D. M., Wang, P., Wang. H., Workman. K., & Christensen, A. L., "Linking Ethical Leadership to Employee Performance: The Roles of Leader-member Exchange, Self-efficacy, and Organizational Identification", *Organizational Behavior and Human Decision Processes*, 2012, 115, 204—213.

[56] Wakabayashi, M., "Japanese Management Progress: Mobility into Middle Management", *Journal of Applied Psychology*, 1988, 73, 217—227.

[57] Wang, H., Law, K. S., & Chen, Z. X., "A Structural Equation Model of the Effects of Multidimensional Leader-member Exchange on Task and Contextual Performance", Paper presented on the *17th Annual Conference on Society of Industrial and Organizational Psychology (SIOP)*, Toronto, 2002.

[58] Wang, H., Law, K. S., Hackett, R. D., Wang, D., & Chen, Z. X., "Leader-member Exchange as a Mediator of the Relationship Between Transformational Leadership and Followers' Performance and Organizational Citizenship Behavior", *Academy of Management Journal*, 2005, 3, 420—432.

[59] Wang, H., Liu, X. F., & Law, S. K., "Leader-member Exchange in People's Republic of China: A Preliminary Research on the Contents and Dimensions", In: G. Graen (Ed.). *New National Network Sharing*. Information Age Publishing, 2007, 105—128.

[60] Wayne, S. J., & Green, S. A., "The Effects of Leader-member Exchange on Employee Citizenship and Impression Management Behavior", *Human Relations*, 1993, 46, 1431—1440.

[61] 〔美〕Yukl, G., *Leadership in Organizations*, 清华大学出版社, 2001。

第八章 社会资本与"关系"

本章导读

通过本章的介绍,希望读者可以了解到人力资本、社会资本、人际关系、"关系"等概念及对管理者的意义。这些概念对于我们平时的学习和工作都有很重要的影响,只有掌握这些概念并且灵活运用到实践中,领导者才能更大限度地增强管理的效果。

开篇案例

在中国内地改革开放前,在中国香港地区的内地公司有中银、华润、招商、中旅四家,它们分别隶属于中国银行总行管理处、对外贸易部、交通部、国务院侨办。二十多年间,由于种种原因,这四家公司发展缓慢,在港影响甚微,业务仅限于金融、贸易、航运、旅游。

从20世纪70年代末起,香港内地公司进入第二春。中资四大元老获得长足的发展,另有大量内地公司去香港发展。

1979年10月,直属于国务院的中国国际信托投资公司在北京成立,董事长为荣毅仁,启动费是邓小平特批的50万元人民币。公司的决策管理层不是党委会,而是董事会,这在当时的内地无疑是一个大胆的创举。

荣氏家族是中华人民共和国成立之前著名的大资产阶级。上海解放后,荣毅仁被誉为红色资本家,先后担任过上海市副市长、纺织工业部副部长等要职。

荣智健为荣毅仁的长子,毕业于天津大学机电系,是一个从小过着富裕生活,青年时代("文革"时期)饱受政治歧视和生活磨难的资本家后代(他一直否认自己是高干子弟)。1978年,荣智健奉父亲之命,到香港闯天下,并继承了荣毅仁在香港一家公司的全部股权,价值600万港元。荣智健用这笔钱入股了堂兄的公司——爱卡电子,在这期间,荣智健还在美国创办了加州自动设计公司。1985年他卖掉自己的电子厂,身价已有4亿港元。

这一年,荣智健居留满7年,成为香港永久居民。这一年,北京中信在港的投资机构,在港注册为中国国际信托投资(香港)有限公司。荣智健卖掉自己的公司后,应邀去香港中信帮助策划。次年,他正式进入香港中信,任董事职务。

1987年，中国国际信托投资(香港)有限公司重新注册为中信集团(香港)有限公司。荣智健接替米国钧任董事兼总经理职务，董事长为唐克(后由王军接替)。北京中信董事长仍是荣毅仁。1994年，荣智健对记者开诚布公地说："假如我不是荣毅仁的儿子，我今天不可能担任香港中信的副董事长兼总经理。但假如我仅仅是荣毅仁的儿子，而自己没有能力来经营，香港中信也不会发展成今天这样的规模。"

荣智健并不否认父辈对他的作用，但他又十分自信地肯定自己的能力。最能体现他经营能力的是中信泰富。荣智健有心创立一家完全由自己管理的公司。

1988年，国务院下令对在港的内地公司进行整顿。在这期间，荣智健积极寻找借以上市的壳——泰富发展。泰富发展的前身是冯景禧旗下的新景丰。股权两度易手，冯氏家族占19%，李明治的澳洲辉煌国际占21%，曹光彪的永新企业占50.7%控制性股权。这时，曹氏正为港龙航空弄得焦头烂额，有意将泰富作壳出售。

荣智健在香港商界巨子李嘉诚、郭鹤年的帮助下，于1990年1月聘请收购专家梁伯韬、杜辉廉的百富勤为财务顾问，与曹光彪私下洽商之后，中信宣布正式全面收购泰富，以每股1.2港元收购曹氏的50.7%的股份，并以同样条件收购全体股东的股份。泰富市值7.25亿港元，是一家投资地产的小型公司。经过复杂的换股增股，到1991年6月，泰富发行新股集资25.1亿港元，郭鹤年、李嘉诚认购新股。其股权分配为中信49%、郭鹤年20%、李嘉诚和曹光彪各5%，其余为公众股东。泰富发展易名为中信泰富，荣智健任董事长兼总经理。这一年，中泰盈利3.33亿港元，业绩不俗。

2003年3月，荣智健向外宣布，中信泰富2002年度纯利增84.93%，达39.02亿港元，较财经信息供货商Thomson FirstCall综合21家证券行的盈利预测36.07亿港元高出3亿港元，除发电及基建业绩倒退外，其他业务均有增长。

尽管上海固定投资回报项目如何处理尚未谈妥，2003年又面对美伊战争等多个不利或不明朗因素，但在现金流充裕的情况下，荣智健决定，除增派末期息至0.7港元外，每股增发1港元特别股息。换言之，集团上年度全年派息达每股2元，比对去年全年派息每股0.8元大幅增长1.5倍。

以荣智健手中持有的4亿多股计(以2002年年底年报显示的持股量)，这次末期息每股共派1.7港元，粗略计算他个人应有6.8亿港元进账(以每日工作9小时计)，摊开来的话，就相当于每天赚186万港元，每小时收入20万港元。

从上述事例中，我们体会到的不仅是荣智健所强调的自身能力，还有他所能够利用的社会资本使他及香港中信获得了成功。正如他所说的最直接的话："假如我不是荣毅仁的儿子，我今天不可能做香港中信的副董事长兼总经理。"这句话实际上揭示出社会资本对企业和企业家的重要性。当然，我们应该以积极的角度和科学的分析来看待社会资本和"关系"(guanxi)的运用。在本章我们将着重讨论社会资本及"关系"，帮助读者深入

了解这些概念及对企业及经营管理者产生的影响。

第一节 人力资本和社会资本

人力资本

在介绍社会资本概念之前,我们需要了解人力资本(human capital)的概念。

所谓人力资本就是指依附于个体的体力和智力所具有的劳动(包括体力劳动和脑力劳动)价值的总和。这是大多数人承认的人力资本理论创始人西奥多·舒尔茨(Theochore Schultz,1990)的定义。可以从下面几个方面来理解这一概念:首先,人力资本依赖于人们的体力能力和脑力能力,所以,具有劳动能力的劳动者都具有人力资本的依附基础。这不只包括企业的职工,而是指全社会所有有劳动能力的人都拥有人力资本,只不过在拥有量上有多少的差异,没有质的区别。其次,人们的体力和智力是由于营养、保健、医疗和教育、培训等形成的,需要花费资金即投资形成,投资者应包括个人、家庭、工作单位、国家。所有劳动者的劳动能力都是通过这种投资获得的。优秀运动员是在体力上投资较多者,企业家和技术创新者是在智力上投资较多者,因而他们有不同的技术业务专长。最后,人力资本对于个人是从小到大直到老年,从投资、产出直到分配,从获得、增长直到降低、消失的全过程,对于社会人力资本则是食宿、教育、就业、医疗、保健、社保投资、经济发展等社会经济生活的系统工程。因此,人力资本理论就成为人力资源开发的理论基础,是研究涉及全社会共同关注的、关系每个人切身利益的理论和实践,所以越来越引起社会各界人士特别是企业界人士的重视和关心(姚裕群,2003)。

人力资源与人力资本

人力资源(human resource)指一定范围内的人口所具备的能够从事社会经济活动的劳动能力的总合。结合以上有关人力资源与人力资本的概念,可以得出以下几点结论:

(1) 人力资本是一种资本。人力资源(含个体、群体)作为特殊的主体性资源,也可以被作为开发对象,从而转化为人力资本。资本是资源的转化,人力资本就是人力资源的转化。转化的数量决定人力资源开发的广度,转化的质量决定人力资源开发的深度。

(2) 资源转化与资本利用。资源转化为资本后经过开发利用和改造又可以产生新的资源。

(3) 人力资本的价值与使用价值。如果商品价值增值量小于人力资本自身价值,则人力资本投资的效益为负,就不会有人力资本的投资行为了。

人力资本理论的发展

人力资本理论的发端可以追溯到两个世纪以前,现代经济学的创始人亚当·斯密在他的代表作《国富论》中提到,一个国家全体居民的所有后天获得的有用能力是资本的组成部分。到了 20 世纪 50 年代后期,随着科技的进步和生产力的高度发展,人力资本对经济发展起到重要作用。美国的一些学者认为,资本有两种形态——物质形态和非物质形态。此处的非物质形态主要指人力资本。这些学者认为,对人力进行投资可以提高或形成较为先进的生产能力,从而使经济效益得到提升。日本学者也指出,向教育投资是提高劳动力的生产能力的活动,使得劳动力的知识、技能得以形成和得到积累。继 50 年代后期的开拓性研究之后,理论界将人力资源置于生产诸要素中的首要位置。正如英国经济学家哈比森在 1973 年所说:"人力资源是国民财富的最终基础。资本和自然资源是被动的生产因素。人是积累资本、开发自然资源、建立社会经济和政治组织并推动国家向前发展的主动力量。显而易见,一个国家如果不能发展人民的技能和知识,就不能发展任何别的东西。"(哈比森,1999)

社会资本

社会资本的定义

按照美国著名政治学家罗伯特·帕特南(Robert Putnam)(Putnam,1993)的定义,社会资本是指社会组织的那些可通过促进协调行动而提高社会效能的特征,比如信任、规范及网络。

社会资本理论的发展

有关社会资本的思想早在古典经济学家那里就有了,但作为一个概念和术语的"社会资本"最早是由格伦·卢里(Glenn Loury)于 1977 年首先提出来的,他在当时发表的"种族收入差别的动力学理论"一文中用"社会资本"的概念来说明城市中心区处于不利地位的黑人孩子与其他孩子在社区和社会资源上的差别(Loury,1977)。

20 世纪 80 年代以来,对于社会资本的研究方兴未艾。最早将社会资本引入社会学领域的,是对文化资本研究做出突出贡献的法国著名社会学家皮埃尔·布迪厄(Pierre Bourdieu)(Bourdieu,1984)。他把社会资本界定为"实际的或潜在的资源的集合体,那些资源是同对某种持久的网络的占有密不可分的,这一网络是大家都熟悉的,得到公认的,而且是一种体制化的关系网络"。也就是说,当一个人拥有某种持久性的关系网络时,这个由相互熟悉的人组成的关系网络就意味着他实际或潜在所拥有的资本。社会资本赋予关系网络中的每个人一种集体拥有的资本。对于每一具体的个人来说,他所占有的社会资本的多少取决于两个因素:一是他可以有效调动的关系网络的规模,二是网络中每个成员所占有的各种形式的资本的数量。因此,社会资本实际上是由彼此之间有"连接"(connections)的人们之间的社会义务构成的。

20 世纪 80 年代至 90 年代,美国学者 Coleman、Putnam 等人先后提出了社会资本理论,并将社会资本理论作为人力资本基础上的理论发展加以阐述,显现出国际学术界对于经济与社会发展中的人际关系的重视,深化了 Schultz 教授在 20 世纪 60 年代开始的对人与经济发展关系的研究。

美国社会学家 Coleman 从理论上对社会资本做了更全面的界定分析。在其巨著《社会理论的基础》(1990)一书中,他将 Bourdieu 等人的研究成果纳入自己的理论框架,提出自己的社会资本理论。Coleman 认为,社会资本是根据它们的功能定义的。它不是一个单一体,而是有许多种,彼此间有两个共同之处:它们都包括社会结构的某些方面,而且有利于同一结构中的个人的某些联系;和其他形式的资本一样,社会资本也是生产性的,使某些目的的实现成为可能,而在缺少它时,这些目的不会实现。Coleman 认为,社会资本具有两个性质:一是社会资本存在于人际关系结构中,由结构的各个要素组成,它不依附于独立的个人,更具有公共物品的性质;二是社会资本只为结构内部的个人行动提供便利,具有不可转让性。社会资本的主要形式是相互信任关系(可相互提供资源),其他形式还有共享的信息网络、有效的社会规范、权威关系以及合作性的社会组织(可提供公共物品)。

综合国际学术界关于社会资本的研究成果可以得出:社会资本是指在一个国家或地区内,通过民众自由地将个体人力资本进行横向的社会结合,而生成的能够促进一个国家经济和社会持续发展的社会关系结构及社会心理结构。社会资本大致可包括合作性企业和自愿性社团组织、畅通和谐的横向交往网络、民主自治的社会契约、互相信任的心理认同、互学共进的合作创新心态。

社会资本和人力资本

社会资本理论的研究方法与人力资本理论的研究方法是有区别的。而且社会资本自身有其独特的性质,我们总结了以下几点:

(1) 提升了人的社会地位。在社会资本理论中,人的地位不再是单纯的经济资源要素,而被认为是资源运用的主体,从只有人才具有的社会地位的角度研究人。因此社会资本理论对人的审视的层次要比人力资本理论更高,更接近人本身具有的主体生存状态,体现了对于人的特性的更全面的把握。

(2) 从微观层面为主的分析扩展为宏观层面。人力资本理论是从个体人力资本的投入成本与产出效益分析人力资本的;而社会资本则直接采用宏观分析法,从群体人力资本的角度,研究什么样的社会组织结构、社会关系结构、社会心理结构能够提高社会劳动生产率,促进社会经济增长。

(3) 经济资本既可以是有形的,也可以是无形的。如物质资本是有形的。而人力资本存在于劳动者之中,表现为劳动者的经验和受教育程度,和经济资本中的技术一样是无形的。社会资本是无形的,是一种能感觉到却看不见摸不到的东西。

(4) 经济资本既可为公共物品,也可为私人物品,社会资本则纯粹是公共物品,一旦形成就不仅是一个人能使用它,这与社会资本的性质有关,它只能存在于两个以上的人中间。

(5) 主体拥有的社会资本是一种嵌入的结果。个人只有进入某一个网络才能拥有社会资本,这与物质资本和人力资本不同,它不是依附于个人的存在而存在的。

(6) 社会资本随着自身被使用而不断增加,一旦不使用,它马上就会枯竭。

(7) 社会资本具有不可转让性,因为它是一种嵌入的结果,对主体不具有依附性。

(8) 社会资本的破坏易于它的建立,换句话说社会资本的形成比较困难,但其本身又非常脆弱,很容易被破坏,破坏造成的后果非常严重。

而人力资本与社会资本又有密切的联系。比如,丰富的工作和教育经历会促进人际关系的形成,从而提高人的社会地位,成就社会资本的积累。高认知能力会更容易使人在与别人结交中形成稳固的关系(Felício et al., 2014)。

社会资本的分类

社会资本可以分为个人的社会资本和企业的社会资本。

个人的社会资本指个人通过社会联系获取稀有资源并由此获益的能力。通过社会成员关系(例如一个特定的俱乐部或者团体的成员可以获取相应社团里的很多资源),人际社会网络可以建立这种社会联系,以达到获取稀有资源并获利的目的,建立的这种联系越多,相应的获利能力也就越强。

个人的社会联系包括:

- 亲缘——由人本身的生产和再生产而形成的亲情关系;
- 地缘——邻里乡亲关系;
- 业缘——同事的工作关系;
- 物缘——商品的交换关系;
- 神缘——精神的信念关系。

这些关系的存在是客观的,如果个人能在这些社会关系的运作中进行自由组合,就能获得很好的个人效益和社会效益。

企业的社会资本包含两个方面的含义:

(1) 结构的解释。把一个社会里的各个单元,从所在不同的等级、地位等的关系来解释。即地位高的人有很大权力来控制一些资本,底层的人想要获得更多的资源,就需要跟他们有一定联系,以获取这些资源。

(2) 文化的解释。即按照中国人关系导向来解释中国传统的等级、人伦等固有观念。因为企业的法人代表和领导者具有自己的社会身份与交际网络,在讲究人际关系的社会中,则他们有可能利用自身的其他社会身份获得更多可利用的资源。所谓礼尚往来,讲究的就是在人际交往中,建立自己的社会网络。

如何判断企业的社会资本?一般来说,我们可以通过三个维度来进行判断。首先是纵向联系,即企业的法人代表是否在上级领导机关任过职;其次是横向联系,即企业的法人代表是否在跨行业的其他企业任过职;最后是社会联系,即企业的法人代表的社会交往和联系是否广泛。上述三个维度符合企业社会资本的定义,但是也不完全,不能涵盖企业社会资本的全部,但是至少可以帮助我们提供一个判断标准,并且用以衡量企业社会资本的强弱。

国内同样有不少学者研究社会资本,边燕杰(2004)认为,社会资本发源于人际社会关系网络,这包括几个方面:一是网络规模大,信息和人情桥梁也较多,占有社会资本就有优势。二是网络顶端高,每个人拥有的网络中,他人都有其一定的权力、地位、财富、声望,按任何标准排列起来都形成一个塔形的结构;网顶高,就是网内拥有权力大、地位高、财富多、声望显赫的关系人,比起网顶低的网络,其蕴含的资本量大。三是网络差异大,即网内人从事不同的职业,处于不同的职位,资源相异,影响所及互补;比起差异小的网络,网络差异大,所潜藏的社会资本量就大。四是网络构成合理,与资源丰厚的社会阶层有关系纽带,会使网络的优势增加。这四个方面的总和,即社会资本的操作化定义。这个定义强调了社会资本即社会网络资源的观点(网顶、网差),也包含了网络关系(网络规模)和网络结构(网络构成)的观点。

从这个立场出发,边燕杰(2004)提出了两种解释路径:阶级阶层地位解释和职业交往解释。这两种途径同样可以作为社会资本类型的划分。

阶级阶层地位的解释是指个人及其家庭处于一定的阶级阶层地位之中,这深刻地影响了他们的社会交往方式和范围。正如现代社会学把产权、权威、技能等标准作为阶层划分的理论基础那样,这些标准也是不同阶层成员之间社会交往的结构制约。因此,阶级阶层地位将影响人们社会交往的方式和范围,从而影响人们的社会资本质量。

职业交往解释提供了一个补充性的假设,它把职业活动所提供的稳定交往场域视为社会交往的发展源泉。在这个研究路线中,边燕杰进一步区分了两种不同性质、具有决定意义的职业交往活动。一是由于工作需要,与工作场域内的上级、下级、平级同事以及跨机构同事的交往,这种交往的差异性被称为"科层关联度";二是由于工作需要,与工作场域外部的客户、服务对象、生意伙伴、竞争对手等发生的交往,其差异性体现为"市场关联度"。显然,如果职业的科层关联度高,则从工作关系拓展朋友关系的潜力就大;如果职业的市场关联度高,则由此发展朋友网络的机会就大;如果职业的两种关联度都低,则社会网络缺乏业缘发展机遇。概言之,职业的科层关联度和市场关联度越高,在职者的社会资本就越强(边燕杰和李煜,2001)。

国内外的学者从理论的角度和实证的研究来探讨社会网络、"关系"对企业发展的影响(储小平,2003;李孔岳,2007;Xin & Pearce,1996)。其中 Xin 和 Pearce(1996)的文章中比较了民营企业经营者和国有或者集体企业经营者观点的差异,他们发现,民营企业经营者比其他性质的经营者更重视关系。他们明显地更依赖于与政府官员建立关系,更多地使用送礼的方式来建立这些关系。还有较新的国外研究表明了积累社会资本对企业发展有益。具体来说,公司销售额会随着外部董事在其他公司董事会的就职数量和他们在同行业其他企业中就职数量的增长而上升。因为这些外部职位和行业经历为公司提供了大量的社会资本,从而帮助公司获取更多信息、资源和合作机会(Kor & Sundaramurthy, 2009)。但是,公司董事会内部的社会资本(董事成员之间的关系网)过高却会阻碍企业内部的监管和控制,从而对公司增长产生负面影响(Lee et al., 2016)。

总之,无论是国内还是国外,社会资本的研究都有着非常重要的意义。企业的社会资本对企业的经营有帮助和促进的作用,经营中通过拥有的社会资本进行非正规模式的竞争,往往能给企业带来意想不到的竞争优势。目前中国的很多民营企业往往会聘请一些"四余"人员来为企业扩充社会资本,所谓"四余"是"余热""余威""余权""余网",利用他们任职之前建立的一些关系网为企业服务。事实证明,这一举措是行之有效的。

第二节 社会网络与人际关系

社会资本的具体体现就是社会网络(social network),而社会网络的维系则需要依靠人际关系的技能,因此,本节着重探讨社会网络和人际关系。

社会网络

社会网络对企业和经理人而言,扮演着非常重要的角色。当一位经理人以一种明显"非职业化"的方式行事时,却常常是最有效的。一位经理人在工作中的互动和交际构成了以工作场所为基础的社会网络,这种网络成为他与外界社会之间的纽带。当然,这种纽带也有所不同,根据关系的类型和强弱又分为坚固的纽带(strong ties)、弱纽带(weak ties)和特殊的纽带(particular ties)。

社会网络是指个人之间的关系网络。社会网络其实并不高深,它的理论基础正是"六度分隔"。美国著名社会心理学家斯坦利·米尔格拉姆(Stanley Milgram)于20世纪60年代最先提出:"你和任何一个陌生人之间所间隔的人不会超过六个,也就是说,最多通过六个人你就能够认识任何一个陌生人。"Travers和Milgram(1969)设计了一个连锁邮件实验。他将一套连锁信件随机发送给居住在内布拉斯加州奥马哈的160个人,信中放了一个波士顿股票经纪人的名字,要求每个收信人将信寄给自己认为比较接近那个股票经纪人的朋友。朋友收信后照此办理。最终,大部分信在经过五六个步骤后都抵达了该股票经纪人处,六度空间的概念由此而来。"六度分隔"说明了社会中普遍存在的"弱纽带"发挥着非常强大的作用。有很多人在找工作时会体会到这种弱纽带的效果。通过弱纽带,人与人之间的距离变得非常"接近"。

人们不能忽视社会网络的存在和作用。正是因为社会网络的无处不在,使得人们在社会生活中从这种关系网中获得好处。按照社会学家的说法,社会网络可以帮助企业管理者更多地发掘社会资源,这种网络越大越牢靠,管理者可获取的资源就越多,在某种程度上来说,其自身所能利用和调动的资源也就越多。

Luthans等(1985)进行过一项研究,目的是探讨在组织中晋升最快的经理人与其他经理人相比在行为上有什么不同。他们研究了 450 名经理人,总结了这些人的日常工作行为(见表 8-1)。这些行为可以分为四类:第一类是传统的管理(traditional management),包括决策、制订计划、监控运营等;第二类行为是人力资源管理(human resource management),包括激励下属、培训、选拔等;第三类是信息交流(cummunication),包括交换日常信息、上传下达、处理文件等;第四类是网络沟通与交际(networking),包括正式的或非正规的人际交流、企业内外部一些关系的建立等。结果发现,成功的经理人(晋升最快的经理人)用在网络交际与沟通上的时间显著地高于其他两类经理人,说明了社会网络对于经理人员晋升的重要作用。

表 8-1 经理人日常活动的时间分配　　　　　　　　　　　　　　　　　　单位:%

	传统的管理	人力资源管理	信息交流	交际与沟通
一般的经理人	32	20	29	19
有效的经理人	19	26	44	11
成功的经理人	13	11	28	48

资料来源:〔美〕斯蒂芬·P. 罗宾斯著,孙健敏等译,《组织行为学》(第十版),中国人民大学出版社,2005。

在中国这样的特殊情境中,社会网络更加重要。关系在很大程度上与社会网络密切相关,在中国社会中,关系的存在与影响已经不容忽视,甚至超出了人们的意料。美国纽约时报记者 Fox Butterfield 认为,关系为中国人的工作生活提供了润滑剂,它是一种社会投资的形式。发展、培养和扩展关系成为普遍的当务之急。中国人已经将个人关系的艺术转换成谨慎的算计科学,甚至有人完全以关系为生。

人际关系的定义

关于人际关系(interpersonal relationships)有许多不同定义,根据《现代汉语词典》,人际关系是指人与人之间相互认知,进而产生的吸引或排拒、合作或竞争、领导或服从等关系。Argyle(1983)认为,人际关系指一个主体在某一段时间里与一个客体经常保持的社会接触。

具体来讲,人际关系指社会人群中因交往而构成的相互依存和相互联系的社会关系,在保持个体的唯一性、独立性的基础上与他人经过交往后,由于吸引、交换及认同建立的心理关系。关系的建立、保持与中断并不影响个人的独立性及唯一性。人际关系是人与人之间在活动过程中直接的心理上的关系或距离。人际关系反映了个人或群体寻求满足其社会需要的心理状态,因此,人际关系的变化发展决定于双方社会需要满足的程度。

人际关系的维度

研究发现,情感上的"亲疏"(love-hate)与地位上的"尊卑"(dominance-submission)

是人际关系中两个最基本的维度(dimension)。其他次要的一些维度还有"特殊主义与普遍主义"(前者讲人情,做事因人而异;后者一视同仁)、"工作导向与非工作导向"等。

人际关系的类型

Fiske 的观点

美国心理学家艾伦·费斯克(Alan Fiske)(Fiske,2004)认为,社会互动主要有以下四种模式:

(1) 共享(communal sharing)。由团体成员共享情感与资源,不分彼此。在家人关系、亲密朋友关系等中往往遵循这种模式。

(2) 权威排序(authority ranking)。依据年龄、阶层、地位等形成不对等的权威与顺从关系,如长幼关系、上下级关系等。

(3) 对等互惠(equality matching)。双方平等,强调对等回报与交易的平衡。

(4) 市场定价(market pricing)。双方基于理性,进行得失衡量,考虑成本与收益的比率,商业关系往往如此。

Fiske 认为,这四种模式是存在于个人大脑中的关系原型,可以帮助人们理解和建构社会关系,决定与不同对象交往的方式。在社会生活中,人们会根据具体情况,灵活地组合这四种基本模式,建构出复杂的人际关系。

Clark 与 Mills 的观点

Clark 和 Mills(1979)区分了两种不同的人际关系(见表8-2):

(1) 交换关系(exchange relationship)。强调礼尚往来,讲究平衡与对等。

(2) 共享关系(communal relationship)。关心对方的幸福,讲究需求法则,而且不期望对方做出对等的回报。

表8-2 Clark 和 Mills(1979)的人际关系分类

交换关系	共享关系
关注公平	关注需求
立刻回报	可延迟回报
若无及时回报,有被剥夺感	若无及时回报,不会产生被剥夺感
关注对方的贡献	不是很关注对方的贡献
并不因对对方有好处感到愉快	因帮助对方感到愉快

需要注意的是,在共享关系中,人们并非对公平问题毫不在乎。研究表明,如果人们在共享关系(如亲密关系)中感到不公平,可能会相当沮丧。与交换关系不同的是,在共享关系中,人们对于不公平的容忍时间要长一些、容忍程度要大一些。在共享关系中,人们相互信任程度比较高,相信对方不会故意占自己的便宜,认为最后会达到大致的平衡,所以能够容忍一时的不平衡。相反,如果对方立即给予对等回报,反而会给人"太见外"

的感觉,甚至影响关系的发展。

人际关系的发展

尽管人际关系包含的维度很多,复杂多变,但还是有规律可循的。把握这些规律,可以帮助我们提高建立、控制和改变人际关系的能力。

人际关系的发展变化过程可分为形成、发展、稳定和恶化四个阶段。

形成阶段

人们出于亲和的需要(need for affiliation)、情境的诱发、依附需要,以及寂寞诱发等原因,人们产生交往的需要并与他人尝试建立初步的人际关系。人际关系的形成阶段通过注意、认同、相容三种形态,逐步建立起来。其中,注意是对某一交往对象的兴趣和专注,是人际关系形成的开端。注意一般是在某一个特定场合下的第一次见面的头几秒钟或几分钟内由某一个信号、某一句话或某一件事引起的。注意是人们根据自己的需要、兴趣和价值观对交往对象的选择,决定是否与对方进行交往。正因为如此,心理学家认为,陌生人之间接触的最初四分钟是至关重要的。认同是通过知觉、表象、想象、思维、记忆等认识活动,接纳和内化交往对象的行为及表现。当我们专注于某一个个体(或团体)并对其产生好感时,就会总想接近他(它),对有关他(它)的信息倍加关心,于是会通过信息传递增加了对他(它)的了解和认同。相容是指情感的相容,是以喜欢、亲切、同情、热心等形式表现出来的。凡是能驱使人们接近、合作、联系的情感,都称为结合性情感。结合性情感越强,彼此间越相容,越相互吸引。当我们在捕捉对方的信息,获得对他(它)的初步认同的同时,并油然而生敬佩、向往和接近之情。这实际上是你的潜意识一直在寻找对方。当对方一旦重新出现在你的视野中时,就会与你的意识一拍即合,对你产生强烈的吸引。

发展阶段

双方相互吸引之后,便进行适当的交往。在交往过程中,双方尽力约束自己,通过调整自己的个性和行为以适应对方。如果双方的交往水平提高,则联系就会频繁。这时,双方都会通过某些行为如赠送喜欢的东西、用书面或口头语言表达自己的情感等方法来显示自己的诚意,表示真诚友好,证明自己愿意与对方交往。

稳定阶段

当关系发展到一定程度后,就处于相对稳定状态。关系的稳定是指人与人之间的心理联系和相互作用,在一定的水平上所能达到和维持的亲密程度。其具有以下几个特点:① 双方都能从交往中获得一定的物质或精神利益,达到一定的一致性。② 双方的关系能给对方带来心理上的稳定感和思想上的寄托感。③ 对对方的内心欲求能控制在相互平衡的水平上,不是无休止地渴求对方,使对方感到有负担。④ 双方的相互援助行为继续延伸,保持热情,没有终止的愿望或迹象。

恶化阶段

从上述分析可以看出,人际关系能持续稳定发展,关键在于双方在交往中都得到了相应的满足。如果一方总是感到不满足或者在利益得失的矛盾面前互不相让,就会导致人际关系的恶化,直到关系终止。心理学家把人际关系恶化分为四个阶段:① 漠视。当某人准备与另一个人结束关系时,会给对方表现出一连串的预兆,如对对方的一切漠不关心,不愿多听对方说话等。② 冷淡。具体表现为对对方认为重要的事情无动于衷,不予理解,不闻不问。当对方因某事征求意见时,不置可否,不耐烦。当对方要求参与共同活动时,找各种理由拒绝,总是使对方失望或感到不满足。③ 疏远。在这个阶段,一方开始有意识地避免与对方的联络,明显表达不愿继续交往的倾向和行为,使对方感到心灰意冷。④ 分离。双方终止交往,完全失去联系。

上述人际交往的阶段不仅适用于男女亲密关系的形成与发展,也包括组织内部同事关系、上下级关系的发展与建立等。

第三节 "关系"

"关系"(guanxi)作为一个描述中国社会制度的关键概念被引入社会科学研究,为研究中国人的社会关系分类系统与解释系统提供了重要视角。

"关系"的定义及特点

对于"关系",尚未有十分具体、清晰和权威的定义。费孝通(1947)指出,西方社会是团体格局,即每个人属于不同的团体,中国社会则是差序格局,即每个人以自己为中心构成一个有伸缩性的社会关系网络。从以下有关"关系"特点的描述可以对"关系"现象有一个更加清楚的认识。

与角色规范的伦理联系

以社会身份(特别是以亲缘身份)来界定自己与对方的互动规范,使"关系"蕴含角色规范的意义。

亲密、信任及责任

在"关系"角色化构成的格局中,"关系"是亲密、信任及责任的根据。不同的亲密、信任、责任(或义务)形成了不同的心理距离,"关系"限定了这些距离规定。这些依据血缘亲属制度做出的规定,制度化了亲密、信任及责任,因此有了某种格局的性质。所以,"关系"是一种对于区分的规定与表达。

以自己为中心,通过他人形成关系的网状结构

A 的关系里有 B,通过 B,便与 B 的关系网络连了起来,B 的里面又有 C,C 的里面又有 D(乔健,1982)。这样,就形成了一张越织越密、越织越大的网,形成了牵一发而动全身的状况。"关系"建立的基础是指双方在认识以前就已经存在的某种联系,比如社会身份导致的联系(亲人关系、校友关系、出生地、工作单位等)(Tsui & Farh, 1997)。"关系"基础还包括共同的朋友,共同的愿景和抱负(Chen & Chen,2004)。

"关系"的类型

"关系"呈现出很多类型,具体来讲包括:

五伦关系

五伦关系即君臣有义、父子有亲、夫妻有别、长幼有序、朋友有信。五伦等于五组社会关系的"套装"。每组"关系"套装都有两套对立的"角色剧本"。任何进入"关系"的人,都必须依角色剧本来扮演。五伦是经长期的文化设计与演化所建构的形式系统,进入这个系统的人,必须设法抑制或隐藏很多个人特征,以可被对方、家族及社会所接受的程度融入角色,做到"说所当说、做所当做"的地步(杨国枢,1993)。

情感/工具性划分

一种关系(如家庭成员之间的关系)的动机来源是对情感的维系和对"关系"本身带来的满足的渴望。而另一种关系(基于交换的关系)的动机来源是获取由"关系"带来的除情感以外的好处和回报(Hwang, 1987; Yang, 1999)。

自家人/陌生人划分

费孝通(1947)曾经说过:"在我们乡土社会中,有专门作贸易活动的街集。街集时常不在村子里,而在一片空场上,各地的人到这特定的地方,各以'无情'的身份出现。在这里大家把原来的关系暂时搁开,一切交易都得当场算清。我常看见隔壁邻舍大家老远地走上十多里在街集上交换清楚之后,又老远地背回来。他们何必到这街集上去跑这一趟呢,在门前不是就可以交换的么?这一趟是有作用的,因为在门前是邻舍,到了街集上才是'陌生'人。"

"家人"概念所包含的范围,并不单纯地等同于亲属制度所规定的关系。"家"字可以说是最能伸缩自如了。"家里的"可以指自己的太太一个人,"家门"可以指叔伯侄子一大批,"自家人"可以包括任何要拉入自己的圈子、表示亲热的人。自家人的范围是因时因地可伸缩的,大到数不清,真是天下可以是一家。中国人对"家人、自己人"的概念有很强的通透性和伸缩性,可以根据需要大到无穷也可以小到无穷。

核心关系、可靠关系及可用关系

阎云翔(1987)在《礼物的流动———一个中国村庄中的互惠原则与社会网络》中指出,以礼物为例,可以得出以下的人际关系类型:

- 核心区域:家庭成员、近亲(交换礼物最多);
- 可靠区域:亲密朋友(交换礼物较多);
- 有效区域:一般亲友(交换礼物较少)。

个人关系/契约关系

个人关系指非正式的由情感和义务维系的关系(家人、朋友等)。契约关系是企业之间或人之间的正式的、受合同保护的职业关系(Chen et al., 2013)。

"关系"的性质

概括地讲,"关系"具有以下性质:

实用性

"关系"之所以是资源,主要原因就是能被利用,如果不能被用来创造财富,就不能称为资源。很多人在网上聊天,可能认识了很多人,但这些人大部分是虚拟人,不是现实中的朋友,只能称为准人脉资源。

长期投资性

"关系"资源的形成需要很多时间和精力,这是一种投资,和其他形式的投资相比,这种投资更体现出长期性。平时要注意人脉资源的积累,不能事到临头才去找人帮忙。

可维护性和可拓展性

"关系"资源可以通过合作、聚会、关心、帮助等进行维护,会不断巩固,当然,如果不去维护就会变得疏远,同时,在维护过程中可以不断地发展新的"关系"资源。

有限性和随机性

每个人一生中能认识多少人?包括老师、同学、亲戚、同事、朋友、客户等,一般不超过500人,而真正能帮助自己的一般不会超过50人,所以每个人的人脉资源都是有限的,你的发展也会受到你的人脉资源的限制。同时,你所认识的可能没有能力帮助你,有能力帮助你的你可能不认识,所以在客观上就需要你不断地认识更多的人,但是每个人的能力又是有限的,不可能认识所有那些潜在的帮助者。

辐射性

你的朋友也许帮不了你,但是你朋友的朋友也许可以帮你。

可支配资本资源

人是社会资源的主宰,良好的人脉资源可以有效地调动利用各种资本。

稳定性和信用性

在社交圈内的人员通常是相对稳定的,一般来说,经常交往的人信用度都比较高,要远远高于交往较少的人。

对中国员工来说,他们的关系网倾向于紧密和封闭(closing),这意味着他们关系网内部的人之间连接度高,这使关系网中的自我(员工)更不容易离职(Hom & Xiao, 2011)。

"关系"的质量

"关系"的质量取决于产生关系的人处于的自我心理关系网中的位置,此人与自我的心理距离越近,关系质量越高。在中国文化中,关系好坏主要取决于两个因素:信(trust)

和情(feeling)。一个真诚、可靠的人容易得到别人的信任,进而和别人产生较好的关系。信任还由专业能力决定,专业能力强的人更容易获得别人对领域相关的信任。情指的是感情和交情。能产生共同的感情并且对彼此忠诚相待、团结一气,进而愿意为对方提供帮助,这些都体现了人之间的感情。交情指的是由于欠了别人人情所以有义务帮助别人,是一种基于交换的人情(Chen & Chen,2004)。

"关系"的发展

西方的观点

Levinger(1974)认为,"关系"的发展有三个阶段:

第一个阶段是单向注意阶段,双方没有互动;

第二个阶段是表面接触阶段,双方有初步的、浅层的互动,但是还没有相互卷入,也就是说没有走进彼此的私我领域,一般的泛泛之交就停留在这一阶段;

第三个阶段是相互卷入(mutuality)阶段,双方向对方开放自我,分享信息和感情,这是友谊发展的阶段。

Altman 和 Taylor(1973)提出了社会渗透理论(social penetration theory)来解释"关系"发展的过程。人际交往主要有两个维度,一是交往的广度,即交往或交换的范围;二是交往的深度,即交往的亲密水平。"关系"发展的过程是由较窄范围内的表层交往向较广范围的密切交往发展。人们根据对交换成本和回报的计算来决定是否增加对"关系"的投入。

"关系"的发展还被 Chen 和 Chen(2004)分成以下阶段:

(1) 通过熟悉确立和创造关系。两个陌生人在建立关系前,首先通过找到个人背景中的共同点(出生地、学校、工作单位等)来建立双方的共同社会身份基础(common social identity bases),通过找到共同认识的人(熟人、同学、上级、同事)等来建立第三方基础(third party bases),通过展望未来的共同目标和合作来建立预期基础(anticipatory bases)。只有满足这些基础,关系才能进一步被建立。这些基础需要双方都愿意分享自己的信息才可能被找到。

(2) 建立关系(提高质量)。当双方找到建立关系的基础后,需要保持互动才能进一步加深关系。一种是表达性互动,如参加婚礼、生日、升职等庆祝活动;另一种是工具性互动,如帮助对方找工作、交换信息、进行生意往来等。这些加深关系的互动遵循互惠原则(reciprocity),也就是"礼尚往来"。

(3) 利用关系(获得好处)。互相帮忙是关系的最终用途。很多人会把关系保留到最需要的时刻使用。而这种关键时刻请人帮忙的做法本身也是一种很好的重新判定关系质量的方法。求人者从中体现了对被求者的信任;而被求者在困难时刻给予的援助也最能体现他们对关系的看重,所谓患难见真情。

当人们在利用关系时,遵循的是长期平等(long-term equity)的原则。在一来一往的互相帮忙中,如果在较长的一段时间中总体的回报高于预期,人们会感到平等,感激并会努力使关系更牢固。如果回报总体低于预期,他们会觉得不平等,感到背叛而不再维系关系。

中国人的观点

中国人注重"礼尚往来",在"关系"的发展过程中,人情非常重要(金耀基,1988),而"回报""互惠"在"关系"的发展与维系中具有促进作用。

"报"的基本内涵体现了人际关系发展的基础和规范。在这里我们具体讨论"报"在关系发展过程中的作用。

(1)"报"的含义。涉及"报"的常用词汇有报效、报恩、报答、报复、报应、报酬、报偿、报知等。具体来说主要有以下三个方面的代表:

- 回报。体现感恩的意思,着重于体现对待别人施恩的行为。认为对方对自己给予的恩惠,自己要以恩惠来回报。例如,感恩图报、知恩必报、饮水思源、受恩思报、"滴水之恩,当涌泉相报""谁言寸草心,报得三春晖""人敬我一尺,我敬人一丈"等。
- 报复。着重于体现对待别人不好行为的反应,主要指对方对自己采取了恶劣的态度行为之后的措施。这样的反应有可能是针锋相对,如以眼还眼、报仇雪耻等。
- 因果报应。强调轮回的概念,强调自身行为之后的后果。比如,一报还一报;善有善报,恶有恶报;一分耕耘,一分收获;种瓜得瓜,种豆得豆;等等。

总之,"报"这一观念是中国社会关系中的重要基础,是交互报偿的原则,是相对的、有来有往的、有因有果的。中国人相信行为的交互性、给别人好处通常被认为是一种社会投资(顾瑜君,1980)。

(2)"报"的特性。"报"是一种相互之间的行为观念,有以下几个特点(翟学伟,2007):

- 往还性。所谓往还性,是说双方之间有来有往,存在互动的行为以体现"报"的含义。按照一些社会心理学家的观点,一方做出的行为,会产生另一方相对应的行为,而这种行为之间也存在对应性。从人自身的心理角度出发,对方对自己有好的行为,自己也会以好的行为对待对方,而忘恩负义则被称为小人行径。这就是所谓的礼尚往来。中国古代文化中尤其重视行为的相互关系,例如"往而不来,非礼也;来而不往,亦非礼也(《礼记·曲礼上》)"。
- 情感性。报之间的循环,体现出人们行为的情感性。"报"的实际内涵中存在感情。例如"杀父之仇,不共戴天""一日之师,终身为父"。这种报已经衍生成为一种情感,并且成为这种情感映射出来的行动。因此,情感性也同样是"报"的重要特性。
- 增量性。"报"的增量性主要是指,一旦接受了对方的恩情,在返回对方情义时会抱以更多的恩情。也就是说,回报的东西要大于之前对方的赠予,二者之间不是对等的,至少在情感和道义上,人们在"报"时往往会怀着感激之情。正如人们常说的"领情""还情""滴水之恩,当涌泉相报",都体现了"报"的增量性。

- 延迟性。在有些"报"的行为中,延迟性也是一个特性。比如"养儿防老""积谷防饥"都说明了这种延迟性。回报并不一定是马上发生的,可能在需要的时候发生。为了回报而立刻产生的行为,并不是在对方有所需的时候最有效的行为。在对方有所需时进行回报,就必然伴随时间的延迟性。
- 区别性。"报"的区别性最典型地表现为"远近亲疏,差序格局",这说明了人们在回报时,会区别对待对方,而对方的身份以及同自己的关系都会成为影响"报"的因素。
- 角色差异及规范。"报"最终的发生及其效果,会根据施与者和受惠者双方的特点而变化。施与者中不思回报的仁人君子,会要求"报"的程度尽量减少;受惠者中不忘恩德、增量回报的重情之人,会要求"报"的程度不断增加。如果遇上没有良心的白眼狼,那么"报"的程度会大大下降,甚至于其是否还存在,都会成为一个问题,更有甚者,以怨报德也未尝不会发生。

（3）"报"的几种类型。人们所要"报"的恩惠,主要有以下几种:救命之恩、养育之恩、知遇之恩、雪中送炭、锦上添花。这五类"报"成为人们交往和建立关系基础的典型代表。这些行为的发生,会伴随后期的回报,进而加深人与人之间的关系,并对人们的行为产生影响。

（4）"报"的功能。社会学中之所有"报"的研究,都反映了"报"作为一种社会行为和现象,影响着人们的行为,尤其在社会生活中起到很大的作用。对于我们研究企业管理的人来说,"报"的存在也值得关注。这种影响人与人之间行为的重要现象,也会影响企业之间的行为和效果。

中国古代文化遗产中有很多反映"报"的作用,例如:

> 投我以木瓜,报之以琼琚。匪报也,永以为好也!
> 投我以木桃,报之以琼瑶。匪报也,永以为好也!
> 投我以木李,报之以琼玖。匪报也,永以为好也!
>
> ——(《诗经·卫风·木瓜》)

"关系"退化的原因

"关系"的建立并不是恒久不变的,人与人之间的关系存在退化和消亡的现象。如果不注意维持这段关系,它很可能随着时间逐渐淡化,甚至最终消亡。

导致关系的亲密程度减弱的原因主要有:
- 空间上的分离;
- 新朋友代替了老朋友;
- 逐渐不喜欢对方行为上或人格上的某些特点;
- 交换回报水平的变化,即一方没有按照另一方所期望的水平给予回报;
- 妒忌或批评;
- 对与第三方的关系不能容忍——排他性;

- 泄密,即将两人之间的秘密透露给其他人;
- 对方需要时不主动帮忙;
- 没表现出信任、积极肯定、情感支持等行为;
- 一方的"喜好标准"发生了改变;
- 沟通不良;
- 厌烦(固定模式);
- 差异渐大,难以弥合(亲密关系之前未发现的问题凸显)。

以上各点都可以成为人际关系退化的原因,有时是一点原因造成的退化,有时可能是好几点原因造成了退化的结果。值得强调的是,维系关系的一个重要方法是观察以上可能原因的发生,如果一旦有以上现象出现,如果想要维持这段关系,则应该采取增强关系的一些方法,比如加强沟通等。如果不用心经营,人与人之间的关系是非常脆弱的。

"关系"中断可能应对的方式

如果关系一旦中断,可能采取的应对措施有哪些?

Rusbult 等(1982)提出,关系中断可能应对的两个维度:积极或消极,建设与破坏(见图8-1)。因此,根据以上两个维度可以具体划分为:

(1) 表达。与对方进行沟通交流,找出关系中断的原因,想办法补救。

(2) 离去。放弃这段关系,由其变为真正的中断。

(3) 忠实等待:不放弃但也不争取,采取消极等待的态度,希望以后有机会使关系恢复。

(4) 忽视:不闻不问,任其发展。

图8-1 关系中断可能应对的方式

"关系"运作的方式

"关系"需要人们的精心运作才能够长久和深入,不耕耘的"关系"长此以往只会疏远和消亡。对如何运作好"关系",很多学者提出了建议。

乔健(1982)指出了当代中国人建立和维持关系的六种方法:

- 袭(承袭已有的关系资源);
- 认(主动与他人确认共同的关系基础,如认老乡);

- 拉(没有既有关系或既有关系太远时努力拉上,强化关系);
- 钻(通过各种手段接近权威人物);
- 套(如套交情、套近乎等);
- 联(扩展关系网)。

Chang 和 Holt(1991)通过在中国台湾地区的访谈发现当地人发展关系的四种方法:
- 利用亲人关系;
- 诉诸以前的联系;
- 使用内群体关联或中间人;
- 社会交往。

Yang(1994)通过在北京的访谈发现人们主要采用三种方法来发展关系:请客、送礼、做人情。这是最常用也最实在的建立和发展关系的方式,实际上也是采取了"报"的原理,通过"礼尚往来"来发展关系。

陈敏郎(1995)指出,台湾企业中的关系运作包括三个阶段:中介、关系建立、关系维持。郑伯埙等(1995)认为台湾企业之间关系的发展遵循"渗透模式"(the Penetration Model):
- 由客观关系发展到主观关系;
- 由初步的人际信任,发展到生意上的信任,进而发展为很深的人际信任。

我们将这些方法进行总结和对比,将之分为三类:

(1)"情"。通过培养感情来建立和维系关系,并且取得彼此的信任。比如:
- 培养共同爱好;
- 情感上沟通;
- 工作上信任;
- 生活上照顾;
- 利益上尊重。

(2)"利"。利用彼此之间的利益运营关系。这种方法建立在最基本的经济利益之上。比如:
- 请客送礼;
- 排忧解难;
- 联姻。

(3)"法"。利用法律的保护来维持关系,例如签订合同等。这种方法缺乏情感,只是一种制度的保障,但在很多场合是常见的方法。

总结

从众多学者的研究中,我们都可以发现,对于一个企业和职业经理人来说,想要成功获取社会各种资源,就必须重视社会资本和关系的运用。首先需要清楚的是社会资本的实质,以及人际关系的相关内容。

社会资本是一种新的资本形式,相对于以前所接触的有形资本来说,社会资本具有其新鲜的一面,但其实质却又是从古至今一直存在的东西。社会资本是当前西方经济社会学重要的概念工具和分析范式,虽然至今仍然存在很多争议,但是实践证明,社会资本理论大大扩展了研究者的视野。

对于国内的学者来说,社会资本在中国的演变以及当今社会"关系"的重要程度,值得引起大家的关注。然而,在理解和应用时不能忽视中国传统文化背景,而应该认识到,在概念的界定和功效上均应与西方有所不同。对关系在中国根深蒂固的历史及其作用,应该结合中国的实际情况深入思考。

总之,关系是可以转移的、互惠的、无形的、功利的、有因果关联的长期的个人联系。关系的具体内容,每一个人在日常生活中也都有体会。而关系的重要性更加不言而喻。通过本章的介绍,我们了解到了人力资本、社会资本、人际关系、"关系"等的概念和意义。这些概念对于我们平时的学习和工作都有很深远的意义,只有将这些概念掌握并且运用到实践中,才能有更大的实际效用。

案例 社会资本在企业发展中的作用:香港电讯收购战

1999年4月,香港富商李嘉诚的儿子李泽楷购得市值不足1亿港元的"得信佳",借壳上市,将公司改名为盈科数码动力有限公司(以下简称"盈动"),股价升幅达12倍。2000年2月盈动击败新加坡电信公司,成功并购香港电讯公司,更名为电讯盈科(PCCW)有限公司,其市值飙升至2200亿港元。盈动的资产包括在投资发展中的数码港、与英特尔合作的宽频网络以及其他网络公司。虽然盈动市值庞大,但其实质盈利的业务并不多。因此券商都认为,盈动收购香港电讯公司,主要是希望收购具有实质收入,且与其业务相关的公司,壮大和充实公司实力。

李泽楷生于1966年。他是世界经济论坛(信息科技及电讯事务)、美国华盛顿策略及国际研究中心、哈佛大学国际发展中心国际顾问委员会,以及联合国信息及通讯科技顾问团的成员。时任盈科集团及盈动主席、和黄集团副主席,人称"小超人"。他还是电讯盈科主席兼行政总裁,盈科拓展集团主席兼行政总裁,以及新加坡盈科亚洲拓展有限公司主席。在并购香港电讯的过程中,社会资本起到了巨大的作用。

背景情况——新加坡电信

新加坡电信是由新加坡前总理李光耀的小儿子李显扬执掌的国有控股公司,由于新加坡本地市场狭小,1999年6月又开放了电讯市场,使新加坡电信在当地的份额由几近垄断降至只占60%;因而急于通过并购具有先进电讯资源、同样面临市场饱和、急需冲出本土的香港电讯公司,实现强强联合,并最终实现进入极具发展潜力的中国内地市场的目标。如果这两大公司合并,将控制日本以外整个亚洲地区约60%的电信市场,成为亚洲第二大电信公司。1999年其资产为76亿美元。

第八章 社会资本与"关系"

背景情况——香港电讯公司

香港电讯公司(以下简称"香港电讯")成立于1925年,是香港最大的电讯网络供应商,拥有完整的光纤网络及庞大的客户群,在香港电话服务市场的占有率高达97%。因香港逐步开放电讯市场,香港电讯在当地的垄断优势即将失去,导致该公司很多资产升值潜力得不到充分发挥,因此拥有其54%股权的母公司英国大东电报局欲将其转手。1999年其资产为69亿美元。

背景情况——英国大东电报局

成立于19世纪末,是英国第二大电信公司。1999年7月2日,大东电报局委任格雷厄姆·华莱士(Graham Wallace)为总裁,展开大规模的重组作业,决定集中发展在欧洲的互联网和企业数据业务,意将出售在亚洲的所有"非核心"资产,包括移动电话及固网业务股权,以及英国的固网和有线电视业务。

香港回归后,大东电报局出售了部分香港电讯股权给广东省邮电管理局及中信泰富。占有20%股权的中信泰富自此成为香港电讯的第二大股东。此后,大东电报局决定向中国电信出售5.5%的香港电讯股权,并允许中国电信进一步增持股权。收购之前,大东电报局占有香港电讯54%的股权,是最大的独立股东,中国电信约占10%的股权。

背景情况——中国银行

成立于1912年的中国银行是中国历史最为悠久的银行,也是英国《银行家》杂志所评选的资本实力最雄厚的国际大银行之一,世界500强大企业之一。截至1999年年底,中国银行的资产总额已达29 039.22亿元人民币。中国银行在亚、欧、澳、非、南美、北美六大洲均设有机构。目前中国银行拥有14 369个境内机构和557个境外分支机构,建立起了全球布局的金融服务网络。在香港和澳门,中国银行还是当地的发钞行之一。

背景情况——汇丰银行

香港汇丰银行有限公司于1865年在香港和上海成立,是汇丰集团的创始成员和集团在亚太区的旗舰,也是香港特别行政区最大的本地注册银行及三家发钞银行之一。汇丰集团是世界规模最大的银行及金融服务机构之一,在欧洲、亚太区、美洲、中东及非洲等的80多个国家和地区设有约9 500个办事处。

之所以介绍上述两家银行,是它们在整个的并购中,为PCCW提供了坚实的资金保障,是成功并购的重要因素之一。

竞标过程

1999年11月:新加坡电信(以下简称"新电信")聘请美国高盛为财务顾问,已悄悄和香港电讯商谈了合并事项。

2000年1月24日:新电信突然宣布可能和香港电讯合并,但表示谈判不一定会有结果。

2000年1月26日:新电信与香港电讯合并模式确定,包括成立控股公司,香港电讯终止上市以及采取双总部双总裁制等。

2000年2月3日:香港媒体传出,双方对合并后控股公司的估值、权益分配及新公司是否同时在两地上市等问题有分歧。

2000年2月10日:部分香港固网商去北京向领导人表示反对合并计划。

2000年2月11日:盈动突然发布声明,已经聘请瑞士华宝德威以中银国际为财务顾问,也提出收购香港电讯的建议,而新电信则表示合并谈判仍在进行。

2000年2月13日:新电信否认退出与香港电讯合并计划的谈判。香港媒体称美国电话电报公司也要加入香港电讯的争夺战。上海《文汇报》报道说,"北京政府已间接表达它不同意新电信和香港电讯的合并计划"。

2000年2月14日:香港政府否认盈动有意收购香港电讯的股权是北京政府从中干预的结果。当日,香港电讯恢复交易后,股价从17.65港元一度升至27.65港元,闭市报收26.40港元。盈动通过投资银行BNP(百富勤)以每股23.50港元配售2.5亿股,集资10亿美元为收购香港电讯做好准备。

2000年2月15日:香港电讯独立董事李国宝、钟士元及冯国经反对合并,导致新电信和香港电讯谈判陷入僵局。

2000年2月18日:中信泰富否认与盈动合作收购香港电讯。香港行政司司长陈方安生说,在如何处理合并计划方面,香港特区政府没有接到北京的任何指示。

2000年2月21日:香港报纸报道,盈动提出的收购方案,以一半现金及一半盈动股权作为收购香港电讯的代价,并将筹码增加至4000亿港元。

2000年2月22日:盈动筹120亿美元的银团贷款,同时拉拢伙伴联手收购香港电讯。

2000年2月28日:香港电讯提呈香港联交所,有关大股东大东电报局和盈动可能在接下来48小时内向香港电讯股东提出收购建议达成协议。

2000年2月28日:澳洲传媒大亨默多克的新闻集团支持新电信收购香港电讯,如果新电信的合并计划成功,新闻集团将投资10亿美元购买新电信的4%股权。

2000年2月29日:李泽楷的盈动已经同英国大东电报局达致协议,成功收购香港电讯。新电信宣布放弃收购,默多克也宣布取消10亿美元入股新电信的计划。

盈动贷款情况

盈动需要120亿美元来支付交易的现金部分,中国银行、汇丰银行、巴克莱银行和巴黎国民银行在48小时之内提供了这一银团贷款(案例资料表明2000年3月实际贷款为90亿美元)授信给盈动的全资子公司Doncaster Group LTD。竞标成功后,这四家银行将一部分贷款转贷。中国银行的贷款约40亿美元,这笔贷款的费用高出伦敦同业拆借利率(LIBOR)220个基点(一般贷款只高出LIBOR不超过100个基点)。盈动需要在一年之内偿还贷款。无论在贷款额度还是贷款费用方面,这都是当时亚洲规模最大的。

大东电报局选择盈动的理由1:理性因素

- 新电信开出的价格(每股18港元)没有盈动的(每股24港元)优惠。
- 盈动提出的现金加股份的方式更能迎合大东电报局的需要。现金可以套现以发展其核心业务,保留股份则可以利用李家与内地的关系进军内地市场。
- 盈动是高科技网络导向型的企业,而新电信是传统型的企业,大东电报局的发展方向是网络相关的业务,而且纳斯达克表明,高科技股票总是在高价位上。

大东选择盈动的理由 2:社会资本因素之李家因素
- 李泽楷及其家庭与北京有着密切的关系,收购前夕李泽楷到过北京。
- 传闻李嘉诚请求中国银行为盈动提供贷款,但遭否认。
- 当新电信宣布有意收购香港电讯的消息一披露,香港电讯的股价立刻走低,而当盈动宣布参与竞标后,股价又马上反弹,加上 2000 年 2 月香港股民对 TOM.COM 上市的疯狂追捧,表明资本市场欢迎李家介入。

大东选择盈动的理由 3:社会资本因素之政治因素
- 因李泽楷的北京之行,媒体猜测北京介入了收购战,导致香港政府频繁出来辟谣。
- 北京政府和香港政府不愿意看到外国政府控股的新电信胜出,来控制香港的基础设施。另一个原因是香港地区和新加坡一直在争取成为亚洲的金融中心和资讯中心。
- 中国银行作为国有银行,又是香港的三大发钞行之一,积极介入了这次交易。中行国际的 CEO 方风雷从一个积极的鼓动者到组织银团筹措贷款直到胜出,全程参与了整个竞标过程。Wallace 表示,中行的参与是大东决策的一个重要因素。

银行贷款给盈动的原因
- 高价位的贷款费用。
- 亚洲金融危机后,金融市场不景气,银行家们都想参与这一巨大的交易。
- 中国银行和汇丰银行作为发钞行向其他银行施加压力,这些银行害怕拒绝后,会丧失将来在香港的商业机会。
- 香港电讯的庞大资产、稳定的现金流和偿贷能力,以及 PCCW 的潜在商业机会。
- 大东电报局选择了股份加现金的方案,表明大东电报局意欲在香港继续发展。

讨论题

(1) 整个并购过程中社会资本和关系起到了什么作用?
(2) 如果你是职业经理人,将如何建立和运用自己的社会资本?

参考文献

[1] 边燕杰:"城市居民社会资本的来源及作用:网络观点与调查发现",《中国社会科学》,2004 年第 3 期。

[2] 边燕杰、李煜:"中国城市家庭的社会网络资本",《清华社会学评论》,2001 年第 2 辑。

［3］陈敏朗:"交际,交情与企业经营",《思与言》,1995年,第33卷,第261—294页。

［4］储小平:"社会关系资本与华人家族企业的创业及发展",《南开管理评论》,2003年第1期。

［5］费孝通:《乡土中国》,生活·读书·新知三联书店,1947、1985。

［6］顾瑜君:《中国人的世间游戏》,张老师文化事业股份有限公司,1980。

［7］哈比森:《作为国民财富的人力资源》,中国经济出版社,1999。

［8］金耀基:"人际关系中的人情之分析",杨国枢主编《中国人的心理》,桂冠图书公司,1988。

［9］阎云翔:《礼物的流动——一个中国村庄中的互惠原则与社会网络》,上海人民出版社,1997。

［10］〔美〕斯蒂芬·P.罗宾斯著,孙健敏等译:《组织行为学》(第十版),中国人民大学出版社,2005。

［11］李孔岳:"关系格局,关系运作与私营企业组织演变",《中山大学学报(社会科学版)》,2007年第1期。

［12］乔健,"关系刍议",《中央研究院民族学研究所专刊》,1982。

［13］舒尔茨:《论人力资本投资》,北京经济学院出版社,1990。

［14］杨国枢主编:《本土心理学研究》,桂冠图书公司,1993。

［15］杨中芳:《中国人的人际关系、情感与信任》,远流出版社,2001。

［16］姚裕群主编:《人力资源开发与管理概论》,高等教育出版社,2003。

［17］翟学伟:"报的运作方位",《社会学研究》,2007年第1期,第83—98页。

［18］郑伯壎:"差序格局与华人组织行为",《本土心理学研究》,1995年第3期,第142—219页。

［19］"荣智健投资外汇巨亏辞去中信泰富集团主席",渠道网,2010年11月12日。

［20］Altman, I., & Taylor, D. A., *Social Penetration: The Development of Interpersonal Relations*. New York: Holt, Rinehart and Winston, 1973.

［21］Argyle, M., *The Psychology of Interpersonal Behavior* (4th edn.). Harmondsworth: Penguin, 1983.

［22］Augusto Felício, J., Couto, E., & Caiado, J., "Human Capital, Social Capital and Organizational Performance", *Management Decision*, 2014, 52(2), 350—364.

［23］Bourdieu, P., *Distinction: A Social Critic of Judgment of Taste*. Cambridge, London: Routledge and kegan Paul Press, 1984.

［24］Chen, C., Chen, X., & Huang, S., "Chinese Guanxi: An Integrative Review and New Directions for Future Research", *Management and Organization Review*, 2013, 9(1), 167—207.

［25］Chen, X. P., & Chen, C. C., "On the Intricacies of the Chinese Guanxi: A

Process Model of Guanxi Development", *Asia Pacific Journal of Management*, 2004, 21(3), 305—324.

[26] Chang, H, & Holt, G. R., "More than Relationship: Chinese Interaction and the Principle of Kuan-his", *Communication Quarterly*, 1991, 39, 251—271.

[27] Clark, M. S., & Mills, J., "Interpersonal Attraction in Exchange and Communal Relationship", *Journal of Personality an Social Psychology*, 1979, 37, 12—24.

[28] Coleman, J. S., *Foundations of Social Theory*. Harvard University Press, 1990.

[29] Fiske, A. P., "Four Modes of Constituting Relationships: Consubstantial Assimilation; Space, Magnitude, Time and Force; Concrete Procedures; Abstract Symbolism", In: N. Haslam, (Ed.), *Relational Models Theory: A Contemporary Overview*. Erlbaum, 2004.

[30] Hwang, K. K., "Face and Favor: The Chinese Power Game", *American Journal of Sociology*, 1987, 92(4): 944—974.

[31] Hom, P., & Xiao, Z., "Embedding Social Networks: How Guanxi Ties Reinforce Chinese Employees' Retention", *Organizational Behavior And Human Decision Processes*, 2011, 116(2), 188—202.

[32] Kor, Y., & Sundaramurthy, C., "Experience-Based Human Capital and Social Capital of Outside Directors", *Journal of Management*, 2009, 35(4), 981—1006.

[33] Levinger, G., "A Three-level Approach to Attraction: Toward an Understand of Pair Relatedness", In: T. L. Huston (Eds.), *Foundation of Interpersonal Attraction*. New York: Academic Press, 1974.

[34] Loury, G. C., "A Theory of Racial Income Differences", In: P. A. Wallace and A. M. La Mond (Eds), *Women, Minorities, and Employment Discrimination*. Lexington, MA: Heath, 1977.

[35] Luthans, F., Rosenkrantz, S. A., & Hennessey, H. W., "What do Successful Managers Really Do? An Observational Study of Managerial Activities", *Journal of Applied Behavioral Science*. 1985, 21, 255—270.

[36] Putnam, M., "The Prosperous Community: Social Capital and Public Life", *The American Prospect*, 1993.

[37] Rusbult, C. E., Zembrodt, I. M., & Gunn, L. K., "Exit, Voice, Loyalty, and Neglect: Responses to Dissatisfaction in Romantic Insolvents", *Journal of Personality and Social Psychology*, 1982, 43, 1230—1242.

[38] Travers, J., & Milgram, S., "An Experimental Study of the Small World Problem", *Sociometry*, 1969, 32, 425—443.

[39] Tsui, A. S., & Farh, J. L., "Where Guanxi Matters: Relational Demography and Guanxi in the Chinese Context", *Work and Occupations*, 1997, 24(1), 56—79.

[40] Xin, K. R, & Pearce, J. L., "Guanxi: Connections as Substitutes for Formal Institutional Support", *Academy of Management Journal*, 1996, 39, 1641—1658.

[41] Yang, C. F., "Conceptualization of Interpersonal Guanxi and Interpersonal Affect", *Indigenous Psychological Research*, 1999, 12, 105—179. (in Chinese.)

[42] Yang, M. M., *Gifts, Favors and Banquets*. Wilder House Series, Cornell University Press, 1994.

第三部分

团队与组织中的领导

第九章　团队的领导

本章导读

团队的建设与管理日益受到关注和重视。领导者如何认识、理解和管理团队直接影响到其是否为一位优秀的领导者,同时也会影响到组织及部门能否取得良好的绩效。学完本章之后,读者能够了解团队的定义,组织中通常出现的团队类型,掌握团队形成的过程及团队工作的影响因素。通过学习高效率团队的相关内容,希望读者能够掌握建立高效率团队的技巧,并且能够在自己的工作实践中帮助团队提高效率,完成任务。

开篇案例

团队速写:方正科技集团股份有限公司市场部,团队规模37人

制胜武器:"三网合一"大营销策略

营销将帅:曾文丽(时任市场信息部总经理)

特别嘉奖:最佳执行力奖

评审团点评:对于一个市场部门来讲,团队执行力至关重要,因为任何创意都需要执行力做保障。面对复杂的市场活动,面对需要协调的合作方,方正市场团队通过对执行过程强有力的掌控,团队成员对既定战略战术不折不扣的执行,最终达到预想目标。

动作回放:

"让消费者了解方正科技,并用心给消费者提供细致体贴的服务和关怀,是我们营销团队的首要任务。"——时任方正科技市场部总经理的曾文丽女士,经常用这样一句话来激励她的同事们。

方正科技市场部作为优秀的营销团队,肩负重要使命。他们的日常工作与所有的企业营销部门类似,唯一不同的是,他们所服务的企业研制的是变换周期最快的IT产品,而他们的工作就是每周都要挑战自我,制定最新的市场策略。

方正科技执行总裁祁东风曾表示:"目前中国地县级市场还有很大的潜力可挖,如果厂商的营销策略做得好,单靠这些区域市场的销售就能保持很好的销售增长。"因此,2004年年初方正科技就率先推出"三网合一"的大营销策略,全力出击信息化

薄弱的三四级城市,扩大在全国渠道的覆盖率。但想要迅速扩大新兴市场的知名度,仅靠方正自身的宣传投入肯定是远远不够的。从这个角度考虑,方正要想尽快占领这个市场,就必须联合其他资源进行扩张。

在联合营销方面有着丰富经验的方正科技营销团队,自从2002年与全球四大杀毒软件公司之一的西班牙熊猫公司进行战略合作正式推出网络安全新产品,到2003年与伊利进行联合促销活动,再追溯到与可口可乐合作等,方正科技营销团队在联合营销方面已达到游刃有余的地步。2004年方正科技把目光对准了社会各界关注已久的国产大片《十面埋伏》,考虑它的原因是,借助《十面埋伏》不仅可使方正品牌深入到更深层次的目标市场,全面提升方正科技的市场声势,更重要的是,还可节约宣传成本。

在合作敲定后,方正科技营销团队紧锣密鼓地开始了卖场物料和广告的制作工作。为了达到吸引购买者进店的目的,方正科技在此次活动中制作了多达20多种卖场物料,涉及扇子、鼠标垫等各类物品。从6月15日起,内容包括方正品牌形象和促销信息的电视广告片就在北京、东方、凤凰、湖南、安徽、山东等10大卫视、主要城市台和大型全国联播栏目《娱乐现场》中播出,渗透城市130多个,总频次近万次。同时,《十面埋伏》全国院线超过5万多场次的电影片头倒一位置35秒贴片广告和官方网站的BANNER广告把方正科技的惊喜"埋伏"给广大受众。

方正科技营销团队此次联合营销最与众不同的一点是,以往的商业影片赞助厂商的合作大多体现在影片中,观众看片时一眼就能看出浓浓的商业味,而在此次合作中方正科技直接参与到了推动票房的市场运作过程中,从消费者角度来说无疑是得到了更大的实惠。与此同时,方正科技丰富多彩的主题互动体验活动,更将"方正电脑卓越的影音功能"这一亮点成功造势。从营销的角度来说,一则借势宣传了自身品牌和产品功能,二则借此更加深入地贴近影音爱好者,三则通过《十面埋伏》的主题活动更直观、更形象地展示了新技术带给用户的新体验,真可谓一举三得。

2004年11月至2005年1月,由强势营销专业媒体《成功营销》杂志联合国内外著名咨询管理公司、人力资源公司,在《成功营销》杂志举办"中国营销25年激荡史"特别纪念活动之际,推出"中国营销团队25强"的评选。上述例子就是其中获奖者之一方正营销团队的报道。在现在的商业活动中,我们越来越多地看到团队活动。换句话说,我们可以看到,在企业的经营管理过程中,团队起到了非常重要的作用。组织中一个不断增加的管理趋势是将更多的责任赋予团队的活动。在许多案例中,团队被授权集体做出以前由单个领导者做的决策。随着授权团队活动的增加,对团队中领导过程的研究也在增加。领导者如何面对团队工作这一越来越活跃的模式,正是我们本章探究和讨论的重点。

第一节 团队的本质

团队的定义

要想对团队(team)的概念有一个深刻的了解,首先要了解群体(group)的概念。群体是指有两个或者两个以上的成员相互交流合作,以完成特定目标或者满意特定需求的一种组织形式。群体是一个相对松散的组织,大家在一起的目的就是分享信息、交流合作,达到既定的目标,或者满足人际交往、监督控制等个人或组织层面的需要。这与我们讲到的团队有很大的差别。

团队是指通过信息分享、协同努力、共同决策,使团体的绩效高于团体内个体绩效之和。团队像群体一样,也是大家在一起工作,但是在这里面非常重要的是成员之间要有非常紧密的联系和高强度的合作。从过程来看,团队比群体成员之间的相互交流、相互配合的强度要高得多;从结果来看,群体的成绩可能不如一个个体,但是在一个团队的情况下,团队的绩效一定会大于个体绩效之和。例如,一个销售部门可能有10个人,每个销售人员每年的平均业绩是10万元,那么整个销售部一年的销售额就是100万元。如果我们将这10个人组成两个团队,每个销售团队的成员相互配合、相互扶持,那么到了年底,每个销售团队就可以完成100万元,两个销售团队合起来就是200万元。这就是团体的绩效大于个体绩效之和的道理,也就是说,团队达到的效果应该是1加1大于2。

团队与群体的区别主要表现在四个方面。第一,从目标来看,群体的目标主要是分享信息,而团队的目标则是集体的绩效。例如,一个旅行团就是一个群体,大家在一起的目的就是交流信息、结伴出游,而一支足球队或篮球队则是一个团队,其最主要的目的就是获得胜利。第二,从成员的协同配合来看,群体是中性的,或者说不大重视相互配合的;而团队成员则必须相互配合,否则很难取得胜利。很难想象中国女排的队员如果互相不配合,能否打赢一场比赛。第三,从责任来看,群体主要是注重个人的责任,而团队则看重集体的责任,也就是说,如果中国队输球了,尽管跟个别队员的努力或技能有关,但失败的是整个女排。第四,从技能来看,群体内成员的技能是杂乱无章的,而团队则要求队员的技能必须是相互补充的。如朱婷主攻很好,但必须有好的二传和一传与她配合。相互的配合、相互的补充是团队取得胜利非常重要的因素(罗宾斯,1997)。

团队的类型

通过建立和经营团队使整个企业得到发展,首先我们必须明确团队的类型。在组织中可以发现几种不同类型的团队,包括问题解决型团队、多功能型团队、虚拟团队、自我管理型团队等。

问题解决型团队

问题解决型团队(problem sovling team)主要是针对某项特定的任务或项目,组织团队成员群策群力、集中力量完成任务。一般来说，除了完成特定任务，问题解决型团队的核心点是提高生产质量、提高生产效率、改善企业工作环境等。在这样的团队中，成员就如何改变工作程序和工作方法相互交流，提出一些建议。这种团队通常并不一定要在一起工作，但他们可能每周抽出几个小时去讨论如何提高产品质量、如何增加销售业绩等问题，比如20世纪80年代在欧美盛行的质量圈（quality circle）。工作在这样团队中的成员，平时并不需要较多的管理工作，通常更关注领导者的权威、协调能力和决断力，并不在意组织中领导者与其他成员的关系，他们更乐意把领导者与成员友好的关系看成一种纯私人的交往。所以，这种团队的领导者与其他成员的关系可远可近。

多功能型团队

多功能型团队（multi-functional team）也可以理解成跨部门的团队，由来自同一等级不同领域的员工组成，成员之间交换信息、激发新的观点、解决所面临的问题。比如，由营销、研发、工程、生产、财务各个部门的相关成员组成一个R&D团队，一起研发和创造新产品。由于成员来自公司各个部门，团队成员在知识、经验、背景和观点等方面不尽相同，加上需要处理复杂多样的工作任务，因此实行和管理这种团队形式，需要相对较长的时间来建立有效的合作，而且要求团队成员具有很高的合作意识和个人素质。

虚拟团队

虚拟团队（virtual team）主要是在现代的信息社会中产生的，现在计算机、互联网、微信等技术的发展使异地异时的决策变得可能。也就是说，团队成员可以在不同的地理位置来共同决策或完成任务。在某种程度上，虚拟团队已经不再注重团队的物理和实际的存在形式。有关虚拟团队的定义，不同研究人员提出了不同的看法。如有人认为虚拟团队是一个群体，虽然他们分散于不同的时间、空间和组织边界，但他们在一起工作完成任务。Tounsend等（1998）这样描述这种刚出现的组织结构形式：虚拟团队由一些跨地区、跨组织、通过通信和信息技术的联结，试图完成组织共同任务的成员组成。虚拟团队可视为以下几方面的结合体：① 现代通信技术；② 有效的信任和协同配合；③ 雇用最合适的人选进行合作的需要。而人员是最为重要的因素。虚拟团队是虚拟组织中一种新型的工作组织形式，是一些人由于具有共同理想、共同目标或共同利益，结合在一起所组成的团队。从狭义上说，虚拟团队仅仅存在于虚拟的网络世界中；从广义上说，虚拟团队早已应用在真实的团队建设世界里。虚拟团队只要通过电话、网络、传真或可视图文来沟通、协调，甚至共同讨论、交换文档，便可以分工完成一份事先拟定好的工作。换句话说，虚拟团队就是在虚拟的工作环境下，由进行实际工作的真实的团队成员组成，并在虚拟企业的各成员相互协作下提供更好的产品和服务。虚拟团队作为一种新型的组织形态，具有不少优于传统团队的特征。

自我管理型团队

最后一种是自我管理型团队（self-managed team）（Orsburn et al., 1990）。在自我管理

型团队中,通常将一个领导者职位所具有的大多数责任和权威转移给团队的成员(Cohen,1991)。大多数自我管理型团队有很高的互相依赖的活动,他们负责生产一种独特的产品或服务。与多功能工作团队由不同专家组成相反,自我管理型团队的成员通常有类似的知识、技能和经历。这些成员经常轮流执行团队所负责的任务,这增加了团队的灵活性,使工作更有乐趣,能提供学习新技能的机会。自我管理型团队能提供一些潜在的优势,包括:团队成员对工作的更强支持,对效率的提升,更高的工作满意度,成员中更少的离职和缺勤。团队成员交叉训练去做不同的工作,能够增加团队在处理因生病或调离等人手短缺上的灵活性。他们对工作过程的广泛认知,有助于团队成员解决问题和提出改进的建议。组建自我型管理团队通常能减少组织中领导和技术专家的人数,从而降低成本(Katzenbach & Smith,1993)。

第二节 高效率团队

以上分类是从工作内容和组织形式来划分的,而从工作的结果及效率上,我们推荐一种高效率团队。高效率团队有可能是上面四种类型中的任何一种。在这里将它提出来讨论,是因为我们希望大家都能够领导或者组建一个出色完成自己所从事任务的团队。高效率团队一定具备明确的、可修正的工作目标,再配合一套合适的工作流程,加上团队成员的团队认同感和主动性。一个高效率团队有两种主要工作方式:① 有执行能力非常强的工作流程体系作保证,② 依赖个体成员的主动性和积极性。第一种方式多出现在规模较大、管理成熟的企业;第二种情况多出现在10人以下的小团队中。而大部分向大规模发展的成长快速的企业,则会采取以上两种方式的结合。概括地讲就是"个体能力与心态 + 适合的工作流程",从而达到效率最大化的目标。

两维度下的团队类型划分

在我们区分高效率团队和其他团队时,有两个非常关键的维度:团队的绩效和团队成员的满意度。团队的绩效是指团队能否明确自己的目标,并高效率地完成自己的任务。团队成员的满意度是人际和谐的程度,是团队成员对团队的管理及相互合作的满意程度。我们用这两个维度来划分团队的类型。任何一个团队,无论是多功能型团队、问题解决型团队还是自我管理型团队,都可能落入图9-1中四个象限中的一个,并成为其中的一个类型。

任务型团队

第一种叫作任务型团队即高任务、低成员满意度团队。任务型团队只注重任务的完成和目标的实现,不考虑或者很少考虑成员是否满意。也有人把任务型团队叫作"生猛型团队"。

图 9-1　两维度下的团队类型划分

"人本"团队

第二种叫作"人本"团队即低任务、高成员满意度。这样的团队不是很关心任务完成与否，而是最关心成员的满意及相互和谐的关系。在这样的团队里，任务完成不完成无所谓，但是大家一定要和和气气，高高兴兴。在某种程度上类似于领导方格理论中的乡村俱乐部管理(Blake & Mouton, 1964)。

发展中团队

发展中团队即低任务、低成员满意度。该类型的团队任务完成得不好，成员之间也是矛盾重重。显而易见，这样的团队处于不理想的状态，很多地方需要改进。

高效率团队

高效率团队即高任务、高成员满意度。在这种情况下，团队任务完成得特别好，同时团队成员满意度也很高。成员之间相互学习、相互补充、相互配合，达到了比较理想的状态。高效率团队有其突出的特征，有的研究把这些特征总结成为高效率团队的 22 个特征，包括共同愿景、激励规划、积极向上、充分参与、解决冲突等。在这里我们列出高效率团队尤为突出的几点特征如下：

第一，高效率团队具有清晰的团队目标和使命感，并且这些目标和使命感在团队成员间达成了一致。第二，团队成员互相帮助和扶持以成功完成任务。在这里，扶持的意思是互相帮助、互相补台、互相搀扶，而不是踩在别人的肩膀上往上爬。因此，牺牲他人的利益实现自己的目标不是高效率团队的特点。第三，团队成员能力、技能及知识互补，能够达到真正的配合及补充。第四，团队成员需要接纳别人的观点，同时分享自己的想法；第五，在团队取得成果哪怕只是阶段性的成果时，团队成员也注重在内部的分享，避免个别人独享成果或埋没他人成绩现象的发生。

在明确了上述四种团队类型和划分之后，大家一定会关心如何确定自己的团队属于哪种类型。本章后面的自测题会帮助大家了解自己所在团队的类型。

第三节 团队建设和团队结构

团队建设的过程

领导者十分重要的任务之一是建设团队,一般来说,能够建设好优秀的团队,在以后的工作中往往能够事半功倍。团队建设通常要经历形成、震荡、规范化、执行任务和修整五个阶段(Tuckman,1965)。

第一阶段:形成

团队成员由具有不同动机、需求与特性的人组成,此阶段中成员缺乏共同的目标,关系也尚未建立,人与人的了解和信任不足,彼此之间充满谨慎和礼貌。整个团队还没有建立起规范,或者对于规范还没有形成共同的看法,这时的矛盾很多,内耗很多,一致性很少,花很大的力气也产生不了相应的工作效果。

此时,领导者的主要任务是以下两个方面:

第一,初步构成团队的内部框架。在团队成立伊始,管理者应该对团队的各个要素十分明确,包括团队的定位、职权、人员目标、计划等。其团队内成员的角色应如何分配、工作人员如何获得、工作流程如何制定等都是在团队的组建期应该设定的。

第二,建立团队与外界的初步联系。主要包括:① 建立起团队与组织其他工作团队及职能部门的信息联系及相互关系,如注重与人力资源部门、后勤部门建立联系并维系良好的关系;② 确立团队的权限,如资源使用权、信息接触的权限等;③ 建立对团队的绩效进行激励与约束的制度体系,如如何考评下属、职位晋级等制度;④ 争取各种支持,如技术系统(包括信息系统)、高层领导、专家指导及物资、经费、精神方面的支持;⑤ 建立团队与组织外部的联系与协调的关系,如建立与企业顾客、企业协作者的联系,努力与社会制度和文化取得协调等。同时,领导者必须立即掌控团队,快速让成员进入状态,降低不稳定的风险,确保工作的顺利开展与进行。

此阶段团队的相互关系方面要强调互相支持、互相帮助,这个时期人与人之间的关系尚未稳定,不能太过坦诚,因为对方可能无法全部接受。此阶段的领导风格要采取控制型,不能放任,团队目标由领导者自己确立(但是要合理和经过大多数成员的认同),清晰明确地告知成员团队的目标,不能让队员自己想象和猜测,否则容易走样。此时也要尽快建立必要的规范,规范不需要完美,但是需要能尽快让团队进入轨道。

第二阶段:震荡

这一阶段团队处于冲突之中,成员抵制团队加之于自身的控制,成员之间在工作方式、规范目标等方面出现矛盾,开始冲突波折,挫折与焦虑并存,人际关系紧张,出现不满情绪,生产力比较低,解决问题的速度非常慢。团队经过形成阶段以后,隐藏的问题逐渐暴露,就会进入震荡阶段。成员们可能会争权夺利,推诿扯皮,为获得对控制权的职位而钩心斗角,对于团队今后的发展方向也产生分歧。

作为领导者这时要注意开诚布公,一定要营造一个公开、公正、公平的环境。成员有意见应该都能够得到关注和分享。这个时期的领导者最好多收集团队成员的建议,而不是忙于压制,要鼓励成员把自己的意见和个性化特征表现出来,达到求大同存小异的状态。还要注意情绪的疏导,当成员挫折与焦虑并存时,领导者需要及时疏导情绪,比如搞一些娱乐活动等。领导者需要慢慢建立规范,然后鼓励成员参与决策,在顺应的过程中注意调整,以期成功度过震荡阶段。

第三阶段:规范化

在这个阶段团队内部成员开始形成紧密的联系,产生强烈的团队认同感和友谊关系,群体成员就共同的目标达成一致。经过前一段时间的震荡,团队将逐渐走向规范。组织成员开始以合作方式组合在一起,并且在各派竞争力量之间形成了一种试探性的平衡。经过努力,团队成员逐渐了解了领导者的想法与组织的目标,建立了共同的愿景,互相之间也产生了默契,对于组织的规范有了了解,违规的事情减少。这时日常工作能够顺利并有效地进行了。但是组织对领导者的依赖很强,还不能形成自治团队。这时非常重要的是团队成员由认识、熟悉到获得彼此的信任。对于团队领导者来说,工作的重点从人际关系逐渐转向到工作本身,要注意随时解决工作中的问题,注重成员工作技能的提升,建立工作规范。

在这一阶段,最重要的是形成有效的团队文化。通过强有力的团队文化塑造,促进共同价值观的形成,调动个人的活力和热情,增强团队的凝聚力,培养成员对团队的认同感、归属感,营造成员互相合作、互相帮助、互敬互爱、关心集体、努力奉献的氛围等。团队能否顺利度过规范期以及团队形成的规范是否真正高效有力,将直接影响团队建设的成败与最终的绩效。在增加团队的认同感,提升归宿感,充分发挥知识、技能和经验等方面,领导者要注意表率的作用。

在这个阶段中,领导者还需要警惕团队的分化。规范化阶段往往容易出现团队分化的现象,即一个大的团队分裂成两个或更多的小团队。对于领导者来说,要尽量使成员变成一个大的团队。

此时,还应该建立更广泛的授权与更清晰的权责划分。在成员能接受的范围内,提出善意的建议,如果有新加入的成员,必须让其尽快融入团队之中。在授权的同时,要维持控制,不能一下授权太多,授权的同时要注意监控,否则要么不能很好地激励成员,不能发挥他们的自觉性;要么过于放任自流,导致权力的滥用。

第四阶段:执行任务

在执行任务阶段,团队成员努力工作,以达成团队目标。有了工作规范,这时大家工作能够取长补短、增强信心。按照既定的流程和沟通的方式来工作,成员之间开始注意分享观点和信息,尤其是分享成果。这个时候的团队经过形成、震荡和规范化阶段,开始变得成熟,懂得应付复杂的挑战,能很好地执行其工作绩效的功能,任务得以高效地完成。

在这一时期,团队成员成为一体,愿意为团队奉献,智慧与创意源源不断。

因此,这个时候的团队生产效率最高,运作上也最顺畅。但是,领导者首先需要注意的是不能将成果归结在自己身上,而应该公平地分享成果、体会成功的喜悦。其次要注意监控,关注团队运行过程中有没有什么问题发生。最后,领导者还应该注意变革。团队所处环境可能不断地变化,团队也应该采取相应的改变,注意目标的提升和培养。

总之,在各个不同的阶段,领导者考虑的重点是不一样的。在形成阶段和震荡阶段,"个人的需要"非常重要。比如与人交往的需要、个人尊重的需要。到了规范期阶段,"团队的需要"非常重要,团队要形成共识性的规范和文化,形成大家都认可的工作流程和制度。到了执行任务阶段,"任务的需要"即完成团队的目标变得最重要。

第五阶段:修整

最后一个阶段叫作修整阶段。对于经过以上各个阶段的努力还未能建成真正的高效率团队、在执行期表现不尽如人意的团队,进入修整期时,可能会被勒令整顿,即通过努力消除一些低效率团队的特征和表现,经过"回炉处理",希望将团队锤炼成真正的高效率团队。于是,就会出现新一轮团队建设。对团队实行整顿的一个重要内容是优化团队规范。首先是明确团队已经形成的规范,尤其是那些起到消极作用的规范。其次是制定规范剖面图,分析规范差距。最后是听取各方面对这些规范进行改革的意见,经过充分的民主讨论,制定系统的改革方案,包括责任、信息交流、反馈、奖励和招收新成员等,经过充分的民主讨论,制定系统的改革方案并做出必要的调整。

以上五个阶段反映的是团队建设的一般性过程,但是实践中的团队建设过程常常会有所偏差。团队建设过程会出现反复现象、跳跃现象,或者会出现各个阶段的融合。如图9-2 所示,团队到了执行任务阶段时,可能会出现新的问题,因此又回到震荡阶段。而在规范化阶段的一个团队,有可能会回到形成阶段,重新开始新一轮团队建设。

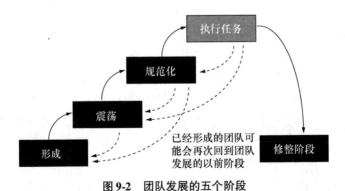

图9-2 团队发展的五个阶段

影响团队效率的因素

在影响团队效率的诸因素中,第一个是团队的规模和成员组成。规模即一个团队究竟有多少人最有利于团队解决问题。通常来讲，一般是 7 加减 2，也就是说 5—9 人是最理想的团队规模。一个人的注意分配的范围就是 7 加减 2。如果控制的人过少，会造成资源浪费，过多的话又无法控制。所以通常来讲，7 加减 2 比较合适。

第二个是团队成员的组成。团队组成分为异质的和同质的。成员异质指的是成员之间的共同点比较少，如团队成员有男有女，有老有少，有学文的，也有学理的，成员各自有各自的特点，呈现丰富化的趋势。同质则相反，团队成员分享很多共同的东西，如都是男性、都是学理工出身的。一般来说，不能笼统来讲是同质的团队还是异质的团队好，而应该根据团队的任务来区别对待。对于创新型的任务，异质的成员往往能够提出更多新的观点，大家在一起集思广益，往往会产生更好的效果。如果是很简单的任务，比如装配操作，同质的团体往往效果更好。装配线上的工人一般都是同质的，都是女的，或者都是男的，因为他们的动作或者说行为习惯比较接近，管理起来比较方便。

第三个是团队角色。团队成员要承担一定的角色，才能更好地完成自己的工作，成为好的团队成员。一个团队究竟有多少角色，我们可以以《西游记》为例来说明。唐僧的团队为什么要有师徒四人？其实他们都是有一定代表性的。我们可以总结出一个"1，2，3"法则，即"1 个领导，2 个精英，3 个辅助人员"。

在一个团队里面，首先要有一个领导者。领导者在团队中起的作用是非常重要的。无论是哪一层次的领导者，制定目标和计划都是他们经常性的工作内容。大到公司的战略规划，小到一次小型促销活动，都需要领导者进行周密的策划和慎重的思考，制定目标和具体的行动方案。同时，坚定地执行目标也是领导者的重要职能。在《西游记》中，唐僧可能经常人妖不分、颠倒黑白，但他在这个团队中起的作用是至关重要的，即作为领导者，最关键的作用就是用坚定不移的信念去达成目标。去西天取到真经一直是唐僧坚持执行的目标。

其次，团队里要有精英。精英对团队的重要作用不言而喻，他们是团队完成任务的顶梁柱。如果没有精英，团队就不可能完成任务，更不可能达到高效率。这些精英分子能够承担团队中非常重要的岗位，完成一般人不能完成的任务，并且带领团队开拓创新，一往无前。研究发现，在一个团队中，精英常常能完成任务的 80%，其余的 20% 是由其他人员完成的。就像《西游记》中孙悟空的一样，正是因为有了他，才使西天取经的任务得以顺利完成。需要指出的一点是，团队的领导者要对精英有所控制，就像唐僧有紧箍咒一样，领导者要知道如何控制精英、留住精英。

最后，辅助人员同样也是团队中不可缺少的部分。一方面，一个团队的成员不可能都是精英。即便都是精英，团队的绩效可能也不会好。如 2006 年世界男篮锦标赛上的美国"梦七队"，虽然都是 NBA 的高手，但组合在一起并不能拿冠军。另一方面，人的能力总是有差别的，有的人能力强，有的人能力弱，领导者的责任就是妥善管理这些个体差异，让不同的人做不同的事，或者说让合适的人做合适的事。任何一个先进的社会都有三个特征：其一，由很多人构成；其二，不同的人有不同的才华；其三，人尽其才。这既是一种海纳百川、多元化的发展思路，同时又是一种包容的观点，更是一种"瑕不掩瑜、人尽其才"系统整合的策略，借此挖掘团队的最大潜能，并努力做到人的边际使用价值最大化。

一个优秀的团队必然是一个多元文化共同发展的团队、一个集思广益的团队、一个善于整合所有资源并谋求效益最大化的团队。因此，领导者和精英不会去做的事情，往往会有团队中不起眼的助手完成。这些人还能够在一切关键的时候起到团队的力量，发挥自己关键的作用。《西游记》中的猪八戒和沙和尚就是起到了这种辅助的角色作用，没有这样的助手，很难想象西天取经的过程能够顺利完成。

第四个是规则。什么样的规则会造就什么样的团队，或者说什么样的规则就会引导人们表现出什么样的行为。大家都知道，澳大利亚是17—18世纪英国流放犯人的地方。英国政府为了把犯人运到澳大利亚，租用了很多私人的商船，一开始，英国政府和船长签了一个协议，每次运送犯人的船队出发前，按照犯人的人数预付给船长款项，船长负责把犯人运送到澳大利亚，负责犯人途中的衣食住行。政府通过这一协议，把犯人交给了船长，自己非常轻松。不过问题很快就出现了。这种规则导致的一个直接结果就是，船长也是凡人，也有贪利之心，在运送的过程中逐渐发现，政府对运送途中发生的事情都不知道，于是为了降低运送成本，他们故意不给犯人吃东西，千方百计虐待犯人，最后导致犯人死亡、被扔进大海，而船长由于政府不知情照样在收钱。

后来，英国政府发现了这个问题，就劝导这些船长说，犯人也是人，应该给他们人道主义的待遇，要保护人权，保护生命。但这样的说教根本不起作用，这些船长还是我行我素。于是英国政府决定，每次船队出发时都派一个随行的监督人员，同时给他配了当时最先进的勃朗宁手枪，以监督船长必须把犯人全部安全地运送到澳大利亚。然而，问题还没有得到解决，有的船长拿出了很多金银财宝贿赂监督人员。有的船长更是极端，将监督人员扔入大海，回来向政府报告说这个人得急病死了。虐待犯人的事情还是经常发生。

怎么解决这个问题呢？英国政府最后想到了一个办法，索性连监督人员也不派了。他们和船长重新签了一个协议。协议规定，英国政府事先不给船长支付运费，而是按照犯人到达澳大利亚的人数和体重，再给船长发放运费。船长为了能够拿到足额的运费，必须在途中悉心照料犯人，因为若是少了一个犯人，或者一个犯人的体重减轻，英国政府都可以因此少支付一些钱。

由此我们可以看出，规则对于约束人的行为是多么的重要，团队管理者要建立一套有利于任务完成，又适合人性发展的规则来约束团队成员的行为。

第五个是规范。规范与规则的区别是，规则是明确写下来的、成文的、指导大家怎么做的规定。而规范不是明文规定的，但却是大家都愿意去做的事情。有一个小故事，既说明了规则与规范的不同，也说明了规范对人们行为的影响作用。一个文明人带一个土著人到现代社会去参观游览，土著人看到大街上贴了很多标语，问这是什么意思，文明人就解释说，这个标语的内容是"禁止吐痰"。土著人过了一会发现，马路上有很多痰迹，就问文明人为什么。文明人解释说，虽然规定不许吐痰，但很多人不遵守这个规定。土著人明白了之后,他们一起来到了文明人家里。他看到文明人的家里很大、很干净,一点痰迹都没有,于是他马上在墙上四处寻找。文明人问他在找什么。土著人回答,这里这么干净,一点痰迹都没有,肯定贴了很多"禁止吐痰"的标语。文明人乐了,并向他解释道:"我们家里没有这样的标语,因为我们都很爱这个家,很希望有一个干净整齐的环境,所以我们都非常自觉地不随地吐痰。"

这个故事说明,规则是用来约束人的,但有时只是将它贴在墙上,很多人可能不遵守这个规则。而规范则不同,它不用写下来,但大家也愿意遵守。所以,一个团队的效率能否提高,很重要的一个因素就是管理者能否建立一个大家都愿意遵守的规范。

最后一个对团队效率影响的因素是凝聚力。凝聚力是指团队成员相互吸引,以便达成共同目标的程度。一个高凝聚力的团队,往往具有以下特征:

(1) 团队内的沟通渠道比较畅通、信息交流频繁,大家觉得沟通是工作中的一部分,不会存在什么障碍;

(2) 团队成员的参与意识较强,人际关系和谐,不会有压抑或是尴尬的感觉;

(3) 团队成员有强烈的归属感,并由于成为团队的一分子感到骄傲,愿意把自己作为这个团队中的一分子提出来,跳槽的现象较少发生;

(4) 团队成员间会彼此关心、互相尊重;

(5) 团队成员有较强的事业心和责任感,愿意承担团队的任务,集体主义精神盛行;

(6) 团队为成员的成长与发展、自我价值的实现提供了便利的条件,领导者、团队周围的环境、其他成员都愿意为自身及他人的发展付出。

凝聚力的高低受众多因素的影响。从外部看,当团队遇到威胁时,无论团队内部曾经发生过或正在发生什么问题、困难、矛盾,团队成员都会暂时放弃前嫌,一致应对外来威胁。通常外来威胁越高、造成的影响越大、压力越大,团队所表现出的凝聚力也会越强。从内部看,团队领导者的风格是影响凝聚力的重要因素。领导者是团队行为的导向和核心,采取什么样的领导方式直接影响到凝聚力的高低。在民主的领导方式之下,团队成员愿意表达自己的意见和参与决策,这时积极性高、凝聚力比较强;而在专制、独裁、武断、缺乏诚信的领导方式下,下属参与的机会比较少,员工的满意度相应比较低,牢骚满腹,私下攻击性的言论也相应增多,凝聚力也会降低;在放任的领导方式下,团队成员就像一盘散沙,人心涣散,谈不上集体主义,也谈不上团队的规则,这时更谈不上凝聚力了。

团队凝聚力会对团队的效果产生非常重要的影响。团队凝聚力能够使团队形成"对事不对人"的氛围,减少了沟通的成本,因此效率就会提高。同时,高凝聚力的团队也能提高团队成员的工作满意度。凝聚力较高的团队,其成员对于工作的责任感也相应较强,共同的利益价值观使他们能在达成目标后获得一定的工作满足感。成员间容易彼此接纳相容,因此也增强了友谊。团队凝聚力对个人成长和发展很有帮助。高凝聚力的团队中个人成长的表现有积极和消极两种特征:一方面,高凝聚力的团体可以提高人际吸引力,在共同分担的基础上提高生产力,使个人得到成长的机会;另一方面,高凝聚力有较强的团队限制特性,由于形成了一定的规范、行为准则,大家只能在这个框框中工作,个人的潜能有时不太容易发挥。

第四节 团队的领导者

上面介绍的所有内容,都是帮助我们理解和分析团队的运作方式及对绩效的影响因素,其目的是帮助领导者更好地管理团队。在这里我们提出一些具体的行动指南,来帮助大家当好一个团队的领导者。

第一,要管理好一个团队,首先要管理好自己,要成为一个优秀团队的管理者,自己在各方面都要努力做到最好,成为团队的榜样,把自己优良的工作作风带到团队中,影响到每一位成员,要有海阔天空的胸襟,用真诚去打动每一位成员。

第二,要在团队中建立好培训工作,把公司的文化和核心价值观,自己的特长,在实际工作中的经验,传授给团队中的每一位成员。丰富的企业文化和知识技能培训,也是留住团队成员的最好方法。在这里,我们尤其要指出培训和培养团队精英的重要性。团队的领导者一定要成为一个教练,来指导团队的成员,让团队的精英承担更多的工作,同时也发挥更大的作用,成长为团队的主力。

第三,要让每个成员明白团队工作的目标,掌握高效率达成工作目标的方法。换句话说,给团队成员设定清晰的目标和任务,直接影响到团队的绩效和结果。

第四,灵活授权。随着团队的建设和发展,领导者要通过授权让团队成员分担责任,使团队成员更多地参与团队的决策过程,允许个人或小组以自己更灵活的方式开展工作,把权力下放到团队的每位成员身上,让他们积极地去为团队服务。通过灵活的授权,显示了领导者对团队成员的信任,也给了团队成员学习与成长的空间。这种信任可以奠定团队信任的基础,也是团队精神的体现。积极引导团队成员调整心态,进行准确的角色定位和责任分工,充分发挥团队成员各自的作用。每个人都有实现自我价值的愿望。富于挑战性的任务,可以使他们不断地拓展自己的知识技能,发掘自身的创造潜力。要让成员感受到,每一项工作的成功,不仅是领导者的成功,更是所有实现自我价值的团队成员的成功。

第五,充分发挥团队的凝聚力。团队凝聚力是无形的精神力量,是将一个团队的成员紧密地联系在一起的看不见的纽带。团队的凝聚力来自团队成员自觉的内心动力,来自共识的价值观,是团队精神的最高体现。一般情况下,高团队凝聚力带来高团队绩效。团队凝聚力在内部表现为团队成员之间的融合度和团队的士气。人是社会中的人,良好的人际关系是高效团队的润滑剂。因此,必须采取有效措施增强团队成员之间的融合度和亲和力,形成高昂的团队士气。团队是开放的,在不同阶段都会有新成员加入,高团队凝聚力会让成员在短期内树立起团队意识,形成对团队的认同感和归属感,缩短新成员与团队的磨合期,在正常工作期间,促使团队的工作效率大幅提高。

第六,做好团队的幕后总指挥。团队成员在工作中肯定会遇到各种自己无法应付的问题,作为管理者,其最重要的职责就是做好指挥工作,要和成员形成良好的沟通,要培养好成员工作中出现什么问题及时汇报沟通的工作习惯,管理者通过个人的工作经验和阅历以及和上级的沟通,给出现问题的成员一个最好的解决问题的方法,处理好工作问题。

第七,协调好上层关系,把上层的任务和思想传达好给每一位成员,让团队自上而下达到良好的协调,圆满完成公司的目标。

团队建设指南

Yukl(2001)给出了下列建设团队的指南,它们可以用于大多数类型的工作群体和团队。

强调共同利益和价值

团队成员在目标拟定、达成这些目标的战略和所需的合作上要努力达成一致,这样可以极大地增加和强化组织认同感;要强调互相的利益而不是各自的利益;确认共同的目标,解释为什么需要合作才能达到它们;鼓励团队成员共享信息和想法、互相帮助。

运用典礼和仪式

典礼和仪式可用于增加一个团体的认同感,使成员认为自己的团队非常特别。迎新仪式用于一个团体迎接新成员,退休仪式用于欢送老成员,颁奖典礼用于庆贺成员特别的成就,周年庆典纪念组织历史发展过程中的特殊事件。当用于强调组织的价值和传统时,仪式和典礼最为有效。

使用符号发展团队的认同感

团体身份的符号诸如团队的名称、口号、标志、徽章或徽标,可以展示在旗帜、标语、衣服或文具上,甚至一个特殊样式或颜色的衣服也能标明团队成员的与众不同。符号可以非常有效地塑造一个团队的独特身份。当成员统一穿戴或展示成员符号时,团体认同感将得到加强。

鼓励和促进相互交流

如果成员在个人基础上的相互了解和交流满意,就更可能发展成为一个团结的团队。促进友好社会交流的一个方式是举行周期性的社会活动,诸如聚餐和舞会。各种不同形式的户外活动可以用于促进社会交流(如一起参加运动会、音乐会、野营、旅行等)。当团队成员在同一幢楼工作时,通过设计使团体成员在一个办公空间内活动可以提升社会交流机会。这个空间可以装饰代表团队成就的符号、价值声明,以及显示实现团队目标进步的图表等。

告诉成员团队的活动安排和成就

当成员很少收到有关团队或部门的计划、活动、成就的信息时,往往会感到疏远和不悦。非常重要的一点是使成员及时了解这些信息,并向他们解释这些工作如何促使使命的达成。

引入"过程分析会议"

过程分析会议(process analysis meeting)是坦率的、公开的人际关系的讨论,其目的是努力改进团队的沟通过程,要求每个团队成员提出使团队更为出色的方法。这些建议应当集中于成员如何沟通、一起工作、做出决策和解决分歧,而不是在工作的技术层面。一个类似的方法是要求每个成员描述其他成员做些什么能使他在组织中的角色更容易完成。这些讨论应当得出一系列具体的改进工作关系的建议。

一个较好的方法是由一个受过训练的促进者而不是团队领导者引入过程分析会议。讨论人际关系比讨论工作程序更为困难,需要相当的技能去引入这种类型的会议。一个在过程分析中没有受过训练的团队领导者,可能使团队关系更坏而不是更好。

增加相互合作的激励

基于个人绩效的奖励鼓励团队成员相互竞争,而基于团体绩效的奖励则鼓励合作。增强团队认同的一个方法是强调正式的激励,如基于团队绩效的奖励。另一个方法是使用自发的、非正式的奖励,强调服务于团队的重要性。例如,在团队完成一项困难的任务之后,尤其是超时或加班工作,就给成员额外的休假。在达成重要的目标之后,为团队成员和他们的家庭举行一个特别的庆贺晚会。

最后,对于团队管理和团队运作做一个总结,并且提醒大家几点容易被忽视的地方。第一个是管理好团队的外部环境。所谓外部环境,包括其他的职能部门,比如财务、人力资源部。团队需要和这些部门保持良好的关系。对于企业来说,要善于跟当地政府和周边社区搞好关系,这对企业的发展非常重要。第二个是管理好团队自身,结合公司的使命确定团队的目标,分析团队的工作模式和经验。在团队内部建立合理的结构,塑造团队的文化,指导团队成员,平衡各种关系。

第五节　有关团队的研究

以上几节我们主要介绍了团队的概念、团队的运行模式、影响团队效率的因素,以及如何领导团队等内容。由于团队在现代企业管理过程中所起的作用越来越大,因此,国内外很多学者就这一问题进行了大量的研究。在这里简要介绍如下。

团队有效性影响因素的研究

团队有效性(team effectiveness)是指团队实现预定目标的实际效果,可以从三个方面来衡量:① 团队绩效,指团队任务完成的情况;② 团队成员的满意度,指团队成员能否在团队中体验到个人的发展和幸福感;③ 团队的生命力,指团队持续性发展的能力(王秀丽和刘电芝,2007;Guzzo & Dickson, 1996)。团队有效性是团队研究的重要结果变量,有关影响因素的研究是团队研究最重要的内容。

团队规模、团队组成与团队绩效

Campion 等(1993)研究发现,团队规模与团队效能呈正相关关系,团队成员背景的异质性及其特长与团队效能则没有相关或呈负相关关系。Magjuka 和 Baldwin(1991)研究了同样的问题,结果发现,团队规模越大,团队成员的异质性越大,获得信息的途径越畅通,这些因素与团队效能的关系就越明确。Jackson 等(1995)评论并总结了有关多样化(指群体内的异质性)与团队效能之间关系的原则。他们认为异质性确实与团队的创造性和决策的有效性有关,并把异质性定义为个性、性别、态度、背景或经验因素的混合物。Kanter(1989)研究表明,异质性的组织更有可能获得成功,来自不同背景的员工能在一起工作并向其组织目标靠近,组织的绩效就高。

团队成员人格与团队绩效

团队成员的人格特征是影响团队有效性的重要因素。早期的研究多集中在个体水平上进行,Berry 和 Stewart(1997)将"大五"人格与团队有效性的研究由个体水平上升到团队水平。他们考察了责任感(conscientiousness)与外向性(extraversion)对团队有效性的影响,结果发现责任感与团队绩效之间没有显著的相关关系,而外向性与团队绩效呈倒 U 形关系。也就是说,外向成员占比例中等的团队,团队的绩效最好。Barrick et al.(1998)的研究发现,团队成员平均外向性和情绪稳定性与团队的生命力呈显著正相关,团队的责任感、随和性、情绪稳定性与团队绩效存在正向的相关关系。团队成员性格中的随和性(agreeableness)和责任感与团队绩效呈正相关。同样,成员的高技能和认知能力也预计了更高的绩效(Neuman & Wright, 1999)。

团队成员熟悉度与团队绩效

与团队绩效有关的群体构成的另一个方面就是团队成员之间的熟悉度。有关这一问题的早期研究认为,由相互熟悉的人们组成的团队总体上要比相互不熟悉的人们组成的团队更有效。Goodman 和 Leyden(1991)调查了相互熟悉程度不同的煤矿工人在 15 个月中的劳动生产率(每班产煤吨数)、工作表现和产煤环境。结果发现,较低的熟悉度与较低的劳动生产率相关。Dubnicki 和 Limburg(1991)研究发现,建立时间长的、相互关心健康的团队其有效性要高,而刚刚组建的团队则表现得更有活力。然而 Katz(1982)的一项研究结果表明,群体资历和成员间的熟悉度不利于群体绩效。

领导与团队绩效

Eden(1990)曾做过一个关于领导者对群体绩效影响的现场实验研究。这些群体是由以色列国防军的官兵组成的。他们在一个有很高期望的领导者的带领下,进行为期 11 周的训练。在训练结束时,他们的体能和认知测验结果要比对照组(低领导期望)好。George 和 Bettenhausen(1990)通过对某百货商店销售团队的研究,发现领导者情绪的好坏与员工的离职率成反比。在商业组织中的另一项研究结果发现,当公司 CEO 成为公司的绝对权威者时,公司绩效在混乱的环境中更糟,而当高层管理团队的规模更大时则公司的绩效会更好。同时,分享式的领导(shared leadership)也比传统的领导方式更容易产生高的团队有效性。与传统的自上而下的缺乏民主的领导方式相反,分享式领导是一种领导者对下属、下属对领导者、同事之间都在不断产生影响的过程。它使团队成员感到被授权,更有自主性,对工作更满意,对决策更负责,因此会提高团队有效性, 特别是在团队需要完成复杂性高的任务时(Wang et al.,2013)。相似的,公仆型领导(servant leadership)也被证明和团队绩效呈正相关。公仆型领导认为下属的需求高于自身需求,他们帮助下属成长并取得成就,帮助他们治愈情感上的问题,给他们授权等做法会赢得下属的信任,促进他们相互间的合作和适应不断变化的外部环境,最终会使下属对团队的集体能力(team potency)充满自信,进而影响团队绩效。同时,领导者需要向下属清晰地阐述:① 他们需要达到的目标;② 通往目标的路径;③ 他们与其他团队成员工作的关联。这些都有助于提高团队绩效(Hu & Liden, 2011)。

组织公民行为与团队有效性

研究者也将组织公民行为引入团队的研究中来,认为组织公民行为可以增强团队的有效性,同时还会影响组织对团队有效性的评价,进而影响到薪酬、奖励分配和晋升的决策(Podsakoff et al.,1998)。吴志明和武欣(2005)的研究发现,助人行为、维护人际和谐等人际层面的组织公民行为对团队绩效和团队成员的满意度具有积极的影响作用。

结果的合作依存导向与团队有效性

当团队成员认为自己的绩效与其他成员的绩效是合作依存(cooperative outcome interdependence)的关系而不是竞争依存的(competitive outcome interdependence)关系时,他们会更好地与其他团队成员共享信息,他们会学习和成长,并且提高团队的有效性,特别是当团队有深刻反思自己的战略、过程和目标的习惯时。换句话说,当团队成员认为自己的工作结果和同事的结果是共赢关系而不是竞争关系时,团队有效性更高(De Dreu, 2007)。

团队效能与团队绩效

团队效能(group efficacy)是指团队成员成功地完成某些任务所拥有的能力。团队绩效(self efficacy)是自我效能在团队中的延伸和应用。有关这方面研究的一致结论认为,团队效能越高,团队绩效也越高,但二者之间可能存在其他影响因素。Gibson 等(2003)的研究认为,当任务的不确定性高时,团队效能与团队绩效没有关系;相反,当任务明确时,成员之间的依赖性就强,团队效能与团队绩效之间则存在正相关关系。王鹏等(2004)的研究发现,高效能团队通过保持成员的努力程度进而提高团队的绩效。

团队有效性心理机制的研究

除了上述有关团队有效性影响因素的研究,近年来,研究者还开始探讨促使团队有效性心理机制的研究,并取得了一定的进展。

团队共享心智模型的研究

团队共享心智模型(team shared mental model)是指团队成员共同拥有的知识结构,它使得团队成员能就团队作业形成正确的解释和预期,从而协调自己的行为以适应团队作业和其他团队成员的需求。Mathieu 等(2000)的研究发现,团队共享心智模型通过团队的沟通、协调等过程促进团队绩效。武欣和吴志明(2005)的研究表明,团队共享心智模型不仅有利于团队有效运作,团队成员的满意度也比较高,同时,团队成员之间的密切关系会延伸到工作之外,提高日后继续合作的可能性。

团队交互记忆系统

交互记忆系统(transactive memory system)近来被认为是影响团队绩效的重要特性之一,是团队成员之间形成的一种彼此依赖的,用以编码、储存和提取不同领域知识的合作分工系统。其研究有助于发现高效工作团队如何处理解决问题所需要的信息,解释团队成员怎样通过发挥各自的专长去解决团队面临的问题。例如,张志学等(2006)研究了高技术企业团队的交互记忆系统与团队中的其他现象之间的关系发现,交互记忆系统与团队成员之间的信任、合作性目标导向具有显著的正相关关系,同时交互记忆系统与团队的工作绩效和凝聚力也具有显著的关系。

团队成员之间的任务冲突

任务冲突(task conflict)是指团队成员对于任务产生不同的观点和意见。一个团队的成员在合作共事中任务冲突太高或太低都会降低团队的绩效。任务冲突过低会导致成员的懒散、回避、忽略信息等降低绩效的表现;任务冲突过高又会降低成员对信息的感知、处理和评估能力从而降低绩效。因此任务冲突和绩效是倒 U 形关系,尤其当团队需要合力解决问题时此关系尤为明显(De Dreu, 2006)。

团队成员的心理授权

以下做法会提升团队成员的心理授权(psychological empowerment),进而提高团队绩效:① 提供人力资源支持(如培训、定期给员工成绩上的反馈);② 提供组织支持(如营造安全开放的组织氛围使员工可以自由、坦诚地交流,支持团队间的合作和沟通);③ 工作内容设计上鼓励团队成员自治(授权人力资源职能,如建立、实施并监督提高绩效的方案,让成员对自己的工作负责)(Mathieu et al., 2006)。

总之,团队研究现在成为组织管理研究的热点之一,大量的研究有助于了解团队绩效的影响因素,以及团队运作过程中的中介因素和调节因素,对团队的管理与领导有一定的参考和借鉴作用。

案例

明基集团的主体——明基电通公司成立于1984年。2001年,明基宣布自创品牌BenQ,成功地完成了从生产制造型企业向集研发、制造、营销为一体的集团公司的转型。不到20年时间,明基的营业额翻了数百倍。就明基电通本体而言,从1984年的营业额近1亿元到2002年营业额已经突破250亿元,整整250倍的增长速度,令众人惊羡不已。明基集团副总裁兼明基逐鹿软件有限公司总经理洪宜幸先生分析道,能够实现如此惊人的业绩增长,得益于明基拥有一支高效能的团队。那么,明基的高效能团队是如何打造出来的?

耕心之旅,启动与员工的心灵契约

目前,明基电通在全球120个国家拥有分支机构38家,整个明基集团拥有员工2.5万名以上。为了凝聚如此庞大的人力资源,明基采取的策略是追求以人为本,以团队人才为本的企业文化;将人才视为企业的资本,善用人力资本去创造企业的价值;强调员工快乐地工作、享受地生活。

2002年6月,明基被美国《商业周刊》评选为"2002年全球前100大IT企业"的第13位,并高居全球电脑及外设类企业第6位。国际化、多样化是明基长期经营中最重要的一个战略,因此公司不可避免地要迎击跨文化经营的挑战。洪经理介绍了明基的做法:把不同国家、不同语言、不同文化背景、不同饮食习惯的员工放在一起工作,要他们通过项目合作等机会,主动想办法去沟通和相处。相互融合是建立高效能团队的前提和基础。

企业文化的建设是明基建立高效能团队的重要元素。明基的企业文化分为硬性文化和软性文化两个层面,例如规章制度、绩效考核、培训计划等都属于硬性文化的范畴。在明基,很多员工服务于生产制造部门,一板一眼的制度是高效率的保证。360度绩效评估,来自主管及周围同事的评估,可以让员工切身感受团队工作的重要性。

知识工作者对公司的培训计划相当重视。明基为所有员工设立了"明基大学",共有150个阶梯教室,4个大型培训中心,且环境舒适。预先安装的无线网卡使每个到"大学"接受培训的员工,可以随时上网处理工作问题。明基的员工中70%—80%是应届毕业生,他们更加渴望了解并迅速融入公司的企业文化。历时4天3夜的"巅峰战将训练营",又称"魔鬼训练营",已经成为明基培训的传统保留项目——通过一系列极富挑战的训练项目,让员工在特定的环境下,勇敢地向自我挑战,克服重重困难完成任务,在完成任务的同时,发掘自身的潜力,磨炼员工的意志,培养团队合作的精神。培训计划的对象不仅限于新员工,中层以上的主管每年要分批次地攀登台湾地区最高的一座山——海拔4 000多米的玉山,称为"超越巅峰——拥抱玉山"。

明基的核心价值观在于平实务本、追求卓越、关怀社会。平实务本、追求卓越是由高科技行业流动性大、发展速度快的特点决定的,而关怀社会除了有回报社会的想法,更多的是希望员工可以开阔视野、均衡发展,否则每天在一个自我封闭的环境下工作人格会有缺陷。这些对员工产生潜移默化影响的文化就是公司的软性文化。

2001年,明基打造BenQ品牌时,遇到的最大瓶颈不是外部环境,而是企业的内部管理。如何使两三万名员工集结在公司统一的文化之下,是一直困扰公司领导层的问题。于是一只象征着勇往直前的小狮子的形象应运而生。借助于这只小狮子的形象,明基在企业内部发起了"辛巴计划",如文艺复兴运动、健康一把抓、时尚代言人、活力大本营、辛巴小管家等,让员工对明基有了新的认同感。

明基的咖啡文化是又一项别具特色的"耕心运动"。明基有间类似"星巴克"的咖啡厅,内部的空间设计经过了数次改良,不奢华、不落伍,体现公司平实务本的价值观。为了把这种文化与工作融为一体,公司甚至开设了一门课程专门教员工如何喝咖啡。

除此之外,公司在工业园区内建造有足球场、篮球场、桌球室、健身房等,更特地从连云港运来沙子铺设了沙滩排球场。时常进行的排球赛已经成为明基文化的一道风景。明基就是运用这些充满人文关怀的点点滴滴"启动企业与员工之间的心灵契约"。

绩效管理,企业价值最大化

"绩效考核是一个动态的标准,会随着外在环境的变化而变化。绩效考核的主轴要与企业的目标等因素相关联。以往我们使用打分的方法进行绩效管理,这种方法的问题是,我们往往只能记得最近两三个月的情况,过去的几个月差不多都忘记了,因此从1998年起,我们的绩效考核转向注重过程管理。"洪经理边介绍边列出了明基公司新旧绩效管理系统的优劣分析。

绩效过程管理的精髓在于沟通、增加绩效评估的频次。明基对员工的绩效管理每季度进行一次,借助先进的人力资源管理信息系统,考察员工个人业绩指标的完成情况及其与企业目标、企业核心职能、部门核心目标相关联的程度。例如人员招募进公司后有三个月的试用期,试用期满员工要进行答辩,总经理、部门主管及新员工的指定辅导员出席答辩会。答辩有两次机会,第一次没有通过可以再来,第二次还是没有通过的,一般会自动离岗。通过答辩,公司可以非常清楚地认识员工的真实能力。

明基集团绩效管理的全过程可以这样描述:根据集团目标、部门目标制订绩效计划—设定个人业绩目标—期中回顾—过程辅导、监控反馈—年度回顾—年终评定—遗留问题解决与修订—实施激励措施。要完成这样繁复的绩效核定计划,单靠人工进行管理简直不可想象,必须要借助信息化的工具。明基花费了5年时间建立起一套企业人力资源管理信息系统,把人力资源的事务性工作移植到计算机及公司的内部网络上。例如有人出差报销,员工在信息系统上提出报销申请,财务部门审核后,也通过系统将钱划入员工的个人账户,整个过程完全实现电子化无纸办公。

激励机制,满足员工个性需求

每个公司用于激励员工的方法,因其公司规模大小、员工年龄结构和成长类型的不同,而造成较大的差异性。以明基逐鹿软件公司为例,它是明基集团中唯一从事软件产品及咨询服务的公司。因为尚属于成长型企业,所以它将激励机制的重点放在考虑大部分基层员工上,并按照不同年龄段员工所表现出来的不同的需求层次制定相应激励机制。

第一层次的员工(进入公司2年左右)。这一层次的员工中年轻人居多,平均年龄在27岁左右,学历以大学本科为主。他们对提升工作技巧和业务能力的渴求远胜过对物质条件的追求,因此公司要给他们以安全感。安全感分为两种:其一,短期安全。明基通过"个人发展计划"帮助年轻员工完成业绩,有针对性地开展与个人业绩和企业目标紧密挂钩的培训课程。其二,长期安全。创造良好的工作平台,为员工提供成长和锻炼所必需的工作机会,让他们积累经验,提升自身的就业能力,为未来打基础。

第二层次员工(进入公司3年到5年)。正所谓"三年之痒",此时的员工已经具备了一定的业绩和工作能力,开始有结婚、购房、购车等计划,现实的物质需要逐渐浮出水面,成为其第一需求,其次才是进一步充实自己。有的公司采取送员工出去上学,为员工支付学费,然后以签合同的方式来约束、挽留员工。而明基逐鹿则实行岗位轮换制,刺激员工迎接新的挑战,并为员工提供买房津贴、读书津贴等实实在在的资金支持。

第三层次员工(进入公司5年以上)。他们的安全感已经作为基本需求得到满足,此时他们需要得到公司的尊重与认可,希望公司给他们提供舞台,为公司创造更大的价值。近年来,明基公司的发展速度有目共睹,公司内奉行的内部创业机制为每个员工创造了丰富的机会。管理者的态度应该转变,一定要尊重员工、信任员工,给他们以空间和舞台,让他们可以尽情地发挥出各自的主观能动性。

讨论题

(1) 明基是如何打造高效能团队的?提炼出明基凝聚公司员工的几个关键因素。
(2) 如果你是明基销售部的经理,你如何建立和管理销售团队?

自测题

下面这些题目是有关你所在的团队的,请你根据团队的表现与其符合程度,在每一道题目后面最能代表你意见的选项上画圈。每个问题的回答都没有正确与错误之分,根据实际情况填写即可。

你所在的团队	非常不同意	不同意	不确定	同意	非常同意
1. 非常清楚自己的团队目标	1	2	3	4	5
2. 成员打心底互相喜欢	1	2	3	4	5
3. 成员遵从清楚的工作方针和指示	1	2	3	4	5

(续表)

你所在的团队	非常不同意	不同意	不确定	同意	非常同意
4. 成员相处得很好,没有争论	1	2	3	4	5
5. 团队成员不好的绩效表现,会迅速、严格地被处理	1	2	3	4	5
6. 人们经常在工作外进行社交	1	2	3	4	5
7. 团队表现出强烈的求胜心	1	2	3	4	5
8. 人们因为喜欢对方而帮助他	1	2	3	4	5
9. 有机会占据竞争优势时,人们果断地行动	1	2	3	4	5
10. 人们交朋友纯粹是为了友谊,而不是为了其他目的	1	2	3	4	5
11. 有共同的战略目标	1	2	3	4	5
12. 人们会向别人吐露私事	1	2	3	4	5
13. 赏罚分明	1	2	3	4	5
14. 人们建立长期而密切的人际关系——有一天或许会从中获利	1	2	3	4	5
15. 团队要打败的敌人很明确	1	2	3	4	5
16. 人们对其他人的家庭状况很熟悉	1	2	3	4	5
17. 达成目标是唯一重要的事	1	2	3	4	5
18. 当人们离开团队时,同事会保持联络,知道对方过得如何	1	2	3	4	5
19. 人们被鼓励去完成工作,方式不限	1	2	3	4	5
20. 团队成员希望有更多的时间在一起相互交流	1	2	3	4	5
21. 工作职责很分明	1	2	3	4	5
22. 人们相互关照	1	2	3	4	5

参考文献

[1] 〔美〕斯蒂芬·P.罗宾斯著,孙健敏等译:《组织行为学》(第七版),中国人民大学出版社,1997。

[2] 王鹏、高峰强、倪萍、陈高明:"集体效能信念的形成及其对团队努力程度的影响",《西安体育学院学报》,2004年第21期,第103—107页。

[3] 王秀丽、刘电芝:"团队研究的新进展",《河南师范大学学报》,2007年第34期,第94—96页。

[4] 武欣、吴志明:"团队共享心智模型的影响因素与效果",《心理学报》,2005年第37期,第542—549页。

[5] 吴志明、武欣:"知识工作团队中组织公民行为队团队有效性的影响作用研究",《科学与科学技术管理》,2005年第8期,第92—96页。

[6] 张志学、Paul Hempel、韩玉兰、邱静:"高技术工作团队的交互记忆系统及其效

果",《心理学报》,2006 年第 38 期,第 271—280 页。

[7] Blake, R. R., & Mouton, J. S., *The Managerial Grid*. Houston: Gulf Publishing, 1964.

[8] Barrick, M. R., Stewart, G. L., Neubert, M. J. et al., "Relating Member ability and Personality to Work: Team Processes and Team Effectiveness", *Journal of Applied Psychology*,1998,83,377—391.

[9] Berry, B., & Steward, G. L., "Composition, Process, and Performance in Self-Management Team: The Role of Personality", *Journal of Applied Psychology*,1997,82,62—78.

[10] Campion, M. A., Medsker, G. J., & Higgs, A. C., "Relations between Work Group Characteristics and Effectiveness: Implications for Designing Effective Work Groups", *Personnel Psychology*, 1993, 46, 823—847.

[11] Cohen, S. G., "Teams and Teamwork: Future Directions", *Los Angeles:Center for Effective Organizations*, University of Southern California, 1991.

[12] De Dreu, C. K. W., "When Too Little or Too Much Hurts: Evidence for a Curvilinear Relationship between Task Conflict and Innovation in Teams", *Journal of Management*, 2006, 32, 83—107.

[13] De Dreu, C., "Cooperative Outcome Interdependence, Task Reflexivity, and Team Effectiveness: A Motivated Information Processing Perspective", *Journal of Applied Psychology*, 2007, 92(3), 628—638.

[14] Dubnicki, C., & Limburg, W. J., "How do Healthcare Teams Measure Up"? *Healthcare Forum*, 1991, 34, 10—11.

[15] Eden,D., "Pygmalion without Interpersonal Contrast Effects: Whole Groups Gain from Raising Manager Expectations", *Journal of Applied Psychology*, 75, 394—398.

[16] George, J. M, & Bettenhausen, K., "Understanding Prosocial Behavior, Sales Performance, and Turnover: A Group-level Analysis in a Service Context", *Journal of Applied Psychology*, 1990, 75, 698—709.

[17] Gibson, C. B., Zellmer-Bruhn, M. E., & Schwab, D. P., "Team Effectiveness in Multinational Organization; Evaluation across Context", *Group and Organization Management*, 2003, 28, 444—474.

[18] Goodman, P. S., & Leyden, D. P., "Learning and Instruction: Team-skills Training Enhance Familiarity and Group Productivity", *Journal of Applied Psychology*,1991, 76,578—586.

[19] Guzzo,R. A., & Dickson, M. W., "Team Effectiveness in Organization", *Annual Review of Psychology*, 1996, 45, 120—133.

[20] Hu, J., & Liden, R., "Antecedents of Team Potency and Team Effectiveness: An

Examination of Goal and Process Clarity and Servant Leadership", *Journal of Applied Psychology*, 2011, 96(4), 851—862.

[21] Jackson, S. E, May, K. E, & Whitney, K., "Understanding the Dynamics of Diversity in Decision-making Teams", In: Guzzo, R. A, and Salas, E. (eds). *Team Effectiveness and Decision Making in Organizations*. San Francisco: Jossey-Bass, 204—261.

[22] Katzenbach, J. R., & Smith, D. K., *The Wisdom of Teams*. Boston: Harvard Business School Press, 1993.

[23] Katz, R. L., "The Effects of Group Longevity on Project Communication and Performance", *Administrative Science Quarterly*, 1982, 27, 81—104.

[24] Magjuka, R. J., & Baldwin, T. T., "Team-based Employee Involvement Programs: Effects of Design and Administration", *Personnel Psychology*, 1991, 44, 793—812.

[25] Mathieu, J. E., Heffner, T. S., & Goodwin, G. F., et al., "Scaling the Quality of Teammates' Mental Model: Equifinality and Normative Comparisons", *Journal of Organizational Behavior*, 2005, 26, 37—56.

[26] Mathieu, J., Gilson, L., & Ruddy, T., "Empowerment and Team Effectiveness: An empirical Test of an Integrated Model", *Journal of Applied Psychology*, 2006, 91(1), 97—108.

[27] Neuman, G. A., & Wright, J., "Team effectiveness: Beyond Skills and Cognitive Ability", *Journal of Applied Psychology*, 1999, 84(3), 376—389.

[28] Orsburn, J. D., Moran, L., Misselwhite, E., & Zenger, J. H., *Self-directed Work Teams: The New American Challenge*. Homewood, IL: Business One Irwin, 1990.

[29] Podsakoff, P. M., Ahearne, M., & Mackenie, S. B., "Organizational Citizenshuip Behavior and the Quantity and Quality of Work Group Performance", *Journal of Applied Psychology*, 1998, 83, 262—270.

[30] Tounsend, A. M., DeMarie, S. M., & Hendrickson, A. R., "Virtual Teams: Technology and the Workplace of the Future", *Academy of Management Executive*, 1998, 12, 17—29.

[31] Tuckman, B. W., "Development Sequences in Small Groups", *Psychological Bulletin*, 1965, June, 384—399.

[32] Wang, D., Waldman, D., & Zhang, Z., "A Meta-Analysis of Shared Leadership and Team Effectiveness", *Academy of Management Proceedings*, 2013, (1), 11215.

[33] 〔美〕Yukl, G., Leadership in Organizations, 清华大学出版社, 2001。

第十章　领导者与企业文化

本章导读

企业文化是企业获得竞争优势的一个手段,直接影响到企业的绩效、员工的满意度及企业未来的发展,因此也是企业领导者必须关注的重要内容。通过本章的学习,希望读者能够正确理解企业文化的概念和组成,了解企业文化对员工和组织的影响作用。同时,希望读者了解企业文化的维度及测量方法,领导者在企业文化形成与发展过程中所应起的作用,以及在企业文化的塑造过程中,领导者需要注意的几个方面。

开篇案例

生生不息的华为文化

华为成立于1988年。经过30年的艰苦打拼,华为建立了良好的组织体系和技术网络,市场覆盖全国,并延伸到中国香港地区、欧洲、中亚。截至2015年年底,华为员工数量达到17万人,其中研发人员占45%。在发展过程中,华为一直坚持以"爱祖国、爱人民、爱公司"为主导的企业文化,发展民族通信产业,连续3年获得深圳市高科技企业综合排序第一,1995年获得中国电子百强第26名;1996年产值达26亿元,1997年已超过50亿元,1999年达到120亿元左右;2009年,华为在国际金融危机的大背景下仍然保持60%的增长率,营业额超过300亿美元,首次进入世界500强;2017年最新排名显示,华为以785亿美元的营业收入、超过55亿美元的净利润排在世界500强企业的第83位。

目前,华为在大容量数字交换机、商业网、智能网、用户接入网、SDH光传输、无线接入、图像多媒体通信、宽带通信、高频开关电源、监控工程、集成电路等通信领域的相关技术上,形成一系列突破,研制了众多拳头产品。1996年交换机产量达到250万线,1997年达400万线(含出口)。华为的无线通信、智能网设备和SDH光传输系统正在大批量装备我国的通信网。华为不仅在经济领域取得了巨大发展,而且形成了强有力的企业文化。因为华为人深知,文化资源生生不息,在企业物质资源十分有限的情况下,只有靠文化资源,靠精神和文化的力量,才能战胜困难,获得发展。

一、民族文化、政治文化与企业文化

华为人认为,企业文化离不开民族文化与政治文化,中国的政治文化就是社会主义文化,华为把共产党的最高纲领分解为可操作的标准,来约束和发展企业高中层管理者,以高中层管理者的行为带动全体员工的进步。华为管理层在号召员工向雷锋、焦裕禄学习的同时,又奉行决不让"雷锋"吃亏的原则,坚持以物质文明巩固精神文明、以精神文明促进物质文明来形成千百个"雷锋"成长且源远流长的政策。华为把实现先辈的繁荣梦想,民族的振兴希望,时代的革新精神,作为华为人义不容辞的责任,铸造华为人的品格。坚持宏伟抱负的牵引原则、实事求是的科学原则和艰苦奋斗的工作原则,使政治文化、经济文化、民族文化与企业文化融为一体。

二、双重利益驱动

华为人坚持为祖国昌盛、为民族振兴、为家庭幸福而努力奋斗的双重利益驱动原则。这是因为,没有为国家的个人奉献精神,就会变成自私自利的小人。随着现代高科技的发展,决定了必须坚持集体奋斗不自私的人,才能结成一个团结的集体。同样,没有促成自己体面生活的物质欲望,没有以劳动来实现欲望的理想,就会因循守旧,固步自封,进而滋生懒惰。因此,华为提倡欲望驱动,正派手段,使群体形成蓬勃向上、励精图治的风尚。

三、同甘共苦,荣辱与共

团结协作、集体奋斗是华为企业文化之魂。成功是集体努力的结果,失败是集体的责任,不将成绩归于个人,也不把失败视为个人的责任,一切都由集体来共担,"官兵"一律同甘共苦,除了工作上的差异,华为的高层领导不设专车,吃饭、看病一样排队,付同样的费用。在工作和生活中上下平等,不平等的部分已用工资形式体现了。华为无人享受特权,大家同甘共苦,人人平等,集体奋斗,任何个人的利益都必须服从集体的利益,将个人努力融入集体奋斗之中。自强不息、荣辱与共、胜则举杯同庆、败则拼死相救的团结协作精神,在华为得到了充分体现。

四、"华为基本法"

从1996年年初开始,公司开展了"华为基本法"的起草活动。"华为基本法"总结、提升了公司成功的管理经验,确定华为二次创业的观念、战略、方针和基本政策,构筑公司未来发展的宏伟架构。华为人依照国际标准建设公司管理系统,不遗余力地进行人力资源的开发与利用,强化内部管理,致力于制度创新,优化公司形象,极力拓展市场,建立具有华为特色的"以客户为中心,以奋斗者为本"的企业文化。

在中国探讨企业文化问题,不得不讲的一个案例就是华为的企业文化。华为之所以能够取得辉煌的业绩,与其强势企业文化的建立密不可分。在知识经济时代,企业文化已经成为众多企业获得竞争优势的一个重要手段。然而,很多人并没有对企业文化有一个非常全面和系统的认识。本章将着重探讨企业文化的概念、测量方法,以及

如何塑造企业文化等问题,其中尤其重要的一部分内容是领导者在企业文化建设过程中的作用。

第一节　企业文化概述

每个组织都有自己的文化,由于其强度不同,会对组织成员的态度和企业的绩效产生不同的影响。强势的企业文化,能够使组织成员清楚地明白在这个组织中应该"如何为人,怎样做事"。那么,什么是企业文化呢?对企业文化正确的定义是更好地了解这一现象的前提。

企业文化的定义

企业文化由两个词组成,一个是企业,另一个是文化。首先,企业,或称组织,是指一个有意识协调在一起的社会单元,由两个以上的人组成,在一个相对连续的基础上运作,以达到共同的一个或一系列目标(罗宾斯,1997)。

我们从这一概念中可以知道,对于一个组织来讲,非常重要的是一个或一系列目标。这是组织赖以生存的基础。

那么,什么是文化呢?文化是指一个群体世代相传的本质特征。根据《美国传统词典》,文化被定义为"人类群体或民族世代相传的行为模式、艺术、宗教信仰、群体组织和其他一切人类生产活动、思维活动的本质特征的总和"。这个定义中包含两个特别重要的方面,一方面,文化是指一群人的"本质特征"。也就是用一句话、一件事情、几个形容词,能够把一群人的特点很好地形容或概括出来,能够反映出这群人最本质的特点。这就是文化最核心的内容。另一方面,文化是世代相传的。如中国的文化是祖祖辈辈都有的,我们现在有的文化是从上一代继承下来的,而且还要传递给下一代。这种固化下来的并一代一代传下去的东西就叫作文化。

企业文化也是一样,是指能够反映某一企业员工的行为模式、思维习惯,以及价值观念的最本质的特征。企业文化起源于美国学者对日本企业特点的研究结果。

20世纪80年代,日本经济持续多年的高速增长引起了全世界的瞩目,而支撑经济增长的关键是企业的竞争力。因此,在日本经济高速增长时期,日本企业的国际竞争力迅速提高,80年代初,日本企业大量进入美国市场,抢走了美国企业在本土的市场份额。为了迎接日本企业的挑战,美国企业界开始研究日本企业的管理方式。企业文化理论就是这些研究的一项重大成果。最早提出企业文化概念的人是美国的管理学家威廉·大内(William Ouchi)。他于1981年出版了自己对日本企业的研究成果,书名为《Z理论——美国企业如何迎接日本的挑战》(*Theory Z: How American Business Meet the Japanese Challenge*)。在这本书里,他提出,日本企业成功的关键因素是它们独特的企业文化。这一观点引起了管理学界的广泛重视,吸引了更多的人从事企业文化的研究。在随后的两年时间里,美国又连续出版了三本企业文化的专著,连同大内的著作一并构成了所谓的"企业文化新潮四重奏"。其中尤以托马斯·彼得斯(Thomas Peters)和罗伯特·沃特曼(Robert Waterman)1982年出版的《追求卓越》(In Search of Excellence)一书,更是企业文化系统研究的标志性著作。

那么,究竟如何定义企业文化呢?广义上讲,企业文化是在从事经济活动的组织之中形成的文化。它所包含的价值观念、行为准则等意识形态和物质形态的内容均为该组织成员所共同认可。在这里我们采用Schein(1992)对企业文化的定义,企业文化是指"一个团体在适应外部环境与内部整合的过程中,习得的一套价值观、行为模式和基本信念,团体的新成员以此作为了解、感知、思考相关问题的基础"。简单地来讲,企业文化就是企业共享的核心价值观。

企业文化的特征

从以上定义,以及中国企业文化的实践和国外企业文化的发展历程来看,一个企业的企业文化要经过长期的培育才能形成并完善。同时,每个成功的企业都有自身独特的企业文化特点。结合21世纪国内外的发展趋势,企业文化具有以下普遍性特征:

社会性

每个企业都处于社会之中,社会文化无时不在对企业产生重要影响。社会意识形态、社会价值观念、社会行为准则、社会文化心理、社会人际关系、社会道德规范等,无不影响着企业。例如,中国政府最近几年高度重视自主创新能力建设,确立了建设创新型国家的发展战略,并不断完善知识产权制度,加大保护知识产权力度。在这一形式的影响下,海尔等很多企业进一步完善和加强了企业创新文化的建设。

民族性

不同的民族文化氛围中,必然产生不同特点的企业文化。民族由于其生存和发展的具体条件不同,具有自己独特的文化、风俗习惯、生活方式、价值观念等,并构成了本民族的特质和内涵。而企业文化总是建立在特定的民族文化上的,传统文化不同,企业文化也不一样。例如,日本的企业之所以有深厚的忠诚文化,员工经常主动地奉献和忠诚于企业,一个非常重要的因素是日本文化中一直存在"忠"的文化。

融合性

企业文化的融合性,是指随着21世纪已形成的世界市场和发达的交通以及大众传播媒介的普及,不同地区、不同民族的企业文化都呈互相开放、互相交流、互相引进、互相吸取的发展趋势,通过融合不同的文化,以实现优势互补、合作双赢。经济全球化导致竞争的内涵发生变化,竞争中的合作使企业必须不断融合多元文化。同时,经济全球化也为企业文化的融合铺平了道路,让身处这个时代的企业成为跨文化的人类群体组织。例如,在20世纪90年代以前,日本企业很少有裁员的现象发生,企业雇用员工都是终身制的。而现在,面临全球化的竞争,很多日本的企业也不得不采用与西方企业同样的发展战略,即通过"减员"达到"增效"的目的。

人本性

企业文化的人本性,是指人是企业的主体,企业文化最直接、最重要的功能是对人的价值观、精神、道德等的引导和控制。企业文化是以企业管理哲学和企业精神为核心,凝聚企业员工归属感、积极性和创造性的人本管理理论。企业文化的重要特点是重视人的价值,正确认识员工在企业中的地位和作用,激发员工的整体意识,从根本上调动员工的积极性和创造性。企业文化所营造的积极向上的思想观念及行为准则,可以形成强烈的使命感和持久的驱动力。这也正是日本企业与欧美企业不同的地方。美国企业最看重的是战略、技术和制度,而日本企业最重视的是人的管理。

过程性

企业文化的过程性,是指企业文化不是快速形成的,而是随着企业的生产经营活动的发展,经过企业领导者和员工不断培育逐步形成的,有一个形成过程。有人说,企业文化就是"老板"的文化,这与企业文化的"过程性"是相违背的。企业缔造者,或某一时期的主要领导者固然对企业的发展起到重要的引导作用,但"老板"的很多想法并不必然形成企业的文化和特点。只有这些想法经过了实践的检验,给企业适应环境带来了好处,并在相当长的一段时间内,对企业的发展非常重要,才逐渐形成了企业文化。从另一个角度来讲,一个组织的发展,尤其是一个老的组织,必然经过几任领导者,这些领导者的想法并不必然都会形成该组织的文化。实际上,企业文化过程性的特征与下面"渗透性"的特征密切相关。

渗透性

企业文化的渗透性,是指企业文化的发展过程,既是一个普遍性的进化过程,又是作用于企业方方面面的渗透过程。

自觉性

企业文化的自觉性,是指企业文化是在企业主体高度自觉的努力下形成的,是企业自觉的自我意识所构成的文化体系。企业文化从无到有的过程就是企业文化的自觉性的建立及其表现过程。

实践性

企业文化不同于一般的文化,不单纯是为了总结或研究,也不是自然形成的,而在于指导实践,运用于实践,将企业文化贯穿于企业的管理、制度建立、标识、产品、形象设计。

传统性

企业文化的传统,是指企业文化中的体系要素来自历史的、长期稳定的东西,而这些仍在各种群体中起作用的东西,形成了企业文化的传统。

创造性

企业文化的创造性,是指企业文化在发展过程中,必然会消除消极传统,否定落后传统,肯定积极传统,继承进步传统,使企业文化的发展适应时代和企业的要求。在信息化背景下,创新的作用得到空前强化,并升华成一种社会主题。创新变成了企业的生命源泉,在剧烈变动的时代,成功者往往是那些突破传统游戏规则、敢于大胆创新、不畏风险的人,敢于改变游戏规则的人也就是在思维模式上能迅速改变的人。

企业文化的构成

企业文化是一个企业团队在经营过程中体现出来的一种特点,由物质层、制度层和精神层三个层面的要素构成。

物质层

这是企业文化的表层部分,它是企业创造的物质文化,是形成企业文化精神层和制度层的条件。物质层往往能折射出企业的经营理念、核心价值观及工作作风等。它主要包括下述几个方面:

(1) 英雄人物。一个企业的英雄人物是企业为了宣传和贯彻自己的价值系统而为企业员工树立的可以直接仿效和学习的榜样,是企业价值观的人格化体现,更是企业形象的象征。许多优秀的企业都十分重视树立能体现企业价值观的英雄模范人物,通过这些英雄人物向其他员工宣传企业所提倡和鼓励的价值观念。

英雄通常有两种类型:第一类是和公司一起诞生的"共生英雄",也叫创业式英雄,指那种创办企业的英雄。共生英雄在数量上很少,多数是公司的缔造者。他们往往有一段艰难的经历,但面对困难仍然有抱负、有理想,并终于把公司创办起来。第二种类型的英雄,是企业在特定的环境中精心地塑造出来的,被称为"情势英雄"。共生英雄对企业的影响是长期的、偏重于精神层面的,可为全体员工照亮征途,而情势英雄对企业的影响是短期的(多则几年、少则几个月甚至几天)、具体的,以日常工作中的成功事例来鼓舞企业员工。

(2) 典范事例。企业文化的理念大都比较抽象,因此,企业领导者需要把这些理念变成生动活泼的故事,并进行宣传。企业流传的故事往往很生动、很形象、传播效果好,是企业文化落地的"生力军"。企业要精心准备自己的各种理念的故事,这些故事必须真实、经典、典型、具有持久价值。事实证明,人类的推理过程在很大程度上借助于范例故事,而不是大量数据资料。

下面的事例足以说明这个道理:有一次,麦当劳的创始人雷·克罗克(Ray Kroc)访问温尼佩格的麦当劳餐厅时,发现了一只苍蝇,仅仅是一只苍蝇,可是它破坏了"质量、服务、清洁和物有所值"的理念。两个星期后,温尼佩格的那家餐厅老板的特许代理权被吊销了。在这件事流传开之后,绝大多数麦当劳快餐店都拼命消灭苍蝇,想出各种近乎神奇的办法保持餐厅里没有一只苍蝇。这就是典范事例的效用。

(3) 仪式典仪。仪式指的是表达并强化组织中核心价值观的一组重复性活动。仪式并不完全是自生自灭的东西,而是企业价值观的体现。它们的形成离不开企业领导的自觉提倡,也离不开反复执行、历代相传、积久而成的自发力量。仪式给全体员工施加普遍的影响,使他们的语言文字、公共礼节、行为交往、会议进程等都规范化,从而把企业的价值观、信仰、英雄形象等灌输给每一个人,深深地印入全体员工的脑海中。

华尔连锁店是美国最大的零售店之一,拥有约万名员工。该公司的销售额曾一度从数万美元突飞猛进至数亿美元,它成功的秘诀是什么呢? 公司的创办人华顿提出的口号是"我们关心我们的员工",正是其成功的秘诀。华顿的经理办公室大部分时间都空着,因为华顿及经理们把大部分时间都花在各个州的华尔连锁店里,华顿本人每年都巡视每个连锁店,和员工促膝交谈。为了激励员工,在每星期六上午7点半召开的例行管理会议上,华顿都会大吼:"谁是全国第一家?"与会的每个人都吼着:"华尔连锁店!"事实证明,这种方法确实很起作用。华尔连锁店因此越办越红火,进而遍布世界各地。

(4) 文化网络。文化网络是指企业文化信息传递的主要路径,是公司价值观和英雄事迹的"载体",是传播公司文化的渠道。文化网络是组织中基本的沟通方式,既包括公司正式的信息传播渠道,也包括公司内部以故事、小道消息、机密、猜测等形式来传播消息的非正式渠道。有效地运用公司的文化网络,既可以处理公司事务及了解公司实情,又可以传播公司文化。由文化网络传递出的信息往往能反映事物发生的真正原因及其背景,也可能是非真实性的原因和背景,很多非正式的渠道所传播的信息,可能已经被加工、扩大,或者部分信息损失了。文化网络的多元化,可以相互验证其信息的真实性,也有利于公司文化的传播和沟通渠道的畅通。

企业文化网络可以分为正式性的文化网络和非正式性的文化网络,其中正式性的文化网络又可以分为企业正式组织网络和企业文化建设网络。企业正式组织网络主要是企业管理所需的组织结构,是企业进行信息传递和管理的必须,在企业文化传播上也起到重要的主渠道作用;企业文化建设网络是企业为了建设企业文化所形成的自上而下和自下而上相结合的网络。在我国,企业文化建设部门除了企业的正式行政组织,还有党政工团一套系统,其主要功能就是进行思想政治教育,其中企业文化建设的很多工作都是由这一系统来完成的,是将党的思想政治工作与企业文化建设融为一体,来推动企业整体素质的提高。

非正式性的文化网络,是通过非正式性的组织,运用非正式的文化信息传播方式,来传播企业文化及其内容。非正规的信息传播渠道常常与非正式的组织结合在一起,交流传递非正式的文化信息,而不用以传递官方信息。企业中非正式组织的存在,与人们同时扮演着多重社会角色有着密切联系。从企业岗位制度看,每一个人只能在一定的工作岗位上扮演一个角色,但是几乎所有人同时又都在扮演另一个或几个角色。那些形形色色的角色在企业正式组织结构和体制之外,构成一个隐形的文化网络,这就是非正式性的企业网络。

制度层

人们经常谈到的一个问题是"企业文化如何落地",从大量的实践中,我们发现,要使企业文化能够真正落地、确实对企业的发展起到作用,非常重要的一个手段就是企业制度的完善。只有依靠制度,才能真正引导和塑造员工的行为,进而形成共同的价值观。企业制度包括以下三方面:

(1)一般制度。一般制度是指企业中存在的一些带普遍意义的工作制度和管理制度,以及各种责任制度。这些制度包括计划制度、劳资人事制度、生产供应管理制度、服务管理制度、技术工作及技术管理制度、设备管理制度、劳动管理制度、物资供应管理制度、产品销售制度、财务管理制度、生活福利工作管理制度、奖励惩罚制度、岗位责任制度等。这些成文的制度与约定,对企业员工的行为起着约束的作用,保证员工能够分工协作,企业井然有序、高效地运转。

(2)特殊制度。特殊制度主要是指企业的非程序化制度,如员工评价干部制度、总结表彰会制度、干部员工平等对话制度、企业成立周年庆典制度等。与工作制度、管理制度及责任制度等一般制度相比,特殊制度更能反映一个企业的管理特点和文化特色。有良好企业文化的企业,必然有多种多样的特殊制度;企业文化贫乏的企业,往往忽视特殊制度的建设。

(3)企业规范。企业规范是处理相互关系的规章制度,是职工的行业标准。包含企业与上级组织、下级组织、管理当局、业主、承包商、地方政府和其他单位行为关系的一般准则;企业内部各级组织与职工关系的准则;职工之间关系的一般行为准则,也就是职业道德规范。

精神层

精神层文化主要是指企业的领导者和员工共同信守的基本信念、价值标准、职业道德及精神面貌。精神层是企业文化的核心和灵魂,是形成物质层和制度层的基础和原因。企业文化中有无精神层是衡量一个企业是否形成了自己的企业文化的标准。企业文化精神层包括以下六个方面:

(1)企业使命。企业使命是指企业存在的意义和价值,及其作为经济单位对社会的承诺。也就是企业对为什么存在,以及存在的意义是什么等问题的回答。作为从事生产、流通、服务活动的经济单位,企业对内、对外都承担着义务。对内,企业要保证自身的生存和发展,使员工得到基本的生活保障并不断改善他们的生活,帮助员工实现人生价值;对外,企业要生产出合格的产品,提供优质的服务,满足消费者的需要,从而为社会的物质文明和精神文明进步做出贡献。

(2)企业愿景。企业愿景是企业全体员工共同追求的、在未来的一段时间内可以实现的目标及前景规划。有了明确的愿景就可以充分发动企业的各级组织和员工,增强他们的积极性、主动性和创造性,使广大员工将自己的岗位工作与企业愿景联系起来,把企业的生产经营发展转化为每一位员工的具体责任。因此,企业愿景是全体员工凝聚力的焦点,是企业共同价值观的集中表现,也是企业对员工进行考核和实施奖惩的主要依据。企业的最高目标又反映了企业领导者和员工的追求层次与理想抱负,是企业文化建设的出发点和归宿。长期目标的设置是防止短期行为、促进企业健康发展的有效保证。

(3) 管理理念。企业的管理理念又被称为经营哲学,是企业领导者为实现企业目标而贯穿在生产经营管理活动中的基本信念,是企业领导者对企业长远发展目标、生产经营方针、发展战略和策略的哲学思考。企业管理理念是处理企业生产经营过程中发生的一切问题的基本指导思想和依据,只有以正确的企业哲学为先导,企业的资金、人员、设备、信息等资源才能真正发挥效力。企业管理理念的形成首先是由企业所处的社会制度及周围环境等客观因素决定的,同时也受企业领导者的思想方法、政策水平、科学素质、实践经验、工作作风及性格等主观因素的影响。管理理念是企业在长期的生产经营活动中自觉形成的,并为全体员工所认可和接受,具有相对稳定性。

(4) 企业精神。企业精神是企业有意识地提倡、培养员工群体的优良精神风貌,是对企业现在的观念意识、传统习惯、行为方式中的积极因素进行总结、提炼及倡导的结果,是全体员工有意识地实践所体现出来的。因此,企业文化是企业精神的源泉,企业精神则是企业文化发展到一定阶段的产物。

(5) 企业作风。企业作风是指企业及其员工在生产经营活动中逐步形成的一种带有普遍性的、重复出现且相对稳定的行为和心理状态,是影响整个企业生活的重要因素。企业作风一般包括两层含义:一是指许多企业共有的良好风气,如团结友爱之风、开拓进取之风、艰苦创业之风等;二是指一个企业区别于其他企业的独特风气,即在一个企业的诸多风气中最具特色、最突出和最典型的某些作风,它体现在企业活动的方方面面,形成全体员工特有的活动方式,构成该企业的个性特点。

企业作风是约定俗成的行为规范,是企业文化在员工的思想作风、传统习惯、工作方式、生活方式等方面的综合反映。企业作风一旦形成就会在企业中造成一定的气氛,并形成企业员工群体的心理定势,导致多数员工一致的态度和共同的行为方式,因而成为影响全体员工的无形的巨大力量。

(6) 企业核心价值观。企业价值观是指企业在追求经营成功过程中所推崇的基本信念和奉行的价值观。企业价值观是企业全体或多数员工一致赞同的关于企业意义的终极判断,是一种企业人格化的产物。企业核心价值观作为企业人的共同信念,为企业生存和发展提供了基本的方向和行动指南,是不能妥协的固化的行为,是企业处在灰色地带时的指引,以及企业面临不确定性时达成内部一致性的依据。

企业文化的功能

企业文化是企业腾飞的动力。日本人在20世纪60年代开始以汽车业、半导体业为主,全面进入美国市场。不只是产品,很多制造企业也进入美国,对美国企业造成了很大的冲击。美国人开始分析和研究日本为什么能够在第二次世界大战后短短的时间内,企业能够做得这么好,发展得这么快。

日本学者及从事企业管理实践的人士认为,企业要想发展靠两个方面:一个是先进的科学技术,另一个就是卓越的企业文化建设。

具体来说,企业文化通过对员工的影响,在组织中具有多种功能,可以成为企业的竞争优势(Barney,1986)。

(1) 导向功能。它指明企业的发展方向,把企业员工引导到企业所确定的目标上来。企业提倡什么,崇尚什么,员工的注意力必然转向什么,企业文化越强有力,越用不着巨细无遗的规章制度。

(2) 提升功能。先进的文化理念可提高企业形象的美感度,增加品牌的附加值。万宝路的文化比登喜路明显高出一筹,万宝路立意于一种人格力量和一种人类审美的局面,而登喜路仅仅着眼于烟的口味,故而万宝路的形象价值是登喜路的几十倍。

(3) 凝聚功能。被员工认同的企业文化,如同一面大旗,使员工自觉簇拥其周围,并吸引后者跟入,同时对企业合作伙伴和消费者产生吸引力。

(4) 激励功能。崇高的文化会产生一种巨大的推力,让企业职工有盼头,有奔头,让企业外部的合作者产生合作的动力,对消费者激发其信心。

(5) 稳定功能。正确的文化存在一种同化力量,对一些消极的"亚理念"起着削弱、改造的功能,从而使正确理念"一统天下",企业处于有序状态,以利平稳而有力地运行。

国内外学者通过实证研究的方法,深入探究了企业文化对企业经营业绩及员工对组织态度的影响作用。Kotter 和 Heskett(1992)总结了他们在 1987—1991 年间对 200 多家公司的企业文化和经营状况的深入研究,并通过对一些世界著名企业成功与失败案例的分析,说明了企业文化对企业长期经营业绩有着重要的影响,"企业文化(特别是当它的力量十分雄厚时)会产生极其强有力的经营业绩。无论是对付企业的竞争对手,还是为本企业消费者提供服务,它都能促使企业采取快捷而协调的行为方式,也能引导掌握知识在欢声笑语中跨越经营的险滩"。从表 10-1 中可以看出,具有强势企业文化的企业,在企业纯收入增长、股票价格增长等方面,都比那些具有弱势文化的企业要多得多。

表 10-1 企业文化与企业经营业绩 单位:%

企业分类/业绩指标	强势企业文化	弱势企业文化
总收入平均增长	682	166
企业员工增长	282	36
公司股票价格增长	901	74
公司纯收入增长	756	1

资料来源:Kotter, J. P., & Heskett, J. L., *Corporate Culture and Performance*. New York: Free Press, 1992。

中国的学者近年来也开始实证性地研究企业文化对中国企业经营业绩的影响作用,一项对来自 100 多家企业的研究结果表明(王辉等,2006),具有强势企业文化的企业,其绩效、员工感受到的组织支持、员工的组织承诺水平比其他类型的企业要高,而员工的离职意向要低(见表10-2)。王辉等人这项研究的另外一个有意思的结论是,企业文化比企业所有制类型更能预测企业的绩效和员工满意度。中国企业现在通常是以国有、民营、合资/独资来划分的,而研究结果发现,这三种类型的企业在企业绩效、员工对企业的态度(组织支持感、组织承诺及离职意向)方面没有显著的差异(私营企业相对于国有企业员工的离职意向会高一些),而企业文化类型却可以对这些结果变量有显著的预测作用。拥有强势企业文化的企业明显优于具有弱势文化的企业。

表10-2 企业文化、企业绩效与员工态度

变量	企业绩效	组织支持	组织承诺	离职意向
控制变量(ΔR^2)	0.02	0.02	0.03	0.02
企业所用制类型				
外资企业	0.04	0.20*	0.15	-0.21*
私营企业	0.10*	0.00	0.07	0.22**
企业文化类型				
强势文化	0.62***	0.55***	0.58***	-0.43***
市场导向文化	0.31***	0.15*	0.30***	-0.36***
成长型文化	0.31***	0.57***	0.67***	-0.54***
模型的F值	9.24***	5.35***	7.36***	4.34***

注:*、**和***分别代表在10%、5%和1%的水平上显著。

资料来源:王辉、忻榕、徐淑英,"影响企业绩效:组织文化比所有制更重要",《哈佛商业评论》,2006年第7期,第32—35页。

企业文化的束缚作用

上面列举的企业文化的功能都对组织和员工具有正向的影响作用,企业文化有助于提高企业绩效、提升员工组织承诺、降低员工离职意向等。实际上,应该以辩证的观点看企业文化,也就是说,企业文化对企业并不是有百利而无一害的。我们应该看到,作为一种客观存在,企业文化尤其是强势企业文化对组织有效性存在潜在的负面作用。

变革的障碍

企业的生存和竞争环境是不断变化的,当组织面对相对稳定的环境时,行为的一致性对组织很有价值。但它却可能束缚组织的手脚,使组织难以应付变幻莫测的环境。当组织正在经历迅速的变革时,当组织的共同价值观与进一步提高效率的要求不相符合时,根深蒂固的企业文化可能就成了束缚。

多元化的障碍

当企业新招聘员工时,由于种族、性别、价值观等差异的存在,新聘员工与组织中大

多数成员不一样,这就产生了矛盾。管理人员希望新成员能够接受组织的核心价值观,否则,这些新成员就难以适应或被组织接受。但同时,管理人员又想公开地认可并支持这些员工带来的差异。强势的企业文化限制了组织可以接受的价值观与生活方式的范围。而组织雇用各具特色的个体,是因为他们能给组织带来多种选择上的优势。但当员工处于强势文化的作用下,试图去适应文化的要求时,这种行为与优势的多样化就丧失了。因此,如果强势文化大大削减了不同背景的人带到组织中的独特优势,它就成了组织的束缚。

兼并和收购的障碍

近年来,企业文化的相容性成了管理人员在进行兼并或收购决策时所考虑的关键因素。管理人员除了考虑收购对象在财务和生产方面是否有利可图,很重要的一点是考虑收购对象与本公司的文化能否相容。很多兼并后的企业,由于价值观念、行为模式的不同,最终导致了分裂,使并购成为失败。这方面的教训也应该引起企业领导者的注意。

第二节　企业文化的维度与测量

长期以来,企业文化被认为是企业整合内部流程和适应外部环境的重要手段(Denison & Mishra, 1995; Schein, 1990)。与西方关于企业文化的大量研究文献相比,中国的学者及从事实践的人对中国企业的企业文化了解却相对较少(Xin et al., 2002;黎伟,2005)。中国企业正经历着一场根本性的变革:不得不面对国内重大经济变革的挑战和来自国际企业的竞争。国有企业改革的不断深入,民营企业不断发展壮大,外资企业也纷纷进入中国,中国的企业日益面临全球化的竞争。在这一变革时期,很多已经固化的行为模式会被打破(Romanelli & Tushman,1994)。那么,在转型式经济背景下,中国企业的企业文化,其实质到底是什么呢?是否存在具有概括性的企业文化的本质特征?不同所有制企业之间的企业文化有什么差异?

在这一节中,我们重点介绍中国企业的企业文化维度的研究现状,并将中国的企业文化维度与西方企业文化维度进行比较,探索中国转型式经济环境下企业特有的文化维度。

企业文化被定义为"一种基本的行为模式"和"价值观"(Peters & Waterman, 1982)或"信仰"和"行为准则"(Pettigrew,1979)。Schein(1990)认为企业文化是"在一定的社会经济条件下通过社会实践所形成的并为全体成员遵循的共同意识、价值观念、职业道德、行为规范和准则的总和",是一个企业或一个组织在自身发展过程中形成的以价值观念为核心的独特的文化管理模式。那么,如何确认或测量一个企业核心价值观的类型和强弱呢?

西方企业文化测量与维度研究现状

许多学者已经提出了不同的企业文化测量工具和维度。张勉和张德(2004)、马力等(2005)分别对现有的企业文化测量研究文献进行了述评。从组织层面看,主要有三种常见的企业文化测量工具。

(1) Quinn 和 Cameron(1988)提出的组织文化评价量表(organization cultural assessment instrument, OCAI)。这一量表基于竞争性价值模型(competing value framework, CVF)。CVF 模型有两个主要的成对维度(灵活性—稳定性以及内部导向—外部导向)。

(2) Denison 和 Mishra(1995)提出的组织文化测量模型(denison organization culture survey, DOCS)。这一模型也是基于 CVF 开发出来的测量工具。不同于 OCAI 的是,DOCS 是运用扎根理论(grounded theory)研究方法通过定性研究构建出来的一个能够描述有效组织的文化特质理论模型(theoretical model of culture traits, TMCT)。该测量模型由四种特质组成,四种特质又由 12 个子维度构成:创造改变、关注客户、组织学习(适应性特质的子维度);战略方向、目标、愿景(使命感的子维度);协调与整合、一致共识、核心价值观(一致性的子维度);授权、团队导向、能力发展(相容性的子维度)。

(3) Hofstede(1991)提出的多维度组织文化模型(multidimensional model of organization culture, MMOC)。Hofstede (1991)认为,企业文化由价值观和实践两个部分构成,其中价值观部分由三个独立的维度组成(安全需要、以工作为中心、权力需要),实践部分由六个独立的成对维度组织(过程导向—结果导向、员工导向—工作导向、本地化—专业化、开放系统—封闭系统、松散控制—严密控制、标准化—实用化)。Hofstede 的研究进一步指出,不同组织之间的文化差异主要通过实践部分的六个维度来显示,实际应用中应该更多关注企业文化实践部分的六个维度。

从个体层面看,常见的企业文化量表为 O'Reilly 等(1991)开发出来的"组织文化全貌"(organization culture profile, OCP)量表。O'Reilly 等(1991)通过广泛的文献回顾确认出 54 种价值陈述并对其采用 Q 分类(Q-sort)方法研究,从而发展了 OCP 量表。完整的 OCP 量表由 54 个测量项目构成,共 7 个独立的维度:创新、业绩导向、对人的尊重、团队导向、稳定性、进取心和注重细节。

中国企业文化测量与维度的研究

赵琼(2001)在介绍国外企业文化研究进展时发现,与国外企业文化研究的迅猛发展相比,中国的企业文化研究还停留在粗浅的阶段,虽然也有一些关于企业文化的研究,但是大多数是以介绍和探讨企业文化的意义及企业文化与社会文化、企业创新等的辩证关系为主,真正有理论根据的定性研究和规范的实证研究为数甚少。

金思宇(2002)在研判中国企业文化建设现状时也指出,我国对企业文化的理论研究方兴未艾,研究方法已经开始从定性描述转向定量分析,从案例分析转向各种实证模型的建立;研究范围从宏观环境转向微观组织,从国有独资及国有控股企业扩展到非公有经济实体甚至虚拟企业的企业文化;研究对象从对企业内个体研究转变为对员工整体的研究,从单纯的研究企业形象开始深入到研究企业审美文化和"知识资本"的人才要素等。但总体上说研究结构的多,制度的少;研究硬性的多,软性的少;阐述概念的多,实证研究的少,而且研究的系统性、层次性、可操作性不强。中国学者对企业文化的严谨的实证研究还非常少,现有的定量研究大多集中于如何评价企业文化,通常采用模糊评价法,建立一套基于诊断和评价企业文化的指标体系(如杨政,1999;叶飞和陈春花,2000;王永友等,2004;董发鹏,王宁,2005;杨克磊和高婷,2005)。

具体而言,现在缺乏对中国企业进行的系统研究,如企业文化的维度、企业文化的类型,以及这些维度与类型对工作结果影响的研究。

郑伯埙(1990)在沙因(Schein)企业文化研究成果的基础上,通过考察中国台湾地区企业企业文化的特征,构建了 VOCS(values in organizational culture scale)量表,共分为九个维度:科学求真、顾客取向、卓越创新、甘苦与共、团队精神、正直诚信、绩效导向、社会责任和敦亲睦邻。通过将其研究结果与 Peters 和 Waterman(1982)的发现比较,郑伯埙辨认出四个独有的维度:正直诚实、社会责任、绩效导向和敦亲睦邻,这4个维度是台湾地区企业所特有的。

除了郑伯埙(1990)对台湾地区企业企业文化的研究,研究者对中国企业文化的研究兴趣大多集中在国有企业上。如马华维(2001)就对中国一家典型国有大型电力公司作为研究对象,得出国有企业员工所具有的传统价值观念主要为忠孝仁和、重义轻利,企业文化实践方面的维度为工作倾向、实效性、结构化、沟通度、客户导向、集权化等六个维度。显然,这一结果在四个方面和 Hofstede(1991)的六个维度(过程导向—结果导向、员工导向—工作导向、本地化—专业化、开放系统—封闭系统、松散控制—严密控制、标准化—实用化)有很强的相似性,而在集权化、客户导向与 Hofstede(1991)六维度中的"过程导向—结果导向""本地化—专业化"有所区别。

相比之下,Xin 等(2002)的研究则更具创新性。他们通过开放式定性调查和焦点小组讨论的研究方法,辨认出中国国有企业文化的10个维度,其中六个维度(员工发展、和谐、领导行为、实用主义、员工贡献和公平奖惩)与内部整合功能相关,另外四个维度(业绩导向、顾客导向、未来导向和创新)与外部适应功能相关。其中部分维度与西方的框架相似,而其他一些维度则是中国企业所特有的,如顾客导向、公平奖惩、员工贡献、未来导向、领导行为等。

刘理晖和张德(2007)则通过对六家大型国有企业的质性分析,从两个角度将组织文化氛围定义为12个要素,并在252个企业中进行模型验证。第一个角度是组织对利益相关者的价值判断,有四个组织文化要素与其相关,分别是长期—短期导向、道德—利益导向、客户—自我导向和员工成长—工具导向。第二个角度是组织对管理行为的价值判断,有八个文化要素与其相关,分别是学习—经验导向、创新—保守导向、结果—过程导向、竞争—合作导向、制度—领导权威、集体—个人导向、沟通开放性—封闭性和关系—工作导向。研究者进一步将这八个要素用两个维度四个象限进行划分,分别是关注平衡—关注发展和关注组织—关注人,四个象限分别代表动力特性、效率特性、秩序特性和和谐特性四种不同的特性,具体如图10-1所示。

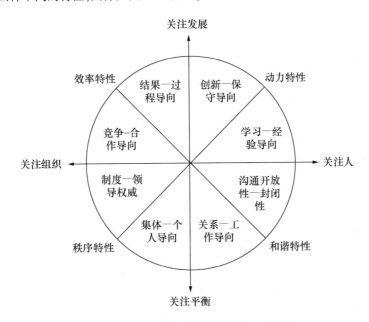

图10-1 组织对管理行为的价值判断模型

资料来源:刘理晖、张德,"组织文化度量:本土模型的构建与实证研究",《南开管理评论》,2007年第10卷第2期,第19—24页。

为了比较国有企业两代工人在价值观上的差异,Liu(2003)在访问和调查的基础上发展了一个文化价值观的框架,由八个因子构成:等级(hierarchy)、家庭(family)、平等(equality)、官僚(bureaucracy)、和谐(harmony)、安全感(security)、忠诚(loyalty)、稳定性(stability)。其中,两代员工共有的价值观因素有等级、家庭、平等,而年长员工更关注的价值观维度有官僚、和谐、安全感、忠诚和稳定性。

与Liu(2003)的研究类似,黎伟(2005)通过文献调查和问卷调查方法,对计划经济体制和市场经济体制下国有企业企业文化要素进行了区分和比较,归纳出市场经济体制下国有企业企业文化的43项要素,并将这些要素分为影响外部适应性的要素和影响内部整合性的要素两类(见表10-3)。

表 10-3　市场经济体制下国有企业企业文化的构成要素

分　类	要　素
外部适应	市场导向、以质量为中心、精益求精、勇于创新、有长远战略和目标、承担社会责任、社会效益和经济效益并重、振兴民族产业、政府导向、高速发展、大众思维、企业形象、企业家形象、法律意识、快速变化、适应环境
内部整合	团队精神、公平导向、平均主义、责任明确、组织精简、思想政治工作、企业公民精神、物质利益导向、家长式领导、发展式领导、制度管理、人治管理、提倡奉献、职业道德精神、积极向上、参与管理、关心员工、学习风气、业绩导向、以人为本、员工发展、等级森严、人格平等、集体主义、忠诚感、领导魅力、人情味

资料来源：黎伟，"转型经济中的国有企业组织文化变革研究"，《经济体制改革》2005 年第 2 期，第 59—62 页。

与上述文献对国有企业的关注不同，孙海法等(2004)把目光投向了民营企业。他们采用定性和定量相结合的方法，对民营企业文化的价值观维度进行了探索，得到了 12 个企业文化价值观维度，其中外部适应维度有七个：追求卓越、社会责任、顾客导向、变革创新、诚信经营、重视人才、持续发展；内部整合维度有五个：团队协作、奉献精神、要求一致、文化认同、求真务实。和上述结论相似的是，向钰和李德庆(2012)以民营企业为例，使用层次分析法建立民营企业组织文化价值层次递推结构模型，第一层包含产生冲突因素和竞争需求因素两个因素；第二层包含产生冲突因素的五个维度即内部整合的五个因素和竞争需求因素的七个维度即外部适应的七个因素，具体结构如图 10-2 所示。

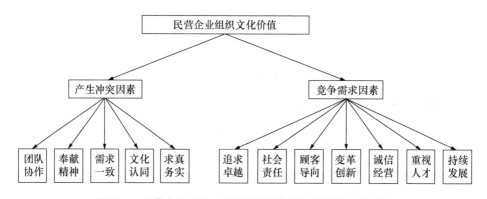

图 10-2　民营企业组织文化价值观维度的层次递推结构模型

资料来源：向钰、李德庆，"基于 ahp 的组织文化维度研究——以民营企业为例"，《中国商论》2012 年第 20 期，第 34—36 页。

在 Xin 等(2002)研究的基础上，Tsui et al. (2006)将研究的样本扩大到私营企业和合资/独资企业，通过探索性因子分析(exploratory factor analysis)和验证性因子分析(confirmatory factor analysis)等分析方法，确认了中国企业文化的维度，构建了适合不同类型企业的中国企业文化测量量表，包括员工发展、人际和谐、顾客导向、结果导向、勇于创新五个维度。

- 员工发展。员工发展指那些强调发展员工潜能、关心员工福利、注重为员工提供培训和发展机会等方面的价值观。这个维度的典型陈述有挖掘员工潜力、员工福利、员工个性发展、尊重个体尊严、良好的工作环境、重视员工、关心员工等。
- 人际和谐。人际和谐指组织重视员工之间的协调一致,注重采取促进员工之间沟通的措施。这个维度的典型陈述有和谐、沟通、团队协作、合作、友谊情感表达与共享、相互尊重与信赖、员工参与、同舟共济等。
- 顾客导向。顾客导向指组织为顾客提供优质的产品或服务,使顾客满意。这个维度的典型陈述有顾客导向、一流的产品和服务、顾客至上、满足顾客需要、诚挚可靠的服务、注重产品质量等。无论是国有企业还是外资企业、民营企业,都意识到了顾客导向的重要性。
- 结果导向。结果导向指组织强调目标实现和承担社会责任。这个维度的典型陈述有追求卓越、服务社会、追求高绩效、关心社会发展、企业成长、企业的业绩与结果、公司利益与社会利益的平衡等。
- 勇于创新。勇于创新指组织不遗余力地进行产品创新与组织管理的创新。这个维度的典型陈述有创新、改革导向的思维方式、鼓励创新、组织学习、不断进步等。

读者可以参考本章后面的自测题评估你所在的企业在以上五个维度上的表现如何。

伍华佳和苏涛(2009)选择中国知名的分布在各行各业的国有企业、股份公司、私营企业,对其企业文化关键词进行提取分析,并且对上海、江苏以及浙江的209家企业进行问卷调查分析,结合苏氏东方管理文化15元素,将东方管理文化元素修订为19个,即人、变、和、道、卖、法、威、信、勤、术、圆、器、效、谋、群、责、危、勇、德。研究者进一步通过因素分析的方法将这19个元素归纳为八个维度,分别是勇谋、修己、人缘、创新、实效、为人、重礼和人和。209家企业的企业文化在维度1—6为中等,维度7表现为强,维度8表现为弱。

戴化勇等(2010)则对五个企业进行了深入而细致的访谈,并且借鉴了Quinn和Cameron(1988)的组织文化评价量表以及Denison(1995)的组织文化问卷和现有的企业文化维度的研究,编制出具有中国特色的企业文化测量量表,包含56个测量变量。研究者将此量表向22家中国企业发放并回收253份有效问卷,通过主成分分析法,筛选后的48个测量变量可以分为八个维度,分别是合作与分享、企业社会意识、创新、规章制度、归属感、企业战略、以员工为中心、以客户为中心。

徐尚昆(2012)通过对12个EMBA班的学员进行开放式问卷调研和典型文本分析,得到了代表中国企业文化的12个概念维度。这12个概念可以根据内部整合、外部适应、灵活性、稳定性角度分为参与性(内部整合—灵活性)、一致性(内部整合—稳定性)、适应性(外部适应—灵活性)和使命(外部适应—稳定性)四大类,具体概念如图10-3所示。

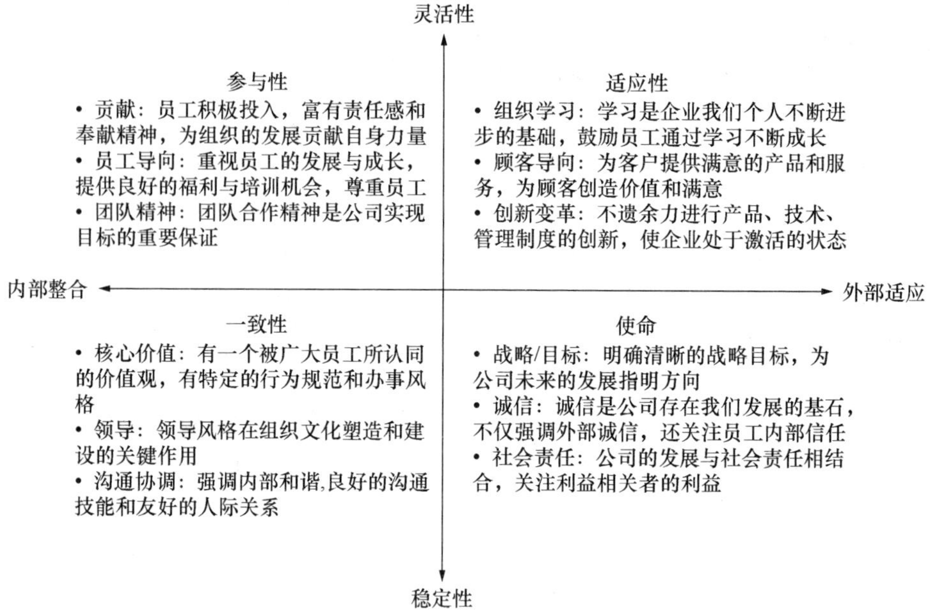

```
                              灵活性
                                ↑
         参与性                        适应性
  • 贡献：员工积极投入，富有责任感和      • 组织学习：学习是企业我们个人不断进
    奉献精神，为组织的发展贡献自身力量      步的基础，鼓励员工通过学习不断成长
  • 员工导向：重视员工的发展与成长，      • 顾客导向：为客户提供满意的产品和服
    提供良好的福利与培训机会，尊重员工      务，为顾客创造价值和满意
  • 团队精神：团队合作精神是公司实现      • 创新变革：不遗余力进行产品、技术、
    目标的重要保证                         管理制度的创新，使企业处于激活的状态
内部整合 ←─────────────────────────────────→ 外部适应
         一致性                        使命
  • 核心价值：有一个被广大员工所认同      • 战略/目标：明确清晰的战略目标，为
    的价值观，有特定的行为规范和办事风      公司未来的发展指明方向
    格                                   • 诚信：诚信是公司存在我们发展的基石，
  • 领导：领导风格在组织文化塑造和建      不仅强调外部诚信，还关注员工内部信任
    设的关键作用                         • 社会责任：公司的发展与社会责任相结
  • 沟通协调：强调内部和谐,良好的沟通      合，关注利益相关者的利益
    技能和友好的人际关系
                                ↓
                              稳定性
```

图 10-3 中国企业中的组织文化概念维度描述

中西方企业文化维度对比

Tsui 等(2006)的研究还将总结出的中国企业文化维度，与西方文献中经常提到的企业文化维度(如 O'Reilly 等人的研究)进行对比。中国企业文化五个维度包括员工发展、人际和谐、顾客导向、结果导向和勇于创新；O'Reilly 发展出的"企业文化全貌"(OCP)确认出的七项企业文化维度包括创新、业绩导向、对人的尊重、团队导向、稳定性、进取心和注重细节。其中，"员工发展"这个维度类似于 O'Reilly 等(1991)得到的"对人的尊重"，但在中国的环境下，"员工发展"比"对人的尊重"具有更为广泛的含义，它不仅意味着对员工的尊重，给员工提供良好的工作环境，更包括"挖掘员工潜力""重视员工""关心员工"的人本思想。"人际和谐"这个维度与 O'Reilly 等人的"团队导向"有一定程度的重叠，但在中国的组织环境中，它不仅强调在工作上的团队合作，还意味着员工在情感方面的相互理解和融合，如"友谊""情感表达与共享""相互尊重与信赖""同舟共济"等典型陈述，这与中国文化中的"弥散性"特点相一致，即工作和个人生活之间的界限是模糊的，工作中有生活，生活中有工作。

"顾客导向"是中国企业文化所特有的，O'Reilly 等(1991)的企业文化测量工具中没有明确提及相似的维度。另外两个维度(结果导向和勇于创新)与 O'Reilly 等人提到的"结果导向"和"创新"有基本相同的意义。但对中国企业而言，结果导向更偏重于"对社会负责"和"公司利益与社会利益的平衡"；而"勇于创新"不仅强调"创新"与"把握机遇和冒险"，还包括"不断进步""组织学习"等意义，这和 O'Reilly 等人提到的"进取心"维度有一定程度的重叠。而且,O'Reilly 等人的"进取心"维度与中国企业文化中的"结果导向"在"追求卓越""对社会负责"方面也有重叠。

因此,我们可以发现,中国企业文化维度与 O'Reilly 等(1991)提出的西方企业文化维度既有相同之处,也存在差异。但相同是主要的,维度有创新、结果导向(结果导向及进取心)、员工发展(对个人的尊重)、人际和谐(团队合作)。尽管相同维度下所包含的意义不尽相同。在有差异的维度方面,西方企业所独有的是"关注细节"维度,而中国企业所独有的是"顾客导向"维度。这与西方发达国家具有成熟的市场经济环境,而中国正处于转型经济时代的经济特征相一致。

第三节 领导者对企业文化的影响

企业文化的形成

正如第一节介绍的,企业文化是"一个团体在适应外部环境与内部整合的过程中,习得的一套价值观、行为模式和基本信念,团体的新成员以此作为了解、感知、思考相关问题的基础"(Schein,1992)。这里所说的"一个团体"通常指的是企业的创始人,或者企业的高层管理人员或领导者。因此,企业的领导者对企业文化的形成、维系与发展有着非常重要的影响作用。

组织的创始人对组织的早期文化影响巨大,他们勾画了组织的发展蓝图,不受以前的习惯做法和思想意识的束缚。同时,由于新建组织的特点一般是规模比较小,这就有助于创始人把自己的远见强加给组织成员。如果能成功地实现目标和降低焦虑,创始人做事的方式将逐渐融入企业文化。

比如,微软公司的文化在很大程度上是公司当初的创始人之一比尔·盖茨的形象反映。盖茨本人的进取心、富有竞争的精神、自制力,这些方面逐渐成为人们用来描述他所创造的微软巨人的特点。

有人说"企业文化就是老板的文化",这句话并不完全正确。作为一个企业的缔造者或者说最高层的管理人员,企业的老总确实起到非常重要的作用,但是,老总的一些思想、观点或者说理念,必须跟整个企业的经营活动结合起来,才能逐渐演变成企业的特点或文化。正如图 10-4 表明的那样,企业的高层管理者的想法对企业的经营活动有着直接的影响作用,融入到企业的经营活动中,转化为企业的经营活动。同时,更为重要的是,这些经营行为必须带给企业实际的经营成果。也就是说,这些观点和行为要得到实践检验,只有那些经过实践检验,并被认为是正确的、对组织发展有利的,并为广大员工认同的想法和行为,最后才能成为企业的特点和文化。

一个非常典型的例子就是海尔的文化。海尔企业成立初期,如何提高冰箱的生产质量是企业的重要问题。张瑞敏提出了"质量就是生命"的观点,同时采取一系列的管理措

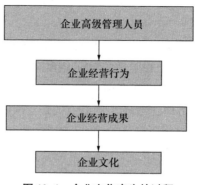

图 10-4　企业文化产生的过程

施和手段落实这一理念。同时,他自己还带头"砸冰箱",使大家深刻认识到,任何有缺陷的冰箱都是对企业形象的影响。逐渐地,海尔冰箱得到了消费者的认可,在市场中占据了一席之地。而"质量观"不但成为现在海尔员工共同的理念,更是落实到了具体的行为当中。

"企业文化就是老板的文化"这句话不完全正确的另外一个原因是,企业在发展过程中可能会经历多次的领导人更替,但不是所有的领导者都会对企业的文化产生直接的影响。也就是说,在企业长期的历史发展过程中,只有那些对企业发展真正起了强大推动力的,并在实践中获得检验的,对企业的经营业绩具有促进作用的,并得到全体员工认同的主张和做法,最后才能转化为企业的文化。

领导者影响企业文化的方式

作为企业的领导者,可以用多种方式影响组织的文化,按照 Schein(1992)的观点,有五个主要机制和五个次要机制,可以帮助领导者强化企业文化的理念(见表 10-4)。

表 10-4　领导对企业文化的影响

主要机制	次要机制
领导者关注什么样的事物	组织结构的设计
应对危机的方式	管理体系和程序的设计
角色示范	硬件设施的设计
奖励的标准	故事和传奇
选择和排斥的标准	正式声明

主要的影响机制包括:

(1) 领导者所注意、评定、控制的事物。领导者借由对特定事物的关注(attention),并加以系统化的控制(systematically control),来示意组织成员应该对该事物更为关注和努力,同样也可以通过忽视和省略,来传达对某些事情的漠不关心。领导者可以通过对关注事件的询问、评论、表扬和批评,以阐述他们的偏好、价值和关心。同时,领导者可以采取有计划的活动和适当的监控,进一步传达自己的关注点,并确保这些方面在企业的运行过程中得到全面的落实。

(2) 领导者对重大事件或危机事件的反应。当组织面临一个危机或重大事件时,领导者所采取的处理方式,会显露出领导者的价值与信念。领导者对危机的反应可能传递一个强烈的关于价值和信念的信息。领导者忠实地支持自己的或者说企业的价值观,即使在紧急情况的压力之下仍是如此,说明了这些价值观的重要性。例如,一个销售走低的公司为避免员工下岗而让全体员工(包括各级领导者)缩短工作时间,并降低工资,这个决定传达了关爱员工同舟共济的理念。又例如,在一次食用油市场检验中,占市场份额前三名的"金龙鱼""福临门""金象"都被指有问题。面对这种状况,三个企业反应各不相同。金龙鱼公司立刻表示自己又进行了检测,并没有发现问题,并说明要跟卫生部有关部门协调怎样改善标准,这是一种积极的反应。金象公司称检测结果为不实之词,他们的油很好。福临门则默不作声,任人评说。三个厂家三种反应,从而可以对企业所重视东西的不同略见一斑。

(3) 角色示范。组织中领导者的行为对组织的价值观和信念的传播有极为重要的影响,其一言一行,可以对组织中的其他成员产生示范作用,尤其对新成员更是如此。例如,在一个强调学习型的组织中,如果领导者本身秉持着不断学习的心态与分享知识的热诚,则员工也会起而效仿。反之,如果领导者本身不能身体力行,则再好的愿景也只是流于空谈。作为一个领导者应看重自己的带头作用。张瑞敏用大铁锤砸冰箱的故事就是一个非常好的例证。

(4) 奖励的标准。领导者可以借由奖励的标准来彰显基本的价值观和信念。透过奖励与惩罚的机制,可以使员工习得领导者所强调的行为与价值观念。心理学的研究证明,当组织成员因为特定的行为受到奖励时,会持续地保持该行为和表现以获得更多的奖励。反之,若组织的成员因为特定行为受到惩罚时,则会降低或改变该行为和表现,以免受到更多的惩罚。因此,透过奖罚的方式,可以使领导者将自己所注重的价值观与信念灌输给成员。

(5) 选择和排斥的标准。领导者通过选拔、晋升和解雇人员的选择标准来影响企业文化的形成。领导者提供组织中成功的标准和需要的行为等方面的信息,表达他们的价值观和关心所在。企业制度标准的导向是什么?雇佣标准是什么?什么样的人能更好地适应企业?什么样的人晋升快?这些都会影响一个企业的组织文化的走向和发展。

除了以上五个主要的机制,Schein还描述了五个次要的机制。当它们与主要的机制相一致时,这些机制对培育和加强组织文化是有用的。

(1) 组织结构的设计。创办者或者领导者在设计组织的机构时,其基本的信念与价值观会影响到结构的设计。例如,如果领导者认为所有的决策都必须经过自己的同意,那么在设计组织结构时,就会偏向于层级制与集权化;如果领导者认为组织最重要的方面是通过授权调动员工的积极性,则在设计组织结构时就趋向于偏平化。

(2) 管理体系和程序的设计。正式预算、计划会议、工作报告、组织发展计划等,都能用于强调一些行为和标准,同时也帮助降低角色的模糊性。这些内容都受到领导者价值观念的影响,应该成为领导者影响组织文化的一个手段。

(3) 硬件设施的设计。虽然企业文化更多的是与员工价值观、行为模式密切相关,但企业的硬件设施(如办公楼的设计、装潢)也应该有所注意,尽可能反映企业的基本价值观念。例如,一个贴满员工摄影作品的办公室走廊与开放交流的价值观相一致。

(4) 故事和传奇。关于组织中重要事件和员工的故事,可以帮助传播价值观和基本信念。然而,故事和传奇更多的是一种文化的反映,而不是企业文化的决定因素。

(5) 正式声明。领导者公开的价值观声明,企业宪章和经营哲学等,可以作为其他机制的一个补充。然而,正式的声明通常用来描述一个组织的文化特点和理念,领导者必须在行动和决策上支持这些陈述,否则人们不会相信它们。

除了上述机制外,Schein(1992)还指出,领导者可以借助自己的个人魅力将企业应对环境和内部整合的最重要信息传递给组织成员,使得组织文化与领导者之间产生高度的契合。

企业文化建设的误区

在企业文化理解及建设过程中,存在很多的误区,应该引起领导者的注意,并尽力地加以避免。

企业文化不是开发企业口号

企业口号只是为了体现企业文化或企业核心价值观而设计的。但有些企业将开发企业口号等同于企业文化的全部。曾经有家大型的建材制造类企业在对外介绍自身企业文化建设时,不断标榜自身的企业文化建设如何成功,但是当我们深入了解他们企业文化建设的基本内容时,发现该企业除了统一的厂服、周一的升旗仪式等这些与其他企业并无显著差异的活动安排之外,最令他们津津乐道的便是一句可以令人"眼前一亮"的宣传口号——"我们可以让世界更美丽"。这种错误认识并非只有这家企业所独有,目前确实有太多的中国企业将设计一句漂亮的广告语、罗列一系列抽象的华丽辞藻作为企业文化建设的全部。虽然拥有一句(或者一系列)漂亮的企业口号可以振作精神、吸引关注,但是如若将单纯的企业口号等同于企业文化的全部则不免肤浅,因为对于企业文化而言最关键的地方并不在于说了什么,而在于做什么。

企业文化不是 CIS 设计

CIS(corporate identity system)意为企业形象识别系统,就是通过统一的视觉、理念、行为规范的传达系统将企业形象外化的过程。它反映企业的自我认识和公众对企业的外部认识,以产生一致的认同感与价值观。CIS 包含外部的视觉识别(visual identity,VI)、内部的行为识别(behavior identity,BI)及核心的理念识别(MI-Mind Identity)三大部分。在中国企业推进 CIS 的过程中,由于视觉系统所表现的直观性和理念系统所表现的艺术性,因此众多的企业将大量的精力放在这两部分的设计上,至于行为系统的设计也统统以理念堆砌来代替。这些单纯依靠媒体宣传,聘请社会名人加盟本企业充当形象代言人,设计司徽、司歌等做法,无法真正诠释企业文化的博大内涵。所以简单地以 CIS 体系设计去代替企业文化建设则视之简单与浅显。

企业文化不是花衣裳

无须讳言,很多企业进行企业文化建设的本意是基于对企业自身现状的装潢和粉饰,是许多企业经营者自诩深谙现代企业管理的自我标榜。因此,我们惯常所见的是随着企业内部领导者团队的更迭,企业文化系统随之相应做出颠覆性的变革;随着上级领导者欣赏口味的变迁,下属企业的企业文化也会出现耐人寻味的刻意调整。总之,这样的企业文化建设其本意并不期望企业文化能够发挥其应有的作用,只是将其当作一件供自我欣赏的花衣裳而已。

企业文化不是垃圾桶

在中国的诸多企业中,惯常所见是将目前尚无能力说明甚至不愿说明的众多现象统统归为企业文化范畴,比如企业经营不善、管理不佳、干群关系紧张、产品滞销统统是因企业文化所致。将企业诸多问题推卸给说不清、道不明的"落后文化"之后当局者自然拥有充足的理由不思进取、抱残守缺。其实,文化本无优劣之分,更无先进与落后之说,只存在适合与不适合的差别。那种完全推卸自身责任,不愿意通过在企业管理与经营方面的踏实努力获取良好企业面貌的做法终将无益于企业文化建设。

案例

美国明尼苏达矿业制造公司,简称为 3M 公司。3M 公司以其为员工提供创新的环境而著称,视革新为其成长的方式,视新产品为生命。公司的目标是:每年销售量的 30%从前 4 年研制的产品中取得。每年 3M 公司都要开发 200 多种新产品。传奇般的注重创新的精神已使 3M 公司连续多年成为美国最受人羡慕的企业之一。在过去 15 年中,著名的《财富》杂志每年都出版一份美国企业排行榜,其中有 10 年 3M 公司均名列前 10 名。面对知识经济的挑战,3M 公司的知识创新实践,为企业提供了不可多得的范例。

创新的文化

新产品不是自然诞生的。3M 公司的知识创新秘诀之一就是努力创造一个有助于创新的内部环境,它不但包括硬性的研发投入,如公司通常要投资约年销售额的 7%用于产品研究和开发,这相当于一般公司的 2 倍,更重要的是建立有利于创新的企业文化。

公司文化突出表现为鼓励创新的企业精神。3M 公司的核心价值观有坚持不懈、从失败中学习、好奇心、耐心、事必躬亲的管理风格、个人主观能动性、合作小组、发挥好主意的威力。而下面这些做法确保了这些价值观的共识。

英雄:公司的创新英雄向员工们证明,在 3M,宣传新思想、开创新产业是完全可能取得成功的,而如果成功了,你就会得到承认和奖励。

自由:员工不仅可以自由表达自己的观点,而且能得到公司的鼓励和支持。

坚韧:当管理人员对一个主意或计划说"不"时,员工就明白他们的真正意思,那就是,从现在看,公司还不能接受这个主意,回去看看能不能找到一个可以让人接受的方法。

对于一个以知识创新为生存依托的公司而言,3M公司知道,有强烈的创新意识和创新精神的知识员工是实现公司价值的最大资源,是3M赖以达到目标的主要工具。因此,3M的管理人员相信,建立有利于创新的文化氛围是非常重要的。主要是:尊重个人的尊严和价值,鼓励员工各施所长,提供一个公平的、有挑战性的、没有偏见的、大家分工协作式的工作环境。尊重个人权利,经常与员工进行坦率的交流。主管和经理要对手下员工的表现与发展负责。鼓励员工发挥主观能动性,为其提供创新方面的指导与自由。冒险与创新是公司发展的必然要求,要在诚实与相互尊重的气氛中给予鼓励和支持。

知识的交流在知识共享中相当重要,它将知识传送出去并且反馈回来,加强了知识在组织内部的流动。信息技术的采用为这个环节的实施提供了便利条件,尤其是电脑网络技术的应用。知识交流也需要来自公司高级管理层的重视。它要求公司的管理层把集体知识共享和创新视为赢得公司竞争优势的支柱。如果员工为了保住自己的工作而隐瞒信息,如果公司所采取的安全措施和公司文化常常是为了鼓励保密而非知识公开共享,那么将对公司构成巨大的挑战。对于那些想从员工中得到最大效益的3M管理人员来说,一个可靠的方法就是交流。3M公司的集体协作气氛、经常性联络制度和员工的主动精神,意味着交流可以在不经意之间发生。人们会出乎意料地把信息和主张汇集在一起,与国内外同行间的长期友谊和组织关系成为关键信息来源的高速路径。公司每天都会产生各种各样的新思想和新技术,让大家聚在一起通常会产生意想不到的效果。在公司规模还不大时,实验室主任便在每星期五的下午召集员工坐在一起,大家边喝咖啡边演示自己的研究计划。现在,3M在全美和世界各地设有上百个分公司,因此要大家坐在一起进行交流已经不是那么容易了;代之以管理人员通过各种会议、跨学科小组、计算机网络和数据库等方式将大家聚集在一起。

技术论坛是3M的创新活动的知识共享平台,由一个具有管理框架的大型志愿者组织,成员有数千人,每天都有各种活动。技术论坛的成立,目的是鼓励信息的自由交换,为研究人员相互交流心得和解决疑难问题创造条件,是公司员工相互联络的一种方式。技术论坛下设分会、各委员会。分会主要讨论技术问题,包括诸如物理分会、生活科学分会和产品设计分会。技术论坛委员会负责组织各种活动、教育和交流事务。公司对外委员会负责3M员工与其他公司人员进行交流的活动。这个组织还通过公司内部的电视系统向全美各地的分部传送活动情况。交流委员会则向技术论坛成员定期分发公司的业务通讯。员工在这些相互信任的气氛中交流,受益无穷,这是一种文化、一种氛围,更重要的是要培养一种环境,在这种环境中,员工可以与其他部门的人自由组合,同时每个人都愿意与他人共享自己所掌握的信息与知识。

第十章　领导者与企业文化

创新的机制

通过正确的人员安置、定位和发展提高员工的个人能力。公司发展既是员工的责任,也是各级主管的责任。提供公平的个人发展的机会,对表现优秀的员工给予公平合理的奖励。个人表现按照客观标准进行衡量,并给予适当的承认与补偿。3M 鼓励每一个人开发新产品,公司有名的"15%规则"允许每个技术人员至多可用 15%的时间来"干私活",即做个人感兴趣的工作方案,不管这些方案是否直接有利于公司。当产生一个有希望的构思时,3M 会组织一个由该构思的开发者以及来自生产、销售、营销、法律部门的志愿者组成的风险小组。该小组培育产品,并保护它免受公司苛刻的调查。小组成员始终和产品待在一起,直到它成功或失败,然后成员再回到各自原先的岗位上。有些风险小组在使一个构思成功之前尝试了 3 次或 4 次。每年,3M 都会把"进步奖"授予那些新产品开发后 3 年内在美国销售额达 200 万美元,或者在全世界销售达 400 万美元的风险小组。

组织结构上采取不断分化出新分部的分散经营形式,而不沿用一般的矩阵型组织结构。组织新事业开拓组或项目工作组,人员来自各个专业,且全是自愿。提供经营保证和按酬创新,只要谁有新主意,他可以在公司任何一个分部求助资金。新产品开发出来了,不仅薪金提高,还获得了职位晋升。比如一位员工开始创新时是一位基础工程师,当他创造的产品进入市场时,他就变成了一位产品工程师,当产品销售额达到 100 万美元时,他的职称、薪金都变了。当销售额达到 2 000 万美元时,他已成了"产品系列工程经理"。在达到 5 000 万美元时,公司就成立一个独立产品部门,他也成了部门的开发经理。

公司提倡员工勇于革新。只要是发明新产品,不会受到上级任何干预。同时,允许有失败,鼓励员工坚持到底。公司宗旨中明确提出:决不可扼杀任何有关新产品的设想,在公司上下努力养成以自主、革新、个人主动性和创造性为核心的价值观。这是因为,3M 公司知道,为了获得最大的成功,它必须尝试成千上万种新产品构思,把错误和失败当作创造和革新的正常组成部分。事实上,它的哲学似乎成了"如果你不犯错,你可能不在做任何事情"。但正如后来的事实所表明的,许多"大错误"都成为 3M 最成功的一些产品。3M 公司的老员工很爱讲一个化学家的故事——她偶然间把一种新化学混合物溅到网球鞋上,几天之后,她注意到溅有化学混合物的鞋面部分不会变脏,该化学混合物后来成为思高洁牌(Scotchgard)织物保护剂。

创新的管理

在 3M,人们时刻都可以听到 3M 谈论创新问题的正式宣言,就是要成为"世界上最具创新力的公司",3M 对创新的基本解释既醒目又简单。创新＝新思想＋能够带来改进或利润的行动。在他们看来,创新不仅是一种新的思想,而是一种得到实施并产生实际效果的思想。创新不是刻意得来的,3M 公司证明了一件事,那就是当公司越是刻意要创新时反而越是不如其他公司。便利贴正是在一连串意外中诞生的,并不是按照精密的计划而来。每次意外的发生都是因为某个人可以完全独立从事非公司指定的工作,但同时也履行了对公司的正式义务。发明者往往比管理者有更多的空间,可以表达自我。

3M极有威望的研究带头人科因称,公司的管理哲学是一种"逆向战略计划法"。3M并不是先将重点放在一个特定的工业部门、市场或产品应用上,然后再开发已经成熟的相关技术,而是先从一个核心技术的分支开始,然后再为这种技术寻找可以应用的市场,从而开创出一种新的产业,是一种"先有解决问题的办法后有问题"的创新模式。研究人员通常都是先解决技术问题,然后再考虑这种技术可以用在什么地方。3M的首席执行官德西蒙说:创新给我们指示方向,而不是我们给创新指示方向。3M试图通过一种类似温室一样的、允许分支技术自己发展的公司文化来支持研究活动。3M有时在自然创新方面非常有耐心,明白一种新技术要想结出果实,可能会需要许多年的时间,因为过去公司研制最成功的技术也曾经走进过死胡同。

3M把创新分为三个主要阶段:涂鸦式创新、设计式创新和指导下的创新。这些阶段从大到小呈漏斗状。首先是创新的大胆初步设想得到一致的认可和赞许,逐渐演变更加深入和集中的努力。在整个过程中,实现众人支持与专人负责之间的平衡,并按照不同阶段逐步增加人力和资金的投入。约束随着阶段的进展而逐渐增强,到了最终阶段,方法及其落实要根据经营策略和市场状况来决定。

在具体实施中,公司坚持了以下管理策略:① 弹性目标原则。弹性目标是培养创新的一种管理工具,方法就是制定雄心勃勃的但要切合实际的目标。3M公司的目标数量并不多,其中有几个与财政收支状况有关。然而,还一个目标就是专门用于加大创新步伐的,每年销售额中至少应该有30%来自过去四年中所发明的产品。② 视而不见原则。3M的管理人员必须要有一定的容忍能力,因为即使你屡次想要取消明显不切实际的研究计划,研究人员也可能会顽固地坚持己见。③ 授权原则。授权是在员工已做好创新的思想准备之后让他们开始工作,但创新主要还要靠他们自身的动力。当他们在发明创造时,公司就要及时给予帮助。这里的技巧在于如何才能不破坏他们这种内在的动力。

讨论题

(1) 3M的企业文化具有什么特点?
(2) 3M的文化建设是通过什么样的管理机制实现和维系的?
(3) 从这个案例中,你如何理解"企业文化落地"这一问题?

自测题

下面这些题目是有关目前中国企业中所存在的某些价值观念,请你根据你所在的企业对其重视的程度进行评估,请在每一题目后面最能代表你意见的选项上画圈。

1	2	3	4	5				
非常不重视	不重视	不确定	重视	非常重视				
				非常不同意	不同意	不确定	同意	非常同意
1. 关心员工个人的成长与发展				1	2	3	4	5
2. 发展员工的潜能				1	2	3	4	5
3. 理解、信任员工				1	2	3	4	5
4. 重视员工的建议				1	2	3	4	5
5. 提供知识及技能的培训机会				1	2	3	4	5
6. 重视团队建设				1	2	3	4	5
7. 鼓励合作精神				1	2	3	4	5
8. 促进员工之间的情感交流				1	2	3	4	5
9. 鼓励员工之间的相互协作				1	2	3	4	5
10. 员工之间相互体贴				1	2	3	4	5
11. 最大限度地满足客户的需要				1	2	3	4	5
12. 客户的利益高于一切				1	2	3	4	5
13. 提倡顾客就是上帝				1	2	3	4	5
14. 向客户提供一流的服务				1	2	3	4	5
15. 真诚服务客户				1	2	3	4	5
16. 重视社会责任				1	2	3	4	5
17. 企业的使命就是服务社会				1	2	3	4	5
18. 经济效益与社会效益并重				1	2	3	4	5
19. 重视社会的长远发展				1	2	3	4	5
20. 乐于接受新生事物				1	2	3	4	5
21. 注重新产品,新服务的开发				1	2	3	4	5
22. 鼓励创新				1	2	3	4	5
23. 大胆引进高新科技				1	2	3	4	5

资料来源:Tsui, A. S., Wang, H., & Xin, K. R., "Organizational Culture in the People's Republic of China: An Analysis of Culture Dimensions and Culture Types", *Management and Organization Review*, 2006, 2, 345—376。

参考文献

[1] 董发鹏、王宁:"企业文化建设效果的模糊综合评判",《软科学》2005 年第 2 期,第 19 页。

[2] 金思宇:"中国企业文化建设的基本判断和发展思路",《经济日报》,2002 年 6 月

6 日。

[3] 马华维:"企业文化建设的实证研究:对一国有大型电力公司企业文化建设的调查与分析",《管理世界》,2001 年第 3 期,第 56—61 页。

[4] 马力、曾昊、王南:"企业文化测量研究述评",《北京科技大学学报》,2005 年第 3 期,第 13—17 页。

[5] 黎伟:"转型经济中的国有企业组织文化变革研究",《经济体制改革》,2005 年第 2 期,第 59—62。

[6] 〔美〕斯蒂芬·P. 罗宾斯著,孙健敏等译:《组织行为学》(第七版),中国人民大学出版社,1997。

[7] 孙海法、戴水文、童丽:"民营企业组织价值观的维度",《中山大学学报》,2004 年第 3 期,第 108—113 页。

[8] 王辉、忻榕、徐淑英:"影响企业绩效:组织文化比所有制更重要",《哈佛商业评论》,2006 年第 7 期,第 32—35 页。

[9] 王永友、刘希宋、段育鹤:"企业文化建设评价模型的构建",《哈尔滨工程大学学报》,2004 年第 6 期,第 234—239 页。

[10] 杨克磊、高婷:"关于企业文化评价新方法的建立",《沈阳理工大学学报》,2005 年第 2 期,第 63—66 页。

[11] 杨政:"关于建立我国企业文化建设评价体系的思考",《中国工业经济》,1999 年第 11 期,第 67—70 页。

[12] 叶飞、陈春花:"企业文化的定量识别模型",《郑州航空工业管理学院学报》,2000 年第 1 期,32—35 页。

[13] 张勉、张德:"组织文化测量研究述评",《外国经济与管理》,2004 年第 8 期,第 2—7 页。

[14] 赵琼:"国外企业文化研究发展",中华财会网,2001 年 12 月 31 日。

[15] 郑伯埙:"组织文化价值观的数量衡鉴",《中华心理学刊》,1990 年第 32 期,第 31—49 页。

[16] 徐尚昆:"中国企业文化概念范畴的本土构建",《管理评论》,2012 年第 24 卷第 6 期,第 126—134 页。

[17] 伍华佳、苏涛:"基于东方管理文化的中国企业文化评价维度的构建",《经济与管理研究》,2009 年第 7 期,第 80—85 页。

[18] 刘理晖、张德:"组织文化度量:本土模型的构建与实证研究",《南开管理评论》,2007 年第 10 卷第 2 期,第 19—24 页。

[19] 向钰、李德庆:"基于 ahp 的组织文化维度研究——以民营企业为例",《中国商论》,2012 年第 20 期,第 34—36 页。

[20] 戴化勇、鲍升华、陈金波:"中国企业文化的测量与评价",《统计与决策》,2010

年第 17 期,第 174—176 页。

[21] Barney, J. B., "Organizational Culture: Can it be a Source of Sustained Competitive Advantage", *Academy of Management Review*, 1986, 11, 656—665.

[22] Denison, D. R., & Mishra, A. H., "Toward a Theory of Organizational Culture and Effectiveness", *Organization Science*, 1995, 6, 204—223.

[23] Hofstede, G., *Cultures and Organizations: Software of the Mind*. Berkshire: McGraw-Hill Book Company, 1991.

[24] Kotter, J. P., & Heskett, J. L., *Corporate Culture and Performance*. New York: Free Press, 1992.

[25] Liu, S., "Cultures within Culture: Unity and Diversity of Two Generations of Employees in State-owned Enterprises", *Human Relation*, 2003, 56, 387—417.

[26] O'Reilly, C. A. III, Chatman, J. A., & Caldwell, D. F., "People and Organizational Culture: A Profile Comparisons Approach to Assessing Person-organization Fit", *Academy of Management Journal*, 1991, 34, 487—516.

[27] Ouchi, W. G., *Theory Z: How American Business Meet the Japanese Challenge*. New York: Avon, 1981.

[28] Peters, T. J., & Waterman, R. H., *In Search of Excellence*. New York: Harper and Row, 1982.

[29] Pettigrew, A. M., "On Studying Organizational Cultures". Administrative Science Quarterly, 1979, 24, 570—581.

[30] Quinn, J. B., & Cameron, K., *Paradox and Transformation*. Cambridge, MA: Ballinger, 1988.

[31] Romanelli, E., & M. Tushman., "Organization Transformation as Punctuated Equilibrium". *Academy of Management Journal*, 1994, 37, 1141—1166.

[32] Schein, E. H., "Organizational Culture", *American Psychologist*, 1990, 45, 109—119.

[33] Schein, E. H., *Organizational Culture and Leadership*(2nd ed). San Francisco, CA: Jossey-Bass, 1992.

[34] Tsui, A. S., Wang, H., & Xin, K. R., "Organizational Culture in the People's Republic of China: An Analysis of Culture Dimensions and Culture Types", *Management and Organization Review*, 2006, 2, 345—376.

[35] Xin, K. R., Tsui, A. S., Wang, H., Zhang, Z., & Chen, W., "Corporate Culture in Chinese State-owned enterprises: An Inductive Analysis of Dimensions and Influences", In: A. S. Tsui and C. M. Lau (eds.), *The management of enterprises in the People's Republic of China*. Boston: Kluwer Academic Press, 2002.

第十一章 组织变革的领导

本章导读

组织的变革通常受到企业高层管理团队的引导,但组织的任何成员都能发起变革或对它的成功做出贡献。因此,本章涉及的内容与所有参与变革的人有关。当然,组织变革最为重要的因素是领导者。通过对变革的要素、影响变革的阻力、变革的过程、变革的种类,以及学习型组织的介绍,希望读者能够了解组织变革的相关内容。在本章的最后部分,对中国企业的变革提出了需要注意的问题。

开篇案例

中油化建工程有限公司(以下简称"中油化建")是石油化工建设领域的第一家上市公司。自2000年开始,公司业务发展迅速,在行业内的影响和地位得到了快速提升。十多年来,公司针对市场环境的变化和企业战略发展的需要,针对公司的项目管理先后进行过两次大规模的组织变革。

中油化建的第一次组织变革从2000年秋季正式启动。时任总经理王进指出此次变革至少解决两个问题,一是突出项目作为公司利润中心的核心地位,二是公司的优势资源要合理配置到项目中去。经过高层管理者的交流讨论,中油化建决定通过设立区域公司来开拓全国市场甚至国际市场业务,将公司内部的工程队伍、施工设备和生产单位等优势资源变成面向所有项目的公共资源,按照内部模拟市场结算向各区域项目公司转移,使项目成为公司新的利润中心;原来的专业公司在保证公司项目施工需要的前提下也同样可以对外承接项目,但是不再作为公司的利润考核中心。公司设想将年度预算指标分解分配至各区域项目公司,区域项目公司再通过开发市场、承接项目、设立项目团队,将所承担指标分配至各具体项目,最终形成以"公司—区域公司—项目团队"为主体的"三级管理、三级预算"目标管理体系。

经过一系列的组织变革和管理措施的实施,中油化建进入了高速发展阶段,公司的市场地位和各种盈利指标都得到了较快的提升。组织变革实施的第二年,中油化建的主营业务收入实现了较大幅度的增长,增长率高达90%。同时2001年公司利润总额突破1亿元,是2000年利润总额的2.7倍。在良好的市场环境和变革影响的作用下,中油化建在接下来的几年间,盈利水平实现了稳步提升。

但是中油化建的高速发展没能一直持续下去,截至2007年年底,所有国内区域公司和工程公司中,只有两家区域分公司有较好的持续盈利能力,其他分公司都出现了不同程度的亏损。当时中油化建的主营业务以石油化工建设类为主,此类项目具有投资大、安全风险高、专业性强、资金回笼周期长等特点,且易受外界环境影响,过程管控能力起到关键性作用。尤其在石化行业面临价格因素多变的大背景下,整个化工建设领域充满不确定性和经营风险。国内石油化工建设高潮也已经接近尾声,各区域市场趋于饱和,市场竞争愈演愈烈。

综合评估中油化建面临的机遇与挑战,时任总经理刘明提出"整合"是中油化建可持续成长的唯一出路,"眼下的中油化建不应该继续分散力量,处处凿井,而应该重新优化整合公司资源,握紧拳头出重拳"。刘总规划了"三步走"战略目标,第一步,做精国内施工总承包,巩固行业领先地位;第二步,做大海外工程业务,形成跨地域发展;第三步,向上向下双向整合,做强EPC工程总承包,向化工建设行业高端发展。基于战略的调整,公司的组织架构的调整也提上了日程,目前的三级管理体系纵然能加大公司的市场开发力度,但是不能有效保证所承接项目都能有效完成,且各区域公司的管理水平参差不齐,影响公司利润和可持续发展。因此,公司为实现资源高效集成管理和组织结构扁平化管理,将以往的"三级管理、三级预算"改成"二级管理、二级预算",砍掉原来的区域公司层次,将公司的各项预算指标直接分配至各具体项目。

第二次改革之后,中油化建在海外工程施工管理中取得了骄人的业绩,三十余项海外工程成功交付,在EPC工程高端市场管理方面也进行了成功的尝试,有一个良好的开端,取得了"三步走"战略的阶段性成果,为企业的顺利转型奠定了坚实的基础。但是这次改革也同样面临一些潜在的隐患,2010年公司又经历资产重组、退市整合,中油化建退市后被划归至东北炼化旗下,再一次面临高层领导的换任,"三级到二级"的组织变革仍未彻底完成,重组调整后公司有大量的人事调动,整个中油化建组织体系结构混乱,人员职位权限模糊不清,急需重新定位,清晰规划。下一步的组织结构应该如何选择,现存的组织问题又该如何解决都是信任领导层急需解决的问题。

很多中国企业尤其是国有企业都面临与中油化建一样的问题,但是为什么中油化建能够在转型期的经济环境下发展好,其中非常重要的一个原因就是面对变化的环境采取主动的变革。值得注意的是,并不是每个企业都能如此成功地进行变革,甚至如案例中所示,同一企业的两次变革效果也有很大的差异。在影响组织变革的诸因素中,领导是一个非常重要的因素。Yukl(2001)认为,变革的领导是最为重要和困难的领导责任之一。通过有效的变革领导,激活组织更好地适应环境的变化。

第一节　组织变革的要素

概括地讲,组织变革就是重新确定一个组织的要素,以改善组织效率和效果的过程,也就是说,组织变革就是改变组织中的要素以提升组织绩效的过程。

这些要素包括什么呢？主要指战略、组织结构、企业文化等。这些要素在组织中发挥着重要作用。组织中的绝大多数变革最终都可以归结到对这三种要素的改变上(见图11-1)。而且,这些要素的改变能够对整个组织产生重大影响,因而我们把组织变革这个抽象的概念具体化为对这些决定性要素的改变(罗宾斯,1997)。

图 11-1　组织变革的要素

组织变革可以是刻意的,有计划进行的,也可能是无意识的变化。2005年,联想收购了IBM全球PC业务。这次轰轰烈烈的变革,联想就是有步骤有计划进行的。IBM的业务逐渐网络化,向软件方向发展,因而PC市场利润萎缩;而PC市场对于联想而言意义重大,能够借此增加市场份额,提高国际化程度。这样循序渐进的重组,使联想成为世界计算机前几名的品牌。相反,有些变革是渐进或无意识地进行的,当年巨人集团是中国民营企业的典范,但由于不能很好地应对环境的变化,同时内部管理出现问题,导致了企业的破产。

变革的动力

什么因素导致企业的变革呢？其动力的来源在哪里？实际上,变革的动力是组织适应外部环境与内部整合过程中遇到的各种压力,即压力产生了动力。这些压力使组织必须采取措施加以应对,采取这样或那样的选择。这些内外环境的变化潜移默化地对组织产生影响。总之,这些力量可以包括竞争者的压力、政治和经济因素的影响、全球化压力(涉及利润与品牌问题)、人口统计特征的变化、地域的变化、社会运动、新技术的应用、企业战略的调整、领导者更替等内外因素(罗宾斯,1997)。

从企业所面临的环境来看,变革的外来动力包括：

- 竞争者的压力。联想在与戴尔、惠普、IBM等国际知名的企业竞争中,市场份额以及国际化的程度等方面还存在差距,为了赶上竞争对手并与之一搏,联想选择通过并购的方式进行变革。
- 政治和经济因素的影响。在叙利亚、苏丹等国,政治发生巨大变化,迫使企业也要相应地变革。中国曾经一度以公有经济为主导,而现在私有经济发展成为国民经济的重要组成部分,很多国有企业也通过股份制改造建立现代企业制度,而使自身不断适应中国经济环境的改变。这些来自政治和经济的因素促使企业不得不采取相应的改变。

- 全球化压力。全球化已经成为中国众多企业面临的重要课题,越来越多的企业希望参与到全球化竞争中去,如海尔电器、联想电脑,以及温州鞋业、义乌小家电等,都把目光投向了国际市场。然而,全球化给中国企业带来了品牌和利润的问题。温州一家企业精于做拉链,其产品和YKK这样的国际品牌质量几乎没有差距,从专业角度讲也基本一样,然而价格却只能卖到YKK的1/10。同质不同价,品牌的威力可见一斑。按中间商的说法,皮包配上温州的拉链,则买者不多,但配上YKK品牌,却可以被抢购一空。由此可见全球化过程中,企业面临的问题不只是走出去的问题,更重要的是创新、自主品牌建立、营销模式的改变等问题。

- 地域的变化。很多外商投资企业过去在北京,现在"移居"上海。地域发生变化,企业也要做出相应调整,到了上海就要了解上海的消费趋势、分销渠道等。

- 社会运动。同政治经济的变化有些相似,但是社会运动更加剧烈。社会运动无疑要求企业及时改变以适应新的社会环境。同时,社会运动也包括人们的生活习惯、流行趋势的改变等。例如,手机已成为人们生活中的必备工具,如何做好手机增值服务,开拓新的业务模式,已经成为很多IT企业变革的主要方向。

- 新技术的应用。近年来,整个社会都受层出不穷的新技术、新事物影响。微信便是个很好的例子:由于微信交流方式的存在,组织内部及组织之间所存在的距离被极大地拉近,异时异地决策成为可能,团体解决问题常常不用千里迢迢会面便能实现。在不远的将来,人工智能更是会给企业带来更大的变化。因此,新技术的出现给组织的结构、组织管理、决策等带来了巨大的影响。

从企业所面临的内部整合因素来看,变革的动力包括:

- 人口统计学特征的变化。企业从发展阶段到成熟阶段,员工人数相应地增长,有时也面临员工老化、员工知识结构需要调整等企业人口统计学特征的改变。这些改变也使企业面临新的问题,不得不采取相应的调整,如妥善安置老员工、增加知识培训等。

- 领导者的更替。中国有一句古话"一朝天子一朝臣",说明企业在领导者更替尤其是主要领导者继任后,企业面临的改变。这些改革有一些是新上任领导者迫于"政绩"的压力有意进行的。还有的时候,却是前任领导者遗留下来很多没有解决的问题,新任领导者为了使企业良好地发展而进行的改革。

- 战略的转变。企业为了更好地生存与发展,不得不随时调整企业战略,有时甚至是重大的转变。例如,我国现在面临严重的环保问题、可持续发展问题,如果你的企业属于高消耗、高排放、高污染的企业,就不得不面临战略调整的压力,要么转产,要么引进新的技术。这些战略调整的压力使企业面临新的改革。

- 企业上市、并购或兼并。很多国有企业或民营企业借上市的良机,对企业的组织结构、规章制度、管理规范进行改制,使企业有一个脱胎换骨的改变。同时,企业在并购或兼并的过程中,如联想并购IBM的PC部门,也面临组织结构调整、组织文化调整等问题。

变革的阻力

企业在变革的过程中,除了受到以上这些动力的影响,其能否顺利地实施变革,还需要组织很好地应对所面临的阻力。组织在有意识、有计划地进行变革时会遇到一些抵制,这些阻力既有来自个人层面的,也有来自组织层面的。

个人阻碍变革的因素

来自个人的变革障碍主要有如下三方面:

● 不确定性和不安全感。无论改革是好是坏,都会引起成员的不安或忧虑。因为改革带来的是新鲜的东西,可能是人们从未经历,甚至是闻所未闻的,这样就带来不确定性和不安全感。对于陌生的环境,人们的本能反应就包括潜意识的抵制和抗拒,而变革本身就意味着改变原有的某些状态,因此,二者之间势必存在矛盾。

● 选择性的知觉和信息加工。从信息加工的特点来看,人们的知觉及信息加工都有选择性。这种选择性是指人们在搜集、加工信息时,往往只搜集那些对自己已经确认的事物提供支持的信息。简单地讲,人们通常是在找证据证明自己同意的观点,加工那些赞成自己观点的信息。比如,如果员工赞成一个工资制度的改革,那么其关注而接受的信息都是针对改革有益的信息,反之,若对这种改革有偏见或是抵触,则其所"看到的""听到的"全是改革带来的负面影响。这是一种误区,或者说是人的一种缺陷,人脑对信息的选择和加工与个体的世界观、价值观等密切相关,并非电脑那样一五一十、按部就班地接收和加工。

● 习惯。习惯如同人们工作和生活的一种惯性,一旦形成就非常顽固。在正常工作时,可能意识不到它的影响,但是当变革发生时,这种惯性所产生的阻力非常大。因为变革而打乱和改变人们原有的惯性,相当于用强制力量改变沿原有轨道行驶的列车,可以想象习惯所带来的影响多么大。

除了个体因素,来自群体及组织方面的一些因素也会影响到组织的变革:

● 群体规则。改革必然要触及已有的群体分配规则,在过去的规则下,企业可能已经达到一种平衡或稳定的状态,变革打破这种规则,就可能会导致某个群体获得的机会或利益多一些,而其他群体的利益就会受影响,那么这些群体可能就会出来抵制。例如,高校改革当中,很多学校采纳统一标准来衡量不同专业的研究成果,即把在SCI和SSCI等国外学术刊物上发表文章作为评估标准,这必然招致中文、历史等专业的反对,因为这些专业的成果很难在国外发表。

● 对已有资源分配方式的威胁。实际上改革最大的问题就是资源重新分配的过程。我国经济体制的改革便经历了这样的过程。就分配方式来讲,过去是平均主义"大锅饭",现在提倡按劳分配,"效率优先,兼顾公平",允许一部分人先富起来。然而有些先富起来的人又富得太厉害了,社会的贫富差距拉大了,带来了一些矛盾和问题。因而,在新一轮资源分配方式中,利益受损的群体便可能是变革的一个障碍。

- 对已有权力关系的威胁。企业的很多改革涉及机构重组、人员调整、领导者职位变动等问题,在这些调整过程中,必然触及某些人的权力及地位,因而招来抵制。例如,一个企业的机构改革中,要撤并人力资源部,成立综合办公室,那么原有人力资源部部长的权力可能就受到了威胁,综合办公室将会有新的主任、副主任等,那么人力资源部部长何去何从呢?这种权力关系的改变必然招致一些阻力和威胁。
- 对专业知识的威胁。IBM 把 PC 领域转给了联想,希望以后向网络集成方向发展,IBM 中的 PC 权威就面临抉择或是挑战,继续留在 IBM 还是去联想?如果选择前者,以往的专业知识怎么办?这便体现了组织变革对原有专业知识的威胁。
- 群体惰性。群体中的某个个体可能主张改革,但由于其所处群体的压力,使得个体也不得不服从群体的规范。例如,某家污染很严重企业的个别员工出于对环境保护的认同,认为该企业应该转产。但由于多年来,该企业只专注于一种产品,员工习惯了固有的生产方式、工作流程、销售渠道,让员工改掉所有这些去适应新的变化,得到的阻力可想而知会有多大。
- 结构惰性。企业在原有的组织结构下,通过人员选拔、绩效考核、薪酬设计等人力资源管理制度和措施,使员工形成了一定的行为模式或应对方法,而组织结构一旦改变,大家可能会不大适应,而还像以前那样做事。例如,一个国有企业原先是一个等级结构,等级制度很严格。而现在通过企业改制,使组织结构扁平化了,赋予了员工很多的自主权。可是,员工已经习惯了听从命令,过多的自主权反而让员工不知何去何从了。

克服变革阻力

任何企业的变革都会遇到这样或那样的阻力,问题是怎样克服这些阻力。下面这些措施和策略可以在领导实施变革时作为参考(罗宾斯,1997)。

- 教育和沟通。这一策略假定变革阻力源于信息不正确或沟通不足。所谓教育和沟通就是要传达给下属或者所有改革涉及的那些人足够的信息,要把所要变革的内容及时传达给或多或少都会受到影响的人。比如让成员明白变革的意义是什么,目的是什么,方案有哪些等,从而尽量平息其对变革的抵触情绪。教育和沟通是克服阻力非常重要的手段。正如上面介绍的那样,人们对不确定的东西都会产生无意识的恐惧心理,进而出现不满情绪或抵制行为。良好的沟通和教育可以使大家消除这些不确定性和恐惧心理。
- 参与。在实施变革之前,让那些可能的反对者参与进来。参与是非常有效的态度改变策略。在 20 世纪 60 年代,美国种族歧视问题比较严重,很多白人在校大学生都说不喜欢黑人,不喜欢和亚裔学生一起工作。了解到这些负面态度后,组织者为了改变他们的态度和行为,举办了一个夏令营,邀请这些对黑人或亚裔人种有偏见或反感的人参与进来。同时,有意将他们与黑人或亚裔学生分到一个小组。经过一段时间的接触后,这些人的态度改变了。参与的一个非常重要的目的就是加强相互的了解。领导者应该让那些可能反对改革的人参与改革方案的设计,可以使他们不但改变对变革的抵触情绪,甚至可能慢慢喜欢上变革。

- 促进和支持。提供必要的支持和促进的手段,来使变革的阻力减少,或者加速调整的过程,以便达到改革的目的。例如,企业在不得已的情况下要减员增效,那么在裁员之前,可以对这些员工进行技能培训,使他们获得一技之长,这样,他们对变革的意见就会减少。
- 谈判。为了减轻对抗,领导者可以交换有价值的东西,达到使对方减少心理上抵触、行为上抵制的目的。2004年,英国消防队员和政府出现矛盾,消防队员反映说工资已经连续三年没涨,平均工资比一般水平低了17%,要求政府一定要涨工资,政府方面表示说财政紧张,很难实现。这时怎么办?政府和消防队工会各选派一个人谈判,以减轻一时的对抗。
- 操纵和收买。就是利用一些歪曲的或曲解的事实,使变革看起来比较吸引人。如果以上这些办法都无效,这种方法也可以使变革开展和进行。
- 强制执行。对抵制人员直接运用威胁和胁迫的手段,使改革以一种强硬的手段进行。向员工宣布改革方案定下来了,虽然有一些问题,但是目前为止没有更好的办法,只能这样做,强制大家执行。但是强制执行会带来很多问题,如公开的反对或抵制等,在改革的过程当中要有所注意。

第二节 变革过程

不同的模型把变革过程分成不同的阶段。

Lewin 模型

该模型认为任何一个变革都是由三个阶段组成的:第一个阶段是解冻(unfreezing)。在这个过程中,变革者要让人们预知到或者是有意识感受到组织要有一个变化,即要给成员提供一些心理准备,并告诉大家哪些方面可能会改变,改变的意义何在。第二个阶段是改变(changing),即实施变革的核心阶段,根据改革的方案,实施变革的内容。第三个阶段是再解冻(refreeaing),就是让员工重新形成一种固化的行为模式,或者是一种习惯。对联想来说,联想在并购 IBM 的 PC 业务之前,要让员工知道这种意向。当然具体步骤是秘密进行的,但是管理层会有很认真的思考过程。通过对柳传志或杨元庆的访谈可以看到,这个过程并不是一夜之间完成的,而是通过周密复杂的计划后才有的方案。在这个过程当中要考虑到,并购之后会有哪些改变,如整合现有的 PC 生产过程,整合 IBM 的网络资源,要形成一个新的国际化的联想,包括产品的研发、生产、采购以及销售、维护、客户服务,并重新制定一些规范行为模式。之后才是真正的并购举动。因而并购过程只是变革的开始,此后还有很多复杂的工作要做。

Jick 模型

有关变革的另外一个模型是 JICK 模型。这个模型从个体的心理变化角度来看变革对人的影响,并将这种规律应用到组织中去(Jick,1993;Woodward & Bucholz,1987)。Jick 等人总结人们在一生中遇到的很多变故,诸如失恋、离婚、配偶死亡等,面对这些变化人们通常会有哪些反应?比如某人失恋了,一开始会怎么样?可能会否认(denial)这个事实,觉得自己为人很好,却怎么失恋了。接着可能会是气愤(anger),对方怎么能这样,怎能抛弃我?从而对其产生了一种敌意。然后就是表示哀伤(mourning),产生一种失望情绪;慢慢接受现实而出现心理上的悲伤,并逐渐适应组织的变革;最后就是完全适应(adaptation)。企业的变革也是这样,开始一些成员可能否认,认为改革是没有必要的,或是改革的方案不合适。当改革推行过程中,他们又感到气愤、不满,甚至失望。到最后既成事实后,产生一些悲伤情绪,最后逐渐接受事实。

Kotter 组织变革模型

研究领导与变革管理的专家 Kotter 认为(Kotter,1996),组织变革失败往往是由于高层管理部门犯了以下错误:没能建立变革需求的急迫感;没有创设负责变革过程管理的指导小组;没能确立指导变革过程的愿景,并开展有效的沟通;没能系统计划,获取短期成效;没能对组织文化变革加以明确定位;等等。Kotter 为此提出了指导组织变革规范发展的八个步骤:第一是增强紧迫感;第二是建立指导的团队;第三是确立变革的愿景;第四是有效沟通愿景;第五是授权行动;第六是创造短期的成效;第七是严防松懈;第八是巩固变革成果。Kotter 的研究表明,成功的组织变革有 70%—90% 要靠企业领导者的推动,还有 10%—30% 是靠管理部门的努力。

Bass 的观点和 Bennis 的模型

管理心理学家 Bass 认为,按传统方式以生产率或利润等指标来评价组织是不够的,组织效能必须反映组织对于员工产生的价值和组织对于社会产生价值。他认为评价一个组织应该有三个方面的要求:① 生产效益、所获利润和自我维持的程度;② 对于组织成员有价值的程度;③ 组织及其成员对社会有价值的程度。Bennis(1965)则提出,有关组织效能判断标准,应该是组织对变革的适应能力。当今组织面临的主要挑战,是能否对变化中的环境条件做出迅速反应和积极适应外界的竞争压力。组织成功的关键是能在变革环境中生存和适应,而要做到这一点,必须有一种科学的精神和态度。这样,适应能力、问题分析能力和实践检验能力,是反映组织效能的主要内容。在此基础上,Bennis 提出了有效与健康组织的标准:① 环境适应能力:解决问题和灵活应付环境变化的能力;② 自我识别能力:组织真正了解自身的能力,包括组织性质、组织目标、组织成员对目标理解和拥护程度、目标程序等;③ 现实检验能力:准确觉察和解释现实环境的能力,尤其是敏锐而正确地掌握与组织功能密切相关因素的能力；④ 协调整合能力:协调组织内各部门工作和解决部门冲突的能力,以及整合组织目标与个人需求的能力。

Kast 的组织变革过程模型

Kast 提出了组织变革过程的六个步骤(Kast & Rosenzweig, 1979):
(1) 审视状态:对组织内外环境现状进行回顾、反省、评价、研究；
(2) 觉察问题:识别组织中存在的问题,确定组织变革需要；
(3) 辨明差距:找出现状与所希望状态之间的差距,分析所存在的问题；
(4) 设计方法:提出和评定多种备选方法,经过讨论和绩效测量,做出选择；
(5) 实行变革:根据所选方法及行动方案,实施变革行动；
(6) 反馈效果:评价效果,实行反馈,若有问题,再次循环此过程。

变革的种类

企业变革从形式上来划分可以有激进式变革和渐进式变革,而从变革的内容上来分,可以有员工态度和角色的变革、技术的进步、竞争战略的调整等。无论哪种变革,最重要的是在改变之前要对企业有一个良好的诊断,并结合企业内部管理的实际,以及企业的承受能力妥善采取相应的变革方式和变革内容。

(1) 激进式变革与渐进式变革。激进式变革力求在短时间内,对企业进行大幅度的全面调整,以求彻底打破原有组织模式,并迅速建立新的组织模式。渐进式变革则是通过对组织进行小幅度的局部调整,力求通过一个渐进的过程,实现初始组织模式向目标组织模式的转变。

- 激进式变革。激进式变革能够以较快的速度达到变革的目的,因为这种变革模式对组织进行的调整是大幅度的、全面的,所以变革过程就会较快;但同时,这种变革会导致组织的平稳性差,严重的时候会导致组织崩溃。这就是为什么许多企业的组织变革反而加速了企业灭亡的原因。激进式变革的一个典型实践就是中国企业实行的"全员下岗、竞争上岗"。改革开放以来,为适应市场经济的需要,许多企业进行了大量的管理创新和组织创新。"全员下岗、竞争上岗"的实践即其中之一。为了改变企业原有的僵化、低效、落后,一些企业在组织实践中采取了这种变革方式。这种方式有些激进,但只有通过全员下岗,粉碎长期形成的惰性、关系网和利益格局,才能彻底打破原有的行为模式。而通过竞争上岗,激发员工的工作热情,自觉形成新的行为模式和规范。

- 渐进式变革。渐进式变革则是通过局部的修补和调整来实现的。渐进式变革依靠持续的、小幅度的变革来达到目的,波动次数多,变革持续的时间长,这样有利于维持组织的稳定性。美国一家飞机制造公司原有产品仅包括四种类型的直升机。每一种直升机有专门的用途,从技术上来看,没有任何两架飞机是完全相同的,即产品间的差异化程度大,标准化程度低。在激烈的市场竞争条件下,这种生产方式不利于实现规模经济。为了赢得竞争优势,该公司决定变革组织模式,其具体措施是对各个部门进行调整组合。首先,由原来各种机型的设计人员共同设计一种基本机型,使之能够与各种配件灵活组合,以满足不同客户的需求。其次,将各分厂拥有批量生产经验的员工集中起来从事基本机型的生产,原来从事各类机型特殊部件生产的员工,根据新的设计仍旧进行各种配件的专业化生产。这样,通过内部调整,既有利于实现大批量生产,也能满足市场的多样化需求。这种方式的变革对组织产生的震动较小,而且可以经常性地、局部地进行调整,直至达到目的。

从变革的内容上来看,可以有如下的变革。

- 技术及流程的变革。技术及流程的变革包括技术的创新、流程的再造等。这些变革的目的是提高生产效率,增加产量,提高涉及产品或服务的制造技术,包括工作方法、设备、工作流。例如,一个污水处理厂,其技术变革是指设计出高效的污水再生系统,它还可以采用先进的信息技术,并在组织内传播、应用这些技术及知识。

- 产品及服务变革。产品及服务变革是指对一个组织输出的产品或服务的变革。新产品包括对现有产品的小调整或全新的产品线。开发新产品的目标通常是提高市场份额或开发新市场、新顾客。比如,某机械设备制造公司面对激烈的外部竞争,将自己转变为一个全面的服务供应商。它不仅提供机械设备,还提供所有的原材料、半成品、成品;某大型零售商不仅提供商品,还提供与商品有关的服务。新的产品与服务能够帮助企业扩展市场与顾客群,使它在行业中成功生存的可能性更大。

- 战略与结构变革。战略与结构变革是指组织管理领域的变革。管理领域涉及组织的监控和管理。这类变革包括组织结构、战略管理、政策、薪酬体系、劳资关系、管理信息与控制系统、会计与预算系统的变革。结构与系统变革通常是由上而下地进行,也就是说,由最高管理层下令进行变革。而产品与服务变革则通常是由下而上进行。

战略变革的一个重要手段是通过构建一个引人入胜的愿景而进行的(罗宾斯,1997)。对个人来说,愿景就是个人在脑海中所持有的意象或景象。对于一个组织来说,愿景必须是共同的。共同的愿景就是组织成员所共同持有的意象或景象。第一,一个好的愿景应该是简单而富有理想的,而不是有着非常多的目标和详细行动步骤的复杂计划;第二,企业的愿景要与企业员工和股东的价值观与理想息息相关,不但是管理者具有的一套理念,也包括员工及股东的意见;第三,关注企业长远的发展,而不是短期的利益。

发展一个吸引人的愿景需要深思熟虑和全体员工的共同参与,它不能从机械的程序中产生,而需要判断力和分析能力去构建愿景,同时也需要直觉和创造力。愿景的构建步骤包括:

(1) 利益相关者参与。企业的愿景目标要获得广泛的认同,这样才能吸引人并整合大家的行为共同努力。

(2) 理想与现实相结合。愿景是针对未来的,但绝不能脱离现实、脱离实际、脱离生存的环境和空间,否则就变成空中楼阁,无源之水。

(3) 把愿景和竞争力相连。了解核心竞争力所在,评价愿景的可信度。很多企业定的愿景虽好,但是太过人为,太过抽象,难以评估。因而,一个好的愿景必须是客观可行的,并有明确的评估标准。

(4) 持续评估和提炼愿景。一个引人入胜的愿景可能随着时间而改进。很多企业认为愿景定下来后就应该一成不变,其实并非如此。随着环境的变化,企业尤其是中国的企业,面临动荡变化的大环境,必须要相应地有所调整。

- 企业文化的变革。企业文化的变革是指企业价值观、员工的思维方式和行为等方面的改变。它是一种心理的变革,而不是技术、结构或产品的改变。企业的大规模变革通常需要组织文化上的改变以达到直接影响员工个体的作用。正如上一章介绍的那样,企业文化是企业在适应外部环境与内部整合的过程中,形成的一套价值观、基本信念和行为模式。企业的新成员也要以相同的价值观和行为模式去了解、感知、思考所遇到的问题。

企业文化对企业的绩效,尤其是对员工的态度、内聚力都有积极的影响作用,可以引导、规范员工的价值观念和行为模式。企业文化如同空气一样,无时无处不在企业内部存在,它的影响是持久而深入的。

变革的领导者

企业变革是一个复杂的过程,涉及企业的方方面面。在此过程中,领导者起到至关重要的作用。

领导者领导变革的方法

(1) 找到组织真正需要变革的原因并使员工相信这个原因。如果组织没有出现危机,或者组织中的成员没有危机意识,要他们积极参加变革是比较困难的。变革的发动者要想赢得成员对变革的投入和支持,就要在组织成员中树立一种危机意识,必要时着重宣传组织中的问题,把问题放大,增强成员的危机意识。

(2) 主动寻找适合变革需求的构思。具体包括与管理人员交流,指派一个任务小组专门研究变革问题,向客户和供应商发出征求构思的信函,向普通员工征求构思方案等。寻找构思的过程,也是让员工积极参与变革的好机会。

(3) 赢得更高管理层的支持。成功的变革需要组织最高管理人员的支持。对于重大变革,如组织架构调整,组织的负责人必须给予支持和鼓励。对于一些小的变革,也需要相关部门的领导者支持。例如,财务部门要想减少坏账,就需要销售部门领导者的积极支持。

(4) 实行渐进式变革。历史经验证明,渐进式变革往往比激进式变革更容易成功,因为它减少了改革的阻力。中国改革的成功就是渐进式改革成功的典型案例。组织也可采用在局部先试点改革项目,积累成功经验后再推广变革的做法。

(5) 采取措施克服变革阻力。主要方法有:① 沟通和培训。沟通和培训能给员工提供变革需求和变革预期结果的信息,能有效防止谣言、误解和愤恨。一项研究表明,变革失败最常被提到的原因是员工从外部获得变革的消息。培训可以帮助员工理解并执行他们在变革中的角色。② 参与。尽早和深入的参与往往给员工一种控制变革的感觉。他们会认为变革是自己的事情。这样,他们往往可以很好地理解变革,他们会对变革实施做出更多的承诺。③ 采用强制手段。这是一般不建议采用的方法,但是当组织变革的速度非常重要时,利用权力采取强制手段往往也是必要的。

(6) 设立改革团队。企业可以设立独立的创新部门或者风险团队,他们的任务就是不断创新变革。另外可以设立专门的组织来检查变革实施效果如何。有些企业的做法是成立专门的管理变革部,也可把这些职能交给战略部门或综合管理部门。

变革过程中领导需要注意的问题

(1) 领导者要成为坚定的变革倡导人。领导者要提出变革的目标,并运用自己的魅力感染、说服大家,将自己提出的变革目标为企业员工所认同;领导者要选择适用于企业的变革方式;要选择强有力的执行人,促使变革朝着实现目标的方向开展;要坚定信心,不能被变革过程中产生的困难打倒。

(2) 领导者要下工夫统一上上下下的思想,疏导阻力,赢取更多的支持。具体措施如下:

第一,利用多种渠道宣传变革,说服教育,使更多的人了解变革的动因和目的及其可能产生的绩效和好处。

第二,对变革的有利因素和不利因素进行认真的分析,权衡利弊,对变革可能出现的新问题,事先做妥善的安排,发生后做积极的处理,争取绝大多数人对变革的同情和支持,这样有利于变革成功。

第三,充分沟通、交流、磋商、协调。在变革过程中,领导者要充分发挥组织协调、沟通交流技能,事先与利益受到影响的群体或员工进行沟通交流,了解他们的想法,解决他们的实际问题,帮助员工按新的方法进行思考,开展工作;不要害怕与变革的反对者面对面,要了解和借鉴反对派的思想,改善变革;但也不要委曲求全,希望变革能符合所有人的想法,这是不可能的。

第四,正确选择变革的方式和策略。要根据企业实际选择变革方式,根据企业的现实情况,妥善处理稳定与变革之间的关系,不要不停顿地进行变革,让员工感到强烈的不确定性和不安全感,而要在巩固一项变革成果后再开展另外一项变革,使变革的成果能够顺利地融入到员工的日常行为中。

第五,要选择合适的人选协助推进变革。如果有可能可以选择"空降兵"或咨询公司来推进企业变革,这些人来自企业外部,与企业固化的人、事、利益等方面关联因素少,能够比较客观地看待企业问题,有效地推进企业变革。

第六,要及时收集可以衡量的变革效果的指标信息,为日后做变革效果评估做好准备。

(3) 领导者要随时监控变革进展,不能完全将变革交给变革领导小组的工作人员,而要自己随时掌握变革中出现的问题,由于变革是事关员工切身利益的大事,员工最希望与领导者直接磋商,经常是管理人员苦口婆心劝解一百句也不如领导者一句一锤定音;但也要充分授权,否则会阻碍变革具体执行人的积极性。领导者要把握好二者的关系。

(4) 要善于运用人力资源管理手段进行变革。人力资源管理与变革一样涉及员工和企业的各方面,人力资源管理包括组织结构设计、人员选聘、人员培训、业绩评价、实施有效的激励机制等,变革的实施要落实到"人",所以从人力资源管理角度考虑变革的问题,会使变革更加以人为本,容易开展。

(5) 要通过影响企业文化实施变革。变革的各个阶段,都需要"人"的价值观来支撑,变革的最终目的是形成新的价值观、行为模式和基本信念,所以领导者要想方设法去影响企业文化,达到变革的目的。

第三节　学习型组织

上一章我们介绍了企业文化在理解及塑造过程中存在一些误解的现象。实际上,企业文化是中国引入西方管理概念中最被滥用的一个,而第二个被滥用的概念就是学习型组织。很多人一提到学习型组织就想当然地认为,企业多组织学习就可以成为学习型组织了。根据圣吉(Senge)的定义,学习型组织是"能持续地扩展自己的适应与改变能力以开创未来的一种组织"(Senge,1990)。加尔文(Garvin)给出了一种具有可操作性的定义:"一个善于创造、获取和转化知识,并不断调整自己的行为方式以体现新知识与新见解的组织。"(Garvin,1993)我们之所以在这里介绍学习型组织,就是因为学习型的组织能够不断地改进与变革,以便更好来适应环境(Fiol & Lyles, 1985; Huber, 1991; Levitt & March, 1988)。

学习型组织的特点

麻省理工学院教授圣吉认为:学习型组织不在于描述组织如何获得和利用知识,而是告诉人们如何才能塑造一个学习型组织。他说,学习型组织的战略目标是提高学习的速度、能力和才能,通过建立愿景并能够发现、尝试和改进组织的思维模式并因此而改变他们的行为,这才是最成功的学习型组织。圣吉提出了建立学习型组织的"五项修炼"模型。

(1) 自我超越(personal mastery):能够不断理清个人的真实愿望、集中精力、培养耐心、实现自我超越。

(2) 改善心智模式(improving mental models):心智模式是看待旧事物形成的特定的思维定式。在知识经济时代,这会影响对待新事物的观点。

(3) 建立共同愿景(building shared vision):就是组织中人们所共同持有的意象或愿

望,简单地说,就是组织想要创造什么。

(4) 团队学习(team learning):是发展成员整体配合与实现共同目标能力的过程;

(5) 系统思考(systems thinking):要求人们用系统的观点对待组织的发展。

相对应地,学习型组织具有五个特征:① 有一个人人赞同的共同构想;② 在解决和工作中,抛弃旧的思维方式和常规程序;③ 作为相互关系系统的一部分,成员对所有的组织过程、活动、功能和环境的相互作用进行思考;④ 人们之间坦率地相互沟通;⑤ 人们抛弃个人利益和部门利益、为实现组织的共同构想一起工作。

奥滕布拉德(Örtenblad)于2013年提出了一个学习型组织的整合模型,他认为学习型组织包含相互独立的四个方面,分别是组织的学习(organizational learning)、在工作中学习(learning at work)、学习氛围(learning climate)和学习结构(learning structure)。

(1) 组织化的学习。既要清晰地认识到不同层次学习的需要,又要在组织中保持知识储备,而且这种知识储备需要实际应用在实践当中。每一个个体的学习都会储备在组织之中,帮助学习和知识组织化。

(2) 在工作中学习。学习和知识都是环境依赖的,正式的课程只能起到有限的作用。因为它可能无法有效地将课程的内容转化到实践之中,但是在工作环境中学习到的知识可以被进一步应用到未来的行动之中。

(3) 学习氛围。学习氛围是一种让学习变得更加简单自然的氛围,组织能够提供一种促进学习而不是控制学习的空间。

(4) 学习结构。将学习视作学习结构的前提,组织需要不断学习以使得自己保持复杂。组织按照团队的形式工作,每一个团队成员都有自己专长的区域,但是也会学习其他人是如何工作的,这样即使一个成员缺席,其他人也能完成这部分工作,而且组织的层级是扁平的。

总之,学习型组织要就是充分发挥每个员工的创造性的能力,发展出不断适应环境的能力。在学习型组织中,个体价值得到体现,组织绩效得以大幅提高。一个学习型组织应该能营造团体学习的氛围,实现知识的快速获取和传播、共享和创造,并及时转化成组织的群体智慧从而最终导致组织效果的改进。有一句格言很好地反映了这一观点——更好的知识带来更好的行为,而更好的行为又带来更好的绩效。

学习型组织的测量

沃特金斯(Watkins)和马西克(Marsick)在1993年开始研究学习型组织的维度问卷(dimensions of the learning organization questionnaire,DLOQ),并将其应用在实践当中。在这个模型中,学习型组织有不断增强的学习能力,并通过7个行为进行转化,如表11-1所示。

表 11-1　学习型组织的维度问卷

行为(维度)	定义
不断创造学习机会	在任务中设计学习,这样人们能够在工作时学习,得到不断接受教育和成长的机会
促进提问对话	人们可以表达自己的观点、倾听其他人的观点,并进行研究和对话,支持质疑、反馈和尝试
促进合作和团队学习	工作可以鼓励团队获得不同的思考模式,团队能够一起工作和学习,合作是被重视和奖励的
建立能够获得和分享学习的系统	高技术和低技术的系统都可以分享学习,并且在整个工作中获得整合,提供分享的途径,这种系统也会一直保持下去
在共同的愿景下对员工授权	人们参与到设置、拥有和实施共同愿景的过程中;给予员工很大的决策权和责任,因此人们会有动力去学习他们负责的事务
组织环境联系	帮助人们看到他们的工作对整个公司的影响,帮助他们系统思考;人们可以通过分析整个环境、利用信息来调整工作实践;组织和环境息息相关
提供学习战略性领导	领导者支持、拥护学习并且起到模范作用;领导者策略性地利用学习取得良好的商业效果

张德和窦亚丽(2008)则以 DLOQ 问卷为基础,在中国背景下进行了学习型组织结构的探究,结果发现,测量项目主要负荷在 5 个因子而非 7 个之上。其中不断创造学习机会和促进质疑对话可以合并在同一个维度中,研究者命名为个体学习;组织环境联系和提供学习战略性领导可以合并为一个维度,研究者命名为系统思考。在因子合并以后,验证性因素分析的拟合优度有了显著提升。说明西方和中国企业的学习型组织还是有所差异。

总之,综合 DLOQ 问卷问世十年来的研究结果发现,其在不同的国家都取得了很好的信效度,得到了广泛应用,并且对探究学习型组织和绩效的关系起到了很重要的支持作用(Marsick,2013)。

陈国权(2009)则重新定义了组织学习和学习型组织的定义并且自行开发了组织学习能力量表(organizational learning capability questionnaire,OLCQ)。他认为学习型组织是组织成员不断获取知识、改善自身体系、优化组织的体系,以在不断变化的内外环境中使组织保持可持续生存和健康和谐发展的过程。研究者认为学习型组织必须具有九种相互影响的行为和能力,并依次制定了组织学习能力量表,具有良好的信效度。九种行为能力具体定义如表 11-2 所示。

表 11-2　组织九种学习能力

学习能力	定义
发现行为能力	组织发现内外环境变化及这些变化给组织带来机会和挑战的行为能力
发明行为能力	组织提出应付内外环境变化各种新措施和方案的行为能力
选择行为能力	组织面对应付内外环境变化各种新措施和方案进行优化选择的行为能力
执行行为能力	组织将优化选择出的新措施和方案付诸行动的行为能力
推广行为能力	组织在内部将知识和经验从局部传播到组织内部更大范围来共享的行为能力
反思行为能力	组织对过去发生的事情进行总结归纳行程规律和知识的行为能力
获取知识行为能力	组织根据自身发展需要对外部知识进行辨识、获取和吸收的行为
输出知识行为能力	组织根据自身发展需要向外部输出自身知识和经验的行为能力
建立组织知识库行为能力	组织在其内部对知识进行积累、分类、整理和存取的行为能力

资料来源：陈国权，"组织学习和学习型组织：概念、能力模型、测量及对绩效的影响"，《管理评论》，2009 年第 21 卷第 1 期，第 107—116 页。

学习型组织与绩效的影响

创建学习型组织能够给组织绩效带来哪些收益一直是研究者关注的话题，近些年来越来越多的研究使得结论逐渐清晰。

Davis 和 Daley(2008)使用 DLOQ 问卷测量学习型组织和企业业绩之间的关系，回归结果显示，总体的学习型得分与商业表现指标之间有很强的正相关，包括投资回报率(return on investment, ROI)、股本回报率(return on equity, ROE)、每股收益(earning per share, EPS)、员工净收入和新产品销售占比等。Dekoulou 和 Trivellas(2015)探究了学习型组织模式和工作满意度、绩效的关系，结果显示，学习型组织对于工作满意度和绩效都是重要的预测变量，而且学习型组织通过对工作满意度产生影响而对绩效起到正向的预测作用。

此类研究在东方文化中也取得了相似的结论。王晓蕾和李曼丽(2010)通过在 33 家中国公司中发放 DLOQ 问卷，探究 DLOQ 的七个维度和企业主观业绩、总资产回报率和股本回报率的关系。结果显示，除了持续学习和提问对话，其他五个维度与总资产回报率之间正相关显著；七个维度与总股本回报率之间相关均不显著、与主观经营业绩之间正相关均显著，基本证明了学习型组织对绩效的正相关关系。另一项对新加坡非营利组织的研究发现，学习型组织能够对绩效产生正向的影响。该研究中对非营利组织的绩效测量主要集中于两方面：一是项目和服务的有效性，重在考查项目和服务是否达到了预设的目的；二是组织有效性或者对资源的管理利用是否帮助项目和服务取得好结果(Som et al., 2012)。

学习型组织建立的策略

我们处在知识经济的时代。在这一时代中，知识越来越比资本、土地等其他资源重要。21 世纪的人，面临环境的不断变化，企业领导者及员工必须系统地思考企业的发展和变革问题,要不断自我超越,不断改善心智模式,积极参与组织学习,这样才能使组织真正地具有适应环境的能力,时时准备随着环境的改变而变革。

曾任匹兹堡大学教授、管理科学研究院院长的威廉·金(William King)为我们提供了如何创建学习型组织的六条策略。

信息系统基础设施策略

信息系统基础设施对于企业战略的实施是至关重要的。企业如果采用信息系统基础设施这一策略来创建学习型组织,就要建立数据库、查询能力、交流能力及其他信息系统基础设施元素。这类企业通常会建立一个先进的信息系统基础设施,以保障和促进集体学习、信息共享、合作解决问题以及创新的实现。当然,大多数实施信息系统基础设施策略的企业会激励员工去熟悉和使用新的软件及系统。它们还通过正式和非正式的培训、用户支持等手段以提高员工使用信息系统基础设施的能力。这种做法实际上是营造一种良好的学习环境,而非直接追求学习目标的实现。

知识产权管理策略

知识产权管理是指有效地利用企业现有的显性(编码化的)知识资产,如专利、品牌、产品配方、研究报告、商标等,以创造附加价值的活动。需要对显性知识进行提炼与传送,并建立知识库。推行知识产权管理策略以创建学习型组织的企业会实行一种财务上的激励,以鼓励个人创造知识产权的价值并有效加以利用。与信息系统策略相类似,知识产权管理策略并不注重于发展某种具体的学习方法,而是通过建立一套激励机制和系统以奖励个体员工创造与有效利用知识产权的行为。

个人学习策略

个人学习强调个人的培训与教育,其重点在于提升一个组织的人力资本的价值。通过企业所属大学教育、管理开发培训、在职培训、学徒培训或是建立各类非正式的指导项目等机制,企业可以实现其正式和非正式学习机会的最大化。个人学习策略的概念基础是,显性知识可以通过正规渠道传播,而隐性知识的传播无法被编码,只能通过其应用来了解、通过实践来获得,特别是针对存在于专家头脑中的那部分知识更是如此。这一策略通常既包括正式培训,也包括能使个体通过观察、模仿及实践来获取知识的在职培训。其实施过程和系统由一系列经特别设计的教育和培训项目构成,目的在于使成人学习的效果最大化。

组织化学习策略

组织化学习的重点是学习活动。学习活动注重"社会系统学习",使企业在知识、价值观、规范的标准、行为模式等方面进行共享,以使企业适应外部环境中眼前及将来可能出现的变化。因而这种策略也可以被理解为一种创建"社会资本"的过程。适用于组织化学习策略的绩效评估包括产品开发、项目实施、订单处理等。确保这一策略取得成功的文化,应该是一种习惯于变化甚至渴望变化的文化,一种将"未来振荡"最小化的文化,一种强调"成人教育式"的文化。

知识管理策略

知识管理的重点在于对基于特定任务的专业知识的获取、解释及传播。这类专业知识具有针对性、相关性和时效性的特点,对于组织成员而言,它在本质上主要是隐性的。"核心"知识管理的一个基本前提,就是隐性知识可以部分地显性化。确保知识管理策略取得成功的文化是一种知识共享的文化。而这种知识共享的文化也许是一种最难创建的文化,因为它要求将"知识就是力量"这一社会共识转化为欣赏与奖励知识共享。

创新策略

支持这一策略文化是一种创新文化。创新文化具有下述这些特性:容忍创新过程中不可避免的小的失败、重视新想法的产生(即使不加以实施)、"跳出思维框框"的意愿、推迟新主意的评价直到其发展成熟。

第四节 中国企业变革的问题

国内外有关组织变革的研究

国外有关组织变革的研究主要从理论构建及实证探讨两个方面进行。

从组织发展理论产生以后,就出现了许多关于组织变革的论述,相关研究也经历了几个主要阶段。在20世纪70年代,人们提出了星系组织结构的概念,简单地讲,就是由众多独立的但在产权或管理上相互联系的多个公司组成的集合体,类似于我国的企业集团、比利时的控股公司、法国的工业集团等。星系组织理论使企业的边界向市场推进了一步,同时企业内部组织结构的刚性也在逐渐变小。

80年代,Naisbitt(1982)的企业重建(reinventing the corporations)理论受到广泛的关注,重建理论要求企业创造一种最适合员工工作的环境,应放弃原有的组织结构,设计出适合沟通的形式、自我管理、弹性工作时间、利润分享和弹性福利等。与今天企业实践中非常流行的ESOP(员工持股计划)、在家办公、福利自助餐等管理方式与这种思想非常相似。彼得斯(Peters)的《追求卓越》提出了优秀企业的八个特征,而强势企业文化是优秀企业的重要特点,使文化变革成为80年代中后期的主题。

90年代哈默(Hammer)和钱皮(Chamly)的《企业再造工程》,使流程变革成为变革的主流,他们提出要让企业的活动、事件、业务流程成为组织设计的基本元素,使原来支离破碎的工作流程(包括业务流程和管理流程)得到整合。

总之,组织变革的主题沿着结构变革—文化变革—流程变革的轨迹进行,而今天,更多学者从实践中发现,单一内容的变革并不能满足企业的需要,正如Pascarella(1998)指出的,虽然流程很重要,但组织结构和文化的改进也决定了企业的价值,这种价值体现在质量、服务、成本、速度和创新等五个方面。

从实证研究来看,国外有关组织变革的研究多集中于以下几个方面:组织变革的背景或动因(集中于组织外部剧烈变化的环境)、变革的模型(渐进模型、动态均衡模型和连续变革模型)、变革的方式及方法(计划方法和突变方法)、变革的趋势与内容(结构、人员、技术与文化等)、变革的路径选择、变革的过程控制、变革的绩效衡量、管理与领导变革、变革的成功与失败等。

国内对组织变革的研究更多地集中于对企业外部环境的分析及外部环境变化可能对企业的组织形态、运作方式和管理模式的影响,即趋势研究,如张焱(2000)、隋忠海(2000)、朱颖俊(2000)、吴德贵(2000)、赵平和张力军(1999)等。而且这些趋势研究多集中在变革的组织结构和技术层面,也就是集中在两个大环境下的企业变革趋势:一为信息技术和互联网的应用,二为知识经济和全球化。而对具体变革方式、过程、内容和管理的研究则比较少,主要有:邸杨(1998)分析了实现企业组织变革平稳过渡的主要障碍及对策;齐善鸿(1999)提出了企业变革要充分认识人力资本的重要性;林志扬(2003)从治理结构与组织结构互动的角度对组织变革进行分析,并提出了上述两者之间的适应程度决定了组织有效发展的程度的观点。王雪丽(2003)从战略、结构、制度和文化等几个角度来研究影响企业变革成功的因素,并进行了一些实证分析;陈春花(2000)则对组织变革的驱动机制和抵御因素进行了分析;胡宏梁等(2003)认为影响企业变革进程的主要因素是中层管理者,并对中层管理者承担的创意者、传达者、安慰者和协调者角色进行了分析。总结中国学者在组织变革方面的研究,可以发现主要问题是缺乏实证研究,多数文章局限于定性地描述变革的趋势,也就是关心目标,而不考虑过程与结果。但从2002年年初开始,国内越来越多的学者开始关注变革过程和变革中的行为,这与越来越多企业进行各种变革而遇到实施困难是有关系的,实践再一次引导理论研究走入新领域。

中国企业变革应注意的问题

随着全球经济一体化的冲击,所有的企业都面对新的挑战。中国企业在过去的30年中,主要完成了从计划经济到市场化的转变。打个比喻,好似政府将企业逐步赶入海中,先是给个救生圈,然后又逐步收回救生圈。企业在这个过程中学会了游泳,但游泳的技术很不过关,很不专业。风平浪静时尚可勉强应付,大风大浪来临时又将陷入危险境地。企业必须学会专业的游泳技术,并逐步地拥有小船、大船,才能确保风雨无忧。加入WTO对中国企业来说,既是机会,更是挑战。无论是从抓机会来说,还是从迎接挑战来说,中国企业目前最重要的任务都是抓紧进行企业变革。

中国企业的变革要考虑自身背景和环境的影响。领导中国企业变革的领导者除了需要注重上面所说的,还尤其需要注意以下几点:

迅速提升国际化领军人物的素质和领导风格

变革中的领导者尤其要注重全球意识(global mindset),这包括能够从本土看到全球的市场,从一个国家的经营看到在另一个国家如何经营的视野;迅速培育在法律、道德、价值观、国际准则、企业社会责任方面全球化的卓越理念、技能和行为。此外,使命、激情、视野的气魄必须与品格、承诺的素质融为一体,最终使中国企业领袖融入国际化和世界级的标准之中。这样的领军人物才能在新的国际竞争局面中领导中国企业突围。

美国领导学专家库泽斯(Kouzes)和波斯纳(Posner)在其经久不衰的《领导力》一书中,在经过调研的基础上,总结了国际企业卓越领导者的五种行为:① 以身作则:明确自己的理念,找到自己的声音;② 共启愿景:展望未来,感召他人为共同的愿景奋斗;③ 挑战现状:通过追求变化、成长、发展、革新的道路来寻找机会;④ 使众人行:通过分享权力与自主权来增强他人的实力;⑤ 激励人心:通过表彰员工的卓越表现来认可他的成就。

注重管理的创新

中国企业现在谈论最多的是产品和技术的创新,因为虽然中国是世界的工厂,在国际上的影响越来越大,但在全球化竞争的今天,企业要想成为"做大做强"的组织,必须要有更多的自主知识产权和品牌,因此,创新的产品和技术非常重要。然而,同样非常重要的是管理的创新。只有通过管理的创新,才能使企业的管理适合中国的国情,才能促使企业更快发展,才能使企业在一个更高的水平上发展。中国目前的企业管理实践(包括管理教育)过多地依赖于西方的概念、理论和模式,而东西方文化、制度、社会规范等方面的差异,又不得不使我们思考这样的管理实践是否适合中国的国情。只有找到真正适合中国国情的、适合中国文化特点的、适合中国人的心理和行为的管理方式,才能使中国的企业真正走向世界。

建立学习型组织

企业是有生命周期的。企业创业阶段的领袖所具备的素质,到了成熟阶段必须要有新的思维调整过程。国际化趋势的到来更要求中国的企业领袖迅速提高自己的综合素质,调整理念,与时俱进。从这个含义上讲,创新不仅局限于技术和制度的层面,更重要的是思想、文化、理论和观念的更新换代。进行深入的理念、观念、思维、文化的变革,是中国企业国际化的重要步骤。中国企业领袖要有魄力和胸怀,把最能为企业国际化做贡献的本土和国际化人才提到企业最重要的位置上,以实现组织变革和文化创新。这种变革需要企业的领军人物具有足够的勇气,抵抗和克服诸多来自环境、组织、历史、传统的阻力,需要中国企业领袖反思延续了两千多年的孔孟之道,把中国文化人格中那些适应国际化的精华提炼出来,而不断去除其中成为企业进一步发展障碍的思维方法——即使它曾经对企业最初的成功起过良性作用。这就是彼得·圣吉(Peter Senge)在《第五项修炼》一书中所强调的第二项修炼——"改善心智模式"。企业领军人物必须认真反省自己,跳出中国人文传统的"盒子",重新制定国际化管理的思维模式,遵守国际化的游戏规则。我们需要以中国的方式解决中国面临的国际化问题,最终目标是使企业能够应对来自全球的竞争和挑战。

变革需要勇气和决心,但必须注意系统思维。企业变革的最终目标是建立一个学习型组织,这对于中国的企业来说尤为重要。而学习型组织的真谛在于系统思维。当前中国企业的弊病之一是过分浮躁,对短期利润过分看重,而忽视了企业发展的中长远使命和战略目标。在今天如此激烈的竞争条件下,一个战略层面仓促的决定,很可能导致企业在未来市场中彻底失败。这需要企业逐步转变为一个学习型组织,以组织内部的思考、学习和变革来推动企业的战略管理。

系统思维就是要解决在管理变革中出现的似是而非的两难困境,认识到今天的答案可能来自昨日的解,而今天仓促的决策可能是明天灾难的根源。企业领袖必须善于把思维的国际化和实践的本土化相结合,融合中国的管理哲学理念和西方的管理操作实践,在降低短期成本的同时,实现企业长期的使命和利润目标。

纵观全局,中国企业在未来几年中面临的机遇和挑战是历史性的和空前的。这更加需要中国企业的领导者认真分析企业所处的内外部环境,带领企业在历史的发展中把握住机会,在组织的变革中顺利将其带入新的境界,创造中国企业的胜利。

案例

2004年1月29日,春节放假后开始上班的第一天,海信集团召开了2004年经济工作会议,确定了对集团总部管理层九个部室进行机构改革的最终方案。此次机构调整由董事会操刀,对集团管理部门"动起了手术",集团只保留五个管理部门以及四个以服务为职能的中心,其他部门悉数裁撤,大量人员充实到生产经营一线。最终,海信集团公司将最终保留不到60人的管理团队,从而实践集团"经营与管理中心下移"的战略思想并最终实现管理的扁平化。

在此之前,海信集团已对其内部管理架构进行了一系列大刀阔斧的调整。2002年11月,海信宣布剥离售后服务,成立了中国第一家专业品牌服务商——赛维家电服务产业有限公司,为将其打造为国内最大的第三方专业服务商奠定了扎实的基础。2003年7月,海信集团对旗下海信电器股份有限公司、海信空调有限公司、海信(北京)电器有限公司实行产销分离,整合三公司的销售渠道,成立了青岛海信营销有限公司。整合以后,产品公司的核心是成本与质量战略;销售公司的核心则是产品营销的差异化战略。

2003年的家电行业,在市场营销层面已鲜有突破,而产权改革问题则由于TCL集团成功的整体上市再次成为业界的焦点,国有企业改制对于海信来讲,也是一个不容回避的战略方向。那么,海信集团对企业内部架构的一系列调整是否在为未来的产权改革铺路?与沿海企业相比,内地国有企业改制将经历怎样的过程?

2003年,国内著名的家电企业TCL集团成功地整体上市,顺利实现MBO(经理层持股),为家电企业的产权改革提供了一种新的运作模式。而最近一段时期,有关国有股全流通试点的讨论异常热烈,家电行业作为国内竞争最充分的行业,一直走在市场经济的前沿,因此许多人士认为,全流通的试点单位有可能最先锁定家电企业,甚至坊间一度传出长虹有可能作为全流通试点单位的消息。对于这样的讨论,海信集团总裁周厚健一直坚持着自己的想法:海信集团是一个国有独资企业,国有体制内部的改革虽然停了,但体制之外的产权改革,如集团下的子公司的产权改革,我们还在继续。比如海信智能设备公司,主要生产商用收款机,目前是国内本土企业生产收款机规模最大的,效益非常好。智能公司的第一次改制已经完成,还要进行进一步的改制。改制的目的不排除去上市、去融资,通过上市、融资来解决经理层的激励问题。上市本身解决的是激励问题,我们也想通过对海信的下属公司剥离、上市,实现对经营骨干的激励问题。

海信内部改革从 2001 年开始调整,明确 3C(家电业、通信业、信息业)是海信未来主导的产业架构,与 3C 有关的坚决进入,与其无关的坚决退出。在这个既定的发展战略下,先后剥离了商业公司、广告公司、包装公司等,目前这些企业都是盈利的,资产也不错。海信正在抓紧做大 3C 中的每一个产业,使其具备集约效应,同时保证 3 个 C 之间密切联系,也就是要"神似",而不仅是一张皮的"形"似,要把海信做成由很多小企业组成的健康企业。

3C 指的是家电、通信、信息,其主导产品为电视、空调、计算机、移动电话、冰箱、软件开发、网络设备等,从目前来看,海信已经完成了这种布局,还要确保每个"C"里有三个产品。通信领域,有已经进入的手机,正在完善的光通信,下一步还要进入局域通信。在传统的家电领域,包括电视、空调和冰箱三个产品。在信息领域,则包括电脑、软件(智能交通)、数码产品等,每一个 C 规模的扩展是海信下一步要突破的目标。

在周厚健领导下的海信,一直希望"小机构、大服务"的管理状态,2002 年,海信率先把服务剥离出去,成立了赛维家电服务产业有限公司。到 2003 年把销售从生产剥离,实现了三个家电产品的销售整合;然后又对海外市场销售进行了整合。海信通过这一系列的拆分运作,"将集团做小、将子公司做大",做成许多小而健康的公司,使每个公司都成为市场经营的主体,将每一个公司都变成利润中心。比如,将服务剥离以后,海信现在成了"赛维家电服务产业有限公司"的一个客户。

众所周知,中国已经成为全球家电的制造中心,事实上,现在飘在家电业上空的海外游单特别多,关键是能否抓住的问题。海信将原来的工厂独立出来,只负责生产与研发,还进一步争取产品订单——不仅为海信一个品牌服务,还要通过 OEM 订单为自己增加新的收入,这样生产部门也由此变成了利润中心。

营销系统的变革则是家电业中"常说常新"的话题。销售系统中存在人海战术,以往海信彩电、空调、冰箱都拥有各自相互独立的营销渠道,在商家的选择、物流配送及财务等方面都存在严重的重复建设问题。周厚健认为,拆分之后,海信的核心竞争能力将是最低的成本、最高的质量、最快的速度。对营销企业来说则是低成本、高价格、快速分销。对服务企业赛维,则是低成本、高质量地维护海信的美誉度。这样一来,就把每一个环节全部变成了利润中心,各自的职责更清晰。

其实很难判定到底究竟是"合"好还是"分"好,这必须根据各自企业不同的发展阶段来说,哪一种方式更适合。从海信来说,变革是必需的,就像三星 CEO 李健熙所说的"除了老婆和孩子,统统都要改"。在周厚健看来,除了品牌、文化和信念,海信的一切都需要改变。要把全员都拖进改革的浪潮中,激发每一个人的创新意识。既然一句关于变革的话能够使三星在沉重的金融危机的打击下很快恢复过来,那么一个勇于变革和创新的海信也能在日益激烈的博弈中走出新的棋局。

然而变化中的海信,又保持着一贯的风格。海信强调的是稳定的发展,因此很少采取刺激性的营销手段,可能感觉相对平淡。2003年,虽然海信的增长不是业界最快的,但是增长幅度还是不错的:全年实现销售收入221亿元,增长幅度为14.5%,海信的彩电、空调都保持了一定的增幅。海信不认为一年内翻一番的增长才是增长,保证一个企业稳定的增长是非常重要的。有人批评海信发展太慢,但从这些年来看,海信的发展水平一直保持在同行业的平均水平之上。

就像这样的海信,保持着持久的竞争力,不骄不躁稳健地前进,多多少少正如周厚健其人。企业竞争应该是一场永不停止的马拉松赛跑,而不是百米冲刺。因此市场投入应该量力而行,像熬中药一样,需文火慢炖,急不得。值得欣慰的是,在历年的市场调查中,海信的市场占有率也许不是最高的,但海信品牌的忠诚度、美誉度一直都居高不下。这才是海信能够持续发展的保证。

讨论题

(1) 海信变革的背景和环境是什么?在这样的环境下,海信的变革是主动还是被动的?可以自己搜集更多的信息加以说明。

(2) 周厚健对于变革的核心理念是什么?在他的理念中什么可以变,什么不可以变?又是如何在变革中体现的?

(3) 海信的变革涉及哪些方面?如何能够使这些变革顺利地完成?

参考文献

[1]〔美〕斯蒂芬·P.罗宾斯著,孙健敏等译:《组织行为学》(第十版),中国人民大学出版社,2005。

[2]〔美〕约翰·P.科特、丹·S.科恩著,刘祥亚译:《变革之心》,机械工业出版社,2003。

[3] 查抒佚、许百华:"领导变革过程模型:组织变革的流程与策略",《人类工效学》,2006年第2期,第48—50页。

[4] 常青:"公共组织变革中的阻力分析",《行政论坛》,2006年第4期,第12—15页。

[5] 陈洪浪:"如何成功实施变革?" CHINAHAD, 2005年第12期。

[6] 吴家辉:"组织领导者如何影响组织文化的建立——以ING安泰人寿为例",《中

华管理评论》,2003 年第 2 期,第 15—27 页。

[7] 钟敏、何平:"组织变革与行动学习",《港澳经济》,2006 年第 10 期,第 60—63 页。

[8] 张德、窦亚丽:"中国背景下的学习型组织结构研究",《科学学研究》,2006 年第 24 卷第 6 期,第 934—938 页。

[9] 王晓蕾、李曼丽:"学习型组织和企业经营业绩关系的实证研究",《中国人力资源开发》,2010 年第 4 期,第 87—90 页。

[10] 陈国权:"组织学习和学习型组织:概念、能力模型、测量及对绩效的影响",《管理评论》,2009 年第 21 卷第 1 期,第 107—116 页。

[11] 〔美〕Gary Yukl:《组织中的领导》(第五版),清华大学出版社,2001。

[12] Beer, M., "The Critical Path for Change: Keys to Success and Failure in Six Companies", In: R. H. Kilmann and T. J. Covin (Eds), *Corporate Transfoemation: Revitalizing Organizations for a Competitive World*. San Francisco: Jossey-Bass, 2012.

[13] Belgard, W. P., Fisher, K. K., and Rayner, S. R., "Vision, Opportunity and Tenacity: Three Informal Processes that Influence Formal Transformation", In: R. H. Kilmann and T. J. Covie (Eds), *Corporate Transfoemation: Revitalizing Organizations for a Competitive World*. San Francisco: Jossey-Bass, 2012.

[14] Bennis, W. G., "Theory and Method in Applying Behavioral Science to Planned Organizational Change", *The Journal of Applied Behavioral Science*, 1965, 1, 337—360.

[15] Bennis, W. G. and Nanus, B., *Learders: The Strategies for Taking Change*. New York: Harper & Row, 1985.

[16] Conger, J. A., *The Charismatic Leader: Behind the Mystique of Exceptional Leaders*. San Francisco: Jossey-Bass, 1989.

[17] Fiol, C. M. & Lyles, M. A., "Organizational Learning", *Academy of Management Review*, 1985, 10, 803—813.

[18] Garvin, D. A., "Building a Learning Organization", *Harvard Business Review*, 1993, 71, 8—91.

[19] Huber, G. P., "Organizational Learning: The Contributing Processes and the Literatures", *Organization Science*, 1991, 2, 88—115.

[20] Jick, T. D., *Implementing change*. Burr Ridge, IL: Irwin, 1993.

[21] Kast, F. E., & Rosenzweig, J. E., *Organization and Management: A Systems and Contingency Approach*. McGraw-Hill Companies, 1979.

[22] Kotter, J. P., *Leading Change*. Boston: Harvard Business School Press, 1996.

[23] Kouzes, J. M. & Posner, B. Z., *The Leadership Challenge: How to Get Extraordinary Thins Done in Organizations*. San Francisco: Jossey-Bass, 1987.

[24] Kouzes, J. M. & Posner, B. Z., *The Leadership Challenge: How to Keep Getting Extraordinary Thins Done in Organizations*(2nd ed.). San Francisco: Jossey-Bass, 1995.

[25] Levitt, B., & March, J. G., "Organization Learning", *Annual Review of Sociology*. 1988, 14, 319—340.

[26] Lewin, K., *Field Theory in Social Science*. New York: Harper & Row, 1951.

[27] Nadler, D. A., Shaw, R. B., Walton, A. E, and Associates., *Discontinuous change: Leading organizations Transformation*. San Francisco: Jossey-Bass, 1995.

[28] Nanus, B., *Visionary Leadership: Creating a Compelling Sense of Direction for Your Organization*. San Francisco: Jossey-Bass, 1992.

[29] Schein, E. H., *Organizational Culture and Leadership*(2nd ed.). San Francisco: Jossey-Bass, 1992.

[30] Senge, M. P., *The Fifth Discipline: The Art and Practice of the Learning Organization*. New York: Currency Doubleday, 1990.

[31] Tichy, N. M., & Devanna, M. A., *The Transformational Leader*. New York: John Wiley, 1986.

[32] Woodward, H. & Bucholz, S., *Aftershock*. New York: John Wiley, 1987.

[33] Örtenblad, A., "The Learning Organization: Towards an Integrated Model", *Learning Organization*, 2013, 11(2), 129—144.

[34] Marsick, V. J., "The Dimensions of a Learning Organization Questionnaire (DLOQ) Introduction to the Special Issue Examining DLOQ Use over a Decade", *Advances in Developing Human Resources*, 2013, 15(2), 127—132.

[35] Watkins, K., & Marsick, V. J., "Dimensions of the Learning Organization Questionnaire", Warwick, RI: Partners for the Learning Organization, 1997.

[36] Deborah, D. & Barbara J. D., "The Learning Organization and Its Dimensions as Key Factors in Firms' Performance", *Human Resource Development International*, 2008, 11(1), 51—66.

[37] Dekoulou, P., & Trivellas, P. "Measuring the Impact of Learning Organization on Job Satisfaction and Individual Performance in Greek Advertising Sector", *Proceding-Social and Behavioral Sciences*, 2015, 175, 367—375.

[38] Som, H. M., Nam, R. Y. T., Wahab, S. A., & Nordin, R., "The Implementation of Learning Organization Elements and their Impact towards Organizational Performance amongst npos in Singapore", *International Journal of Business & Management*, 2012, 7(12), 1—50.

[39] Beer, M. & Nohria, N., "Cracking the Code of Change", *Harvard Business Review*, 2000, 78(3), 133.

[40] Bloodgood, J. M. , "Strategic Organizational Change within an Institutional Framework", *Journal of Managerial Issues*, 2000, 12(2), 208.

[41] Brown, S. J. , "A Strategy for the Eemerging HR Role", *Human Resource Professional*, 1998, 11(2), 28—32.

[42] Buhler, P. M. , "Managing in the New Millennium", *Supervision*, 2000, 61(6), 16.

[43] Hurch, A. H. , "Making Multriater Feedback Systems Work", *Quality Progress*, 1998, 31(4), 81—89.

第十二章　战略型领导

本章导读

战略型领导近年来越来越受到人们的关注。本章通过介绍企业高层管理人员的职权约束和特征,帮助读者了解高管人员领导行为的相关内容。尤其是战略型领导行为对于组织变革、政治权力、任期等关系的探讨,可以帮助我们进一步了解战略型领导行为的特征及影响结果。本章的后半部分介绍了战略型领导的行为指南,希望对高层管理者或未来从事高层管理者的读者起到一定的指导作用。最后介绍了战略型领导行为的相关研究。

开篇案例

盛大互动娱乐有限公司是中国领先的互动娱乐传媒公司,致力于通过互联网为用户提供多元化的娱乐服务。

"网络游戏的竞争肯定是比我们两年、三年之前激烈得多,因为大家现在都比较推崇这个产业。但是当中真正实现盈利的企业并不是很多,这个产业还是有一些凝聚效应,前五家大的公司可能在这个市场中占据80%以上的市场份额。"盛大总裁唐骏说道。虽然如此,盛大在网络游戏领域已经面临严峻考验。盛大最大的竞争对手网易最近几个季度依靠两款自主开发的游戏《梦幻西游 Online》和《大话西游 Online Ⅱ》越来越逼近盛大的游戏霸主地位。第四季度网易网络游戏收入达到4 970万美元,超过了盛大同季度的3 870万美元。在MMORPG游戏的在线人数上,网易也同样在逼近盛大。此外,同城的第九城市代理的3D网络游戏大作《魔兽世界》获得极大成功,分流了相当多的盛大网络游戏用户。

在唐骏担任盛大CEO的时间里,面临的最大问题就是如何做出选择,使得盛大在这个竞争日益激烈的新兴行业中,不但保持领先的地位,而且有新的突破。这样的战略选择,对于唐骏和他的高层管理者团队来说,都不是一件简单的事情。14.24美元,这是2006年3月30日盛大的股价,相比于2005年1月14日的最高价42.50美元,不到一年之内盛大股价已经下跌了66%。激烈的市场竞争不断提醒唐骏,此时盛大只有采取特殊的战略选择,才能够摆脱困境。

在这段股价下跌的日子里，每一天对于盛大的高层管理团队来说都是新的考验。在唐骏的带领下，盛大的高层管理团队一直都在思考着应对方法。不得不承认，唐骏作为一名优秀的领导者，确实有他的过人之处。他首先意识到的是，网络游戏最重要的是能够吸引更多网络游戏参与者的目光，而在这个运营模式中，通过免费运营的体验式传播方式进而吸引更多网民的战略能够带动市场的扩大并且争取未来更多的利润空间。

在唐骏的带领下，盛大开始尝试网络游戏新的运营模式，最突出的便是区域化运营和免费运营。盛大的作战计划实际上是一整套非常有针对性的行动。9月推的区域化运营，然后11月马上推免费模式，实际上这都是早就计划好的，都是为抢占市场，为后续经营家庭战略做出的一整套部署。2005年9月8日，盛大宣布将对旗下的三款网络游戏《英雄年代》《梦幻国度》和《神迹》实行区域化运营试点。经过五个月试运行后，2006年2月盛大网络区域化运营的模式开始面向全国推广，计划培养100家地区代理商授权运营。除了已经实行区域化运营的三款游戏，盛大把《热血英豪》和《盛大富翁》两款休闲游戏的区域运营授权也对外开放。2005年11月，盛大宣布将旗下的几款核心网络游戏《传奇世界》《热血传奇》和《梦幻国度》永久免费，不再收取用户的包月费，转而依靠向用户提供增值服务获得收益。免费运营随即在业内引起轩然大波，竞争对手网易甚至宣称盛大是在杀鸡取卵，会对整个行业产生不利影响。更为不利的是，免费运营直接导致盛大第四季度大型网游的收入比上季度减少30.4%。

虽然一时的利润下降，然而盛大却在唐骏的带领下打开了新局面。盛大是在做自己的革命者，采取一些破釜沉舟的方式毅然转型，这种改变一定需要消费者经历一个熟悉的过程，一定会使公司短期的收入发生变化。但是应该相信，最终盛大会带领互联网游戏进入新的境界。正是这样的战略眼光和信心，唐骏领导着盛大走在争取更大成功的道路上。

对于大多数企业来说，面对变化越来越快的世界，能否适应环境并在与对手的激烈竞争中胜出，很大部分取决于企业的高层领导者。作为带领企业前进的领导者，需要的不仅是决策力和执行力，更重要的是战略眼光和战略型领导行为，正如盛大网络的陈天桥和唐骏在新兴的行业领域内做出变革与创新。在这一章就让我们来关注企业的高层管理者，探讨战略型领导行为。实际上，在西方有关领导者的研究中，传统上是关注于企业的中层管理者。前面几章介绍的特质理论、行为理论、变革型领导等领导理论都是针对中层管理者发展起来的，这一点与中国的传统不同。在中国的企业中谈论领导问题，人们经常想到的是企业的老板、总经理等。20世纪90年代以后，西方有关领导的研究开始关注企业高层管理者以及高层管理团队的研究，即战略型领导的研究（Finkelstein & Hambrick，1996）。

第一节　战略型领导概述

战略型领导

战略型领导(strategic leadership)是指一种个人的能力,包括预见性、勾画远景、处变不惊、战略性地思考问题,以及与他人合作推动变革的能力,这样的变革会为组织创造一个引人入胜的未来(Ireland & Hitt, 1999)。战略型领导主要研究那些对一个组织负全责的人群,包括他们的特征、他们所做的事情、他们如何做这些事情,特别是他们是如何影响组织绩效的(Finkelstein & Hambrick, 1996)。那些被作为战略领导研究对象的人们可以是个别的主管领导者(比如首席执行官或高管人员)、高层管理团队,或者是所有者群体(比如董事长或董事会成员)(Hambrick, 1989)。现代企业的普遍运行模式是,当一个企业创办起来后,由董事会挑选出公司内或公司外最适合管理公司运行的人担任CEO,接着CEO要选用核心人才,把他们组织起来组成管理团队。投资人和CEO或者管理人员是一种委托—代理的关系,委托人把钱给了代理人让他来经营,他承担的是一种管理的职能。

战略型领导的行为复杂性

在战略管理的研究领域中,对组织战略和效果的研究集中在技术—经济(techno-economic)层面。信息流和决策(flows of information and decisions)与参与者分离,并且被认为是战略管理过程中的主要因素(Hambrick et al., 1982; Pfeffer, 1977; Porter, 1980)。然而,Hambrick和Mason(1984)却认为组织的产出,即组织战略和效果是指对组织价值观的反映和对组织中有重大影响的人物的看法。他们提出了一个高层梯队理论(upper echelon theory)来解释高层经理的特征和组织产出的关系(Hambrick & Mason, 1984)。该理论的基本观点认为,组织中有影响力的领导者(如高层管理者)的价值观及认知特点会影响他们对企业所面临环境的关注点和解读方式,从而影响他们为企业做出的战略选择,进一步影响组织的结果,包括组织的战略和运作的有效性。

近年来,对战略型领导的研究开始转向更加深层次的高层管理者特征,包括性格、价值观、核心自我效能等。例如,查特吉(Chatterjee)和汉布里克(Hambrick)的系列研究分析了企业CEO的自恋对企业战略和结果的影响,他们发现相对于自恋程度低的CEO,自恋程度高的CEO更少受客观的业绩指标的影响而更多地受客观社会评价的影响(Chatterjee & Hambrick, 2011),而且CEO的自恋与企业的战略动态性、进行并购的数量以及业绩的极端性和波动性等存在显著的正向关联(Chatterjee & Hambrick, 2007)。自恋的CEO在制定企业战略时,还更容易受到他们自己以往任职公司的战略方案的影响,而抗拒被其他董事成员(directors)的以往任职企业的战略影响,他们甚至倾向于部署和其他董事成员经历完全相反的战略（Zhu & Chen，2015）。Nadkarni 和 Herrmann（2010）分析检验了 CEO 的大五人格特征与企业的战略灵活性和绩效的关系以及企业的战略灵活性的中介作用。性格中经验开放性高的 CEO 的企业适应性更强，更愿意冒险、创新和实验。这种企业文化又和企业的高业绩增长、高市值和高员工评价呈正相关。性格类型中责任心得分高的 CEO 领导的企业更注重细节，这样的企业业绩也更好（O'Reilly *et al.*，2014）。Malmendier 和 Tate（2008）分析了 CEO 的过度自信（overconfidence）与资本市场的反应之间的关系。Li 和 Tang（2010）发现了 CEO 的自大（hubris）程度与企业的冒险行为以及 CEO 的管理自主权的调节作用。

在当今中国，由于企业高层管理者面对持续的企业重组、不断加剧的全球竞争、劳动力的流动以及技术的迅猛发展，战略管理已比过去更加复杂了。研究组织的学者长期以来认为组织的制度环境是复杂和支离破碎的，而且这种复杂性和缺乏系统性是由多重的任务环境（Galbraith，1973；Thompson，1967）、多元化的制度"支撑"（Scott，1995）、复杂的资源供应者（Pfeffer & Salancik，1978）以及多样化的股东（Evan & Freeman，1988）造成的。组织的制度环境由一系列制度组成，包括规章制度、文化规范、教育系统等（Scott，1995）。

同时，有的主管还必须处理一系列组织内部环境的复杂性问题。CEO 的活动都与组织的内部环境相关，这些活动包括做出战略性决定、勾画愿景并加以描述、改进组织结构、监控生产操作系统，挑选、培养下一代领导者和维持一个有效的组织文化（Hickman，1998；House & Aditya，1997；Hunt，1991）。

因此，高层管理者不仅要完成大量的领导工作，还必须通过与组织内外的人打交道来实现组织制度环境中大量活动的有效运作。这些职务要求他们扮演不同的角色，同时完成大量的社会工作。为了完成这些工作，CEO 等高层管理者必须要有复杂的行为表现。

行为的复杂性的概念是由 Hooijerg 和 Quinn（1992）提出的，他们认为，出色的经理不仅在认知上具有复杂性，而且能够在外显的行为领域扮演一系列不同角色，运用不同的技能。行为的复杂性是指这样一种能力，即通过一种高度整合和互补的方式来扮演各种各样甚至是相互冲突的角色，以期实施一个认知性的复合性策略（Hooijberg & Quinn，1992）。越来越多的研究开始关注高层管理者的领导行为与企业结果之间的关系。例如，David 等（2001）发现当企业面临的环境不确定性高时，CEO 的魅力型领导（charismatic leadership）行为对企业绩效有积极的影响；Zhu 等（2005）发现 CEO 的变革型领导行为（transformational leadership）会通过企业的人力资本强化措施影响企业的业绩、缺勤的情况和平均销售额。Jansen 等（2009）分析了高层管理者的变革型领导行为与交易型领导行为如何与外在环境的动态性交互影响企业的利用性（exploitative）创新和探索性（exploratory）创新。特别的，Wang 等（2011）的研究总结了中国情境下的 CEO 领导行为，并分析了 CEO 的领导行为如何通过影响员工的态度而对企业绩效产生影响。Wang 等（2011）针对中国企业管理的实践，结合中国传统文化提出了 CEO 的战略型领导行为，并实证性地探讨了 CEO 任务导向(task-focused)行为与关系导向(relationship-focused)的行为对公司业绩的影响。任务导向的行为(如阐述愿景、富有创造力和冒险精神、监控运营等)会直接促进公司业绩;而关系导向的行为(如沟通、关爱下属、展示权威)会通过改善员工态度来间接提高公司业绩。

战略型领导受到的内外部约束

战略型领导不但需要行为的复杂性,而且还受到内部和外部的约束与影响,尽管他们在企业中担当最高层领导者的角色。当然,一个好的战略型领导,其领导行为是符合当时环境的最佳选择,因此能够产生一系列良好的结果。

内部约束是指来自企业的内部,战略型领导可能受到组织内部强大的力量或联盟的制约和影响。最主要也是最直接的内部约束来自董事会,一切重大决策必须要通过董事会的认可。而如何与董事会相处成为 CEO 的重要工作之一。内部约束还包括来自前任的影响,如前任制定的目标、制度、遗留下来的关系网络无疑会对现在的企业经营产生持续的影响作用。另外,CEO 与同事的配合程度、下属的认可程度等都有直接的关系。例如,如果高管团队的成员意见不合,大家都不愿意配合 CEO 的工作,势必会使 CEO 的工作变得更加复杂。以上这些因素都会对高管人员的职权形成很大的影响。在柳传志退下来后,曾经在接受央视采访时承认,联想有 60% 的决策权仍控制在他手里。杨元庆虽然说已经是联想的掌舵人,但是很多事情他还得请示、汇报,本身所具有的权力自然而然就是有限的。

另一种类型的内部约束是企业文化。正如上一章介绍的,企业文化是企业共享的核心价值观。为了更好地在动态的环境中生存,并自如地应对变化,一个组织需要培养和维持一种强有力的文化。这种强势的文化对一个组织整合内部管理、适应外部环境是十分重要的。一个有着强势文化的组织鼓励其员工将特定的行为模式和态度内化为自身的一部分。这些模式包括共同的基本信念、价值观和行为模式。一个有着强势文化的组织通常有着相对一致的行为模式和共同的价值观。一般来说,大公司有很强的官僚体制和行为处事的标准化方式,存在很难去克服的惰性。人们通常会阻碍那些威胁到他们的地位和权力、与他们的价值和观念冲突,或需要学习新的做事方式的企业变革。因此,CEO 要想在上任后有所作为,必然受到这种组织文化的约束作用,使之不能完全自由地按照自己的理想方式去行事。但是,从另外一个方面来讲,也有很多因素可能影响组织文化的创建、维持和改变。其中包括组织所处的社会文化环境,组织拥有的技术、面临的市场和竞争者,重要领导者的个性、价值观和领导风格。在这些因素中,领导者是最重要的,也是最能发挥作用的因素(Schein, 1985; Sergiovanni, 1984)。因此,领导者同样也可以在受到组织文化影响的同时,以自己的力量影响组织文化。

外部约束是指企业的外部即市场、行业环境等因素。外部约束包含的内容很多,归纳起来,对一个 CEO 自由行事权的外在约束包括组织的主要产品或服务的性质、组织运行的市场的类型,比如跟对手相比企业的产品是否有竞争力、企业的市场份额有多大、有没有直接的竞争对手、政府对企业的政策是否有利等。需要注意的是,在这些约束下领导者能做出什么样的成绩跟下属对领导者的评价有很大关联。比如,如果在一个比较动荡的情况下,领导者引领企业进行了非常好的变革,取得非常好的业绩,人们就会把他当作一位英雄式的人物来看待。反之,虽然领导者做了很多的工作,但在一个相对平稳的环境下发展和变化,他可能就被直觉地认为不是力挽狂澜的英雄人物,而是只能应对日常事务的普通领导者。

中国领导者面临的环境不确定性

1978年,中国开始了改革开放。从那时起,中国的企业及企业家经历了前所未有的巨变,包括国有企业的大规模重组、乡镇企业稳定而健康的发展、私有企业的出现和外资的不断增加。中国绘制了一幅改革蓝图,即由一个农业占支配地位的国家过渡为工业社会,从计划经济过渡到市场经济,以及在高科技领域里,工业经济过渡到后工业经济(Child,1998)。

中国经济与社会的巨变使组织的环境(内部和外部)变得非常复杂,动态性和不确定性加剧。外部环境的不确定性主要是指组织的管理者对环境不确定性的感知;内部环境的不确定性则包括组织结构、所有权结构和公司的发展进程。

感知到的环境不确定性(perceived environment uncertainty)已经成为组织理论中的重要概念,它解释了组织与环境的关系(Dill,1958;Duncan,1967)。它是指一个人无法预测环境的变化趋势以及这些变化对组织的潜在影响,无法判断对这种变化所做出的反应是否正确等条件下产生的不确定性感知(Milliken,1987)。当管理人员无法预测未来环境中某些因素的变化,或者无法完全掌握环境中各因素之间的关系时,对环境不确定性的感知就产生了(Milliken,1987)。按照 Milliken 的观点,感知到的环境不确定性可以影响到人的动机、个性等个人情绪的外露程度。

环境对人的行为尤其是 CEO 的领导行为产生影响,还可以从强势环境和弱势环境的划分来理解。强势环境的特征是,严格的行为规范、对特定行为的热情鼓励和对奖励的期望。例如,在美国从事经营管理活动,受到严格的法律制约、行业标准的限制以及社会规范的影响,属于强势环境。弱势环境则缺乏正式的规范、纪律、政策、程序、角色期待和规章制度。例如,现在的中国企业面临的环境,很多法律、政策、规范还有待进一步完善。而正是在这种弱势环境中,领导者的表现对组织的运作会产生最大的影响。

因此,当今中国组织环境的不确定性,给 CEO 对组织的影响提供了一个理想的环境,同时也说明了战略型领导和相关行为在中国不确定环境下更加重要。正如上一章讲到领导变革时,我们提到,打造一支高水平的高层管理者队伍是中国企业今后发展的重中之重。每一位 CEO 或企业的高层管理者,以及未来将会成为企业高层管理者的读者都应该把握机遇,带领自己的企业不断取得进步和发展。

第二节 高层管理者的归因及印象管理

归因的决定因素

如何对高层管理者的好坏和优劣进行归因,怎样判断高层管理者的表现对企业的业绩,员工对企业的态度,以及其他方面的影响,是战略型领导研究首先需要考虑的问题。因为,中层管理者的行为是可以直接观察的,他们的领导效果也可以从部门的业绩及员工的反映中获得。相反,企业(特别是大型企业)里面只有很少的人能直接观察到高层管理者的行为,他们的努力可能只是间接地影响企业的发展,而且这些影响也可能会是在几个月或更远的时间段以后有所体现。正如本章的开篇案例中介绍的,唐骏等高层对盛大网络公司有关免费游戏的战略决定不是马上起作用的,甚至在短期内可能会产生负面影响。在这种情况下人们发现(Meindl et al.,1985),相对缺乏或有限的信息使人们对高层管理者的归因产生偏差,很难分清高层管理者的行为表现与企业业绩的因果关系。因此,这一归因过程受到很多因素的影响。

如果一个领导者采取果断行动处理危机,而企业绩效随后得到改进,他就可能被看作超凡的或是很有魅力的领导。相反,一个领导者在危机中不能采取果断的行动,或他采取的行动不能迅速地解决危机,就可能被看作无能的。营利组织的领导者维持既存的战略或做出渐进的改进而不是创新性变化,可能被看作有能力的人,但不是超人。

部属对领导者能力的观察,更多地受到处理即时危机的可见行动的影响,而不是避免危机的间接行动和改进未来的条件(Lord & Maher,1991)。例如,有的领导者允许问题发展,然后采取果断的直接行动解决问题,这样的领导者被认为是有能力的。与此相反,一个领导者做出缓慢而谨慎的变革以避免潜在的问题,他所获得的好评则较少。

高层管理者的印象管理

因为领导者的表现和企业绩效之间的关系在很多情况下受到部属或公众归因的影响,所以,高层管理者通常使用印象管理技术来达到在部属及公众心目中的良好形象,让部属或者他人感到领导者对企业的重要作用。比如,任何重要的场合和聚会,领导者都会露一面,否则就会慢慢地在公众中失去影响力。这些做法对整个企业来讲,有时并不一定是不好的事情。如果一个CEO通过一些印象管理技术能够强化权威的话,可以帮助他更好地扩大并增强自己的影响。

经常被使用的印象管理技术是采用歪曲或掩盖事实的方法来修饰一项不成功的战略。在该战略决策可能导致危机的前期,也就是还不明确危机是否可能发生时,很多领导者没有看到危机的存在,本来应该采取修正的措施,或进行彻底的战略转变,但这些领导者还是一意孤行。我们在第四章介绍的中航油新加坡公司陈久霖的案例就是一个明显的例证,当时他在航油期货上的投入已经很大,而且有迹象表明投资效果不好,应该减持了,但为了表明自己当初决策的正确,他又投入了更多,结果导致了巨额亏损。当然,这种情况的产生有时是由于领导者没有知觉到可能的危机,但是,有研究表明,有时即使领导者认识到危机的存在,也没有勇气承认战略的失误,或采取改正的措施。有的领导者也会受到任期届满的影响,将这一可能的失误留给下任领导者,而在自己的任期内不采取任何弥补措施。

另外一种印象管理技术是高层管理者在解释企业成功或失败的原因时,有意夸大或缩小某一方面的信息。Salancik 和 Meindl(1984)进行了一项研究,分析了很多公司持续18年的年报记录。结果发现,高层管理者往往将企业的成功归结为自己努力的结果,而将失败的原因归结为环境的因素。

领导权威的建立

所谓领导权威,其实就是企业员工愿意服从领导者意志的程度。一个领导者如果拥有很高的威信,员工就会更愿意服从领导者的决策安排。企业领导权威围绕企业决策权展开:谁在决策?决策什么?如何决策?以上三个问题都牵扯企业的生存发展,决策的质量好坏直接与企业的业绩相关,所以,领导权威问题与企业更好的发展有很大关系。就我国现代企业来说,领导权威要发挥作用,关键还是要让企业员工理解并接受现代企业制度中的治理结构,认识到建立领导权威的重要性与紧迫性(秦志华,2003)。

那么在一个企业中谁该成为权威的主体呢?第一,权威赖以产生的基础,是资源所有权。第二,权威赖以产生的依托,是经营管理能力(秦志华,2003)。如果投资者拥有这种能力或机会,可能会直接进行经营管理,企业就会具有较高的效率。因此,在业主制企业中,两者是统一的,业主在拥有资产所有权的同时也掌握着企业的经营权。所以在业主制企业中,业主就是领导者的核心、权威的最高层。而在公司制企业中,尽管投资者是公司的所有者,但由于经营者拥有比所有者更多的关于企业管理的知识和经验,比所有者更能对公司成员形成影响,故企业的所有权和经营权是分离的。所以在公司制企业中,经营者才是权威的主体。

在这里我们引入由美国学者莱斯丽·盖恩斯-罗斯(Leslie Gaines Ross),提出的CM因素理论,以帮助构建领导权威。盖恩斯-罗斯认为有五种因素有助于树立领导权威,并按这些因素的英文名词或词组的第一个字母,或者关键词的第一个字母分成了C因素和M因素。

C因素包括:
(1)可信度(credibility);
(2)道德规范(code of ethics);
(3)内部沟通(communication internally);

M 因素包括：

（4）组建并留住高素质的管理团队（attracting and retaining a quality management team）；

（5）激励并鼓励员工（motivating and inspiring employees）。

这些构建领导权威的因素必须全部到位，否则不但权威建立不起来，企业的领导还将会在决策中遇到很大的阻碍。根据著名管理咨询公司——博雅公司2001年的调查，CM 因素是如此重要，以至每一个因素的重要性都超过了创造财富。

我们再看一下还有哪些因素对于构建权威具有重要意义，如表12-1所示。

表12-1 首席执行官声誉的驱动因素

第一重要的驱动因素	
做可信的人	因素 C
高标准的道德规范	
在公司内部宣传公司的愿景，引起员工的共鸣	
组建并留住高素质的高级管理团队	因素 M
激励并鼓励员工	
第二重要的驱动因素	
关心顾客	
有效解决危机或扭转业务下降的趋势	
对外宣传公司的愿景	
增加股东财富	
贯彻好战略愿景	
第三重要的驱动因素	
了解全球市场	
做行业带头人	
开拓创新	
实行公司公民身份制	
制定明确的互联网战略	

概括地讲，一个领导者要构建自己的权威，需做到以下几点：

（1）做可信的人。领导者需要言行一致。同时他们还应该随时监督自己的行为使其与自己主张的价值观相符。

（2）建立道德规范。领导者需要以身作则，建立并遵守较高的道德规范，以使自己与众不同。

（3）注重内部沟通。领导者需要花费比外部沟通更多的时间来与自己公司的管理人员和普通员工进行沟通，进而对员工影响顾客、同事和公司声誉的日常决策行为提供指导。

(4) 保证高素质的管理团队。能够拥有一支高素质的管理团队就等于告诉人们,领导者制定了一项值得公司内最优秀的专业人士支持的战略。这对于构建权威及其重要。

(5) 激励和鼓励员工。激励和鼓励员工其实是搞好内部沟通的另一个方面,领导者必须在与内部成员沟通的过程中进行鼓动,让员工更忠诚于公司。

第三节 领导者继任问题

领导者任期问题

领导者的继任是战略型领导研究的一个重要问题。在讨论继任问题之前,我们需要先来讨论领导者的任期。领导者在岗位任期的长短,会影响到其继承人后续管理的诸多问题。

高层管理者在自己任期内的不同时间段,对企业绩效的影响作用也可能会有不同。一般来讲,一位 CEO 在任期前几年,往往喜欢做一些比较激烈的变革。但是时间长了,如在同一个企业里呆上十年八年,通常来说就不愿意有太大的改变。

Hambrick 和 Fukutomi(1991)认为,领导者的任期可以分为五个阶段。在这五个阶段中,企业领导者所表现的行为及需要完成的任务是不同的。

第一个是要求回应期。主要是指新的领导者上任,都会投入较大的关注和精力回应董事会或前任领导者提出的要求和期望,包括降低成本、新产品开发、全球化经营等。他们之所以做出积极的回应是为了:① 打造今后发展所需要的正常状态;② 获得人们的信任和尊敬;③ 形成自己区别与他人的工作模式;④ 印象管理的需要,即新官上任三把火,可以帮助领导者树立良好的形象。

第二个是实验期。领导者满足一些现实要求,实现一些工作预期目标,获得了立足点后,高层管理者可能开始了实验期。在这一时期,企业领导者可能会充分地表现出自己的个性,尝试新的方法经营企业,并逐渐展示出自己的管理风格和模式。

第三个是模式精选期。企业领导者倾向于确定自己的领导模式,这一模式在未来一个阶段会决定企业的经营方式和发展方向。在这一时期,领导者会对任期的前两个阶段的工作过程和结果进行反思,选择那些最适合自己的特点及企业发展的模式。

第四个是集中期。企业领导者通过一系列行为强化和发展自己的模式。例如,一位领导者如果认为集权的领导方式是最适合企业的,那么这种集权型的领导模式在经营战略的制定、人力资源的管理、团队建设、流程再造等方方面面都会有所体现。

第五个是机能失调期。在这一时期,企业领导者的正向影响作用被负面影响超过。领导者的工作热情让位于厌倦。在表面上,领导者可能并没有表现出不正常的信号,但在本质上,他们的热情变弱,开放型和责任感降低,变得更加重视形式,但较少有实际行动。

继任者的挑选

我们可以看到,企业领导者在自己任期内会有不同的行为表现,如果能在机能失调期以前找到继任的领导者,对组织的进一步发展非常重要。同时也要注意,企业领导者的频繁更替会对企业造成很大的损失:生产经营中断、员工的注意力无法集中、企业的正常运营受到巨大影响……而这一切都是不利于企业发展的。同时,企业的声誉和形象也会在一些社会传闻中受到侵害,致使投资者对企业失去信心。那么企业要想恢复以前正常的运营,恐怕要等到新的领导者上任以后,况且新的继任者也需要用一定的时间来适应企业的工作,如此长的周期,循环往复,必然是任何一个公司也无法承受的。

为了避免这些矛盾所带来的问题,董事会应该在挑选CEO时,以严格的标准和全面的考察为企业选出真正有能力有才干的人。同时,有助于避免长期任职而带来的机能失调的方法之一,就是避免将权力过于集中在一个支配性的CEO手中。有一个分散授权的执行官团队,他们提供不同的见解和坚持不断地改进。最后,拥有一个很强的独立董事会也是有益的。这个董事会大多数是外部人员,而不是公司的执行官(Yukl,2001)。

有关继任者研究的一个非常重要的问题是继任者从哪里寻找。是从内部选一个不断成长的人,还是通过空降兵的形式,从外面找一个CEO。一个典型的例子就是我国台湾地区的宏基公司,施振荣是宏基的缔造者,他曾经请过一位在IBM工作多年的人来接替自己做宏基的CEO,但是这个人接手之后,完全改变了宏基原先家庭化经营的模式。这个人完全走职业化的道路,采取了美国式的管理,但是效果没有想象中的那么好。这些国外的管理模式,在台湾的环境下,尤其是一个家族式的环境下,出了很多的问题。

无论是公众企业还是家族企业,其主要负责人的继任者选拔方式,都可归为内部选拔和外部聘任两种。

内部选拔可以通过内部培养(relay CEO succession)和内部竞争(horse race)来选定合适的继任者。对于内部培养来说,当CEO选好了合适的继任者之后,需要经过至少几个月的培养和考核才能真正把职位过渡到继任者身上(Vancil, 1987)。而内部竞争的方法更适用于拥有多个大小相似的部门的公司,这些部门的主管可能会成为理想的CEO候选人(Finkelstein et al., 2009)。可以通过建立公开的竞争机制在他们中选拔出最好的人(Friedman & Olk, 1995)。

外部聘任的CEO可能是跨公司或跨行业的人才。行业内的外部聘请CEO具备更多特定的业内技能,而行业外的CEO具有的技能是更通用的(Boeker, 1997; Zhang & Rajagopalan, 2003)。此外,从行业内聘请CEO的公司的股票公告期回报率更高,但是从行业外聘请CEO的公司在五年后的股息、盈利、资本开支、成长潜力都会更高。因此总体来说,从行业外聘请CEO的长期回报更高(Jalal & Prezas, 2012)。

经理人从外部聘任可以增加公司的人才数量,并带来新鲜空气,但他们要用很长的一段时间来适应环境和工作并取得公司员工的信任。然而,从公司内部寻找继任者也有很多好处:一是有利于公司员工的职业发展,调动员工的工作积极性和主动性;二是内部提升的继任者熟悉公司的运作方式,便于很快适应工作。但是他有可能本身就是某一利益集团的代表,因而不一定能做到公平合理。

总而言之,这两种方式各有利弊,应完全视具体情况进行操作。但其中也有规律可循,一般而言,当公司的目标是为经营者赚更多的钱,或者核心人物拥有公司相当多的股份时,采用内部选拔方式;当公司的目标是寻求外部支持或要进行大的改革时,采用外部聘的方式比较好。

在继任问题上也有学者研究当继任者性别和被继任者不一致时,CEO 的更换对公司绩效以及继任 CEO 离职率的负面影响。研究显示,性别不一致的继任会对公司绩效产生负面影响,也会增加继任 CEO 提早离职的概率。其中,如果男性 CEO 的继任者为女性,当董事会和高层管理团队中女性比例高时,这种不同性别的继任对企业的负面影响会减少。当继任者来自行业内部时,这种负面影响也会比继任者来自行业外部小(Zhang & Qu,2015)。

有关继任者研究的另外一个问题是继任者需要什么样的才能。"企业经营者继任问题从本质上说就是企业经营者才能的识别和搜寻过程。"(李垣等,2002)"企业经营者的教育程度、职业背景、职业相关性、综合素质等都是评估其才能构成的必要因素。"(党晓龙和张德,2004)

我们首先引入由英国学者安德鲁·沃德(Andrew Ward)提出的领袖的生命周期的说法,从企业整个发展历程的角度审视高层管理者的职权受到的外部制约。我们看一下图12-1 所描述的企业的生命周期。

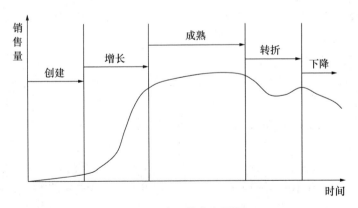

图 12-1　企业的生命周期

我们看到它能分成五个不同的阶段:创建、增长、成熟、转折、下降。就像人类在生命周期的不同阶段有不同的目标和重点一样,企业在其生命周期不同的阶段也有不同的战略重点和目标。

- 创建。创建阶段是企业整个生命周期的开始阶段,是企业家把对企业未来的愿景付诸实践的阶段。在这个阶段,企业的战略重点是尽快把产品或服务投入市场,回收资金把整个企业启动起来。故此时企业的行为显得没有系统性和条理性,完全处在一种摸索状态,主要是以赚取利润为行动目标。而企业家一开始寻找的合伙人不会太多,相互之间等级关系并不十分明显,可以平等对话,这使得企业运作起来非常灵活并且很有效率。同时这个阶段对企业反应速度的要求非常高,任何的延误都可能导致严重的后果。一旦市场接受了第一批产品或服务,企业得到了进一步发展的资金后,就进入了快速增长的第二阶段。

- 增长。当产品或服务成功为企业赚得利润后,企业规模的增长将非常明显。随着企业的快速增长,企业家的战略重点会相应发生变化。这个阶段的重点将由以赚取资金转换到企业的增长上,企业需要从最初的狂热的行为模式转变到有系统有规律的日常工作以适应企业的迅速成长。但这样的增长不会永远地持续下去,因为随着企业规模的壮大,市场将最终达到饱和。最终,企业会放慢增长的速度并进入以维持并扩大市场份额为战略重点的下一个阶段,即成熟阶段。

- 成熟。当企业的规模增长趋势放慢后,就进入了成熟阶段,在这个阶段企业将把提高市场份额占有率作为运行的目标。此阶段与增长阶段具体不同体现在企业发展的标志的变化上,在增长阶段,企业的发展是纵向的,主要看企业自身的规模是否在扩大;而在成熟阶段,企业的发展是横向的,主要看企业占有的市场份额是否在增加。在经过一段时间的成熟期后,企业有可能会因为市场上出现同类产品的有力竞争,甚至产品失去了市场,或者因为公司内部出现管理决策上的失误等导致企业无法继续维持自身的规模。当企业进入了这样一个阶段,它就需要寻找一个转折点来恢复之前的业绩。

- 转折。如果企业能认清自身的业绩正发生根本性的下降,它就可以改变战略重点来阻止这种状态的延续。然而这种改变通常导致企业内部的不安,特别是来自从现有权力结构中得益的人的不安。这意味着在重新确定方向时,会出现一定程度的混乱。经过努力后,企业或者改变了下降的趋势,或者没能阻止业绩的进一步下降,这时企业将进入生命周期的最后阶段。

- 下降。处于这个阶段的企业要维持现有的规模继续运营已不大现实了,那么战略重点就应从经营者的角度出发,以实现企业的剩余价值为主。实现的方法包括向大的企业出售整个企业,或者把公司分开重组,出售资产或能盈利的部门等。

通过以上对企业不同生命周期中的不同目标以及战略重点的描述,我们可以看到企业面对的挑战是不同的,这要求企业的领军人物使用不同的管理技能和领导技能。由此得出领袖的生命周期理论,即领袖的品质需要与企业所处的生命周期阶段相符,这样才能对企业的发展提供有用的指导。一旦领袖的品质不合要求,那么即使他的能力再强,也没有太大意义。

所以继任者的才能必须结合企业当时所处的生命周期阶段来看。"世界上不存在一个能普遍适用于各种情况的领袖风格或一组领袖的个性特点。"(沃德,2004)

第四节 战略型领导的几个重要问题

在战略型领导的研究中,有几个重要的问题一直都是人们关注的焦点,也成为影响战略型领导行为的重要因素。在本节中,我们将它们一一列出,具体进行分析和讨论。

重大变革和战略型领导

最近几年,随着全球化、现代企业制度建立、国外企业的不断涌入、中国企业不断走出国门,中国企业所面临的环境越来越变化莫测。企业为了适应这样或那样的变化,不得不经常进行改革。这对企业领导者提出了非常严峻的考验,正如上文中提到的企业生命周期论里描述的那样,企业领导者经常要随着企业所处生命周期的阶段调整自己的领导方式和战略制定的方向,稍有怠慢,就会因跟不上市场变化的速度而令企业的业绩下降。一旦这种情况发生,董事会一般会马上考虑更换企业领导者。这也是近几年企业领导者任期越来越短的主要原因。所以,跟以前相比,适应市场、调整战略变成了企业领导者工作的重点之一。

一个重要的战略转移将引起整个组织变化波动。这包括权利分配的变化(一些人获得权力、另一些人丧失权力)、部属单位和报告关系的重建、对各种活动资源的分配、所需的交互和沟通模式、操作程序、关于如何行事的规范和价值、正式和非正式角色的分派,以及关键位置的认识安排等。为了取得成功,企业领导者需要在战略、结构、过程和人事上实施变革。同时,需要这些领域的迅速变化以克服不可避免的阻力。一些人企图保持他们的优越地位和维持旧的、熟悉的行事方式。高层管理者必须知道这些变化,提供使之成功所需要的愿景、能量和指导。

在变革和革命性变化时期之后,通常随之而来的是更长的整合时期(Yukl,2001)。在整合期间,仅做出小的渐进变化以强调和巩固新的战略,增加战略、组织结构、文化和人员之间的协调性。这种转变包括提炼政策和程序、创造专业化的单位和联系机制、阐明角色和关系、修正奖励系统以便于与战略相协调、选择和发展适合于战略的人员、构建对战略的支持。此期间也包括战略上适应环境的微小变化。然而,这些渐进的变化不会产生组织的根本转变(Romanelli & Tushman, 1994)。

企业领导者所采取的调整方法一般而言可分为两种:渐进式的和激进式的。渐进式变革是小规模、缓慢的变革,目标主要是提高现有的组织的效率。渐进式变革通常的做法是增加新部门、研发新产品、拓展新市场等。而激进式变革则是以企业发展方向发生明确转变,并由此引发战略、结构、人员的同步调整为特征的快速的变革。

事实上,两种方式的变革并不是独立的。学术界的最新观点认为,公司或者是行业是在两者的更替中向前发展的。往往是在长时间的渐进式变革之后,突然由于环境的急剧变化,如市场的消失、新的革命性技术的出现等,而引发激进式变革,公司或者行业在这样的变革之后继续发展。

正是由于这样的原因,正确引入和领导变革成为企业领导者必须掌握的技能。企业领导者必须能够预测到变革的到来以未雨绸缪;深入了解组织内的权力结构以化解变革中可能出现的阻力;明确变革的方向并以有力的手段保证变革朝预定方向进行。

政治权力和战略型领导

战略型领导另外一个非常重要的问题,就是所谓的政治权力,在某种意义上相当于企业里的权术运作。在此需要澄清一下权术的概念,实际上这里的权术不是我们一般讲的搞不正之风,而是战略型领导或者高层管理者如何通过一些手段或者办法强化自己的领导。高层管理者可以通过使用政治手段来维持权力,即使当他们的专业知识不在组织内起到关键作用。

一个企业领导者怎样获得权力与组织适应环境密切相关。比如,一个企业刚刚在中国发展,这时候靠的是营销。要把产品卖出去,有盈利回来,公司才能生存和发展。由于这个阶段销售最重要,搞销售或者懂销售的人就更容易做一个企业领导者。但是环境变了,公司销售已经做得非常好,网络都建立起来了,这时公司的重点从销售转移到研发,一个搞销售人员出身的企业领导者,在这种情况下,怎样保持自己的权力。或者说怎样保持自己的影响?这时他就会通过制度化来维持自己的权力。领导者跟员工传达信息时,可能会说现在研发虽然重要,但是产品如果卖不出去,新的产品也没用。通过这种方式强化领导者的专业知识对企业有重大的影响。或者说领导者很早就把这样一种制度化的东西制定下来,有一个不成文的规定,在公司里,必须永远找这种做销售做得很好的人来当总经理——制度化之后就可以做到这一点。这些可能在某种程度上偏向于类似中国封建帝王权术这样的东西,也就是说如何更好地维持领导者的权威或者权力。

"权术"一词,在人们的印象中似乎一直带有贬义的色彩。对于什么是权术,历史上出现过很多不同的解释。最早可以追溯至亚里士多德,是他最先提出权术的概念。后来马基亚维利进一步将这个概念系统化,他在《君主论》一书中说:"君主要像狮子一般凶猛,狐狸一样狡猾;要运用权术,用强有力的政治力量操纵臣民,用伪诈骗民众。"在后来的几百年中,权术靠着无与伦比的力量和效率成为阶级社会中,统治阶级争权夺利、搜刮民脂民膏的工具。也就是说,权术自它诞生的那一刻起,就是为统治阶级服务的。每当社会变更时,它残酷的本质就更加暴露无遗。在这种意义上,大权术家几乎成了大阴谋家的代称。但是我们在这里为什么提出企业的治理也需要权术呢?原因有二:首先,我们这里所说的权术是一种权变艺术,而不是历史上出现的那种只为统治阶级服务的权术。权变艺术是在正确的理论、充分的实践、丰富的经验和良好的素质的基础上建立起来的。它已经成为领导艺术的一个重要方面。其次,这种权变艺术的目的在于领导者在进行企业管理时,灵活、富有创造性地利用企业的现有资源,使资源得到最大程度的合理配置。当然,这里的资源包括物质资源,也包括人力资源。同时,权变艺术有助于领导者更好地察觉企业内部和外部的变化并做出及时的应对。在这个过程中,领导者可以培养自己的全局观念、操控全局的眼界和能力。

毫无疑问,企业是有政治的。在多年的实践中我们发现,一个优秀的、成功的企业家,往往也是一个极富谋略的政治家。上面我们提到,权术的运用对企业来说是非常重要的,从某种意义上来说甚至是最关键的。如果说权术的意义在于提高效率这一在现代企业管理理论中最被看重的因素,那么提高效率又是为了什么?经过众多经济学家和社会学家的研究,我们可以清楚地发现,之所以诞生出一系列的企业治理办法,正是因为人类社会处于一个错综复杂的利益关系网中。某人利益的取得必然导致他人利益的流失,同样,别人取得了利益,也可能直接或间接损害本人的利益。怎样使各种利益得到平衡也就成了企业治理的关键。然而我们这里所说的利益平衡,肯定不是企业和外部某个主体之间的利益平衡。因为企业是以一个身份出现的主体,只要对外进行活动,那么它就只代表一个利益主体。换句话说,大多数企业是为了盈利而存在的,所以对于众多的企业,只可能有"机会均等"而不可能出现"利益均等"。所以权术这一概念,主要是针对企业内部的利益平衡而言的。一个企业中,可能有多个利益集团同时存在,如果协调不好这些群体之间的利益的话,那对企业来说是致命的。这方面最典型的例子就是企业管理层和普通员工之间的关系问题。就像中国一位资深的企业战略专家朱志砺在《企业里的政治和权术》一文中写到的那样:对企业来说,最主要的是从利益角度,区分出既得利益者和将得利益者(朱志砺,2003)。通常来说,既得利益者是企业现存结构的核心和支撑,而将得利益者往往先是作为失利者出现的,因为利益得不到实现而变为将得利益者。在企业中,既得利益者不能只盯着自己眼前的利益看,他们必须照顾到那些利益受到损害的群体。否则,既得的利益很有可能在一次矛盾的爆发中烟消云散,造成的损失不言而喻。

在实践中,我们看到,既得利益者往往坚决反对任何的变革或创新。这点很容易理解。因为他们在现有的基础上,已经取得了一定的利益,如果改变了策略或方向,那么这种利益将无法得到保证。同时他们也更加安于现状,认为只要保持企业这种一定期间内的某种状态,他们的利益就不会有什么大的波动,既得利益者通常是企业中比较高层的经理人。而企业主作为将得利益人,为了取得更多的利益,可能会运用各种各样的方法。在这个过程中,那些老资格的既得利益者就有可能受到冷落,因为企业主更愿意借助新兴的力量来发展壮大自己的力量。对于那些新兴的、多处于企业中下阶层的员工来说,未来可能出现的利益将是他们为企业主服务的最大动力,这就是利益驱动原则的最好体现。

我们看到,这种制衡的关系不仅存在于企业中的既得利益者和将得利益者之间,还广泛存在于企业管理层和广大员工之间。对员工太宠不行,太纵更不行,关键是把握一个"度"的问题。不懂得制衡的企业领导者,永远无法为企业的发展提供和谐的环境和条件。

这种政治活动是确实存在于组织生活中的,而且不止是企业领导人会运用它,不同的个人或群体为了抢夺企业内有限的资源,满足自己的需求,都会不遗余力地拉帮结派,建立自己的权力基础。这种政治活动的动机完全是为了满足私人的欲望,对于企业来说是消极的。从企业领导人和其他个人的政治活动我们可以看出,政治活动有积极的一面,也有消极的一面。

但是当我们面临选择时,应该考虑的是利弊得失到底如何。我们不妨用马克思主义哲学原理来解决这个问题:将人的主观能动性作用于自然规律性上,最大限度地发挥人的主观能动性。试想如果企业领导者具有良好的业务水平和道德品质,在治理企业的过程中,兼顾法律、道德和理性,以效率为最大目标,那么无论实施什么权术,也都不为过了。

高层管理团队

现代企业管理上的共同特点是都有一个包含 CEO 在内的、由执行官组成的高层管理团队。团队的任务主要是监控企业的内部运作,协助 CEO 做出决策等。之所以会出现这样一个团队,主要是因为当今市场环境变化莫测,这时靠企业领导人或某个个人去管理一个庞大而复杂的企业显得非常不现实。所以企业领导者会任命他眼里的适合人选担任各个职位的执行官来协助自己进行管理工作。

执行官团队为组织提供了一些优势(Ancona & Nadler, 1989; Eisenstat & Cohen, 1990)。当成员具有 CEO 所缺乏的技能和知识时,一个执行团队有潜力做出更好的战略决策。团队成员可能弥偿 CEO 在技能上的缺陷。一个团队做出的决策更可能代表组织成员的不同利益。如果有几个人能分享领导者的重负,就更不可能忽视重要的任务。用团队的理性会议来加强来自不同部属单位执行官之间的沟通和合作。团队成员在做出战略决策上的参与,将改进他们对执行这些决策的理解和支持。

拥有一个执行官团队的潜在优势部分取决于环境(Ancona & Nadler, 1989)。在迅速变化的复杂环境中,企业对 CEO 有许多的外在需求,这时团队将更为重要。由于技术的变化和世界经济的相互依赖性增强、组织的环境变化更为剧烈,使得发展成功战略的责任比以前更为困难。当组织具有分散而又相互高度依存的、需要密切协调的业务单位时,团队也更为重要。在一个有分散单位的组织中,单个领导者不可能有必要专门去指导和协调这些单位的活动。

团队也是有利于大的分散组织领导继承的一个方法。对于那些经历过处理组织所面临的重要事务的决策执行官,领导技能的发展可能更大。另外,当几个执行官分享组织战略领导的责任时,现在的 CEO 和董事会更容易决定团队中的哪个执行官最有资格成为下一任 CEO(Yukl, 2001)。

高层管理团队存在的另一个理由是通过发掘团队内每个成员的知识、经验等资源,可以大大提高管理决策的效率。而在多大程度上发掘这种资源是由企业领导者的意愿和技巧决定的。这要求企业领导者充分了解自己团队里的每一个成员,包括他的优点、缺点、需求等。在此基础上赋予成员权力,并让他们明确自己的角色和任务。更为重要的是,企业领导者要让所有成员明白团队的奋斗目标,让团队真正成为一个整体。另外还要保证团队内部成员交流的通畅,发挥团队优势。

Hambrick(1994)发现,在实践中高管团队往往不像是一个团队,每个高层管理者都与CEO直接互动,但成员之间的横向互动却很少。为此,Hambrick(1994)提出了行为整合(behavioral integration)的概念来描述企业高管团队的过程性质,它被概括性地定义为企业的高层管理者在多大程度上参与到集体性的沟通和互动当中,作为一个整体在运作。行为整合是一个元概念(meta-concept),整合了以往关于高管团队过程的研究,如团队沟通的频率(Smith et al., 1994)和沟通质量(O'Reilly et al., 1993)、团队社会整合(social integration)(Smith et al., 1994)、团队中的人际冲突与寻求共识(Bourgeois, 1980; Knight et al., 1999)、团队的互依性(interdependence)(Michel & Hambrick, 1992)等。行为整合包含三个维度:合作行为(collaborative behavior)、信息交换的数量和质量(quantity and quality of information exchange),以及共同决策(joint decision-Making)。合作行为主要描述了高管团队的社会性整合,而信息交换和共同决策则描述了高管团队的任务性整合(如Carmeli & Halevi, 2009; Hambrick, 1994; Simsek et al., 2005)。Hambrick(1994)认为,这三个维度相互联系、相互强化,比任何一个单独维度都更好地表现了高管团队在多大程度上是作为一个整体在运作。在行为整合程度高的高管团队中,高层管理者之间有密切、高质量的沟通和互动,成员之间开放地交换信息,共同做出企业的重要决策。

已有研究发现,高管团队的行为整合对企业多种结果都具有积极影响。例如,Carmeli(2008)发现高管团队行为整合对服务业企业的人力资源绩效和经济绩效都有积极的影响。Li和Hambrick(2005)发现高管团队的低行为整合(behavioral disintegration)会显著损害企业的绩效。Lubatkin等(2006)、Carmeli和Halevi(2009)的研究发现高管团队的行为整合会对企业的组织双元性产生积极的影响。Raes等(2013)发现高管团队的行为整合会提升员工的满意度、降低他们的离职倾向。Carmeli和Schaubroeck(2006)发现高管团队的行为整合通过提升企业的战略决策质量降低了企业衰败(decline)的可能性。

也有少量研究探讨了高管团队行为整合的前因变量。Chiu(2009)发现CEO的变革型领导行为(transformational leadership behavior)会对高管团队的行为整合产生积极影响。Carmeli(2011)发现CEO的授权赋能领导行为(empowering leadership behavior)会提升高管团队的行为整合,进而提升企业的绩效。

最新的关于高层管理团队的研究更加注重高层管理者的个人特性对企业绩效的影响。Ou等(2014)的研究发现,CEO的谦卑(humility)有助于提升高管团队的行为整合,并进而对企业的中层经理感知到的企业授权氛围(empowering climate)产生积极的影响。Ridge和Ingram(2017)发现,高层团队谦卑的特性会引发投资人的积极反应(如超额收益),并且和公司绩效呈正相关。

监控环境

CEO的另外一个重要行为就是监控环境。作为一位CEO,必须关注环境的发展与变化,以及这些发展变化对企业的影响。从另一个角度来讲,CEO要想做好一项决策,必须要有非常强的监控环境的能力。比如,银行加息对一个企业究竟会产生哪些影响,而关税降低对于汽车生产企业又会有哪些影响。具体来说,监控环境包括:

(1) 识别、收集相关的信息。CEO应该清楚哪些信息对企业确实是直接影响的因素,哪些可能是相关的信息。收集过多的信息的成本是极大的,但对环境的过窄关注可能忽视重要的趋势和发展。如何在二者之间做出取舍对CEO而言是矛盾的,一个最重要的选择是什么信息值得他们注意。CEO也需要收集竞争者的绩效、实现目标上的进展以及组织现在能力的相关信息。

(2) 利用多种信息源。对一些重要的事情,过分依赖于单一的信息来源是不明智的。所有的个人在他们的选择和阐述信息中都有偏差,他们可能在重要的发展和趋势上使信息大打折扣。我们常见的CEO花很大的一部分时间和精力去参加俱乐部活动、打高尔夫球等。做这些活动不是为了娱乐消遣,而是利用多种渠道来收集很多信息。

(3) 了解客户和顾客需要和想要的东西是什么。CEO需要了解竞争者的产品和活动,这些都很简单但非常重要。对手正在研发什么产品,或者说他们产品的具体内涵是什么之类的信息,对于制定本公司的营销战略等非常有帮助。正因为这类信息的重要,许多大企业都不计成本地使用各种手段进行保密。

(4) 信息与战略计划相联系。任何一个信息都应该跟企业的战略,也就是下一步的发展结合起来,怎么做、做什么等这样的问题不应该被CEO忽视。

形成战略

战略是实现使命和达到战略目标的一个计划或蓝图。对于公司,战略的一个重要部分是如何在市场上有效竞争和保持盈利。可能的竞争战略包括以最低的价格销售一个产品或服务、在适当价格上保证更好的质量、在竞争对手所忽视的部分市场上提供独特的产品和服务、提供额外的消费者服务、拥有更新的产品或服务、在适应每个客户的个性化产品和服务上具有灵活性等。

CEO的重要任务就是构造战略,在这里我们给出了一些可供参考的步骤:

(1) 确定长期目标/确定轻重缓急。首先确定长期目标,如果不知道所要达到的目标和它们相关的重要性,就很难做出战略计划。长期目标应当基于组织声明的目标和愿景。当存在许多目标时,优先性应当指明它们的相对重要性。

(2) 评估目前的优势和劣势。对与战略目标和竞争者相关的当前绩效的一个综合客观评价将促进战略计划。这个评价所需要的大多数信息来自对内部和外部的监视。有几个类型的分析是有用的,利用战略相关的一些分析方法也非常重要。

此外,估计现有的长处和短处可能持续多长时间。从现有长处中所获得的竞争性优越,依赖于它们将持续多长时间和竞争者克服或模仿它们的困难程度。这些都是非常重要的。

(3)确认核心能力。核心能力是实现一个特别类型活动必备的知识和能力,是指某一组织内部一系列互补的技能和知识的结合,它具有使一项或多项业务达到竞争领域一流水平的能力。

确认核心能力对于任何一个组织都非常重要,对一个绩效下降的组织的复兴来说尤为重要。一个特别重要的能力就是创造性和市场能力的独特结合,它们包括将人们的所想在各种形式的娱乐如电影、音乐、玩具和主题公园中变成现实。

(4)评价战略变革的可行性。当组织的绩效存在危机或外部环境发生变化时,企业可能就需要一个新的战略。如果令人不满意的绩效是临时恶化的条件所引起的,或是现有战略执行上的问题,就不需要重要的变化。CEO 的一个重要的责任是决定需要多大的变化。

(5)确定可行的战略。如果需要战略的重大变化,开始时最好探讨一些可能的战略。注意力过快地集中于某一个战略将妨碍发现更好的战略。如果有清晰而有意义的企业使命、长期的战略目标、核心能力和现在的绩效等指导,就更可能成功地发现新的战略。有时必须重新定义组织的使命,包括新的与环境和组织核心能力相关的活动。

即使在不需要战略的重要变化来应对危机时,高级经理也应当持续地寻求机会改进组织。有效的组织开拓会提升核心能力,或用这个核心能力进入一个新的商业领域。

(6)评价一个战略的可能结果。评价战略的可能性结果非常重要。当很难预计战略变化的结果时,特别是当竞争者能调整他们的战略以应对变化时,"德尔菲法"能够发挥很大的作用,它是同时将几个有不同知识背景或者视野的人的意见聚集在一起的一个系统方法。每个人预见一个变化的结果,把这些预见和解释分发给所有的团队成员。然后进行新一轮的预见,直到团体中的成员得出一个相似的预见。

(7)让其他高管人员参与战略的选择。执行官的一个关键责任是做出战略变化的决策。然而,很少有领导者能够如此聪明以至于能单独做出这样的决策。战略的发展应当有其他高级执行官团队成员的充分参与。当然,如果他们不能在一个战略上达成一致和迅速地制定一个决策,CEO 有责任做出最后的决策。当在最佳战略上存在相当的不确定和不一致时,明智的是选择一个足够灵活的方案,以便在获得更多知识之后,随时对之加以修正。

案例

"思想决定行为",企业管理思想架构是企业管理的基础。一个企业的管理思想架构往往决定于企业在重要发展阶段的领导人的管理思想和管理风格,王石之于万科正是如此。

王石作为一个企业的创始人、领导人,历经多年打造了其独特的人格魅力,基本颠覆了传统的现代企业领导人形象,彰显了后现代领导人风采。其一,王石号召力的形成不是来自传统的法人权力,而是来自知识、魄力、超群的战略规划能力。其二,王石人格魅力不是源自其冷峻的威严和对掌控权利的迷恋,而是来自其沉稳、果断、情理并重、实事求是处理事情的方式,及慷慨、宽容和善于放权、善于创新的管理艺术。其三,王石建立网络信息沟通平台,与员工共同分享信息,分享荣誉、权力和责任,营造学习型组织,打造诚信文化,彰显了其后现代领导人气质,更富有人性化、平民化的深厚内涵。从万科发展的历程分析王石的管理风格,王石属于综合型企业领导人,综合实干型、战略型、学者型、思想型于一体。

作为中国房地产业的名牌企业,万科给自己的定位是,做中国房地产行业的领跑者。要实现这个愿景,万科要求员工不断钻研专业技术,提高国人的居住水平。王石致力于中国住宅产品建筑,改善中国人居住文化,倡导经济、文化繁荣。和现代企业追求企业利润为终极目标、实现个人财富最大化有着显性的区别,王石从创业开始就坚守规范化,建设有别于现代企业的企业文化,现代企业文化的显著特点是企业文化往往和企业具体执行理念不一致,企业文化形同虚设,注重形式化、表面化。后现代企业经济文化愿景特征是建立在真实、客观、朴实、深刻、尊重人性、注重自然环保、倡导理想主义的基础之上的。王石在创业初期受东西方文化影响较大,在总结对比后,结合本土文化形成了适合中国国情的企业文化。王石的企业发展理念注重社会层面,创造物质财富的同时推动精神财富建设,主要体现在四个层面:客户、人才、阳光体制、持续增长和领跑。持续提供超越客户期望值的产品和服务,努力建设提高客户忠诚度;重视投资者利益;尊重人才,为员工提供发展空间;坚持不行贿、不受贿;建筑质量与文化高品质产品;从建筑材质到住宅环境崇尚环保、自然;倡导建筑无限生活理念。

学习型组织已经不是新鲜事物,从20世纪90年代产生、盛行到现在的泛滥,似乎已经搁浅,成了现代企业的一个时髦的代号。很多现代企业领导人认为自己不需要再学习,企业可以随时招聘高等教育、专业对口的人才,学习在受教育时期就该完成了。如很多家长把孩子交给学校教育,或者聘请家教解决孩子学习问题,自己拒绝再学习,结果造成与孩子沟通障碍等不良后果,但并没有从自身寻找原因——自身的轻视学习导致与社会的脱节。企业发展到一定程度,企业领导人往往拒绝再学习,以以往成功的经验持续领导企业,以致企业不可避免地走下滑路,其关键在于对学习型组织的含义缺乏真正的理解。后现代企业的学习和纯粹意义上的学习不同之处在学习的创新性,只有创新才能达到超越。

现代企业的学习与创新观念特征是把学习当成一种简单的培训,也有计划地安排一些所谓的员工培训计划,但流于形式,缺乏实质性指导作用。包括一些企业领导人自身用金钱进修包装成学者型领导;现代企业的创新是源于社会发展理念的精英化、专家化、学者化。后现代企业的学习与创新具有普遍性,学习与创新发生在身边,时刻进行着,更具平民化、日常化,是一种全体总动员式的学习与创新,互联网的普及与泛滥使社会趋向零距离时代,未来变得深不可测,每个人、每个企业只有不断地学习,才能不断地创新,摒弃现代企业的以不变应万变,以最快的速度不断超越自我,以变化应对变化,才不至于断代、落伍。

王石的战略眼光之一，就是致力于建设学习型组织。在这一学习型组织中，倡导职员全身心投入，体验工作中的生命意义，通过学习创造自我，扩展创造未来的能量。王石认为，竞争优势是由个人和集体的不断学习促成的。在万科倡导学习是一种生活方式，把学习融于生活中去，万科的技术创新、产品创新、物业管理创新、服务创新、制度创新、战略创新等，形成万科持续竞争能力，成就房地产领跑地位，树立全国品牌，成为唯一上市企业中被美国《福布斯》连续评为全球最佳200家小企业之一。

1999年，王石辞去总经理职务，不去涉及房屋图纸，却专门想要搞懂IT。当时王石去过美国的硅谷，和IT行业人士咨询探讨。王石认为，网络时代，企业经营、发展和IT应该是联合的而不是独自发展的，其行业相关性是密切的。所以王石在这方面做了尝试并得到了初步可观效益，如建立网络采购联盟、中国首度行业网络联盟"中城网"、BBS式扁平化数字管理、网络投诉机制、导入SPA人力资源管理，等等，增强企业持续竞争能力，提升客户忠诚度，使企业效益持续稳定增长。数字化产业是充满激情活力，让生活、事业趋向理想化，其管理方式是把知识工作者组成一个强力数字化管理团队，进行智慧式、人性化管理。作为后现代企业领导人是吸引而不是领导这样一个团队，并为这个团队创造自由、创新、发展的多维度空间，这正是王石所做的事情。

作为公司的最高领导人，王石在创业初期与员工的沟通关系就非常活跃，这一范式并没有在企业发展、长大中消失，反而越来越凸显，并形成一种机制。万科倡导理想主义，先有满意员工才有满意客户理念，从自身做起，尊重员工，重视员工发展，客观地接受高低层员工离职，建立内部网络沟通平台，实现一对一式对话沟通。在对待员工包括高层领导者的工作失误方面，王石会先自我检讨，从自身寻找导致失误的原因，如上海发生集体受贿事件，王石并没有更多地指责批评，而是自我检讨没有建设有效的管理机制，导致有些领导犯错误，很对不起职工的家属，让他们也遭受痛苦等。与员工的公开、平等对话不但传达王石的思想、理念及价值观，更多的是沟通拉近了距离，融进了感情，及时地了解员工的思想及理想，同时也有好的建议被采纳，如员工提出的对待供应商也应像对待客户一样，被采纳并推行。

王石很早就注重文化和经济的密切关系，借助文化宣传树立企业社会公众形象，如早期的赞助公益活动，通过文化活动加深公众对企业的印象；对社会、媒体公开企业运作状况，倡导规范、透明，建立阳光机制；王石积极应对媒体，建立接待媒体机制，使万科有良好的与公众沟通渠道，包括大学讲座也不失时机地宣传万科的理念及价值观，成为大学生就业首选；特别是王石成功登上珠穆朗玛峰，再一次刷新国人的眼球，把万科带入新的起点。又如选择诚信企业做形象代言人，以诚信推动诚信，让万科走在阳光下，走在人群中，化解企业诚信危机。2003年万科集团客户诚信调查显示：满意度74%，忠诚度63%，2003年再度被评为社会最受尊敬企业之一。王石热衷建立良好的诚信传播渠道，融合文化和经济，打造健康公正的后现代企业，成为中国标杆企业。

讨论题

(1) 通过上面的报道和评论,作为企业的高层领导者,你认为王石是如何使万科集团不断发展成为中国的名牌企业?

(2) 结合案例和你的观察体会,总结战略型领导所研究的问题对企业的发展有何重要作用。

参考文献

[1] 〔美〕安德鲁·沃德著,木易译:《领袖的生命周期——使领袖与进化中的组织相适应》,经济管理出版社,2004。

[2] 党晓龙、张德:"我国大型国有企业经营者继任的现状分析",《清华大学学报(哲学社会科学版)》,2004年第1期,第19卷。

[3] 〔美〕斯蒂芬·P.罗宾斯著,孙健敏等译:《组织行为学》(第十版),中国人民大学出版社,2005。

[4] 〔美〕莱斯丽·盖恩斯-罗斯著,沈国华等译:《首席执行官资本》,上海财经大学出版社,2005。

[5] 李垣、刘益等:《转型时期企业家机制论》,中国人民大学出版社,2002。

[6] 秦志华:"关于我国现代企业领导权威的探讨",《晋阳学刊》,2003年第3期,第14—16页。

[7] 朱志砺:"企业里的政治和权术",《知识经济》,2003年第2期,第74页。

[8] Ancona, D. G., & Nadler, D. A., "Top Hats and Executive Tales: Designing the Senior Team", *Sloan Management Review*, 1989, Fall, 19—28.

[9] Bourgeois, L. J., "Performance and Consensus", *Strategic Management Journal*, 1980, 1(3), 227—248.

[10] Boeker, W., "Strategic Change: The Influence of Man-agerial Characteristics and Organizational Growth", *Academy of Management Journal*, 1997, 40(1), 152—170.

[11] Burgers, J. H., Jansen, J. J., Van den Bosch, F. A., & Volberda, H. W., "Structural Differentiation and Corporate Venturing: The Moderating Role of Formal and Informal Integration Mechanisms", *Journal of Business Venturing*, 2009, 24(3), 206—220.

[12] Carmeli, A., "Top Management Team Behavioral Integration and the Performance of Service Organizations", *Group & Organization Management*, 2008, 33(6), 712—735.

[13] Carmeli, A., & Halevi, M., "How Top Management Team Behavioral Integration and Behavioral Complexity Enable Organizational Ambidexterity: The Moderating Role of Contextual Ambidexterity", *The Leadership Quarterly*, 2009, 20(2), 207—218.

[14] Carmeli, A., & Schaubroeck, J., "Top Management Team Behavioral Integration, Decision Quality, and Organizational Decline", *The Leadership Quarterly*, 2006, 17(5), 441—453.

[15] Carmeli, A., Schaubroeck, J., & Tishler, A., "How CEO Empowering Leadership Shapes Top Management Team Processes: Implications for Firm Performance", *The Leadership Quarterly*, 2011, 22(2), 399—411.

[16] Chatterjee, A., & Hambrick, D. C., "It's all about Me: Narcissistic Dhief Executive Officers and their Effects on Company Strategy and Performance", *Administrative Science Quarterly*, 2007, 52(3), 351—386.

[17] Chatterjee, A., & Hambrick, D. C., "Executive Personality, Capability Cues, and Risk Taking How Narcissistic CEOs React to Their Successes and Stumbles", *Administrative Science Quarterly*, 2011, 56(2), 202—237.

[18] Child, J., "Reform of State Enterprise and Prospect of Foreign Investment in the Mainland China", Paper given at the conference on Chinese Economic Reform: Comparative Perspectives, University of Hong Kong, 1998, March.

[19] Chiu, C. Y., Lin, H. C., & Chien, S. H., Tranformational Ledership and Tem Behavioral Integration: The Mideating Role fo Team Learning, Paper presented at the Academy of Management Proceedings, 2009.

[20] David, A. W., Gabriel, G. R., Robert, J. H., & Phanish, P., "Does Leadership Matter? CEO Leadership Attributes and Profitability under Conditions of Perceived Environmental Uncertainty", *Academy of Management Journal*, 2001, 44(1), 134—143.

[21] Dill, W., "Environment as an Influence on Managerial Autonomy", *Administrative Science Quarterly*, 1958, 2, 409—443.

[22] Duncan, R. B. "Characteristics of Organizational Environments and Perceived Environment Uncertainty", *Administrative Science Quarterly*, 1972, 17, 313—327.

[23] Eisenstat, R. A., & Cohen, S. G., "Summary: Top Management Groups", In: J. R. Hackman (Ed.), *Groups That Work (and Those Don't)*. San Francisco: Jossey-Bass. 1990, 78—88.

[24] Evan, W., & Freeman, E., "A Stakeholder Theory of the Modern Corporation: Kantian Capitalism", In: T. Beauchamp & N. Bowie (Eds.) *Ethical theory and business*. Englewood Cliffs, NJ: Prentice-Hall, 1988, 75—83.

[25] Finkelstein, S., & Hambrick, D. C., *Strategic Leadership: Top Executives and their Effects on Organizations*. St. Paul, MN: West Publishing Company, 1996.

[26] Finkelstein, S., Hambrick, D. C., & Cannella, A. A., Jr., *Strategic Leadership: Theory and Research on Executives, Top Management Teams, and Boards*. New York:

Oxford University Press, 2009.

[27] Friedman, S. D., & Olk, P., "Four Ways to Choose a CEO: Crown Heir, Horse Race, Coup d'Etat, and Comprehensive Search", *Human Resource Management*, 1995, 34(1), 141—164.

[28] Galbraith, J., *Designing Complex Organizations Reading*, MA: Addison-Wesley. 1973.

[29] Hambrick, D. C., "Top Management Groups: A Conceptual Integration and Reconsideration of the 'Team' Label", In: B. M. Staw & L. L. Cummings (Eds.), *Research in Organizational Behavior* (Vol. 16, 171—231). Greenwich, CT: JAI Press, 1994.

[30] Hambrick, D. C., "Guest Editor's Introduction: Putting Top Managers Back in the Strategy Picture", *Strategic Management Journal*, 1989, 10 (Special issue), 5—15.

[31] Hambrick, D. C., & Fukutomi, G. D S., "The Seasons of a CEO's Tenure", *Academy of Management Review*, 1982, 16, 719—742.

[32] Hambrick, D. C., MacMillan, I. C., & Day, D. C., "Strategic Attributes and Performance of Businesses in the Four Cells of the BCG Matrix—A PIMS-based Analysis of Industrial-product Businesses", *Academy of Management Journal*, 1982, 25, 510—531.

[33] Hambrick, D. C., & Mason, P. A, "Upper Echelons: The Organization as a Reflection of its Top Managers", *Academy of Management Review*. 1984, 9, 193—206.

[34] Hickman, G. R., "Leadership and the Social Imperative of Organizations in the 21th Century", In: G. R. Hickman (Ed.), *Leading Organizations: Perspective for a New Era*, 559—571. Thousand Oaks, CA: Sage, 1998.

[35] Hooijberg, R., & Quinn, R. E., "Behavioral Complexity and the Development of Effective Managers", In: R. L. Phillips, & J. G. Hunt (Eds.), *Strategic Leadership: A Multiorganizatinal-level Perspective*. London: Quorum Books, 1992.

[36] House, R. J., & Aditya, R., "The Social Scientific Study of Leadership: Quo Vadis?", *Journal of Management*, 1997, 23, 409—474.

[37] Hunt, J. G., Leadership: A New Synthesis. Newbury Park, Calif: Sage Publication, 1991.

[38] Ireland, R. D., & Hitt, M. A., "Achieving and Maintaining Strategic Competitiveness in the 21st Century: The Role of Strategic Leadership", *Academy of Management Executive*, 1999,13, 43—57.

[39] Jalal, A., & Prezas, A. "Outsider CEO Succession and Firm Performance", *Journal of Economics And Business*, 2012, 64(6), 399—426.

[40] Jansen, J. J. P., Vera, D., & Crossan, M., "Strategic Leadership for Exploration and Exploitation: The Moderating Role of Environmental Dynamism", *The Leadership Quarter-*

ly, 2009, 20(1), 5—18.

[41] Knight, D., Pearce, C. L., Smith, K. G., Olian, J. D., Sims, H. P., Smith, K. A., & Flood, P., "Top management Team Diversity, Group Process, and Strategic Consensus", *Strategic Management Journal*, 1999, 20(5), 445—465.

[42] Li, J., & Hambrick, D. C., "Factional Groups: A New Vantage on Demographic Faultlines, Conflict, and Disintegration in Work Teams", *Academy of Management Journal*, 2005, 48(5), 794—813.

[43] Li, J., & Tang, Y., "CEO Hubris and Firm Risk Taking in China: The Moderating Role of Managerial Discretion", *Academy of Management Journal*, 2010, 53(1), 45—68.

[44] Lord, R. G., & Maher, K. J., *Leadership and Information Processing: Linking Perceptions and Performance.* Boston: Unwin-Hyman, 1991.

[45] Lubatkin, M. H., Simsek, Z., Ling, Y., & Veiga, J. F., "Ambidexterity and Performance in Small-to Medium-sized Firms: The Pivotal Role of Top Management Team Behavioral Integration", *Journal of Management*, 2006, 32(5), 646—672.

[46] Malmendier, U., & Tate, G., "Who Makes Acquisitions? CEO Overconfidence and the Market's Reaction", *Journal of Financial Economics*, 2008, 89(1), 20—43.

[47] Meindl, J. R., Ehrich, S. B. & Dukerich, J. M., "The Romance of Leadership", *Administrative Science Quarterly*, 1985, 30, 78—102.

[48] Michel, J. G., & Hambrick, D. C., "Diversification Posture and Top Management Team Characteristics", *Academy of Management Journal*, 1992, 35(1), 9—37.

[49] Milliken, F. J., "Three Types of Perceived of Uncertainty about the Environment: State, Effect, and Response Uncertainty", *Academy of Management Review*, 1987, 12, 133—148.

[50] Nadkarni, S., & Herrmann, P., "CEO Personality, Strategic Flexibility, and Firm Performance: The Case of the Indian Business Process Outsourcing Industry", *Academy of Management Journal*, 2010, 53(5), 1050—1073.

[51] Pfeffer, J., "The Ambiguity of Leadership", *Administrative Science Quarterly*, 1977, 2, 104—112.

[52] Pfeffer, J., & Salancik, G., *The External Control of Organizations.* New York: Harper & Row, 1978.

[53] Porter, M. E., *Competitive Strategy.* New York: Free Press, 1980.

[54] Romanelli, E., & Tushman, M. L., "Organization Transformation as Punctuated Equilibrium: An Empirical Rest", *Academy of Management journal*, 1994, 37, 1141—1186.

[55] O'Reilly, C., Caldwell, D., Chatman, J., & Doerr, B., "The Promise and Problems of Organizational Culture: CEO Personality, Culture, and Firm Performance", *Group &*

Organization Management, 2014, 39(6), 595—625.

[56] O'Reilly, C., Snyder, R., & Boothe, J., "Effects of Executive Team Demography on Organizational Change", In: G. P. Huber, & W. H. Glick (Eds.), *Organizational Change and Redesign: Ideas and Insights for Improving Performance*, 147—175. New York, NY. 1993.

[57] Ou, A. Y., Tsui, A. S., Kinicki, A. J., Waldman, D. A., Xiao, Z., & Song, L. J., "Humble Chief Executive Officers' Connections to Top Management Team Integration and Middle Managers' Responses", *Administrative Science Quarterly*, 2014, 59(1), 34—72.

[58] Raes, A. M., Bruch, H., & De Jong, S. B., "How Top Management Team Behavioural Integration can Impact Employee Work Outcomes: Theory Development and First Empirical Tests", *Human Relations*, 2013, 66(2), 167—192.

[59] Ridge, J., & Ingram, A., "Modesty in the Top Management Team", *Journal of Management*, 2017, 43(4), 1283—1306.

[60] Salancik, G. R., & Meindl, J. R., "Corporate Attributions as Strategic Illusion of Management Control", *Administrative Science Quarterly*, 1984, 29, 238—254.

[61] Schein, E. H., *Organizational Culture and Leadership: A Dynamic View (1st edition)*. San Francisco: Jossey-Bass, 1985.

[62] Scott, R., *Institutions and Organizations*. Thousand Oaks, CA: Sage, 1995.

[63] Sergiovanni, T. J., "Leadership and Cultural Expression", In: T. J. Sergiovanni and J. E. Corbally (Eds.), *Leadership and Organizational Culture: New Perspectives on Administrative Theory and Practice*, 105—115. Urbana and Chicago: University of Illinois Press, 1984.

[64] Simsek, Z., Veiga, J. F., Lubatkin, M. H., & Dino, R. N., "Modeling the Multilevel Determinants of Top Management Team Behavioral Integration", *Academy of Management Journal*, 2005, 48(1), 69—84.

[65] Smith, K. G., Smith, K. A., Olian, J. D., Sims Jr, H. P., O'Bannon, D. P., & Scully, J. A., "Top Management Team Demography and Process: The Role of Social Integration and Communication", *Administrative Science Quarterly*, 1994, 412—438.

[66] Thompson, J. D., *Organizations in Action*. New York: McGraw-Hill, 1967.

[67] Vancil, R. F., *Passing the Baton: Managing the Process of CEO Succession*. Cambridge, MA: Harvard University Press, 1987.

[68] Wang, H., Tsui, A. S., & Xin, K. R., "CEO Leadership Behaviors, Organizational Performance, and Employees' Attitudes", *The Leadership Quarterly*, 2011, 22(1), 92—105.

[69] 〔美〕Yukl, G., *Leadership in Organizations*, 清华大学出版社, 2001。

[70] Zhang, Y., & Rajagopalan, N., "Explaining New CEO Origin: Firm versus Industry Antecedents", *Academy of Management Journal*, 2003, 46(3), 327—338.

[71] Zhang, Y., & Qu, H., "The Impact of CEO Succession with Gender Change on Firm Performance and Successor Early Departure: Evidence from Chinese Publicly Listed Companies in 1997—2010", *Academy of Management Journal*, 2015, 59(5), 1845—1868.

[72] Zhu, D., & Chen, G., "CEO Narcissism and the Impact of Prior Board Experience on Corporate Strategy", *Administrative Science Quarterly*, 2015, 60(1), 31—65.

[73] Zhu, W., Chew, I. K., & Spangler, W. D., "CEO Transformational Leadership and Organizational Outcomes: The Mediating Role of Human—capital-enhancing Human Resource Management", *The Leadership Quarterly*, 2005, 16(1), 39—52.

自测题评分方法及参考得分

首先,需要说明两点。第一,在各个章节最后所列的自测题目只为练习使用,目的是帮助读者了解本章所介绍的主要概念,以及测试自己在相应的结构上的得分,做到真正的知己知彼。这些题目有些来自正式发表的论文,有些则是来自并不成熟的测试题目。因此,读者不要使用这些题目用于学术研究,如果对某一结构或测量题目感兴趣,可以参考相应的学术论文。第二,每一练习作者不但给出了计算方法,还提供了参考平均分。这些分数的获得是作者在不同的场合对 MBA 学生、EMBA 学生、企业实际管理人员测试的结果。通常样本比较小,因此只作为参考使用,不可当作心理测量学中的常规模型使用。

第一章

根据王辉等(2006)的研究,中国企业管理者的领导行为共分 6 个维度,这 6 个维度得分的计算方法及参考平均分详见表 1-1。

维度名称	计算得分*	参考平均分
开拓创新	$(1+2+3+4+5)/5 =$	3.93
协调沟通	$(6+7+8+9+10)/5 =$	3.87
设定愿景	$(11+12+13+14)/4 =$	3.94
关爱下属	$(15+16+17+18)/4 =$	3.56
监控运营	$(19+20+21)/3 =$	3.97
展示威权	$(22+23+24)/3 =$	3.13

注:该列中的数字代表题号。在做自测题时,你在哪个选项上划圈,就得到相应的分数。将每一题目的得分加在一起,然后除以题目的个数,就是你在该维度上的得分。例如,你在第一至第五题共 5 个题目上的评估分别是 5、4、3、5、4,那么,你在"开拓创新"维度上的得分就是 $(5+4+3+5+4)/5 = 4.2$。依此类推,本章及以后各个章节的自测题目都按照同样的方法计算得分。

第二章

请你将所有 16 个题目的得分加在一起。根据 Fiedler 的研究,如果你的得分在 64 以上,你就是属于关系导向的领导风格;如果你的得分在 57 以下,你就是属于任务导向的领导风格。如果处于 58 与 63 之间,说明你的领导风格不是特别鲜明。

维度名称	计算得分 *	参考平均分
开拓创新	(1 + 2 + 3 + 4 + 5)/5 =	3.93
协调沟通	(6 + 7 + 8 + 9 + 10)/5 =	3.87
设定愿景	(11 + 12 + 13 + 14)/4 =	3.94
关爱下属	(15 + 16 + 17 + 18)/4 =	3.56
监控运营	(19 + 20 + 21)/3 =	3.97
展示威权	(22 + 23 + 24)/3 =	3.13

第三章

这一自测题是测试你在变革型领导 6 项基本实践上的得分。这 6 项基本实践的具体内容请参见本章"变革型领导的基本实践"部分。

维度名称	计算得分	参考平均分
促进合作	(1 + 2 + 3 + 4 + 5)/5 =	4.11
高绩效标准	(6 + 7 + 8 + 9 + 10)/5 =	3.80
表率作用	(11 + 12 + 13 + 14 + 15)/5 =	4.00
心智激发	(16 + 17 + 18 + 19 + 20)/5 =	3.85
愿景规划	(21 + 22 + 23 + 24 + 25)/5 =	3.76
个人支持	(26 + 27 + 28 + 29 + 30)/5 =	3.59

第四章

"大五"人格的测量已经具有比较成熟的测量工具,本章的自测题是一个简化的版本。各个维度的定义请参考本章节的相关内容。

维度名称	计算得分	参考平均分
情绪稳定性	(1 + 2 + 3 + 4 + 5 + 6 + 7 + 8 + 9 + 10)/10 =	7.03
外向性	(11 + 12 + 13 + 14 + 15 + 16 + 17 + 18 + 19 + 20)/10	4.42
经验开放性	(21 + 22 + 23 + 24 + 25 + 26 + 27 + 28 + 29 + 30)/10	4.77
随和性	(31 + 32 + 33 + 34 + 35 + 36 + 37 + 38 + 39 + 40)/10	5.27
责任心	(41 + 42 + 43 + 44 + 45 + 46 + 47 + 48 + 49 + 50)/10	5.62

第五章

这些题目是有关你的情感智商(EQ)的测量。EQ 共分 5 个维度,具体内容请参考本章内容。

维度名称	计算得分	参考平均分
认识自身情绪	(4+8+14+17)/4 =	5.86
妥善管理情绪	(3+7+11+19)/4 =	5.08
自我激励	(2+6+12+16)/4 =	5.56
认识他人情绪	(1+9+13+20)/4 =	5.78
人际关系的管理	(5+10+15+18)/4 =	5.18

第六章

本章的自测题可以帮助你了解在四种领导风格即"控制型领导""放任型领导""传统型领导"及"授权赋能型领导"中,你属于哪一种。请将自测题的前20个题目的得分加在一起,所得分数即为你在授权维度上的得分;请将后15个题目的得分加在一起,就是你在控制维度上的得分。根据本书作者对352人的样本进行研究的结果,授权维度的平均得分为86.36,控制维度的平均得分为62.17。因此,如果你的授权维度的得分大于86.36,而控制维度的得分大于62.17,你就是"授权赋能型领导";如果你的授权维度的得分大于86.36,而控制维度的得分小于62.17,你就是"放任型领导";如果你的授权维度的得分小于86.36,而控制维度的得分大于62.17,你就是"控制型领导";如果你的授权维度的得分小于86.36,而控制维度的得分也小于62.17,你就是"传统型领导"。

第七章

本章的自测题是测试你与下属交换水平的。共分4个维度,每一维度的具体内容请参考本章"领导—部属交换的维度"部分。

维度名称	计算得分	参考平均分
情感	(2+4+6+8+9)/5 =	3.94
忠诚	(1+3+5+7+10)/5 =	3.74
专业尊敬	(13+14+15+16+19)/5 =	4.07
贡献	(11+12+17+18+20)/5 =	3.57

第九章

本章的自测题可以帮助你了解在四种团队类型,即"高效率团队""任务型团队""'人本'型团队"及"发展中团队"中,你所在的或带领的团队属于哪一种。请将自测题的单号题目(即第1、3、5、7、9、11、13、15、17、19、21题)的得分加在一起,所得分数即为你在任务完成维度上的得分;请将双号题目(即第2、4、6、8、10、12、14、16、18、20、22题)的得分加在一起,就是你在成员满意维度上的得分。根据本书作者对2678人的样本进行研究的结果,任务完成维度的平均得分为43.32,成员满意维度的平均得分为41.35。因此,如果你的任务完成维度的得分大于43.32,而成员满意维度的得分大于41.35,你的团队就是"高效率团队";如果你的任务完成维度的得分大于43.32,而成员满意维度的得分小于38.93,你的团队就是"任务型团队";如果你的任务完成维度的得分小于43.32,而成员满意维度的得分大于41.35,你的团队就是"'人本'型团队";如果你的任务完成维度的得分小于43.32,而成员满意维度的得分也小于41.35,你的团队就是"发展中团队"。

第十章

本章的自测题可以对你所在企业的企业文化进行定量的评估。共分5个维度,每个维度的具体内容请参考本章"中国企业文化测量与维度的研究现状"一节。

维度名称	计算得分	参考平均分
员工发展	$(1+2+3+4+5)/5 =$	3.60
人际和谐	$(6+7+8+9+10)/5 =$	3.81
顾客导向	$(11+12+13+14+15)/5 =$	4.09
社会责任	$(16+17+18+19)/4 =$	3.59
勇于创新	$(20+21+22+23)/4 =$	3.91

后　记

本书第一版的后记写于 2008 年 5 月，转眼 10 年过去了，时间过得真是太快了！10 年间，我多次使用本书为北京大学光华管理学院的 MBA、EMBA，以及 EXED 的同学讲授"组织中的领导行为与领导模式"等相关课程。在这一过程中，通过不断的学习和思考、研究与教学，尤其是在同事们的鼓励下、在与同学们深入的交往中、在参访了很多同学的企业后，我自己对领导的本质有了更为深刻的理解，尤其对中国环境下的领导行为和领导模式有了进一步的认识和体会。这些认识和体会也融入了这次改版中。希望与使用本书的老师和同学，以及所有读者分享这些认识和体会，希望你们在学习、工作、生活中运用这些知识，提升自己的领导力，改进自己的管理效果，进而拥有更加美好的生活。

尽管本书中没有专门介绍中国式领导的章节，但整本书都渗透了中国式领导的概念和含义。因为中国的经济环境和传统文化与西方社会有很大不同，这些差异必然反映在企业管理的实践，尤其是领导行为和领导模式中。而将中国传统文化与中国企业领导实践相结合，也正是我的研究兴趣和本书内容所在。将这些研究成果介绍给同学们，并希望同学们在自己的领导实践中运用这些知识，是我现在最大的心愿。同时，也非常希望各位读者在阅读本书时，如果有任何有关中国式领导的思考和实践，也能与我分享。正是有了大家的积极参与，才能使我们对于中国企业的领导实践有着更加全面、更加深入的认识和总结。

借此机会，感谢北京大学出版社的林君秀老师、赵学秀老师、兰慧老师等所有为本书付出努力的人，正是在你们不断的督促和协调下，本书才能出版并有再版的机会，也正是有你们不断的辛勤工作，才使本书的质量得以不断提升。感谢你们！

最后，一部著作好不好，读者不但有评价的权力，同时也有使之不断提高的义务和责任。衷心期盼各位读者对本书提出批评意见。有了这些意见的反馈，才能使她不断趋于完美。在此提前向您表示感谢！

王　辉
2018 年 6 月于燕园
wanghui@gsm.pku.edu.cn

教辅申请说明

　　北京大学出版社本着"教材优先、学术为本"的出版宗旨,竭诚为广大高等院校师生服务。为更有针对性地提供服务,请您按照以下步骤在微信后台提交教辅申请,我们会在 1~2 个工作日内将配套教辅资料,发送到您的邮箱。

◎手机扫描下方二维码,或直接微信搜索公众号"北京大学经管书苑",进行关注;

◎点击菜单栏"在线申请"—"教辅申请",出现如右下界面:

◎将表格上的信息填写准确、完整后,点击提交;

◎信息核对无误后,教辅资源会及时发送给您;如果填写有问题,工作人员会同您联系。

温馨提示:如果您不使用微信,您可以通过下方的联系方式(任选其一),将您的姓名、院校、邮箱及教材使用信息反馈给我们,工作人员会同您进一步联系。

我们的联系方式:
北京大学出版社经济与管理图书事业部
北京市海淀区成府路 205 号,100871
联 系 人: 周莹
电 话: 010-62767312 /62757146
电子邮件: em@pup.cn
Q Q: 5520 63295(推荐使用)
微信: 北京大学经管书苑(pupembook)
网址: www.pup.cn